제주 서귀 색달 지역의 언어와 생활

제주 서귀 색달 지역의 언어와 생활

초판 인쇄 2016년 11월 30일
초판 발행 2016년 12월 7일

지 은 이 강영봉

펴 낸 이 이대현
펴 낸 곳 도서출판 역락

주   소 서울시 서초구 동광로46길 6-6(반포4동 577-25) 문창빌딩 2층
등   록 1999년 4월 19일 제303-2002-000014호
전   화 02-3409-2058, 2060
팩   스 02-3409-2059
이 메 일 youkrack@hanmail.net

값 32,000원

ISBN 979-11-5686-698-5
　　　979-11-5686-694-7 (세트)

이 도서의 국립중앙도서관 출판예정도서목록(CIP)은 서지정보유통지원시스템 홈페이지(http://seoji.nl.go.kr)와
국가자료공동목록시스템(http://www.nl.go.kr/kolisnet)에서 이용하실 수 있습니다.(CIP제어번호: CIP2016028570)

제주 서귀 색달 지역의 언어와 생활

강 영 봉

역락

 이 책은 『2009년도 제주 지역어 조사 보고서』(제주특별자치도 서귀포시 색달동) 가운데 '구술 발화' 부분만 따로 떼어 내어 잘못을 바로잡고, 주석과 찾아보기를 덧붙여 엮은 것이다. 이는 발간된 보고서가 한정적이어서 이용하는 데 어려움이 따르고, 조사 보고서의 잘못된 부분을 바로잡아야 할 필요성이 이 총서 발간을 수행하게 한 요인이다.

 이 책은 변행찬(邊行燦, 남, 1940년생) 주제보자와 한인열(韓仁烈, 여, 1938-2013) 보조제보자가 약 4시간 동안 구술한 내용을 담고 있다. 조사 마을의 '생업 활동(논농사, 밭농사, 마을 공동체 생활을 위한 일손), 의생활(목화·삼·모시의 재배와 길쌈, 누에치기와 비단 짜기, 옷 만들기)' 등을 포함하고 있어 제주 사람들의 삶의 실상을 어느 정도 들여다볼 수 있을 것이다. 이 내용들은 제보자의 생생한 경험과 오랜 기억에서 비롯한 구술이기 때문에 다양한 내용에 따른 제주 토박이 어휘들이 그대로 드러나 있다. 표준어 대역과 주석을 통하여 토박이 어휘들에 대한 상세하고도 많은 정보를 얻을 수 있을 것이다. 나아가 음운, 문법에 대한 이해와 담화 연구에도 많은 도움을 줄 것으로 믿는다.

 지역어 조사를 비롯한 구술자료 총서 발간 사업은 국립국어원의 노력이 있어 가능한 일이었다. 10년 동안의 장기 사업이라는 점에도 불구하고 지속적인 관심과 지원으로 이 사업을 마무리할 수 있었다. 국립국어원 관계자 여러분과 박민규 선생의 헌신과 채근을 오래 기억해 두고자 한다. 그 동안 조사 질문지를 만들고 지역어 조사 사업의 틀을 짜는 데 함께 고생한 여러 위원들의 우정, 격려와 충고가 이 단행본을 내는 데 큰 힘이 되었다.

　지역어 조사로 맺어진 제보자와의 인연도 마음에 오래 새겨 두고자 한다. 특히 보조제보자인 한인열은 2013년 병환으로 돌아가시어 우리들과 다른 세상에 살고 계시지만 베풀어준 후한 인심으로 봐 분명 화평을 누리고 있으리라 믿는다. 안식을 기원한다. 지역어 조사에 동행한 김순자(金順子) 김성용(金成龍) 선생, 초벌 전사와 표준어 대역을 해준 김순자 선생과 알뜰한 책으로 꾸며준 도서출판 역락 사장님을 비롯한 편집자께도 고마운 뜻 전한다.

■ 조사 및 전사

(1) 조사 과정

국립국어원에서는 '우리 민족의 귀중한 문화유산인 지역어를 남북이 공동으로 조사, 정리하여 민족어의 특성과 다양성을 지켜나가는 데' 목표를 두고 지역어 조사 사업을 펼쳤다. 2004년에는 질문지를 작성하고, 예비조사를 실시하였고, 본격적인 조사는 2005년부터 이루어졌다. 색달동은 제주에서 2005년 한경면 조수리, 2006년 서귀포시 호근동, 2007년 표선면 가시리, 2008년 구좌읍 동복리에 이은 다섯 번째 조사 마을이다.

2009년 조사 지점인 서귀포시 색달동(穡達洞)은 전형적인 농촌 마을이다. 이 마을 동쪽은 천제연(天帝淵)을 사이에 두고 중문동(中文洞)과 접해 있고, 남쪽은 중문관광단지며 서쪽은 색달천(穡達川)을 사이에 두고 상예동(上猊洞), 서북쪽은 서귀포시 안덕면(安德面), 북쪽은 제주시 애월읍(涯月邑)과 이웃하고 있어 광활한 지역을 이루고 있다. 중문관광단지와 중문해수욕장이 위치한 곳이 바로 조사 지점인 셈이다.

색달동의 지형은 북에서 남으로 완만한 경사를 이루며 바다까지 길게 펼쳐진 곳이며, 중간에 크고 작은 '오름'이 있으나 비교적 산야가 한눈에 들어오는 활짝 트인 곳이다. 1374년 14현(縣)을 설치할 당시 예래현(猊來縣)이 있었고, 색달동 2610번지 일대인 '주승케'에서 기왓장 조각이 발견되는 것으로 봐 색달동에 사람이 살기 시작한 것은 이보다 1,2백년 이른 것으로 추정된다. '주승케' 일대를 '막은골'이라고 불렀는데 '막을 색(塞)'을 써서 색달촌(塞達村)이라 이름이 붙여진 듯하다. 1780년에서 1789년 사이에 『제주삼읍지』에 의하면 색달리는 '막을 색'(塞)이 '거둘 색'(穡)으로 바뀌어 쓰이고 있다. 이는 한자 어휘가 지니고 있는 의미 곧 '막다, 막히다'에서 '거두다, 풍요롭다'는 뜻의 '색'(穡)으로 바뀐 것이다.

색달동은 본동·군남동(軍南洞)·천서동(川西洞)·감수동(甘水洞)·'큰벵듸' 등 5개 자연 마을로 이루어져 있었다. '천서동'에 골프장이 들어서고 '감수동'과 '큰벵듸'는 제주 4·3사건으로 소개되어 3개의 자연 마을은 없어지고 말았다. 18세기의 『제주읍지(濟州邑誌)』에 따르면, 색달리는 "(현의) 동쪽 30리에 있다. 민호는 37호로, 남자는 85명, 여자는 74명이다(東距三十里 民戶 三十七 男 八十五 女 七十四).", 20세기 초의 『삼군호구가간총책』에는 "연가 110호로, 남자 105명, 여자 215명 합하여 320명이다. 초가는 103칸(煙家 一百十 戶 男 一百五口 女 二百十 五 口 合 三百二十口 草家一百三十間)."으로 기록되어 있다. 조사 당시인 2009년 11월 말 기준으로 색달동에는 165가구, 남자 410명, 여자 369명 등 779명이 거주하고 있었는데, 2015년 8월 말 기준으로 437세대에 남자 524명, 여자 463명 총 987명이 등록되어 있어서 인구 변화 추세가 빠른 편임을 알 수 있다. 관광 산업이 활발하게 이루어진 결과로 보인다. 마을 조직으로는 개발위원회·노인회·부녀회·청년회 등 4개의 자생 단체로 구성되어 있으며, 주요 기관으로는 이사무소가 있고, 서귀포시의 소각장·폐기물처리장·쓰레기매립장 등이 들어서 있다. 중문관광단지가 인접해 있어 민박 등 숙박시설이 많은 것도 특징이다.

이 마을은 예로부터 단결심과 생활력이 강하여 현재 농가 부채가 없으며, 중문해수욕장을 운영한 수익금으로 주민세를 납부하고 있어 세금 체납이 없는 마을이며, 복지 시설이 잘 갖추어진 마을로 유명하다.

조사는 1학기 기말고사가 끝난 7월 초부터 시작되었다.

7월 4일 제보자를 섭외하여 실제 녹음에 들어가니 귀가 약간 멀고 발음이 부정확하여 새로운 제보자를 찾아야만 했다. 그 다음날인 7월 5일 제보자 변행찬(邊行燦)과 그 부인 한인열(韓仁烈)을 보조제보자로 하여 본격적인 조사가 이루어졌다. 주제보자인 변행찬은 육군 병장을 제대한 후 색달동 공동목장조합장을 지내기도 하였다. 그의 부지런함은 자수성가라는 명성을 얻게 해 주었다. 목소리는 우렁차고 분명하다. 보조제보자인 한인열은 색달동 부녀회장을 지낼 정도로 신망이 좋고, 기억력이 아주 또렷한 편이다. 목소리가 조금 작은 편이나 발음은 분명하였다. 목소리가 작은 것은 보조제보자의 조용한 성격에서 비롯한 것으로 보인다. 이 색달동은 이 상하리만치 70대 이상 부부가 함께 살고 있는 가정이 그리 많지 않은 점을 감안하면 부부를 제보자로 선정할 수 있었던 것은 큰 행운이었다.

지역어 조사는 7월 8회, 8월 6회(1회 사진 촬영), 9월 1회 그리고 12월 2회 등 4개월 동안 18회 이루어졌다. 2009년도 조사 지점은 연구 보조원인 김성용 선생의 고향이기도 하여 조사는 원만하게 진행되었다. 제보자 모두 친화력이 좋고 이야기하는 것을 좋아해 바쁜 가운데도 조사에 적극 협조해 주었다. 특히 보조제보자인 한인열은 터앝에서 손수 가꾼 물외, 콩잎, 호박잎, 동부, 양하 등을 준비했다가 조사하고 돌아오는 길에 손에 들려 보내는 등 후한 인심을 나눠 주어 조사자들을 감동시켰다. 조사 때마다 정성들여 간식을 준비해 주었고, 조사자들을 위하여 두 차례나 저녁 자리를 마련해 주었다. 조사가 끝난 후에는 첫 수확한 감귤을 보내와 조사자들을 감격하게 하였다.

한여름이어서 매미 울음소리를 염려했는데 울음소리가 거의 들리지 않아 녹음하는 데는 큰 지장이 없었다. 이는 집 주위가 과수원이어서 농약을 쳐서 매미 유충이 자라지 못한 결과였다. 8월 1일에는 색달동 공동 목장 등을 돌아다니며 마을 정경과 나무와 풀 등 식물 사진을 촬영하기도 하였다.

(2) 전사

조사 내용은 마란츠(PMD 660) 디지털 녹음기와 SURE SM11 마이크를 이용하여 녹음하였으며, 녹음된 자료는 Goldwave 프로그램을 이용하여 음성 파일로 변환하였고, 이 음성 파일을 컴퓨터로 재생하여 들으면 Transcriber 1.4 전사 프로그램을 이용하여 전사하였다.

전사는 '전사 지침'에 따라 소리 나는 대로 전사하는 것을 원칙으로 하였다. 어절 단위를 기본적으로 전사하는 것을 원칙으로 하였으나 한 억양으로 소리 나는 경우 어절보다 큰 단위로 전사한 경우도 더러 있다. 제주 지역어는 /ᄋ/를 비롯하여 /ᄋ/ 음운이 있고, /ᅦ/와 /ᅢ/도 변별되는 음운론적 특징이 있기 때문에 이를 모두 전사에 반영하였다. 초벌 전사는 김순자(金順子)가 담당하였으며 강영봉(姜榮峯)이 확인하는 과정을 거쳤다.

본문의 글자체와 전사에 사용된 부호는 다음과 같다.

고딕체	조사자
명조체	제보자
—	제1 제보자
=	제2 제보자
:	장음 표시. 길이가 상당히 길 경우 ::처럼 장음 표시를 겹쳐 사용하였다.
*	청취 불가능한 부분 또는 표준어로의 번역이 불가능한 경우
✛	질문지와 주제가 다른 내용

(3) 표준어 대역

전사된 구술 자료는 표준어 대역을 붙였다. 원래 조사 보고서에서는 문장 단위로 표준어 대역을 활짱묶음 속에 넣었으나, 이 책에서는 문장보다 큰 의미 단락을 기준으로 하였다. 다시 말하면 조사자, 제보자가 번갈아 가며 기술하는 순으로 배열되어 있다. 또 표준어 대역을 별도로 오른쪽 면에 배치한 것도 조사 보고서와 달라진 점이다. 이런 편집은 오로지 독자들이 쉽게 읽을 수 있게 하기 위한 조처이다.

표준어 대역은 직역하는 것을 원칙으로 하였으나 문맥에 맞게 비슷한 뜻을 지닌 표준어로 옮긴 경우도 있는데 이럴 때는 주석에 밝혀 두었다. 대응 표준어가 없는 경우에는 방언형을 그대로 옮겨 놓아서 작은따옴표로 구분하기도 하였다. 군말 또는 담화 표지가 있을 경우에도 이를 표준어 대역해 그대로 살려 놓았다. 외래어 가운데 특히 일본어의 경우는 번역하기도 하였으나 도구 따위를 지칭하는 경우는 외래어 그대로를 표준어 대역의 자리에 놓아두기도 하였다. 표준어 대역의 초벌 작업 또한 김순자(金順子) 선생이 수고했다.

(4) 주석

주석은 각 장마다 후주로 달았다. 이 또한 책의 편집상 불가피한 조처다. 주석은 주로 어휘 의미를 중심으로 풀이하면서 가급적 많이 달려고 노력하였다. 아울러 제주 지역어의 특징이 드러나는 방언 변이형을 가급적 많이 제시하려고 하였다. 이해를 돕기 위하여 형태 및 문법에 관한 사항도 간혹 언급하였다. 독자의 편의를 위하여 동일한 내용의 주석이 반복되는 것도 허용하였다.

의미 구분과 확인을 위하여 한자도 가끔 병기하였는데, 손톱묶음은 음을 취한 경우이고 꺾쇠묶음은 그 뜻을 취한 경우로 문장부호로 구분하였다. '바리(길마에 실은 짐의 단위)'와 '나이에 따른 마소의 명칭'을 표로 제시하여 이해를 도모하려고 하였다.

<사진 1> 제보자 부부(한인열 · 변행찬)

<사진 2> 제주특별자치도 지정 기념물 제2-32호인 색달동 지석묘 1호(2003. 7. 2. 지정)

<사진 3> 제보자의 집

<사진 4> 지역어 조사 장면

차례

01 생업 활동

1.1 논농사

이버는 그 나룩농사에 대에서예 나룩농사예. 거 한번 무러보쿠다. 혹씨 나룩 품종은 어떤 거시 이서낟쑤가? 나로게 품종?

─ 여기 나룩[1] 품종이 연나레 뭐 만날 허는 걸로 헤여난는데.

예.

─ 그 육찌서 온 거를 흐며는 아즌배기엔 허영 낭[2] 안 나는 거. 그걸 허면은 거 이름도 이신[3] 건데 이르믈 이젠 이저불고.

조쑤다. 안즌뱅이예?

─ 예. 그거 헤여 가지고 흐면 수화기 그전 우리 이디서 허는 걸로는 뭐 곰 나온덴 허는 건 아니고 이제 혼 뒈 나올 꺼믄 혼 뒈 바는 나와. 지금 그런 시그로.

─ 또 육찌서 온 씨가 혼 햅 똥아는 상당이 병체[4]도 강허고 그러케 조탄 건또 두 번 세 번 헤[5] 가민 안 뒈부러.

게난 안즈배기 일써낟꼬예. 그러면 그 나룩농사에 걷또 묘종을 논 거 아니우꽈?

─ 예. 묘종[6] 놔야주.

쭉 과정을 쭉 한번 ᄀ라줘보십써?

─ 게난 묘종은 이제 육찌에는 그 뭐 파니[7] 만드라가지고 허는 거 간는디[8] 여기는 그런 걸로 허는 건 지끔 몬테 보고.

─ 자기 노네 가 가지고 멜 뿌네 일 쩡도 헤영으네 만드랑으네 이제 모 파니다고 헤여가지고 씨 지베서 쉬염[9]을 어느 선 나게.

아아.

─ 예.

= 다라[10]에서 난.

이번은 그 벼농사에 대해서요 벼농사요 그것 한번 물어보겠습니다. 혹시 벼 품종은 어떤 것이 있었습니까? 벼의 품종?

ㅡ 여기 벼 품종이 옛날에 뭐 만날 하는 것으로 했었는데.

예.

ㅡ 그 육지에서 온 거를 하면 앉은뱅이라고 해서 나무 안 나는 것. 그것을 하면 그것 이름도 있는 것인데 이름을 이제는 잊어버리고.

좋습니다. 앉은뱅이요?

ㅡ 예. 그것 해서 하면 수확이 그전 우리 여기서 하는 것으로는 뭐 곱 나온다고 하는 것은 아니고 이제 한 되 나올 거면 한 되 반은 나와. 지금 그런 식으로.)

ㅡ 또 육지에서 온 씨가 한 해 동안은 상당히 병충해에도 강하고 그렇게 좋다가 그것도 두 번 세 번 해 가면 안 되어버려.

그러니까 앉은뱅이 있었고요. 그러면 그 벼농사요 그것도 모종을 놓은 것 아닙니까?

ㅡ 예. 모종 놔야지요.

쭉 과정을 쭉 한번 말씀해보십시오?

ㅡ 그러니까 묘종은 이제 육지에는 그 뭐 판 만들어서 하는 것 같은데 여기는 그런 것으로 하는 것은 지금 못해 보고.

ㅡ 자기 논에 가 가지고 몇 분에 일 정도 해서 만들어서 이제 모판이라고 해서 씨 집에서 잔뿌리를 어느 선까지 나게.

아아.

ㅡ 예.

= 대야에서 나서.

― 다라에서 뿌리허고 순¹¹⁾도 나야 뒈지? 그 저.

= 순.

― 파랑허게¹²⁾.

= 파란 수는 안 나고 순 두 개가 나완게¹³⁾. 저 뿌리가 경헌디.

― 뽀족커게 나와서.

= 그때 경 헐 때 뒈면.

― 겨곡 뿌리가 생긴 후에 이제 몯짜리에 강으네 서흐레¹⁴⁾로 달롸¹⁵⁾가지고.

― 그거 골고루 허쳥으네¹⁶⁾ 이제 새, 그 밀레¹⁷⁾에 헌 거 저 육찌허고 다른디.

― 그 밀레로 이러케 차북 차북 차북 허며는 펄무리 이러나며는 그 씨가 영 ᄒ꼼 무더정 허영 물 ᄒ꼼¹⁸⁾ 기피 대며는 이제 훈 사밀 읻땅으네 무리 기프면 그거 잘 나오질 아녀니까.

― 사밀 후엔 강으네 무를 ᄒ꼼 그게 정시그로 땅에 부터 이서¹⁹⁾. 그 무를 ᄒ꼼 빼며는 그게 헫삐슬.

― 제일 농사에는 이 일광. 이게 뭐 이제 규리고 뭐이고 헤보며는 그 일광 관계가 쉐고 일써느로 안 허면 안 뒈게 뒌.

경 헨.

― 경 헨 그게 어느 선 크면 비료 주곡 자꾸 그 괄리헤 가지고 이제 사월 나면.

― 묘 뽀방으네 또 정식컬 때는 엔나레는 뭐 그냥 무턱대고 그자²⁰⁾ 막 영 시먼는디 그 중가넨 농촌지도소에서 그 막 컬 땐 딱 그.

줄로.

― 줄 마촤²¹⁾ 가지고 그게 간겨기 뭐냐 허면 뒈빡²²⁾ 하나라. 뒈빡.

아아.

― 뒈빡 하나 딱 논 거. 가로 세로. 그게 훈 이십 쩐²³⁾ 뒈는가 이 그거

- 대야에서 뿌리하고 순도 나야 되지? 그 저.

= 순.

- 파랗게.

= 파란 싹은 아니 나고 싹 두 개가 나오던데. 저 뿌리가 그렇게 했는데.

- 뾰족하게 나왔어.

= 그때 그렇게 할 때 되면.

- 그러하고 뿌리가 생긴 후에 이제 못자리에 가서 써레로 다루어 가지고.

- 그것 골고루 흩어서 이제 새, 그 번지라고 한 것 저 육지하고 다른데.

- 그 번지로 이렇게 차북 차북 차북하면 펄물이 일어나면 그 씨가 이렇게 조금 묻어져서 해서 물 조금 깊이 대면 이제 한 삼일 있다가 물이 깊으면 그것 잘 나오지 않으니까.

- 삼일 후에는 가서 물을 조금 그것이 정식으로 땅에 붙어 있어. 그 물을 조금 빼면 그게 햇볕을.

- 제일 농사에는 이 일광. 이것이 뭐 이제 귤이고 무엇이고 해보면 그 일광 관계가 최고 일선으로 안 하면 안 되게 됐어.

그렇게 해서.

- 그렇게 해서 그것이 어느 선으로 크면 비료 주고 자꾸 그 관리해 가지고 이제 사월 나면.

- 모 뽑아서 또 정식할 때는 옛날에는 뭐 그냥 무턱대고 그저 막 이렇게 심었는데 그 중간에는 농촌지도소에서 그 막 할 때는 딱 그.

줄로.

- 줄 맞춰서 그게 간격이 뭐냐 하면 뒷박 하나야. 되.

아아.

- 뒷박 하나 딱 놓은 거. 가로 세로. 그것이 한 이십 전 되는가 이 그

까지 그 멜 쩐 뒈는 거까진 지금.

- 어 우리 저디 몯쭐24) 일낀25) 인는디26). 다 표시뒈언 나와신디.

= 그디27)가.

- *** 땅 마잖써.

- ***** 게난 그 이십 쩐 이십 쩐28) 뒈얻을 꺼라.

아.

- 그거를 못쭐 놔가지고 딱 시므니까 일하기도 조코 옌날 그냥 잡쫑으로 이러케 시믄 거 허고 보담 농약커기도 조코 논 풀 메기도29) 조코.

= 영 밀려그네30) 그 논닐헤난 거 ***.

- 그게 이르미 뭐라.

- 이제.

= 저추기31).

- 응?

= 저추기 미렁으네.

- 예추기?

= 저추기.

- 저축.

- 저차 가는 거니까. 제치멍.

- 그거 허영 골로 허니까 그걸로 미난 풀 몬나게 헤지지32). 또 그 나락또 이거 수둠33)을 올려줘야 뒈.

- 모든 농사가 뭐 마찬가진디.

- 이제 조 허믄 조가 연나레 뭐 초불메고34) 두불메고35) 헨는데 그 굴겡이로36) 그녀주며는37) 그 흐기38) 일롸지며는39) 뿔리40)가 양성을 빨리 헤가지고 조가 건강허영 빨리 크든까41) 나록또 제추기42) 허연 밀리고43). 또 비료 주는 걷또 딱 맏꼬 사름 발 다니는 걷또 이제 딱 골로 가니까 조코 으.

것까지 그 몇 전 되는 것까지는 지금.

  ― 어 우리 저기 못줄 있기는 있는데. 다 표시되어서 나왔는데.

  = 거기가.

  ― *** 딱 맞았어.

  ― ***** 그러니까 그 이십 전 이십 전 되었을 거야.

  아.

  ― 그거를 못줄 놔서 딱 심으니까 일하기도 좋고 옛날 그냥 잡종으로 이렇게 심은 거하고 보다 농약하기도 좋고 논매기도 좋고.

  = 이렇게 밀어서 그 논일했던 거 ***

  ― 그것이 이름이 뭐야.

  ― 이제.

  = 번지.

  ― 응?

  = 번지 밀어서.

  ― 예추기?

  = 번지.

  ― 번지.

  ― 젖혀서 가는 것이니까. 젖히면서.

  ― 그것 해서 고랑으로 하니까 그것으로 미니까 풀 못나게 하게 되지. 또 그 벼도 이거 북을 올려줘야 돼.

  ― 모든 농사가 뭐 마찬가지인데.

  ― 이제 조 하면 조가 옛날에 뭐 초벌매기하고 두벌매기하고 했는데 그 호미로 긁어주면 그 흙이 일으키게 되면 뿌리가 양성을 빨리 해서 조가 건강해서 빨리 크듯이 벼도 번지 해서 밀고. 또 비료 주는 것도 딱 맞고 사람 발 다니는 것도 이제 딱 고랑으로 가니까 좋고.

  으.

- 그래 가지고 그후에 그 잡쫑으로 싱근⁴⁴⁾ 거보단 수확또 더 나고 헤 가지고. 뭐야 다 조텐 허영 그치록⁴⁵⁾ 줄 낭 시멍⁴⁶⁾. 겐디 줄 낭 시므민 묘종 드러가는 건또 좀 덜 드러가는 거 갇꼬.

= 훨씬 덜 드러가.

- 잡쫑으로 그냥 막 영 시므는 거보다는 묘종이 좀더 덜 드러가고 일 허는 건또.

= 어리난 수확.

- 흥꼼⁴⁷⁾ 페난허고.

검지른 멘 뻔 메얻쑤가?

- 검질⁴⁸⁾ 두 버는 메야지.

두 번 메고예?

- 예.

그러면 사월따레 이묘를 헌 거 아니우꽝?

- 예. 사월따레.

그러믄 언제쯤 거두어드려마씨?

- 상강⁴⁹⁾.

상강?

- 예. 상강 전후. 이 저 이제 절믄 사람더른 양녁 그 올낙내력⁵⁰⁾ 아녀. 뜰림업써⁵¹⁾. 영 헤도 그 농사진는 절기상은 그 절기처는 딱 그게 음려그 로 그 허는 절기처는.

땅 마자예?

- 예. 그게 농사허민 대랴근 만는⁵²⁾ 거.

그러믄 이젠 두불 껌질메고 상강 뒈믄 빌 꺼 아니우꽈?

- 예.

그 다으멘 테자근 어떵 헤마씨?

- 태자근⁵³⁾ 저 클⁵⁴⁾로 홀트는⁵⁵⁾ 사름 읻꼬. 또 탈국끼⁵⁶⁾라고 읻써서

- 그래 가지고 그후에 그 잡종으로 심은 것보다는 수확도 더 나고 해 가지고. 뭐야 다 좋다고 해서 그처럼 줄 놓아서 심어서. 그런데 줄 놓아서 심으면 모종 들어가는 것도 좀 덜 들어가는 것 같고.

= 훨씬 덜 들어가.

- 잡종으로 그냥 막 이렇게 심는 것보다는 모종이 좀더 덜 들어가고 일하는 것도.

= 어리니까 수확.

- 조금 편안하고.

김은 몇 번 맸습니까?

- 김 두 번은 매야지.

두 번 매고요?

- 예.

그러면 사월달에 이묘를 한 것 아닙니까?

- 예. 사월달에.

그러면 언제쯤 거둬들이나요?

- 상강.

상강?

- 예. 상강 전후. 이 저 이제 젊은 사람들은 양력 그 오르락내리락 않아. 틀림없어. 이렇게 해도 그 농사짓는 절기상은 그 절기는 딱 그것이 음력으로 그 하는 절기는.

딱 맞아요?

- 예. 그게 농사하면 대략은 맞는 거.

그러면 이제는 두벌매기하고 상강 되면 벨 것 아닙니까?

- 예.

그 다음엔 타작은 어떻게 하나요?

- 타작은 저 그네로 훑는 사람 있고. 또 탈곡기라고 있어 가지고 발로

가지고 발로 누르떠[57] 가지고 도로기[58] 돌려 가지고 헌 건또 요로케 잘
게 무껑 헌 건또 잍꼬.

　－ 또 그거 허단[59] 이 사라미 자꾸만 발쩌니 뒈어 가난 내중은 멕타
기[60]. 멕타기로 대랴근. 겐디 여기는 육찌 모냥에 콤바인 와 가지고 허나
이런 거는 어섣꼬[61]. 우리는 이 아랜 생수천[62] 노니 바대가 조치 아녀 가
지고 경 콤바인 드러갈 정도 뒌 노는 업꼬.

　게난 쫌 돌렝이가 만타예?

　－ 예. 뭐 강완도에 보니까 소 두 개 허영 어홍 허홍 허멍 그 논 달룹
꼬[63] 싱그고[64] 홀트고 그딘 홀트지 안코 돌멩이[65] 놔 가지고 이러케 세
왕[66] 막 몰령 낱따가.

　＝ 빼영.

　－ 두드려 패여네 나로글 터렅꼬.

　－ 우리는 돌멩이로 두드려 패연 허는 건 어섣꼬[67]. 어떤 거 홀트던지
그러치 아느며는 탈곡끼로 이레 발바 가지고 허든지 멕타기로 헤던지 허
지마는.

　－ 야낸[68] 멕타기나 뭐 탈곡끼나 아녀고 어멍이 이를 잘헤노니까 다
홀탕[69].

　예.

　－ 야침 복끼[70] 전의 강 허영으네 뭐 오후 세 시만 뒈믄 탁 그냥 끄내
갈 때난. 나록또 하영 헬꼬.

　그 나록 검지른에 받띠 검질하고 이르믄 틀리지 아늠니까? 초부렌 험니까?
나록 검질메는[71] 건 뭐렌 곰니까?

　＝ 나록 논닐. 논닐허레.

　－ 그냥 노닐이라고 헨는디 검질 이르믄.

　＝ 그냥 검지른 뜨나[72].

　－ 그 몰필떼기[73].

눌러 가지고 바퀴 돌려 가지고 한 것도 요렇게 잘게 묶어서 한 것도
있고.

‑ 또 그것 하다가 이 사람이 자꾸만 발전이 되어 가니까 나중에는 탈
곡기. 탈곡기로 대략은. 그런데 여기는 육지 모양에 콤바인 와 가지고 하
나 이런 것은 없었고. 우리는 이 아래는 생수천 논이 바대가 좋지 않아
가지고 그렇게 콤바인 들어갈 정도 되는 논은 없고.

그러니까 좀 논뙈기가 많네요?

‑ 예 뭐. 강원도 보니까 소 두 개 해서 어흥 허흥 하면서 그 논 다루
고 심고 훑고 거기는 훑지 않고 개상 놔 가지고 이렇게 세워서 마구 말려
서 놔두었다가.

= 빼어서.

‑ 두드려 패어서 벼를 떨었고.

‑ 우리는 개상으로 두드려 패어서 하는 것은 없었고. 어떤 것은 훑으
든지 그렇지 않으면 탈곡기로 이리로 밟아 가지고 하든지 탈곡기로 하든
지 하지만.

‑ 애네는 탈곡기가 뭐 탈곡기나 아니하고 어머니가 일을 잘하니까 다
훑어서.

예.

‑ 아침 밝기 전에 가서 해서 뭐 오후 세 시만 되면 탁 그냥 끝내 갈
때니까. 벼도 많이 했고.

그 벼 김은요 밭에 김하고 이름은 다르지 않습니까? 초벌이라고 합니까?
논매는 것은 무엇이라고 말합니까?

= 벼 논일. 논일하러.

‑ 그냥 논일이라고 했는데 김 이름은.

= 그냥 김은 달라.

‑ 그 말필데기

- 딴 건 이르미 업짜나?

= 몰판74) 거자 영그라갈 때 거자 이거갈 때 몰피가 그 뜨난 거주게. 나록 달믄 거라도 그거 망 메주게. 그저네는 이상헌 푸리 받띠75) 나는 거 아녀도 나. 까만 걸.

으.

= 예. 논닐허레 가는.

- 그냥 말로는 "어디 간 왐서76)?" "난 논닐허연."

= 막 소느로.

- 나 논닐허레 감서.

거시 검질메는 거우꽈?

- 예.

= 소느로 막 무르줴멍77). 경 허영으네 막 뽀바그네 딱 줴영78) 시둑띠레79). 시둑띠레 놔뒁 또 허고. 경 아녀믄 그.

- 그게 놩 발로 볼란쭈게.

= 딱커게 눌렁80) 무더 불민 그대로 써거.

아 무리 읻쓰니까예?

= 예 물 이시난81).

- 볼바불민.

= 발뿔리루82) 꽉 볼라 불곡. 경 허곡 시둑 에염83)에 간 때 시둑디레 강84) 노코. 경 허멍. 시둑또 비고85).

게믄 아까 이러케 다라에 놔가지고 이거 싸기 나면 요기 모파늘 이러케 쫌 잘 달룰 꺼 아니라예?

= 딱커게 떼어서.

그때 뭐가 피료한 거우꽈? 아까 서레 미레?

- 노닐헐 때 똑가타. 이 저 중가네는 경운기 나오난 노타리86)로 노늘 간 달루니까87) 더 재기88) 뒈얻찌마는 우린 소로. 사롬89).

- 다른 것은 이름이 없잖아?

= 개피는 거의 영글어갈 때 거의 익어갈 때 개피가 그 다른 거지. 벼 닮은 것이라도 그거 마구 매지. 그전에는 이상한 풀이 밭에 나는 거 않아 도 나. 까만 것을.

으.

= 예. 논일하러 가는.

- 그냥 말로는 "어디 갔다 오는가?" "나는 논일했어."

= 막 손으로.

- 나 논일하러 가고 있어.

그것이 김매는 것입니까?

- 예.

= 손으로 마구 주무르면서. 그렇게 해서 막 뽑아서 딱 쥐어서 논둑에. 논둑에 놔두어서 또 하고. 그렇게 않으면 그.

- 그것이 놓아서 발로 밟았지.

= 딱하게 눌러서 묻어 버리면 그대로 썩어.

아 물이 있으니까요?

= 예 물 있으니까.

- 밟아버리면.

= 발부리로 꽉 밟아 버리고. 그렇게 하고 논둑 옆에 간 때는 논둑에 가서 놓고. 그렇게 하면서. 논둑도 베고.

그러면 아까 이렇게 대야에 놓아서 이것 싹이 나오면 요기 모판을 이렇게 좀 잘 다룰 것 아닌가요?

= 딱하게 떼어서.

그때 뭐가 필요한 겁니까? 아까 써레 번지?

- 논일할 때 똑같아. 이 저 중간에는 경운기 나오니까 회전기로 논을 가서 다루니까 더 재우 되었지만 우리는 소로. 사람.

게난 쟁기로.

- 우리 할망90)은 이끄고91).

으.

- 그 쟁기질헐 때는 소를 안 이껑 허는디 서으레질92)헐 때는 소를 이꺼야먄.

아:.

- 서레가 돼.

= 무사93) 쉐 밧 ᄀ리칠94) 때.

으으.

= 아기 어벙 둥기렌95) 허믄 코 써근 내96) 쉐 코 써근 낸97) 무사 으르메 남광98).

아 게니까 써레로 이러케 헤노키만.

- 예 그거 헤영. 밀레99) 청으네100) 요로케 반반허게 헤눙 이제 이디 날레101) 너는 당근네102)나 그 밀레나 비슷턴 건디 밀레는 튿글103) 안 지우고 당근네는 튿글 지운 게 당근넨디.

- 밀레 칠 때 밀레 청 바다글 반반허게 씨 삐여104) 눙 밀레로 차박차박차박허믄.

아느로 드러가게.

- 이제 그 씨가 쫌 꾸정물 이러나며는 그 저 정상으로 그 흑105)떠리 흐꼼106) 뭉쳐지는 거.

- 거 무쳐지며는 사밀 똥아는 무를 흐꼼 새 주서먹찌107) 몯터게 좀 일따가 사밀 너므민 강108) 물 빼영.

예.

- 헤삐슬 바다야만 그게 빨리 자라니까게.

예예예예예.

- 사밀 시민109) 그 파랑하게 올라와.

그러니까 쟁기로.

– 우리 아내는 이끌고.

으.

– 그 쟁기질할 때는 소를 안 이끌어서 하는데 써레질할 때는 소를 이끌어야만.

아: .

– 써레가 되어.

= 왜 소 밭가는 것 가르칠 때.

<u>으으.</u>

= 아기 업어서 당기라고 하면 코 썩은 냄새 소 코 썩은 냄새는 왜 여름에 나는지.

아 그러니까 써레로 이렇게 해놓기만.

– 예 그것 해서 번지 쳐서 요롷게 반반하게 해놓아서 이제 여기 곡식 너는 고무래나 그 번지나 비슷한 것인데 번지는 턱을 안 지게 하고 고무래는 턱을 지운 것이 고무래인데.

– 번지 칠 때 번지 쳐서 바닥을 반반하게 씨 뿌려 놓아서 번지로 차박차박차박하면.

안으로 들어가게.

– 이제 그 씨가 좀 구정물 일어나면 그 저 정상으로 그 흙들이 조금 뭉쳐지는 것.

– 그것 묻혀지면 삼일 동안은 물을 조금 새 주워먹지 못하게 좀 있다가 삼일 넘으면 가서 물 빼어.

예.

– 햇볕을 받아야만 그것이 빨리 자리니까요.

예예예예예.

– 삼일 있으면 그 파랗게 올라와.

예예예.

그러믄에 그 농사를 지을 때 농기구드리 잍찌 아너우꽝예?

― 예.

어떤 거뜨리 이서신고예? 예를 들면 지그믄 나룩농사헐 때 농기구는 아까 써레도 잍꼬 밀레도 잍꼬 밀레 그 다으메 그 쟁기도 잍쓸 거시고예?

― 아 쟁기로 가라 낭.

예.

― 서레110)로 달롸111) 낭 밀레로 쳐야 뒈고 그걸. 또 기구가 갈 때는 멍에 소멍에112)를 씌왕으네 쟁기지를 헨꼬 또 서레지를 헐 때는 질메113)를 지와114) 가지고 이제 받쭐 흘량115) 끄러낻꼬.

― 영 허나네 도구는 뭐 다 비슫비슫턴 건데 그 서레질헐 땐 질메 지운 거 쟁기질헐 땐 멍에 씌원. 거 구부니 ᄒ꼼 뜰리주116). 모양도 뜰리고.

― 등아리117) 우118)에 질메 지운 거 허곡 모가지에 멍에 씌운 거 허고는 구부니 와저니 뜰리난.

아까 써레 할 때는 멍에? 멍에?

― 저 질메.

질메예?

― 으

쟁기는 멍에고예?

― 으. 쟁기는 멍에고.

예. 예예예예. 게난 논닐헐 때는 그냥 소느로 검질 허는 거구나예?

= 소느로.

― 그게 헌 게 만추.

= 제추기는 그냥.

― 제추기로 헌 건.

예예예.

그러면요 그 농사를 지을 때 농기구들이 있지 않습니까?

— 예.

어떤 것들이 있었을까요? 예를들면 지금은 벼농사할 때 농기구는 아까 써레도 있고 번지도 있고 번지 그 다음에 그 쟁기도 있을 것이고요?

— 아 쟁기로 갈아 놓아서.

예.

— 써레로 다루어 놓아서 번지로 골라야 되고 그것을. 또 기구가 갈 때는 멍에 소멍에를 씌워서 쟁기질을 했고 또 써레질을 할 때는 길마를 지워 가지고 이제 밧줄 흘려서 끌어냈고.

— 이렇게 하니까 도구는 뭐 다 비슷비슷한 것인데 그 써레질 할 때는 길마 지운 것 쟁기질할 때는 멍에 씌워서. 그것 구분이 조금 다르지. 모양도 다르고.

— 등어리 위에 길마 지운 것 하고 모가지에 멍에 씌운 거 하고는 구분이 완전히 다르니까.

아까 써레 할 때는 멍에? 멍에?

— 저 길마.

길마요?

— 으.

쟁기는 멍에고요?

— 으. 쟁기는 멍에고.

예. 예예예예. 그러니까 논일할 때는 그냥 손으로 김매는 거군요?

＝ 손으로.

— 그것 한 것이 많지.

＝ 번지는 그냥.

— 번지로 한 것은.

= 그냥 둥으려¹¹⁹⁾ 주는 거.

— 얼마 아니고.

= 소느로가 주로 마니¹²⁰⁾. 소느로가 하영¹²¹⁾.

반농사할 때 선생님.

= 소느로가 하영 허고.

그 다으메 노네 물도 대야 될 꺼 아니우꽝예?

— 예 물 대곡.

= 대곡 빼곡.

그럼 물 댈 땐 뭐 피료한 연장이 어신가마씨?

— 아 연장은 물 댈 때.

= 소느로 강 시둑¹²²⁾. 시둑 쨀랑 물 느려가게¹²³⁾ 허곡. 또 댈 마니¹²⁴⁾ 헤시민 시도게 꺼 강¹²⁵⁾ 마강. 시독 마그민 안 느려강 딴 데레¹²⁶⁾ 강.

다 소느로?

= 예.

— 뭐 기구는 얻꼬.

기구는 없고요?

= 시둑 빌¹²⁷⁾ 때에는 호 호미¹²⁸⁾로. 시둑 그 푸리.

— 풀 풀 빌 때는 호미로.

= 호미로 비고.

삽 가튼 거 피료어서마씨?

그냥 소느로만.

= 소느로만.

— 아니 사븐 그건또 삽 들 때도 일쭈게. 저 뭐야. 무리 크게 비가 오나 뮐터나 허민 뭐 논꼬리¹²⁹⁾ 멕키던지 그 또 논꼬리 허무러져 불든지 이런 때는 사비 피료허긴 피료허지.

— 삽또 거 참 농기구에 일차로 필수푸미나네 사비. 반농사에도 피료허

= 그냥 굴려 주는 거.

− 얼마 아니고.

= 손으로가 주로 많이. 손으로가 많이.

밭농사할 때 선생님

= 손으로 많이 하고.

그 다음에 논에 물도 대어야 할 것 아닙니까?

− 예 물 대고.

= 대고 빼고.

그럼 물 댈 때는 뭐 필요한 연장이 없을까요?

− 아 연장은 물 댈 때.

= 손으로 가서 논둑. 논둑 잘라서 물 내려가게 하고. 또 댈 만큼 했으면 논둑에 것 가서 막아서. 논둑 막으면 안 내려가서 딴 데로 가서.

다 손으로?

= 예.

− 뭐 기구는 없고.

기구는 없고요?

= 논둑 벨 때는 호 낫으로. 논둑 그 풀이.

− 풀 풀 벨 때는 낫으로.

= 낫으로 베고.

삽 같은 것은 필요없나요?

그냥 손으로만.

= 손으로만.

− 아니 삽은 그것도 삽 들 때도 있지. 저 뭐야. 물이 크게 비가 오나 무엇하나 하면 뭐 논도랑이 막히던지 그 또 논도랑이 허물어져 버리든지 이런 때는 삽이 필요하기는 필요하지.

− 삽도 거 참 농기구에 일차로 필수품이니까 삽이. 밭농사에도 필요하

고 논농사에도 피료허고 이게 츠마.

게난 여기 그 보통 나록농사는 생수꼴 생수천?

— 생수천.

그 근방만 뒌쑤가?

— 예.

다른 딘 안 뒈고마씨?

— 다른 디는 이.

= 소끼꼬리렌 헌 디 열리130) 그 우리 그디도 간 헤난쑤게. 열리.

열리?

= 막 영 오르메.

— 이제 휴양님단지 허는 덴디 거기는 사람 뎅기는131) 건또 무섭찌마는 소에 짐 시껑132) 올 때는.

음.

— 아 이거 소 주겨지카부덴133).

아아.

— 이제는 소 하나 주거도 겁 뻽찌마는 연나렌 소 하나 주그믄.

큰 재사닌데.

— 나 재산 바는 허무러져 분134) 거.

— 그 소가 업쓰며는 일헐 쑤가 업쓰니까. 그러케 그 소가 중요헌 거라꼬135).

— 이제는 뭐 소 나도 이제 멜 깨 허다네136) 이젠 네 머리137)주마는 이건 새끼만 잘 나면 뒈는 거.

— 뭐 딴 거 하나도 업써. 일 시길138) 건또 업꼬 뭐.

— 아 지븨139) 올 때 차 타렌 허민 차로 오지 갈 때 차 탕140) 가지 뭐. 이거 뭐. 겨우레 지븨 오민 연나른 저 풀만 주고 살련는디 새끼 나곡 일 허곡 구루마141)질허곡 밧 깔고 다 뱅이142) 지곡143).

고 논농사에도 필요하게 이게 참말.

그러니까 여기 그 보통 벼농사는 생수골 생수천?

- 생수천.

그 근방만 됐습니까?

- 예.

다른 데는 안 되고요?

- 다른 데는 이.

= 소끼골이라고 한 데 예래동 그 우리 거기도 가서 했었습니다. 예래동.

예래?

= 막 이렇게 오름에.

- 이제 휴양림단지 하는 곳인데 거기는 사람 다니는 것도 무섭지만 소에 짐 실어서 올 때는.

음.

- 아 이거 소 죽여질까 보아.

아아.

- 이제는 소 하나 죽어도 겁 없지만 옛날에는 소 하나 죽으면.

큰 재산인데.

- 내 재산 반은 허물어져 버린 거.

- 그 소가 없으면 일할 수가 없으니까. 그렇게 그 소가 중요한 것이었고.

- 이제는 뭐 소 나도 이제 몇 개 하다가 이제는 네 마리지만 이것은 새끼만 잘 나면 되는 거.

- 뭐 다른 거 하나도 없어. 일 시킬 것도 없고 뭐.

- 아 집에 올 때 차 타라고 하면 차로 오지 갈 때 차 타서 가지 뭐. 이거 뭐. 겨울에 집에 오면 옛날은 저 풀만 주고 살렸는데 새끼 나고 일하고 마차질하고 밭 갈고 다 방아 찧고.

– 뭐 모든 거 다 헨는디 이젠 그걷또 아무 걷또 아니멍 사료 사당144)
줘야 허곡.

누가 메기곡.

– 아 겨우레 뭐 풀 잘 줘야 뒈곡 경혜도 어제그지게 날 얼메결따145)
마려.

(웃음) *** 고바부런뗀.

= 이른 아녕146) 놀멍 애기만 나민 뒌뗀.

– 아이. 담베 한 까치147)가 피우렌 허영 자 허영 준 걷꽈 하나 훔쳐
머거 분 걷꽈 기부니 다르듣끼148).

예. 맞수다.

– 아 이거 서푼짜리라도 이녁 물거니 딴 사람 껀 다 인는디149) 나 건
만 어시난150) 흥꼼 섭써븐151) 허긴 허고.

– 아 이거 오래 사람시난152) 벨꼬를 다 보네 허멍.

저 어린 누구 말마따나 건 환장허지.

(웃음)

= 환장허연 와십띠다153).

– 아 이거 젤 압짱성 나왕으네154) 어헝 허는 건디게 멘 바뀌155)를 도
라도게 수멍.

게난 가그네 싸이니 달라진 거 아이우꽈?

(웃음.) 강 뭐엔 불런쑤가?

– 불르는156) 소리로 불러봐도.

아아.

= 불르민 잘잘157) 드라옵니다게158).

게메.

= 동사네 강 어이 허민양 영 고개 들렁159) 봥 촬촬촬촬160) 아방161)
오민 와게.

- 뭐 모든 거 다 했는데 이제는 그것도 아무 것도 아니면서 사료 사다가 줘야 하고.

보릿가루 먹이고.

- 아 겨울에 뭐 풀 잘 줘야 되고 그래도 엊그저께 나를 언걸먹였다 말야.

(웃음) *** 숨어버렸다고.

= 일은 아니하고 놀면서 아기만 나면 된다고.

- 아니. 담배 한 개비가 피우라고 해서 자 해서 준 것과 하나 훔쳐 먹어 버린 것과는 기분이 다르듯이.

예. 맞습니다.

- 아 이것 서푼짜리여도 이녁 물건이 다른 사람 것은 다 있는데 내 것만 없으니까 조금 섭섭함은 하기는 하고.

- 아 이거 오래 살고 있으니까 별꼴을 다 보내 하면서.

저 어린 누구 말마따나 그것은 환장하지.

(웃음)

= 환장해서 왔습디다.

- 아 이거 젤 앞장서서 나와서 어헝 하는 것인데 몇 바퀴를 돌아도 숨어서.

그러니까 가서 사인이 달라진 것 아닙니까?

(웃음.) 가서 무엇이라고 불렀습니까?

- 부르는 소리로 불러봐도.

아아.

= 부르면 잘잘 달려옵니다.

그러게요.

= 동산에 가서 어이 하면요 이렇게 고개 들어서 봐서 좔좔좔좔 남편 오면 와요.

- 멀리 가긴 허는 건디.

가이 요새 여내허는 거 달믄게.

= 다 드러간. 드러갈 껀.

- 저 중가네 사료라도 흔 포 사당162) 줘시민 탁 나올 꺼 아니라게. 놈
더른 다 경 곧고163).

- 아니 어디 돈 셔게164). 이제 뭐 사료 주멍 아니민 뭐 새끼 하나 보
는 건디 뭐 허멍 헨는디.

= 돈는165) 사르미난 드르렌166).

- 아 수머 부러 가지고 사름 얼머건167).

= 흔 사름 완전 얼머거 부런.

- 멀리 가기는 하는 것인데.

그 아이 요즘 연애하는 것 닮은데.

= 다 들어갔어. 들어갈 것은.

- 저 중간에 사료라도 한 포 사다가 줬으면 턱 나올 것 아닌가. 남들은 다 그렇게 말하고.

- 아니 어디 돈 있어. 이제 뭐 사료 주면서 않으면 뭐 새끼 하나 보는 것인데 뭐 하면서 했는데.

= 닫는 사람이니까 달으라고.

- 아 숨어 버려 가지고 사람 언걸먹어서.

= 한 사람 완전히 언걸먹어 버렸어.

1.2 밭농사

예. 이버는 나룩 농산 다 뒌거라예. 이제는 밭뜨로 가쿠다. 반농사와 관련 뒌 거예. 반농사는 뭐뭐 지어봅디까?

― 반농사사.

예. 보리도 헬쓸 거시고.

― 여기서 허는 건.

보리.

― 다 헬쭈게.

= 보리 조.

조.

= 산뒤168).

산뒤. 감저도 헤보고예?

선생니미 굴 게 아니고 우리 삼추니 ᄀ라야 뒈는데.

― 모멀169) 콩 뭘.

예.

― 아년 게 하나도 얻쭈게.

마농?

= 콩.

― 농사 여기서 진뎬170) 헌 거 다.

예에.

= 아녀는 거 어시171) 다 헬쑤게.

― 게난 이제 옌날 ᄀ트민 이 장마에 이 오널 ᄀ튼 나른 콩도 갈기 조은 나리주.

예에. 그러믄예? 조쑤다. 시저레 따라. 아까 보리 조 콩 다 헬짜우꽝예?

예. 이번은 벼 농사는 다 된 거지요. 이제는 밭으로 가겠습니다. 밭농사와 관련된 거요. 밭농사는 무엇무엇 지어봤습니까?

─ 밭농사야.

예. 보리도 했을 것이고.

─ 여기서 하는 것은.

보리.

─ 다 했지.

＝ 보리 조.

조.

＝ 밭벼.

밭벼. 고구마도 해보고요?

선생님께서 말할 게 아니고 우리 삼촌이 말해야 되는데.

─ 메밀 콩 무엇.

예.

─ 아니한 것이 하나도 없지.

마늘?

＝ 콩.

─ 농사 여기서 짓는다고 한 것은 다.

예에.

＝ 안 하는 것 없이 다 했습니다.

─ 그러니까 이제 옛날 같으면 이 장마에 이 오늘 같은 날은 콩도 갈기 좋은 날이지.

예에. 그러면요? 좋습니다. 시절에 따라. 아까 보리 조 콩 다 했잖습니까?

봄서부터 쭉 헤봅써?

봄 뒈면. 음녁 사뭘 뒈면 뭘 허곡 사월따레는 뭐허곡 호번 쭉 호번 ᄀ라봅써?

일년 농사를?

일년 농사 한번 지어 보십써? 말로. 말로 일년 농사지어 봅쭈.

－ 일년 농사 봄 사뭘 사뭘따레 허는 농사가.

－ 사뭘따레 허는 농사는.

＝ 사뭐레는.

－ 업네.

게난 기주늘 정헹으네 짝 헤봅써?

예. 사월부터 한번 헤봅써?

＝ 사월부터 허지 아녈쑤가?

－ 게난 보리가 시월따레 간 거나네 보메 검지를172).

＝ 사뭘따레 검질메열쩌173). 보리검질174).

－ 이 보리 검지를 사뭘따레 검질메멍 칼 바든 사뭘175) 혜176)가 무당 노믜 지비 헌 북 ᄃ라메든177) ᄃ렝이178) ᄃ라정179) 안 진다.

다시 한번만마씨? 칼친 뭐?

－ 웃음.

칼바람ː.

어.

＝ 혜가 너무 지난180).

－ 사뭐레 에 혜가 기니까 무당 노믜 지비 헌 북 ᄃ라메든 혜가 ᄃ랑이181) ᄃ라진다. 이거. 그레 가지고.

＝ 지질 아년다.

－ 혜가 지질 아년다.

헬떤 마른 안 헤신디.

봄에서부터 쭉 해보십시오?

봄 되면. 음력 삼월 되면 무엇을 하고 사월 달에는 무엇하고 한번 쭉 한번 말해보십시오?

일년 농사를?

일년 농사 한번 지어 보십시오? 말로. 말로 일년 농사지어 보십시오?

— 일년 농사 봄 삼월 삼월 달에 하는 농사가.

— 삼월에 하는 농사는

＝ 삼월에는.

— 없네.

그러니까 기준을 정해서 짝 해보십시오?

예. 사월부터 한번 해보십시오?

＝ 사월부터 하지 않았습니까?

— 그러니까 보리가 시월 달에 간 것이니까 봄에 김을.

＝ 삼월 달에 김매었다. 보리 김.

— 이 보리 김은 삼월 달에 김매면서 칼 받은 삼월 해가 무당 놈의 집에 헌 북 달아매듯 주렁히 매달려서 안 진다.

다시 한번만요? 칼친 뭐?

— 웃음.

칼바람:.

어.

＝ 해가 너무 기니까.

— 삼월에 에 해가 기니까 무당 놈의 집에 헌 북 달아매듯 해가 주렁히 달려있다. 그래 가지고.

＝ 지지를 않는다.

— 해가 지지를 않는다.

했던 말은 안 했는데.

- 게난 이 헤가 젤 진 때가 언제냐 허면 하지거든.

예.

- 하지까지 막 지렁182) 이제 이제부떠 질당 저 초복부떠 일초씩 살살 살살 내려강 말복 뒈며는 짜른183) 줄 아라지게 에 짤라지는184) 건데.

- 으 그러케 그 막 헤가 지러 노민 옌나른 이젠 뭐 헤가 지러도 빵도 먹꼭 과일도 먹꼭 헫쭈마는 옌나렌 뭐 빵 먹꼭 과일 먹꼭 머글 게 업써노니.

게난 심방치븨 북 ᄃ라지든 드렁허게 등건는데 아페 무슨 바라미 불면 칼바라미 불면?

아니 아니 칼차든 무슨?

- 칼바라미 부는 게 아니라 무당 노미 집 헌북 ᄃ라메든185) 북 북.

예.

= 헤가 ᄃ라메여정으네.

- 헤가 진진헤186) 가지고 안 진다.

= 부기 터러질187) 리가 읻쑤가? 경허난 헤도 하도 지러노난 ᄃ라져둠서188) 지질 아녀다.

- 게난 옌날 몯쌀 때는 밤 진 건 존디189) 나제 헤 진 거는.

= 밤 진 건 조앋쑤가? 바미도190) 일헨쭈.

게난예. 게난 사뭘딸 뒈믄 보리받 검질멘191) 거?

- 검질멘 거.

예.

- 사월딸 나며는 이제 나롱메192) 준비가 젤 아페 허는 거지?

= 보리게 보리로 헙써게. 나롱멘 끈나고 보리농사.

- 아니 일녀네 농사진 거를 쭉 말허렌 허난 사월따레 뒈며는 젤 처음씨 노첸193) 허는 게 나록묘194) 노첸 나록 무레 크는195) 게 처으미고. 이제 사월따렌 그걸로 에 뭐 사월말 쯔메는 노네 강 파종허는 게고.

- 그러니까 이 해가 젤 긴 때가 언제냐 하면 하지거든.

예.

- 하지까지 막 길어서 이제 이제부터 길다가 저 초복부터 일초씩 살살 살살 내려가서 말복 되면 짧은 줄 알아지게 에 짧아지는 것인데.

- 으 그렇게 그 막 해가 길어 놓으면 옛날은 이제는 뭐 해가 길어도 빵도 먹고 과일도 먹고 했지만 옛날에는 뭐 빵 먹고 과일 먹고 먹을 것이 없으니까.

그러니까 무격집에 북 매달리듯 주렁하게 늘어졌는데 앞에 무슨 바람이 불면 칼바람이 불면?

아니 아니 칼차듯 무슨?

- 칼바람이 부는 것이 아니라 무당 놈의 집 헌 북 달아매듯 북 북.

예.

= 해가 달아매어져서.

- 해가 기나길어 가지고 안 진다.

= 북이 떨어질 리가 있습니까? 그러니까 해도 하도 기니까 매달려 있으면서 지질 않는다.

- 그러니까 옛날 못살 때는 밤 긴 것은 좋은데 낮에 해 긴 것은.

= 밤 긴 것은 좋았습니까? 밤에도 일했지.

그러니까요. 그러니까 삼월달 되면 보리밭 김맨 거?

- 김맨 거.

예.

- 사월 달 나면 이제 볏모 준비가 젤 앞에 하는 것이지?

= 보리요 보리로 하십시오. 볏모는 끝나고 보리농사.

- 아니 일년에 농사지은 것을 쭉 말하라고 하니까 사월 달 되면 젤 처음 씨 놓으려고 하는 것이 볏모 놓으려고 벼 물에 잠그는 것이 처음이고 이제 사월 달에는 그것으로 에 뭐 사월 말쯤에는 논에 가서 파종하는 것이고

- 또 오월딸 나머는 보리농사 싹 거두와드리면196) 다음부터는 농사에 드러가는 게 순서가 어느 게 빠르느냐가 문젠디 빠르는게 대략근 이 저 산뒤197).

예 산뒤.

- 예. 산뒤도 나로게198) 수추닌디 산뒤 헐 싸르믄 산뒤부터 젤 아피 씨 부치는 게 산뒤. 그 다으믄 조.

예:

- 또 그 다으믄 에.

= 콩도 갈곡.

- 콩. 콩이 그다으믄 고구마. 에 푸시199) 이제 우리 가란 그 이르게 가 라부니까 안 뒈는 건디 그다음 폰200). 푸시나 콩이나.

- 이제는 이르지 아너민 농사가 안 뒈덴 헌디 연나른 유월쩔201) 너멍 저 초복 다으메 헤야 그 알맏께 커 가지고 저 여무리 만타고 헨는데. 아 이제 그 저 폰도 이르게 간 가니까 뭐 벌레만 다 머거부러신디.

= 모멀202) 언제 놈**. 치뤌딸.

- 어 모머른 이제 장마에 모멀꽅203) 두불204) 가랑으네 치뤌 나야 치뤌 따레 모머리 제일 내중 노룩 또 가을농사 드리는 건 또 모머리 젤 내중.

예.

- 에 게난 ᄀ싸205) 농사를 그치룩206) 지며는 가으레 구월뚤부터 헤207) 드리는 게 젤 빠른 게 조가 아메도208) 빨라. 산뒤 조 나락209) 그거 세 가지가 비스터게 ᄀ튼 고비에 드러와야 뒈곡. 또 그 다으믄 콩. 고구마 가 또 젤 내중 파 드리는 거시 고구마고.

- 그 다음 시월뚤 뒈며는 보리 파종에 드러가는 거고 농사엔 헌 건 그 러케뻰끄 뭐.

옌나른 지시른 안 헫쑤가?

- 지슬210)?

- 또 오월 달 나면 보리농사 싹 거두어들이면 다음부터는 농사에 들어가는 것이 순서가 어느 것이 빠르냐가 문제인데 빠른 것이 대략은 이 저 밭벼.

예. 밭벼.

- 예. 밭벼도 벼의 사촌인데 밭벼 할 사람은 밭벼부터 젤 앞에 씨 부치는 것이 밭벼. 그 다음은 조.

예:

- 또 그 다음은 에.

= 콩도 갈고.

- 콩. 콩이 그다음에는 고구마. 에 팥이 이제 우리 갈아서 그 이르게 갈아버리니까 안 되는 것인데 그다음 팥. 팥이나 콩이나.

- 이제는 이르지 않으면 농사가 안 된다고 했는데 옛날은 유월절 넘어서 저 초복 다음에 해야 그 알맞게 커 가지고 저 여물이 많다고 했는데. 아 이제 그 저 팥도 이르게 가서 가니까 뭐 벌레만 다 먹어버렸는데.

= 메밀 언제 놓**. 칠월 달.

- 어 메밀은 이제 장마에 메밀팥 두벌 갈아서 칠월 되야 칠월 달에 메밀이 제일 나중에 넣고 또 가을농사 들이는 것은 또 메밀이 젤 나중.

예.

- 에 그러니까 이제 막 농사를 그처럼 지으면 가을에 구월 달부터 해서 들이는 것이 젤 빠른 것이 조가 아마도 빨라. 밭벼 조 벼 그것 세 가지가 비슷하게 같은 고비에 들어와야 되고. 또 그 다음은 콩. 고구마가 또 젤 나중 파서 들이는 것이 고구마고.

- 그 다음 시월 달 되면 보리 파종에 들어가는 것이고 농사라고 한 것은 그렇게밖에 뭐.

옛날은 감자는 안 했습니까?

- 감자?

예.

ㅡ 지스른 보메 논는 거.

＝ 받처이로 쫌 눙양 반찬.

ㅡ 이월 이월따레.

＝ 쌀망도211) 몬 머건쭈게. 머리가.

ㅡ 이젠 지슬212)보고 "감저"엔 허지 아념서?

예.

ㅡ 감전데 그 엔나렌 우린 "지슬 지슬" 헌디 지슬 이월따레. 음녀그로 이월따레.

네.

감저는 싱그젠 허면 저기 메종도 놔야헐 거 아니우꽈? 건 언제 놈니까?

ㅡ 정워레. 정워레 땅 막 파그네 난 삽 둥이고213).

ㅡ 이 이워레 노추 이월. 음려그로.

＝ 아이고 정워레도 눝쑤다 원상으로 노첸214) 허면.

저 감저 감저 감전메에?

＝ 예. 감전메215) 원상으로 노첸 허면 정워레 그 추운 때에.

ㅡ 아방216)은 사브로 땅 영 허민 난 그 사베 베 졸라멩217) 영 둥이곡218) 영 둥이곡 경 허영 팡219) 막 이 노피 파마씨. 쉐걸름220) 놔. 걸름. 비료샤 션221) 놔저서? 쉐걸름 놔그네 그 우티레222) 감전메223) 눙 더펑224) 비니루225) 더껑226) 놔두면 빨리 나.

ㅡ 빨리 크곡.

＝ 빨리 크곡.

ㅡ 여리 나니까.

＝ 경 허여그네 이 마227)에 싱건쑤게228).

예. 감절쭐 비여당예?

예.

- 감자는 봄에 놓는 거.

= 밭 가로 조금 놓아서요 반찬.

- 이월 이월 달에.

= 삶아서도 못 먹었지. 머리가.

- 이제는 감자보고 "감저"라고 하지 않는가?

예.

- 감자인데 그 옛날에는 우리는 "지슬 지슬" 했는데 감자 이월 달에. 음력으로 이월 달에.

네.

고구마는 심으려고 하면 저기 모종도 놔야할 것 아닙니까? 그것은 언제 넣습니까?

- 정월에. 정월에 땅 막 파서 나는 삽 당기고.

- 이 이월에 놓지 이월. 음력으로.

= 아이고 정월에도 놓습니다. 원상으로 놓으려고 하면.

저 고구마 고구마 고구마 묘요?

= 예. 고구마 묘 원상으로 놓으려고 하면 정월에 그 추운 때에.

- 남편은 삽으로 땅 이렇게 하면 나는 그 삽에 참바 졸라매어서 이렇게 당기고 이렇게 당기고 그렇게 해서 파서 막 이 높이 파요. 소거름 넣어. 거름. 비료야 있어서 놓아졌나? 소거름 놓아서 그 위에 고구마 모종 놓아서 덮어서 비닐 덮어서 놔두면 빨리 나.

- 빨리 크고.

= 빨리 크고.

- 열이 나니까.

= 그렇게 해서 이 장마에 심었습니다.

예. 고구마 기는줄기 베어다가요?

＝ 마에.

예예예.

＝ 마에 싱건쭈게. 경 허민 젤 말쩨229)에 파그네230) 썰젠231) 허민 가으레.

－ 게난 우리 중무니232) 그 조합 생긴 때가 오십구년도에 셍결떤가?

－ 중문농협 처음 셍긴 때 그 조합짱이 김형식 조합짱인디 그 박대통령 절간감저233) 바다드리라 헐 때 나가 우리 부라게서 벡삼십 깨 허여네 일뜽 헤여네.

벡 벡삼십 가마?

－ 예. 게연 상 바단 허멍 헤나신디234).

＝ 그게 잘 몰르면양235) 하양허곡236) 막 곤디237) 이치룩238) 써렁 마나 져불민양.

거멍허연.

＝ 파뤌 마 져불민 거멍허연 순239) 뒈여 붐니다. 게도 그걸 바다.

－ 그게 뭐냐면 상강 절기 때무네 상강 저니 절간허며는 아무리 잘 몰라도 조꼼240) 꺼묻꺼묻터고 상강 너멍 절가늘 허며는 날씨만 조았따 허민 그냥 하양허게 이 종이 모냥241)에 하양허게.

그럼 또 다시 합쭈예. 일딴 보리농사도 지어본 거 아니우꽝예?

－ 응.

그럼 보리 종뉴는 뭐뭐 이서낟쑤광? 보리?

－ 아. 쑬 세 가지 종뉴 잇찌.

＝ 맥쭈보리.

－ 아이242) 살보리가 젤 한 거.

슬루리.

－ 으. 두줄보리 맥쭈보리 그건벤끼 업짜나.

＝ 세 가지. 우리 헐 땐 세 가지.

아 세 가지마씨? 꽝질로리도 안 드러봅띠가?

= 장마에.

예예예.

= 장마에 심었지. 그렇게 하면 젤 말째에 파서 썰려고 하면 가을에.

− 그러니까 우리 중문리 그 조합 생긴 때가 오십구년도에 생겼던가?

− 중문농협 처음 생길 때 그 조합장이 김형식 조합장인데 그 박대통령 절간고구마가 받아들여라 할 때 내가 우리 마을에서 백삼십 개를 해서 일등 해서.

백 백삼십 가마?

− 예. 그렇게 해서 상 받아서 하면서 했었는데.

= 그것이 잘 마르면요 하얗고 막 고운데 이처럼 썰어서 장마나 져버리면요.

거메서.

= 팔월 장마 져버리면 거메서 숯 되어버립니다. 그래도 그것을 받아.

− 그게 뭐냐 하면 상강 절기 때문에 상강 전에 절간하면 아무리 잘 말라도 조금 꺼뭇꺼뭇하고 상강 넘어서 절간을 하면 날씨만 좋았다 하면 그냥 하얗게 이 종이 모양에 하얗게.

그럼 또 다시 하지요. 일단 보리농사도 지어 본 것 아닌가요?

− 응.

그럼 보리 종류는 뭐뭐 있었습니까? 보리?

− 아. 쌀 세 가지 종류 있지.

= 맥주보리.

− 아니 쌀보리가 젤 많은 거.

쌀보리.

− 으. 두줄보리 맥주보리 그것밖에 없잖아.

= 세 가지. 우리 할 때는 세 가지.

아 세 가지요? '꽝질오리'도 안 들어봤습니까?

- 어?

꽝질로리.

= 저.

- 아 그런 건또 아녀고.

= "떡뽀리"243)엔 헤네 빨간 거. 그 뿔금씨근헌244) 세깔245) 그 떡 커영246) 머그민 그걷까247) 흐끔 출진덴248). 게엔 그 보리 헤낫쑤다.

세 가지예?

= 세 가지.

어어. 게난 주로 어느 보리를 헤납띠가? 술루리?

= 맥쭈보리가.

- 처음 몯쌀 때는 쌀보리를.

술루리?

- 거의 이 동네 전체가 그 쌀보리가 그 불량이 만허니까249) 그거 허다가 그게 바쁜 허며는 흐끔 헤 마슨 쪼끔 더러250).

- 겐디 내중엔 두줄보리가 그 호주매기라고 헤 가지고 두 줄로 짝케도 그거 나온 땐 뭐 곤바비251) 몯찌아년쭈252). 그냥 그 호주맥 까까네253) 기계에 그냥 까깐 물 안 줭 까깡 헹 오민 그거 밥퍼민 뭐 아이고 뭐.

또 하나마씨? 아까 세 개 헤쓰니까?

- 그:.

쑬보리?

- 저 술보리254)허곡 두줄보리허곡 허지. 그 그냥 저 무신건꼬? 곧싸255).

맥쭈보리.

- 맥쭈보리는.

= 맥쭈매기엔256) 헬쩌. 그때.

- 그건 밤마시 영 업는 거. 수확또 안 나고 걷또 동네 마니257) 갈도258) 아년꼬259).

― 어?

꽝질오리.

= 저.

― 아 그런 것도 아니하고.

= "떡보리"라고 해서 빨간 거. 그 불그스레한 색깔 그 떡 해서 먹으면 그것이 조금 차진다고. 그래서 그 보리 했었습니다.

세 가지요?

= 세 가지.

어어. 그러니까 주로 어느 보리를 했었습니까? 쌀보리?

= 맥주보리가.

― 처음 못살 때는 쌀보리를.

쌀보리?

― 거의 이 동네 전체가 그 쌀보리가 그 분량이 많으니까 그거 하다가 그게 밥은 하면 조금 해 맛은 조금 덜해.

― 그런데 나중에 두줄보리가 그 호주맥이라고 해서 두 줄로 쫙 해도 그것 나온 때는 뭐 흰밥이 못지않았지. 그냥 그 호주맥 깎아서 기계에 그냥 깎아서 물 안 줘서 깎아서 해서 오면 그것 밥하면 뭐 아이고 뭐.

또 하나요? 아까 세 개 했으니까?

― 그:.

쌀보리?

― 저 쌀보리하고 두줄보리하고 하지. 그 그냥 저 무엇인고? 이제 막.

맥주보리.

― 맥주보리는.

= 맥주보리라고 했지. 그때.

― 그것은 밥맛이 영 없는 거. 수확도 안 나고 그것도 동네 많이 갈지도 아니했고.

예예예.

= 맥쭈맥 납짝납짝헌 거.

- 맥쭈맥 헤여 오고 쌀보리가 마난쭈. 겐디 맥쭈맥 헐 땐 밤만 조코 정부에서 바다가는 건 쌀보린 안 받꼬 맥쭈맥만 바드난 야간260) 구십 프로는 맥쭈맥. 일 프로 정도가 뒈나마나 헬찌 쌀보리 허는 사람.

- 맥쭈맥 나단261) 말짜262)에 뒈난.

게믄에 그 쌀 쌀보리나 두줄보리 한번 농사지은 것 한번 쯤 헤줍써? 게난 씨는 어떵 보관헤낟쑤가? 씨는.

= 씨는?

보리씨는?

- 씨는 그거 뭐 아무 걱쩡 업는 거. 딴 거는 위엄허는디 뭐 저 비만 안 마장263) 뭐 깨끋턴 거민 뭐 그냥 도루미깡264)에 놔도 뒈고.

메게 놔도 뒈고.

- 메게265) 놔도 뒈고. 메게 메게는.

= 짠266). 멘드란 이치룩 헌 거로 하꼬267) 크게.

- 메게 놔둔덴268) 허는 버븐 우리 부라게 어선꼬269) 이런 지벤 쥐가 안 드러오난 메게 놔도 뒈겐는디 엔나른 뭐.

ㅇㅇㅇ.

= 항아리에 항아리.

- 가치 밤 머글라고270) 덤비고 뭐 허는디.

= 안빵이엔271) 헌디 쭉 양쪼그로 놩 사름만.

- 쥐가 춤 어디 가 부런신디.

= 항아리.

= 허나네272) 항아리나 또 난 그 방 안네273) 통 만드라 가지고 그런디 너코 그랟찌.

예예예.

= 맥주보리 납작납작한 거.

― 맥주보리 해서 오고 쌀보리가 많았지. 그런데 맥주보리 할 때는 밥 맛 좋고 정부에서 받아가는 것은 쌀보리는 안 받고 맥주보리만 받으니까 하여간 구십 퍼센트는 맥주보리. 일 퍼센트 정도가 되나마나 했지. 쌀보리 하는 사람.

― 맥주보리 나다가 말째에 되니까.

그러면요 그 쌀 쌀보리나 두줄보리 한번 농사지은 것 한번 좀 해주십시오? 그러니까 씨는 어떻게 보관했었습니까? 씨는.

= 씨는?

보리씨는?

― 씨는 그것 뭐 아무 걱정 없는 거. 다른 것은 위험하는데 뭐 저 비만 안 맞아서 뭐 깨끗한 거면 뭐 그냥 드럼통에 놔도 되고.

멱서리에 놓아도 되고.

― 멱서리에 놓아도 되고. 멱서리에 멱서리에는.

= 짜서. 만들어서 이처럼 한 것으로 상자 크게.

― 멱서리에 놓아둔다고 하는 법은 우리 마을에는 없었고 이런 집에는 쥐가 안 들어오니까 멱서리에 놓아도 되겠는데 옛날은 뭐.

○○○.

= 항아리에 항아리.

― 같이 밥 먹으려고 덤비고 뭐 하는데.

= 고방이라고 한 데 쭉 양쪽으로 놓아서 사람만.

― 쥐가 참 어디 가 버렸는지.

= 항아리.

= 하니까 항아리나 또 나는 그 방 안에 통 만들어 가지고 그런데 넣고 그랬지.

- 곧싸274) 뭐 메게275) 논다는.

예. 그러믄 씨 씨 보과는 문제가 얻꼬예. 그 보관 헬떤 씨를 받까라그네 뿌리는 경우도 잎찌만 걸르메 서껑으네 허는 경우도 잎쑤가?

- 아이고 춤.

옌날 보리 가라난 걸 ?라 줍써?

- 옌날 그 보리 간 거 아주 우리 춤 나이 어려도 멍청헌 질 마니276) 헌 거주.

= 돋껄름277) 내어네.

- 소걸르믈278) 돋통279)에 너엉. 돋통에 막 드려놔. 이젠 또 가을 뜰며 는280) 그 가을거지 거둬드리고 그 돋껄름 헤영 그 돋껄르믈 마당에 이제 퍼네영.

= 굴체281)에.

- 거기서 씨 뿌령 소로 어렁떠렁 그 노믈 불방282) 그걸 소스랑283)으로 다 일이리 뒤지벙 뒤지벙284) 또 씨 뻬영285) 또 불방 또 그 노믈 한 군데 모으는 건또 아무러케 모아도 뒐 이린디 딴 사람덜 볼 때 모양 조케. 으.

- 으 이러케 네모나겔 허든지.

= 막 씨286) 올령287).

- 어어 어디냐? 저 산방산288) 모냥289)에 쭈짝커게290) 모냥 잎게 그러케 데미든지291) 그러케 허며는 절믄 사름 너머가당292) "아무네 지비 거름 춤 잘 데면네293)" 이런 말 듣쩬덜294) 그 허연는디.

= 메게.

- 그걸 또 뭐냐 하면 돋꺼름착295).

네.

- 돋껄름착 다망 소에 혼 짜게 하나씩 두 갤 시껑296) 아이고 춤. 그걸 받띠297).

- 아까 뭐 먹서리에 넣는다는.

예. 그러면 씨 씨 보관은 문제가 없고요. 그 보관 했던 씨를 밭갈아서 뿌리는 경우도 있지만 거름에 섞어서 하는 경우도 있습니까?

- 아이고 참.

옛날 보리 갈았던 것을 말해 주십시오?

- 옛날 그 보리 갈았던 거 아주 우리 참 나이 어려도 멍청한 짓 많이 한 거지.

= 돼지거름 내어서.

- 소거름을 돼지우리에 넣어서. 돼지우리에 막 들여놓아. 이제는 또 가을 들면 그 가을걷이 거둬들이고 그 돼지거름 해서 그 돼지거름을 마당에 이제 퍼내서.

= 삼태기에.

- 거기서 씨 뿌려서 소로 어렁떠렁 그 놈을 밟아서 그것을 쇠스랑으로 다 일일이 뒤집어서 뒤집어서 또 씨 뿌려서 또 밟아서 또 그 놈을 한 군데 모으는 것도 아무렇게 모아도 될 일인데 다른 사람들 볼 때 모양 좋게.

으.

- 으 이렇게 네모나게를 하든지.

= 막 쌓아 올려서.

- 어어 어디냐? 저 산방산 모양에 뾰족하게 모양 있게 그렇게 쟁이든지 그렇게 하면 젊은 사람 지나가다가 "아무네 집에 거름 참 잘 쟁였네." 이런 말 들으려고들 그 했는데.

= 먹서리에.

- 그것을 또 뭐냐하면 돼지거름 둥구미.

네.

- 돼지거름 둥구미 담아서 소에 한 쪽에 하나씩 두 개를 실어서 아이고 참. 그것을 밭에.

= 아방298)은 지레299) 크난 강 탁 부쳐도 난 ᄇ들락ᄇ드락허멍300) 강301) 그거 쉐302) 우티레303) 강.

— 거 돈껄름차겐 헌 게 어디 빌레304) 가니까 "돈껄름착도 ᄌ랑305) 쓰라306). 뭐 아무나 거 빌려주는 게 아니여." 거 헐주게.

예. 멕따리니까예.

— 저 소에 시껑 강 탁 터러질307) 때 땅드레308) 터러질 때 그게 헐긴 허러.

— 게난 아이고 그날 처냑309)부터 새끼 꼬아서 하루 처냐게 돈껄름착 하나 만드라야 넹310) 자곡. 그 뭐 열 깨 만드난 다선 ᄈᆞ리311)라.

음. 마ᄊᆞ다.

— 두 개가 호 바리니까 아 열 깨 만드난 혼312) 바리.

— 게믄 구루마313)에 다선 ᄈᆞ리 딱 시껑314) 뎅이니까315) 아이고 이건 뭐 세상 이보단 더 조은 이리 얻꾸나 허연 춤.

= 구루마 허난316) 막.

— 허단 내중 경운기가 우리 부라게 젤 처음 나온 때 다선 싸르미 가 보317)허난 고장 나민 나도 아녇쩌 나도 아녇쩌318) 나도 아녇쩌. (웃음) 다 이러더라고.

— 게난 이게 또 아이고 이제 저 ᄄᆞᆯ따리319)를 제주시 과양320) 성남기업 거기 간 야이321) 저 도나메322) 살 때 그디 간 ᄒᆞ르 저냑 자멍 저거 만드러 와네 저걸로 돈도 마니 벌고 저걸로 헌디.

— 구루마건 이제 경운기건 감저삐떼기323) 헌 거를 딱 시렁324) 가며는.

— 그 소에 시껑325) 막 뎅기믄326) 그거야 영 뿐지러져부러신디327) 검사과니 그거 뿐지러지민 알아주질 아녀.

아.

— 아 에 허나네 그 구루마에나 경운기에나 이거 페나니 시렁328) 가믄 이게 덜 뿐질러지니까 일뜽을 머거야 도니 뒈지 이등이나 등웨 머그믄 등웬 머그믄 영 안 뒈.

= 남편은 키 크니까 가서 탁 붙여도 나는 바동바동하면서 가서 그것 소 위로 가서.

− 그거 돼지거름 둥구미이라고 한 것이 어디 빌리러 가니까 "돼지거름 둥구미도 결어서 써라. 뭐 아무나 그것 빌려주는 것이 아니야." 그것 헐지.

예. 먹서리이니까요.

− 저 소에 실어서 가서 탁 떨어질 때 땅으로 떨어질 때 그게 헐기는 헐어.

− 그러니까 아이고 그날 저녁부터 새끼 꼬아서 하루 저녁에 돼지거름 둥구미 하나 만들어야 누워서 자고. 그 뭐 열 개 만드니까 다섯 바리라.

음. 맞습니다.

− 두 개가 한 바리니까 아 열 개 만드니까 한 바리.

− 그러면 마차에 다섯 바리 딱 실어서 다니니까 아이고 이것은 뭐 세 상 이보다는 더 좋은 일이 없구나 해서 참.

= 마차 하니까 막.

− 하다가 나중 경운기가 우리 마을에 젤 처음 나온 때 다섯 사람이 합 작하니까 고장 나면 나도 아니했다 나도 아니했다 나도 아니했다. (웃음) 다 이러더라고.

− 그러니까 이제 또 아이고 이제 저 탈탈이를 제주시 광양 성남기업 거기 가서 이 아이 저 도남동에 살 때 거기 가서 하루 저녁 자면서 저거 만들어 와서 저것으로 돈도 많이 벌고 저것으로 했는데.

− 마차건 이제 경운기건 절간고구마 한 것을 딱 실어서 가면.

− 그 소에 실어서 막 다니면 그거야 이렇게 분질러져버렸는데 검사관 이 그것 분질러지면 알아주지를 않아.

아.

− 아 에 하니까 그 마차에나 경운기에나 이거 편안히 실어서 가면 이 게 덜 분질러지니까 일등을 먹어야 돈이 되지 이등이나 등외 먹으면 등외 는 먹으면 영 안 돼.

- 요즘 그 교수님넨 더 잘 아람쭈마는329) 소도 그런쑴니다. 이게 하누가 일뜽그블 머그믄 엄창330) 돈 벌고 이등급 일뜽급 몬 머겅 이등급만 머거도 조은디 삼등급 머그민.

마니나스.

- 완전 적짜라. 거 돈 차이가 너무 나부러.

- 만 키로당 만삼천오베 권에 삼등급 허민 칠처 눱도 안 주니까 그거 엄청나.

고비네.

- 예. 차이가 나부런. 그런 시기 뒈든끼331) 그 고구마 헐 때도 가능허민.

- 일뜽급 먹쩬332) 게도 흐꼼 야속컨 할망인디 검질께기333) 하나 안 들게 부시레기334) 몬지335) 다 떠러내곡 허멍. 상 받꼬.

게난 걸름차게다가 이젠 그 돋껄르믈 실렁.

보리 가라얍쭈. 이젠.

보리 보리받띠 간 거 아니우꽝예? 그 쭉 페와낭.

- 페워노면336) 이 사르미 강.

소시랑으로.

- 그 추운디 눈 팡팡 와가는디337) 손 영 이러케 뿌뼝338) 이러케 막 골고르339) 허치는340) 거여.

= 밭 천지를 막 소느로.

- 밭 천지에 쪼끔씩 옐 누구 말째라도341) 개똥 콜기든342) 영 받띠343) 막.

가마기똥 케우리든.

- 예 그러추. 예 그 걸르믈 이렇케 확 아상으네344) 영 부뼝345) 타타타타 던져노민 그다으믄 받346) 까는 사르믄 나라.

으음.

- 어 가라.

- 요즘 그 교수님네는 더 잘 알고 있지만 소도 그렇습니다. 이것이 한우가 일등급을 먹으면 엄청 돈 벌고 이등급 일등급 못 먹어서 이등급만 먹어도 좋은데 삼등급 먹으면.

마이너스.

- 완전 적자야. 그것 돈 차이가 너무 나버려.

- 만 킬로그램당 만삼천오백 원에 삼등급 하면 칠천 원도 안 주니까 그거 엄청나.

곱이네.

- 예. 차이가 나버려서. 그런 식이 되듯이 그 고구마 할 때도 가능하면.

- 일등급 먹으려고 그래도 조금 야무진 할머니인데 검부러기 하나 안 들게 부스러기 먼지 다 떨어내고 하면서. 상 받고.

그러니까 거름 둥구미에다 이제는 그 돼지거름을 실어서.

보리 갈아야지요. 이제는.

보리 보리밭에 간 것 아닌가요? 그 쭉 펴놓아서.

- 펴놓으면 이 사람이 가서.

쇠스랑으로.

- 그 추운데 눈 펄펄 내리는데 손 이렇게 이렇게 비벼서 이렇게 막 골고루 흩는 거야.

= 밭 천지를 막 손으로.

- 밭 천지에 조금씩 옛 누구 말마따나 개똥 깔기듯 이렇게 밭에 막.

까마귀똥 흩듯.

- 예. 그렇지요. 예 그 거름을 이렇게 확 가져서 이렇게 비벼서 타타타타 던져놓으면 그다음은 밭 가는 사람은 나야.

으음.

- 어 갈아.

- 게끈 갈며는 또 꼬량이 고량347)이 비얻따 마려348). 이 고랑에 한 벙뎅이349) 한.

- 벙뎅이.

아아 고량에.

- 건 시보 전350)에 하나씩.

= 강 아따그네351) 아낭352).

- 시보 전.

= 딱딱.

- 시보 저네 하나씩 톡톡톡톡 문드렁으네353) 또 이걸 이러케.

으음.

- 흐그로354) 마가져.

= 그걸로 뭐 영 아나당355) 트다그네356) 멍에357)에 왕으네358) 사르미.

- 또 그런 걷또 읻꼬. ****. 쉐가 한번 쭉 가라 가며는.

- 이 골359) 갈리는 영 양펜디레360) 영 갈라지는 게 골 갈리고.

- 이건 흔짝디레만361) 가게 뒌 건디 영 허영 쭉 도라가면 이 나362) 가라가는 조르메363) 거르믈 아져364) 왕365) 흔 벙뎅이씩366) 탁탁탁탁 낳 저디367) 강 소가 도라갈 때 이짜그로368) 또 영 오게 뒈는 건데 조르메 바짝 허여져야 뒈는디 그걸 안 뒈며는 소가 이거 이거 거름 안 낳 이시며는369) 이거 이러 허터허멍370) 가야 뒈는디.

몯 까.

- 아 춤 몯 까니까. 하 저 어떤 땐 성지른 흐꼼371) 뜨으릉허면서도372) 바쁠 땐 엄창373) 야네374) 어머니허고 나는 동기간 쭝에도 엄창 바쁜 사르미라. 게난.

= 이젠 이거 떡 뒈언375).

- 야네 어머니가 거름 노콕 골 막는 거.

= 사름 다울려376) 가는디. 이제 영 헤시민.

- 그러면 갈면 또 고랑이 고랑이 비었다 말이야. 이 고랑에 한 덩어리 한.

- 덩어리.

아아 고랑에.

- 그것은 십오 전에 하나씩.

= 가서 가져다가 안아서.

- 십오 전.

= 딱딱.

- 십오전에 하나씩 톡톡톡톡 떨어뜨려서 또 이것을 이렇게.

으음.

- 흙으로 막아져.

= 그것으로 뭐 이렇게 안아다가 뜯고서 밭머리에 와서 사람이.

- 또 그런 것도 있고. ****. 소가 한번 쭉 갈아 가면.

- 이 고랑 갈기는 이렇게 양편으로 이렇게 갈라지는 것이 고랑 갈기고.

- 이것은 한쪽으로만 가게 된 것인데 이렇게 해서 쭉 돌아가면 이 내가 갈아가는 꽁무니에 거름을 가져 와서 한 덩어리씩 탁탁탁탁 놓아서 저기 가서 소가 돌아갈 때 이쪽으로 또 이렇게 오게 되는 것인데 꽁무니에 바짝 할 수 있어야 되는데 그것 안 되면 소가 이것 이것 거름 안 놓아 있으면 이러 이랴 헛헛하면서 가야 되는데.

못 가.

- 아 참 못 가니까. 하 저 어떤 때는 성질은 조금 뜬 것 같으면서도 바쁠 때는 엄청 얘네 어머니하고 나는 동기간 중에도 엄청 바쁜 사람이야. 그러니까.

= 이제는 이거 떡 되었어.

- 얘네 어머니가 거름 놓고 골 막는 것.

= 사람 죄어쳐 가는데 이제 이렇게 했으면.

− 나가 밭 까라도 그걸 마창으네377) 허민 자네378) 어멍은 나를 조아
허주.

게난 영 헨 다.

− 센쓰379)가 마지니까.

예예. 게연 이제 다 간 거라. 이젠예.

= 나도 나마니 ᄃ란380).

게민 이제는 싸기 나다 보면 이제 또 볼라 줘야 될 꺼 아니우꽝?

이 동넨.

− 아아 여긴 흑빨381) 조나넨382).

안 볼란쑤가?

− 예. 버브로 나와네 혼 해.

= 가랑만 내부런383).

− 볼브렌384) 막 헬쭈. 헨는디 그거 안 허고. 모실포385) 쪼그로 글로
는386) 마니387) 볼바.

아 게난 여긴 남테도 모르겓따예?

− 예. 그 볼르는 건 뭐.

= 돌멩이가 하노나네388) 가라가는 양 그걸 막 지둘르난389) 볼름390)
무신걸 험니까게. 게난 지슬391) ᄀ튼 거 안 됍니께. 눌러부렁.

− 저.

= 경 헤연 안 뒈는 거라. 이렌392).

− 모실포 동쪽 사계393) 글로394) 모실포 사이엔 흐기 꺼멍허고 부각컨
디난395) 이제 아까 지스리엔396) ᄀ라시난397) 감저보고 지슬허난 지슬도
잘 뒈곡 그 뭐야. 이 베추ᄀ튼 걷또 잘 뒈곡 이러는디 여긴 돌멩이가 만
타 보나네398).

= 게난 보리 간 거 우렁399).

− 그 밭로 안 볼라도 뒈.

－ 내가 밭 갈아도 그것을 맞춰서 하면 저 아이네 어머니는 나를 좋아 하지.

그러니까 이렇게 해서 다.

－ 센스가 맞으니까.

예예. 그래서 이제는 다 간 거죠. 이제는요.

＝ 나도 나만큼 뛰어서.

그러면 이제는 싹이 나오다 보면 이제 또 밟아 줘야 될 것 아닙니까?

이 동네는.

－ 아아 여기는 흙바탕 좋으니까는.

안 밟았습니까?

－ 예. 법으로 나와서 한 해.

＝ 갈아만 내버렸어.

－ 밟으라고 막 했지. 했는데 그거 안 하고. 모슬포 쪽으로 그리로는 많이 밟아.

아 그러니까 여기는 남태도 모르겠네요?

－ 예. 그 밟는 것은 뭐.

＝ 돌멩이가 많아 놓으니까 갈아가는 양 그것을 막 지지르니까 밟기 무엇을 합니까. 그러니까 감자 같은 거 안 되지요. 눌러버려서.

－ 저.

＝ 그렇게 해서 안 되는 거야. 이리로는.

－ 모슬포 동쪽 사계리 그리로 모슬포 사이에는 흙이 꺼멓고 부각한 데 니까 이제 아까 감자라고 말했으니까 감자보고 지슬하니까 감자도 잘 되고 그 뭐야. 이 배추같은 것도 잘 되고 이러는데 여기는 돌멩이가 많다 보니까.

＝ 그러니까 보리 간 것 위해서.

－ 그 발로 안 밟아도 돼.

예에.

게믄 이제 보리가 커 가믄 검질메얍쭈?

게난 보리밧 이젠 크니깐 검질멜 꺼 아니우꽝예? 검질 멜 뿔까지 멜수가?

－ 아 비료부터 아피 주고.

비료 주고.

＝ 비료 죙 다으메.

－ 빤른 사르믄 두불400) 메는 사름도 잇쭈마는 보리 검지른 대랴근 혼
불401)로.

아 초불로 그냥 끈나마씨?

－ 끈나. 그게 빨리 크고 짐뿍커니까402) 초불만 멜 때 풀만 언께403) 만
드라 노민 그 보리가 어우러지니까 풀 날 동자기.

＝ 그 다으메 저 대우리404). 보리 달믄 대우리.

－ 또 허믄.

대우리 뽑꼬예?

＝ 대우리.

－ 대우리는 또 씨진405) 받띠쯔믄406) 뭐 대우리가 보리 반 대우리 반
허는 수가 이써. 경 허영.

대우리 뽑꼬.

－ 예. 그거 안 뽀브민 또 크닐 나니까 건 꼭 뽀바야.

＝ 대우리만 메민 이거그네.

예에.

그러면 이제 보리가 커 가면 김매야죠?

그러니까 보리밭 이제는 자라니까 김맬 것 아닙니까? 김 몇 벌까지 맸습니까?

- 아 비료부터 앞에 주고.

비료 주고.

= 비료 주고 다음에.

- 빠른 사람은 두벌 매는 사람도 있지만 보리 김은 대략은 초벌로.

아 초벌로 그냥 끝나요?

- 끝나. 그게 빨리 크고 듬뿍하니까 초벌만 맬 때 풀만 없게 만들어 놓으면 그 보리가 어우러지니까 풀 날 동작이.

= 그 다음에 저 귀리. 보리 닮은 귀리.

- 또 하면.

귀리 뽑고요?

= 귀리.

- 귀리는 또 씨가 떨어진 밭쯤은 뭐 귀리가 보리 반 귀리 반 하는 수가 있어. 그렇게 해서.

구리 뽑고.

- 예. 그거 안 뽑으면 또 큰일 나니까 그것은 꼭 뽑아야.

= 귀리만 매면 익어서.

1.3 가을걷이와 겨울걷이

게영 이제 또 빌 꺼 아니우꽝?

─ 예.

비영 받틱서 태작헙띠강 지비 완 태작?

= 지븨407) 가져완.

─ 아이고 그 연날사 보리 허미는 다 무껑으네408) 소에 실러409) 오든 지 또 마차로 실러 경운기로 실러 왕410) 지비 왕.

누렁.

─ 이 우리 할망411) 모냐412) ㄱ라실413) 껀디 크게만 올리라414) 올리라 크게만 눌렌415). 그거 혜 낭 음. 중무니416) 경리417) 난 때지.(웃음)

= 아니 경 허난 그 말만 ㄱ릅써418). 난 때만.

게난 이제 누럳땅 이젠 또.

─ 그러믄.

홀타야 될 꺼 아니라예?

─ 영 줴여 주멍419).

줴여 주곡 홀트곡.

─ 홀탕420) 소로도 불바도 보고.

태작또 허고.

─ 도께421)로 태작422)또 헤보고.

메탁끼도 허고.

─ 멕타기423)로 이제 이러케 올리멍.

= 메타기로가 하영424) 헬쭈. 거 쉐로 헌 건 아방425).

게믄 이젠 보리 이젠 다 수확컨 거라예?

─ 예.

그래서 이제 또 벨 거 아닙니까?

― 예.

베서 밭에서 타작했습니까 집에 와서 타작?

＝ 집에 가져와서.

― 아이고 그 옛날이야 보리 하면 다 묶어서 소에 실어 오든지 또 마차로 실어 경운기로 실어 와서 집에 와서.

가리어서.

― 이 우리 할머니 먼저 말했을 것인데 크게만 올려라 올려라 크게만 가리지으라고. 그거 해 놓아서 음. 중문리 경리 날 때지.(웃음)

＝ 아니 그렇게 하니까 그 말만 말하십시오. 난 때만.

그러니까 이제 가리지었다가 이제는 또.

― 그러면.

훑어야 될 거 아닌가요?

― 이렇게 쥐어 주면서.

쥐어 주고 훑고.

― 훑어서 소로도 밟아도 보고.

타작도 하고.

― 도리깨로 타작도 해보고.

탈곡기도 하고.

― 탈곡기로 이제 이렇게 올리면서.

＝ 탈곡기로가 많이 했지. 그거 소로 한 것은 남편.

그러면 이제는 보리 이제는 다 수확한 거지요?

― 예.

= 게영 그걸 바페 먹쩬426) 허면 방에427) 지어야428) 뒐 **?

= 물령그네게429). 물령.

게믄.

― 그.

물방에 강.

― 예. 그 보리를 몰루완.

예.

― 그 물방에430) 가 가지고 쉐 메영 어랑떠렁허멍 몰멍 그걸 여자는 이러케 올련따 내련따 허고.

= 반만 져431) 가믄양 물 줘.

― 예 물.

= ᄆᆞ른432) 보리에.

― ᄆᆞ른 보리에 물 젖 그걸 다 까까433). 저 버서. 껍쭉434) 버스면 또 지비 왕 너렁435) 멍서게 너렁 그거 어느 선 물 빠지민 또 그 불리멍436) 그 체437)를 골라내어 부러야주.

― 경 헤영 그 ᄀᆞ레438)에.

= 거피열쭈439). 거피연.

― 또 보리쏠 거핀다. 영 허영 거평440) 아아.

예예예예.

― 그래서 바블 헬꼬.

= 거피영 밥페도 꼴렝이441) 도다서.

예.

= 예. 꼴렝이가 도다.

예. 마쑤다. 마쑤다.

= 경 혜도 야게기 야게기442)가 뜨나나신가 몰라.

겐디 요새는에 그런 바블 머거야 뒌덴 거친 바블 머거야 뒌덴.

= 그래서 그것을 밥해 먹으려고 하면 방아 찧어야 될 **?

= 말려서. 말려서.

그러면.

─ 그.

연자매에 가서.

─ 예. 그 보리를 말려서.

예.

─ 그 연자매에 가 가지고 소를 매서 어랑떠렁하면서 몰면서 그것을 여자는 이렇게 올렸다 내렸다 하고.

= 반만 찧어 가면요 물 주어.

─ 예. 물.

= 마른 보리에.

─ 마른 보리에 물 주어서 그것을 다 찧어. 저 벗어. 거죽 벗으면 또 집에 와서 널어서 멍석에 널어서 그거 어느 정도 물 빠지면 또 그 드리면서 그 겨를 골라내 버려야지.

─ 그렇게 해서 그 맷돌에.

= 거피했지. 거피해서.

─ 또 보리쌀 거피한다. 이렇게 해서 거피해서 아아.

예예예예.

─ 그래서 밥을 했고.

= 거피해서 밥해도 꼬랑이 돋았어.

예.

= 예. 꼬랑이가 돋아.

예. 맞습니다. 맞습니다.

= 그렇게 해도 목이 목이 달랐었는지 몰라.

그런데 요새는요 그런 밥을 먹어야 된다고 거친 밥을 먹어야 된다고.

= 그런 밥 머그난 할망더리양 건강헴서마씸. 아주.

- 안 내려가곡. **.

안 내려가마씨? 아.

- 왜 안 내려가느냐. 메멀443). 메머리 껍주글 벤꼉444) 진ᄀ르445)로 헌 걷또 허는디 메멀 껍죽 안 벤껸 헌 거 요 중무니446) 갇땅447) 누게 거 머거 보렌 헨는디 거무특특헌디 그 메멀 껍주글 안 벤껴 가지고 그냥 ᄀ란448) 헌 거 안 내려가.

= 게난 호강시러완게.

게도 혹씨 **** 물보리는 머거 봅띠강?

- 아이고 물보리 춤 물보리 이러케 조 그거 영 만드는 거 줴기지는 거엔 헌디 조지는 거엔 헌디 보릳꼬고리만 이러케 모앙 이러케 떡.

= 저 날보리 헐 때 서포리449).

- 서포리 그거 헤영.

= 아방450) 아녀쑤다게.

= 나 저 초기사네451).

- 무사452) 저 우마게453) 살 때 아녀서.

= 초기사네 간 때 아방 보벼454) 줨. 초기사네 가부나네455). (웃음) 나가.

- 그거 허연 보병.

음.

- 물 하영 놔네 쌀마부난456).

= 분시457) 몰란.

- 그 노미 보리가 벨록벨록. 영.

= 말만 드런딴 나가. 말만.

- 벌러. 벌러져부런써458). 무를 쩍께 놔도 그.

= 그 바드렝이459) 놓으네 쳐야460) 뒈는디.

= 그런 밥 먹으니까 할머니들이 건강하지요. 아주.

─ 아니 내려가고. **.

안 내려가나요? 아.

─ 왜 안 내려가느냐. 메밀. 메밀이 거죽을 벗겨서 고운가루로 한 것도 하는데 메밀 거죽 안 벗겨서 한 거 요 중문동 갔다가 누가 그것 먹어보라고 했는데 거무튀튀한데 그 메밀 거죽을 안 벗겨 가지고 그냥 갈아서 한 것 안 내려가.

= 그러니까 호강스러워서.

그래도 혹시 ** 물보리는 먹어 봤습니까?**

─ 아이고 물보리 참 물보리 이렇게 조 그것 이렇게 만드는 거 쉐기지는 것이라고 하는데 트는 것이라고 하는데 보리이삭만 이렇게 모아서 이렇게 딱.

= 저 날보리 할 때 풋보리.

─ 풋보리 그거 해서.

= 아버지 안 해봤습니다.

= 나 저 표고버섯밭에.

─ 왜 저 움막에 살 때 아니했어.

= 표고버섯밭에 간 때 남편 비벼 줬어. 표고버섯밭에 가버리니까. (웃음) 내가.

─ 그거 해서 비벼서.

음.

─ 물 많이 넣어서 삶아버리니까.

= 분수 몰라서.

─ 그 놈의 보리가 벨록벨록. 이렇게.

= 말만 들었다가 내가. 말만.

─ 깨어 깨어져버렸어. 물을 적게 넣어도 그.

= 그 경그레 넣어서 쪄야 되는데.

- 흑끔만461) 놔야 뒈는디 하영462) 놔부니까 보리쏠 빵우리463) 이러케 다 버러젼464).

= 밥. 밥 다 뒈여부런.

- 아 경 허난 그거 다 몰리젠465) 허난.

= 몬 몰렫쑤다게. 던져부런.

- 뭔 던져서게.

= 이치룩 마 져부런. 게난 아방466)이 몰라. 아방 어신467) 때난.

- 던지길 뭔 던져게. 그거 허연 밥또 안 뒈여 죽또 안 뒈여도 머건찌.

조쑤다. 게난 이젠 보리농사 끈난 거 아니우꽝? 예.

이제는 조농사 헙쭈예?

조:씨는 어떵 가냥헤낟쑤가?

- 아 조씨468)도 그 저.

허버게?

= 허버게469).

예.

- 허벅470) 허벙양 연나른 저 주라서471).

음.

= 저 말째에라 가난. 멕 모냥472)에 주랑으네473) 허벅뿌리474) 멘드랑 우티레475) 와 갈쑤록 조라지게476).

건 씨부게기라고 허는 겁쭈게.

= 씨 노첸477).

예. 씨부게기.

= 경 허연 그디 지렁478) 놔뒐쑤게.

예.

= 경 아년 땐 허버게.

예.

- 조금만 넣어야 되는데 많이 넣어버리니까 보리쌀 방울이 이렇게 다 깨어졌어.

= 밥. 밥 다 되어버렸어.

- 아 그렇게 하니까 그거 다 말리려고 하니까.

= 못 말렸습니다. 던져버렸어.

- 무엇 던졌어.

= 이처럼 장마 져버렸어. 그러니까 남편이 몰라. 남편 없는 때니까.

- 던지기는 뭐 던졌어. 그거 해서 밥도 안 돼 죽도 안 되어도 먹었지.

좋습니다. 그러니까 이제는 보리농사 끝난 거 아닙니까? 예.

이제는 조농사 합시다요?

좁씨는 어떻게 간수했었습니까?

- 아 좁씨도 그 저.

허벅에?

= 허벅에.

예.

- 허벅 허벅요 옛날은 저 결어서.

음.

= 저 말째에라 가니까. 먹서리 모양에 결어서 허벅부리 만들어서 위로와 갈수록 빨게.

그것은 씨부게기라고 하는 거지요.

= 씨 넣으려고.

예. 씨부게기.

= 그렇게 해서 거기 길어서 놔두었지요.

예.

= 그렇게 않을 때는 허벅에.

예.

= 경 허영 지럴따그네479) 이제 좁씨 삐게480) 뒈민 이제 망텡이481) 좁씨 망텡이 걷띠렌482) 비와483) 놔그네 으져강484) 경 허영 밭 까라 놔근네 삐여.

예.

= 삐영485) 물 흔 서너 개썩 네 갠 허여. 경 헤그네 혼디 야게기486) 졸라메곡 졸라메곡 주렁주렁허영. 아방487)은 밭 깔곡 그걸 으정488) 뎅기멍489) 막 볼리렌490).

예. 볼려.

= 게믄 드러491) 물 뜨리멍492) 막 도라뎅기주. 밭띠. 도라뎅기민 밭 볼라493).

으.

= 지깍494) 볼라져사. 그디 잘 볼라진 디가 조 잘 나마씨495). 안 볼라진 딘.

겐디 비가 마니 왕 이젠 버서부러예.

= 경 허난 버서분496) 딘 버서분 딘 비 오민 또 강으네497) 그 즈진498) 디 꺼 헤당 또 싱거499). 싱그민 온 바시 몬딱500) 그드가501). 경 허연 헬 쑤게.

게믄 마지기는 어떵 헤납띠가?

= 말지긴502).

마지기 마지기?

= 밭 이신503) 건 다 헤낟쭈.

아니 저 장마 다으메 허는 걷또 일쑤광?

마 저네 농사 진는 거 하고.

— 마거지504).

** 예. 마가지. 마가지.

— 마거지 조파션505) 헌 건.

= 으으 마거지.

= 그렇게 해서 길었다가 이제 좁씨 뿌리게 되면 이제 망태기 좁씨 망태기 그것에는 부어 넣어서 가져가서 그렇게 해서 밭 갈아 놓아서 뿌려.

예.

= 뿌려서 말 한 서너 개씩 네 개는 해. 그렇게 해서 함께 목 졸라매고 졸라매고 주렁주렁해서. 남편은 밭 갈고 그것을 가져서 다니면서 막 밟으라고.

예. 밟아.

= 그러면 들이 말 때리면서 막 돌아다니지. 밭에. 돌아다니면 밭 밟아.

으.

= 딴딴하게 밟아져야. 거기 잘 밟아진 데가 조 잘 나지요. 안 밟은 데는.

그런데 비가 많이 와서 이제는 벗어버려요.

= 그렇게 하니까 벗어버린 데는 벗어버린 데는 비 오면 또 가서 그 잦은 데 것 해다가 또 심어. 심으면 온 밭이 몽땅 가득해. 그렇게 해서 했습니다.

그러면 마지기는 어떻게 했었습니까?

= 마지기는.

마지기 마지기?

= 밭 있는 것은 다 했었지.

아니 저 장마 다음에 하는 것도 있습니까?

장마 전에 농사 짓는 거 하고.

- 마걷이.

** 예. 마걷이. 마걷이.

- 마걷이 조밭에는 하는 것은.

= 으으 마걷이.

- 어떤 바슬506) 마거지로 허느냐. 감전메507) 놔난508) 디나 지슬509) 놔
난 디나 그 땅이 저 좀 이 거리왈510).

예.

- 즉 마러자면 이 동네 거리와슨 장쿡511) 내만 마셔도 걸다 해서. 그
지슬 놔난 디나 감전메 놔난 건 디는 마512) 끈나면 헐 땐 그 불리는 건또
엄청 불려야513) 뒈.

- 이 몽둥이로 찔러 보멍 땅이 딴딴너게 볼라야.

= 조크르514)에 허는 건 그런 제라허게515) 조크르에 허는 건 가스레
허는 거엔 허고.

예.

= 조팥516).

예.

= 가슬517) 조팥시엔 허고. 마거지엔 헌 건 마자 지슬끄르518)나 그
런 디.

예 그러치예?

= 예. 두 번.

- 저 그거 춤 간딴헌 문제가 아니네.

게난 어디 조가 더 조음네까? 가실?

- 아이. 저 내중 마거지헌 게 조추.

= 빨리 커마씨519).

- 빨리 크곡 수확또 잘 나곡.

음.

- 땅이 거니까.

예예예예.

= 그디 이제추룩 조 보리 저 거름 셔그네520) 주질 몰테 노난 가스렌
헌 디 ᄒ꼼양521) 노랑허여.

- 어떤 밭을 마걸이로 하느냐. 고구마 모종 났던 데나 감자 났던 데나 그 땅이 저 좀 이 마을 안에 있는 밭.

예.

- 즉 말하자면 이 동네 마을 안에 있는 밭을 된장국 내만 마셔도 걸다고 했어. 그 감자 났던 데나 고구마 모종 났던 건 데는 장마 끝나면 할 때는 그 밟는 것도 엄청 밟아야 돼.

- 이 몽둥이로 찔러 보면서 땅이 단단하게 밟아야.

= 조 베어난 데 하는 것은 그런 알맞게 조 베어난 데 하는 것을 가을에 하는 것이라고 하고.

예.

= 조밭.

예.

= 가을 조밭이라고 하고 마걸이라고 한 것은 마자 감자 캐었던 데나 그런 데.

예. 그렇지요?

= 예. 두 번.

- 저 그것 참 간단한 문제가 아니네.

그러니까 어데 조가 더 좋습니까? 가을?

- 아니. 저 나중 마걸이 한 것이 좋지.

= 빨리 자라지요.

- 빨리 자라고 수확도 잘 나고.

음.

- 땅이 거니까.

예예예예.

= 거기 이제처럼 조 보리 저 거름 있어서 주질 못해 놓으니까 가을에 한 데는 조금요 노랑해.

게믄 아까 보리 보리농사인 경우는 거두고 난 다으멘 크레 이러케 홀탄.

　= 아니 조오?

게난 보리마씨. 보리.

　= 보리는 홀트고522).

겐디 조는 어떵 험니까?

　= 조는양?

이그면 이그면.

　= 호미523)로.

호미로 트당.

　= 비어다그네524).

예.

　= 비어당으네525) 이제 또 쎄 누럳딴526). 눌527) 누럳땅으네 혼 묻 빠당528) 영 아장529) 클러530) 놔그네 호미 영 허영 이디 놔그네531) 영 아장 두 개고 세 개고 영.

예.

　= 트당532). 트당으네 마께533).

마께로.

　= 덩드렁마께534). 그걸로 막 두드렫쑤게. 막 괄리영 벤535) 나민 괄리민 두드리민 그게양 막 잘 터러져. 복삭복삭. 경 허멍.

도께지른 ** 아녑띠강?

　- 도께질536)도 허곡.

　= 마께질537)도 하고.

　- 방앋까네 강으네 소 메왕538) 그 둥그릴539) 땐 방에가 워낙 몬 쩐디여540). 그게.

　= 둥우림541)도 허곡.

그러면 아까 보리 보리 농사인 경우는 거둬들이고 난 다음에는 그네에 이렇게 훑어서.

= 아니 조?

그러니까 보리요. 보리.

= 보리는 훑고.

그런데 조는 어떻게 합니까?

= 조는요?

익으면 익으면.

= 낫으로.

낫으로 따서.

= 베다가.

예.

= 베다가 이제 또 쌓 가리지었다가. 가리 가리었다가 한 뭇 빼다가 이렇게 앉아서 끌러 놓아서 낫 이렇게 해서 여기 놓아서 이렇게 앉아서 두 개고 세 개고 이렇게.

예.

= 뜯어. 뜯어서 방망이.

방망이로.

= 덩드렁방망이. 그것으로 막 두드렸습니다. 막 괄리어서 볕 나면 괄리면 두드리면 그것이요 막 잘 떨어져. 복삭복삭. 그렇게 하면서.

도리깨질은 ** 안 했습니까?

- 도리깨질도 하고.

= 방망이질도 하고.

- 방앗간에서 가서 소 메워서 그 굴릴 때는 방아가 워낙 못 견뎌. 그것이.

= 굴리기도 하고.

응.

- 방에.

- 이제 비포장도로에 차가 가믄 울퉁불퉁허드끼 방에도 그 조코고리542) 놩 헐 때는 *** 저 완전허지 아녕 울퉁불퉁 허여 가민 방에가 자빠져부카부덴 허곡.

= 그 고고리543)가.

- 이제 ᄀ트민 **.

= 누드러544) 지멍 가. 그 방에545)가 막 밍끄러졍546). 누드러지멍 밍끄러지멍 막 방에가 도라갑쭈.

- 게난 그걷또.

= 잘 허여사.

- 이제 그 망시기547) 그 김치비서 아넌 때라야 헤지지.

ㅇㅇㅇ.

- 헐 때는.

= 게난 하르방이 몰이ᄀ레548) 좌시549)라. 느네 왕하르방550)이 몰ᄀ레 좌시.

- 야네551) 하르방네 쭈리552) 젤 위엄한 하르방.

= 몰이ᄀ레 짜시553) 젤 ᄆᄉᆞᆫ554) 하르방.

저 경김?

= 예. 왕하르방이난.

김해.

김해.

= 왕하르방이 몰이ᄀ렌 짜씨 저디555) 아잔쩌556) 허민양.

몰이ᄀ렌짜시는?

- 야네 하르방 두리에557).

몰이ᄀ레.

응.

－ 방아.

－ 이제 비포장도로에 차가 가면 울퉁불퉁하듯이 방아도 그 조이삭 놓아서 할 때는 *** 저 완전하지 않아서 울퉁불퉁 해 가면 방아가 자빠져 버릴까 봐 하고.

＝ 그 이삭이.

－ 이제 같으면 **.

＝ 눌러 지면서 가. 그 방아가 막 미끄러져서. 눌러지면서 미끄러지면서 막 방아가 돌아갑지요.

－ 그러니까 그것도.

＝ 잘 해야.

－ 이제 그 '망숙이' 그 김씨댁에서 아니할 때라야 할 수 있지.

<u>으으으</u>.

－ 할 때는.

＝ 그러니까 할아버지가 연자매 좌수야. 너의 증조부가 연자매 좌수.

－ 애네 할아버지네 항렬이 젤 위엄한 할아버지.

＝ 연자매 좌수 젤 무서운 할아버지.

저 경주김씨?

＝ 예. 증조부니까.

김해.

김해.

＝ 증조부가 연자매 좌수 저기 앉았다 하면요.

연좌매 좌수는?

－ 애네 할아버지 둘에.

연자매.

= 몰이ᄀ레가 이섣쭈게558).

또 체김자주게.

= 몰이ᄀ레가 그 일짜나이? 영 차경559) ᄃ라지곡560).

ᄋ덥 파르방이 떡 안자노민 이 안티레 드러갈 땐 몰 탕도 몯 가곡. 또 거러가멍도 반뜨기 상 거러가당ᄋ네 인사를 잘 헤야지 안 휄땅.

= 농담도 잘 헤낟쑤다. 하라버지가양.

- 크닐 나고.

= 저 셴쩡561)디레 가당 보민 끙닙562) 강 구부로 확 커게 그치민563) 셍이564)더리 벵벵 ᄆ라지멍565) 몬딱566) 터러지난567) ᄒᆞᆫ 바구리568) 주서569) 와서570). 경 허멍양 농담도 그런 농담 헤낟쑤게571).

예. 게믄 조팥띤 검질 멜 뻔 메는고마씨?

- 건 두불572) 안 메민 안 뒈여.

아.

- 예.

= 보리는 ᄒᆞᆫ두 버닌데.

= 세불573) 까장 메엳쑤다.

- 잘몯터민 세불꺼지 매고.

= 세불까장 메여.

아.

= 아.

무사 무사 경 험니까?

= 초부른양 막 어린 때라. 어린 때에 강 메얻땅574) 두부른양 허울허울 헹575) 이마니576) 올라와.

= 경 허민 그땐 강ᄋ네 이제 구진577) 거 골르곡578) 귀마구리579) 골르곡 그치록 커여그네 골르곡 이제 펜펜너게580) 방 버려581).

예. 방 버려예.

= 연자매가 있었지.

또 책임자이지.

= 연자매가 그 있잖니? 이렇게 채 달리고.

여덟 할아버지가 딱 앉아있으면 이 안으로 들어갈 때는 말 타서도 못 가고. 또 걸어가면서도 반듯이 서서 걸어가다가 인사를 잘 해야지 안 했다가는.

= 농담도 잘 했었습니다. 할아버지가요.

- 큰일 나고.

= 저 샛정으로 가다 보면 칡 이파리 가서 굽으로 확 하게 끊으면 새들이 뱅뱅 말리면서 몽땅 떨어지니까 한 바구니 주워 왔어. 그렇게 하면서요 농담도 그런 농담 했었지요.

예. 그러면 조밭에는 김 몇 번 매나요?

- 그것은 두벌매기 안 매면 안 돼.

아.

- 예.

= 보리는 한두 번인데.

= 세벌매기까지 맸습니다.

- 잘못하면 세벌매기까지 매고.

= 세벌매기까지 매.

아.

= 아.

왜 왜 그렇게 합니까?

= 초벌매기은요 막 어린 때야. 어린 때에 가서 매었다가 두벌매기은요 너울너울해서 이만큼 올라와.

= 그렇게 하면 그때는 가서 이제 궂은 거 고르고 헛아지 고르고 그처럼 해서 고르고 이제 평평하게 방 벌여.

예. 방 벌여요.

= 주머그로 팍팍 줴여그네 이제 허여뒁 반반허게 내부럳땅.

= 또 세부른582) 이마니 컹 고고리 거자583) 나올뜬말뜬 망닙 놀려. 그 때엔 강으네 또 구진 걸 골라내. 또 귀마구리가 읻꼬 경 소독584) 어시585).

- 보리는 어우러정 어느 선586) ᄌ자도587) 뒈언는디.

= 조는 안 돼.

- ᄌ자도 안 뒈고. 그 조아리 잘기 때무네 이 씨 뻴588) 때도 그 잘 뺀 사라믄 두무룽이589) 잘 빼며는 존데590) 그게 씨를 또 마니 빼여 노민 그 게 너무 줄께591) 놔 나도 그게 검지리라.

거 소꽈야지예?

- 예. 그걸 전부 소꽈592) 내젠 허니까 그 초불 소꽝 보민 다음 크니 까 잘 안 소꽈진593) 거 담꺼든594). 또또 아녀곡 허영은.

= 게민양.

- 조는 노력 안.

= 사름 수눌멍양595).

- 게난 보리치록 마니 갈질 안하주.

= 안 메영양 수누러당도596) 허곡 훈 사심 멩썩 삼심 멩썩 훈 쓰물썩.

아 조팥띠는.

= 예. 경 허영 가그네 막 나진597) 차롱착598) 두 개 밥 차롱착냥 밥 두 개에 다 거려599). 경 허영 탁 두 개 부쩡 이제 싹 포따리600)에 싸그네 구 더게601) 놩 정 강.

= 몸치602)허곡 경 혜그네 이젠 가그네 콩닙 틋다다603) 노콕 웨604)허 곡 허영으네 나진 머거.

= 낭끄느레605) 아장606) 막 말곧땅607) 막 장난 부쳐 노민 이젠 조팥띠 강 넝둥그러608) 불곡609).

으.

= 장난 춤 막 그치룩 허멍양 재미읻께 헐 땐양 완전 경 헫쑤다.

= 주먹으로 팍팍 쥐어서 이제 해두고 반반하게 내버렸다가.

= 또 세벌매기는 이만큼 커서 이삭 거의 나올 듯 말 듯 막잎 놓아. 그때에는 가서 또 궂은 것을 골라내어. 또 헛아지가 있고 그렇게 새꽤기 없이.

— 보리는 어우러져서 어느 정도 배어도 되었는데.

= 조는 안 돼.

— 배어도 안 되고. 그 조알이 잘기 때문에 이 씨 뿌릴 때도 그 잘 뿌린 사람은 드물게 잘 뿌리면 좋은데 그게 씨를 또 많이 뿌려 놓으면 그게 너무 배게 놓아 나도 그게 김이야.

그것 솎아야지요?

— 예. 그것을 전부 솎아 내려고 하니까 그 초벌 솎아서 보면 다음 크니까 잘 안 솎은 것 같거든. 또또 아니하고 해서는.

= 그러면요.

— 조는 노력 안.

= 사람 품앗이하면서요.

— 그러니까 보리처럼 많이 갈지를 않지.

= 아니 매었다가요 품앗이하다가도 하고 한 사십 명씩 삼십 명씩 스물씩.

아 조밭에는.

= 예. 그렇게 해서 가서 막 낮에는 채롱짝 두 개 밥 채롱짝요 밥 두 개에 다 떠. 그렇게 해서 탁 두 개 붙여서 이제 싹 보따리에 싸서 바구니에 놓아서 져서 가서.

= 모자반장아찌하고 그렇게 해서 이제는 가서 콩잎 뜯어다 놓고 물외하고 해서 낮에는 먹어.

= 나무그늘에 앉아서 막 말 말하다가 막 장난 붙여 놓으면 이제는 조밭에 가서 뒹굴어 버리고.

으.

= 장난 참 막 그처럼 하면서요 재미있게 할 때는요 완전 그렇게 했습니다.

아.

아까 귀마구리 ㄱ란게 귀마구린 뭐우꽈?

= 귀마구리610)가 조가 영 올라가당 쏭니비611) 안 나. 쏭니비 안 낭 뭉구젱이612) 뒈어부러. 경허민 그런 거는 저 가망이 어서613).

= 내중에 필 가망. 쏭입 나올 가망성이 어서마씨. 경 허영 그거 다 골라내어부러.

그걸 귀마구리 허는 거고. 아까 망닙 눌령이렌 헨게마는.

= 망닙 눌리는 건 막 이제.

- 고고리614) 나오젠 헐 때.

= 쏭닙 막 나 가당615).

- 요러케 나와 가멍 망닙 하나 나왕으네616) 거들거들.

= 망닙 ᄒᆞ나 글로617) 고고리 나는 건 망닙.

- 게난 조는 우리 여기보단 애월618) 나브베가619) 더 잘 뒈지.

으으.

- 그 내 강. 이제 일녀네 ᄒᆞᆫ번 벌초를 갈 때 나븝 이제 어음니로부떠620) 저 어디냐 고내봉꺼지621) 거러가는 거리가 엄창 먼 거린디. 그 졸:보믄 꿰622)허곡 조는 나븝.

= 페렝이623)가 우으로 데끼민624) 알력땀625) ᄁᆞ장 간덴.

- 나브베 조는 고고리가 이만씩 케 가지고 고개를 게난.

= 수국컨데626).

- 어 아주 잘 뛴 어르는 고개를 수기는디 뒈도 말도 아년627) 노픈 고개 고짝케영 헌덴 허는디 나락628)또 그거고 조도 그래요.

= ᄋᆞ물629) 안 딜 꺼.

- 여물 안 딜 껀 고짝630) 이성631) 허곡.

으으.

- ᄋᆞ무리 잘 들게 뒈민 그 조코고리632)도 크니까 다 고개.

아.

아까 헛아지 말하던데 귀마구리는 뭡니까?

= 헛아지가 조가 이렇게 올라가다가 속잎이 안 나. 속잎이 안 나서 헛아지 되어버려. 그러면 그런 것은 저 가망이 없어.

= 나중에 필 가망. 속잎 나올 가망성이 없어요. 그렇게 해서 그거 다 골라내버려.

그것을 헛아지 하는 것이고. 아까 막잎 날려서라고 하던데.

= 막잎 날리는 것은 막 이제.

− 이삭 나오려고 할 때.

= 속잎 막 나 가다가.

− 요렇게 나와 가면서 막잎 하나 나와서 거들거들.

= 막잎 하나 그리로 이삭 나오는 것을 막잎.

− 그러니까 조는 우리 여기보다는 애월 납읍에가 더 잘 되지.

으응.

− 그 내가 가서. 이제 일년에 한번 벌초를 갈 때 납읍리 이제 어음리로부터 저 어디냐 고내봉까지 걸어가는 거리가 엄청 먼 거리인데. 그 조를 보면 참깨하고 조는 납읍.

= 밀집모자가 위로 던지면 아랫담까지 간다고.

− 납읍리에 조는 이삭이 이만씩 해 가지고 고개를 그러니까.

= 수굿한다고.

− 어 아주 잘 된 어른은 고개를 숙이는데 되지도 않은 놈은 고개 곧게 한다고 하는데 벼도 그것이고 조도 그래요.

= 여물 안 들 거.

− 여물 안 들 것은 곧추 있어서 하고.

으응.

− 여물이 잘 들게 되면 그 조이삭도 크니까 다 고개.

= 드릅터니633).

- 겐디 소에 시를 때도 에 보리는 일곱 무슬 호 쪼게 일곱 무슬 시끄는디634) 이 저 조는 호 쪼게 서 문베끼635) 몯 시꺼.

아아. 음.

- 소에 우리 시경 뎅일636) 때도. 게난 소 약커민 서 문 시끄믄 소가 빌빌헤.

으으.

= 에 너 문씨637) 시끄주.

- 에?

= 안네638) 호 문 바껟띠639) 양페니640) 두 문 가운디 ᄒ나 허믄 너 문.

- 가운딘 몯 시끄지641).

= 조오?

- 조는: 보리는 안네 두 못 아피642) 두 개 두에643) 두 개 가운데 ᄒ나 허곡.

- 이제 이 사십 때 정도에 아 오십 때꺼지라도 저 질메644) 낭645) 시끄는 쉐안빼646) 걸렌 허민 우리 부라게 걸 싸름 업써.

게믄 보리 호 바리는 멘 무시라마씨? 게믄.

- 예에?

보리 호 바리?

- 일곱 문:. 아 게민 열네 문.

열네 문.

= 양페니 열네 문.

조는 여섣?

= 은647) 문.

아아. 으음. 음.

- 딴 부라겐 모른겐는디 우리 부라겐 그거.

= 마니도 시끄지 몯텐쭈게. 요마니헌648) 질로만 뎅기난.

= 드레드레하니.

─ 그런데 소에 실을 때도 에 보리는 일곱 뭇을 한 쪽에 일곱 뭇을 싣는데 이 저 조는 한 쪽에 세 뭇밖에 못 실어.

아아. 음.

─ 소에 우리 실어서 다닐 때도. 그러니까 소 약하면 세 뭇 실으면 소가 빌빌해.

으으.

= 아 네 뭇이야 싣지.

─ 에?

안에 한 뭇 바깥에 양편에 두 뭇 가운데 하나 하면 네 뭇.

─ 가운데는 못 싣지.

= 조요?

─ 조는. 보리는 안에 두 뭇 앞에 두 개 뒤에 두 개 가운데 하나 하고.

─ 이제 이 사십 대 정도에 아 오십 대까지라도 저 길마 나무 싣는 북 두 걸라고 하며 우리 마을에 걸 사람 없어.

그러면 보리 한 바리는 몇 뭇인가요? 그러면?

─ 예에.

보리 한 바리?

─ 일곱 뭇. 아 그러면 열네 뭇.

열네 뭇.

= 양편에 열네 뭇.

조는 여섯?

= 여섯 뭇.

아아. 으음. 음.

─ 다른 마을에는 모르겠는데 우리 마을에는 그거.

= 많이도 싣지 못했지요. 요만큼한 길로만 다니니까.

= 박박양.

- 보리는 이제 고고리가 미테레[649] 가게 시러 가지고 뒈는데 조는 미테레 가게 시르민 나무떼기[650]가 지러[651] 노니까.

예. 안 뒈.

- 고고리[652]가 다 우티레[653] 가게 헹 시끄는[654] 따무네 소가 약커민 그 고고리가 어느 쪽띠레 혼 쪼게 밀리민 이 버성[655] 데껴 불젠만[656]. 젤 조 시껑 뎅기는[657] 게 좀 까다로와.

아아.

- 보리는 알러레만[658] 허니까 단 바께 허영 고고리가 질레[659] 보리가 잘잘 흘려도 크게 손시리 안 가는디 조는 거 그 고고리가 미테로 내려 간 따믄 뭐 완전 손실 뒈는 거.

으으으으. 예예예예. 혹씨 여기서도 뭐 미리나 콩 노미 받띠 그거 강 술짜기 비엉 온 적또 읻쑤가?

- 아 이거 노미 받띠[660] 강[661] 그런.

예를 들면 뭐 겨울처레 노미 집 가그네 둑 시머당 자바 멍는 시그로?

- 와 그건 마니[662] 헫쭈.

= 옌날 경 헫쑤게. (웃음)

- 둑[663] 시머당[664] 멍는 거.

예.

- 보리콩[665].

예.

- 보리콩 노미 받띠 가랑 이시민 나지[666] 밭땅[667] 바미[668] 강 보리콩.

= 튿당[669] 왕 술마[670] 머거부러.

- 타당 술마 머거불곡. 저 둑[671] 이젠 뭐 꽁짜로 주켄 헤도 아녀주마는 연나른 노미 지비 강 둑 시머당[672] 자바먹꼭. 그런 건 마니[673].

다시 도새기도 헤봅띠가?

= 박박요.

― 보리는 이제 이삭이 밑으로 가게 실어 가지고 되는데 조는 밑으로 가게 실으면 조짚이 길어 놓으니까.

예. 안 돼.

― 이삭이 다 위로 가게 해서 싣는 때문에 소가 약하면 그 이삭이 어느 쪽으로 한 쪽에 밀리면 이 벗어서 던져 버리려고만. 제일 조 실어서 다니는 것이 좀 까다로워.

아아.

― 보리는 아래로만 하니까 단 밖에 해서 이삭이 길에 보리가 잘잘 흘려도 크게 손실이 안 가는데 조는 그것 그 이삭이 밑으로 내려 갔다면 뭐 완전 손실 되는 거.

으으으으. 예예예예. 혹시 여기서도 뭐 밀이나 콩 남의 밭에 그거 가서 살짝기 베어서 온 적도 있습니까?

― 아 이거 남의 밭에 가서 그런.

예를 들면 뭐 겨울철에 남의 집 가서 닭 잡아다가 잡아 먹는 식으로?

― 와 그것은 많이 했지.

= 옛날 그렇게 했지요. (웃음)

― 닭 잡아다가 먹는 거.

예.

― 완두.

예.

― 완두 남의 밭에 갈아 있으면 낮에 봤다가 밤에 가서 완두.

= 따다가 와서 삶아 먹어버려.

― 따다가 삶아 먹어버리고. 저 닭 이제는 뭐 공짜로 주겠다고 해도 아니하지만 옛날은 남의 집에 가서. 닭 잡아다가 잡아먹고. 그런 것은 많이.

다시 돼지도 해봤습니까?

- 도새기674) 이선쩬675)?

= 도새긴 아녈쑤다.

- 잘 모르고.

= 도새긴 아녀고 드근양676).

- 드근 마니 헤서677).

= 줌잠시민678).

- 득커곡 *** 보리콩허곡.

= ᄀ만헌덴679).

아아.

= 소리가 안 나.

- 또 지슬680).

= 야게기681) 톡 자방 왕682).

- 지스리 이월ᄄᆞ레 놩 이 이제 팡683) 나둘 때주게. 팡 놔두난. (웃음)

= 지스른 아녀고 감전684) 무덩685) 놔두민.

- 아니 뭐 지슬 도둑찔허레 우리도 안 가와서686)?

= 어디 강 헬꼬렌.

= 아방687)이나 도둑찔 헤단688) 머걷쭈.

게난 우린.

- 다 헤도.

노미 지비 강예 감저 누른.

= 감전누레689) 보초 산690) 이 성땀 둘러그네691).

- 아이. 감저 도둑찌른 아녀고 거 거션땅692).

= 아방693)은 아녀고 우린 허연.

- 날리가 난디. (웃음) 그건 크닐나고.

= 우린 헬쑤게. 원헤기네 거.

- 지슬 헤완쭈. 무사.

- 돼지 있었다고?

= 돼지는 안 했습니다.

- 잘 모르고.

= 돼지는 안 하고 닭은요.

- 닭은 많이 했어.

= 잠자고 있으면.

- 닭하고 *** 완두하고.

= 가만한다고.

아아.

= 소리가 안 나.

- 또 감자.

= 목 톡 잡아 와서.

- 감자가 이월 달에 놓아서 이 이제 파서 놔둘 때지. 파서 놔두니까. (웃음)

= 감자는 안 하고 고구마는 묻어서 놔두면.

- 아니 뭐 감자 도둑질하러 우리도 안 다녀왔어?

= 어디 가서 했다고.

= 남편이나 도둑질 해다가 먹었지.

그러니까 우리는.

- 다 해도.

남의 집에 가서요 고구마 가리는.

= 고구마 가리에 보초 선 이 성 둘러서.

- 아니. 고구마 도둑질을 않고 그것 건드렸다가.

= 남편은 아니하고 우리는 했어.

- 난리가 나는데. (웃음) 그것은 큰일나고.

= 우리는 했습니다. 원혁이네 거.

- 감자 해왔지. 왜.

= 원혜기네양. 우리 사는 그 저 *** 정나미네 뒤에 무더 시난양694)
보초 샅딴695) 오라네696) 그디 오란697) 파댕698).

─ 아 이디 봉지니 어멍허고 저 사름허고 강 집쭈이니영 막 말ᄀ르커
메699) 절로700) 강으네701) 다망 오렌 허난 간 지슬 다마 완.

= 장난 비스르미702) 저. (웃음)

─ 아프로 가난 *** 이 말도 걷곡 저 말도 걷곡 막 케703) 가난게704)
올 땐 두이로705) 가네706) 지슬 다망 와도 몰랕쭈게.

= 말쩬 머경 된나른 봐지민707) "야 우리 지슬708) 헤당 머거도 아라
전709)? 감제710) 헤당 머거도 아라전?

게난 요새말로 하면 바람자비.

여카를 헌 거.

어어어어.

= 아이고 우리.

게난 아까 보리 할 때예 거 슬루리도 읻꼬 두줄보리도 읻찌 아녀우꽝예?

─ 예.

그럼 그 줄기는 뭐헤낟쑤가?

= 줄기.

─ 보린때에711).

예. 보리찝712).

─ ** 아 보리찝.

= 페렝이713) 짣쭈게.

─ 페렝이 짜는 거사714).

= 소독715). 소독.

─ 뭐어?

소도그로.

─ ** 보린때 소도그로 헤연 페렝이도 짜기야 짣찌마는.

= 원혁이네요. 우리 사는 그 저 *** 정남이네 뒤에 묻어 있으니까요 보초 섰다가 와서 거기 와서 파다가.

　- 아 여기 봉진이 어머니하고 저 사람하고 가서 집주인하고 막 말하겠으니 저리로 가서 담아서 오라고 하니까 가서 감자 담아 왔어.

　= 장난 비스름히 저. (웃음)

　- 앞으로 가니까 *** 이 말도 말하고 저 말도 말하고 막 해 가니까 올 때는 뒤로 가서 감자 담아서 와도 몰랐지.

　= 말째는 먹어서 뒷날은 보이면 "야 우리 감자 해다가 먹어도 알았니? 고구마 해다가 먹어도 알았니?

그러니까 요샛말로 하면 바람잡이.

역할을 한 거.

어어어어.

　= 아이고 우리.

그러니까 아까 보리 할 때요 그것 쌀보리도 있고 맥주보리도 있지 않습니까?

　- 예.

그럼 그 줄기는 뭐했었습니까?

　= 줄기.

　- 보릿대요.

예. 보릿짚.

　- 아 보릿짚.

　= 밀짚모자 짰지.

　- 밀짚모자 짜는 거야.

　= 새꽤기. 새꽤기.

　- 무엇이라고?

새꽤기로.

　- ** 보릿대 새꽤기로 해서 밀짚모자도 짜기야 짰지만.

= 보릳땐 슬므고 춤 저 때.

─ 밥페 멍는.

땔깜?

─ 때까미.

지들커?

= 예. 지들커716).

─ 게난 이제 우리 아이덜 그거 나무를 헤당 놔두면 그 보릳땐 눈물 흘리는 건 보단717) 나무로 살짝 한번 허믄 조키야 존디. 게믄 아방718)은 욕 커고.

= 나무가 어디 이섣쑤다게? 나무 헤단 놔둔 걸로 안 때엳써.

─ 아이고 춤 이 사르마.

= 보리낭빼끼719) 어서서.

─ 나무는 우리지비 젤 하낟따고720) 봐.

= 누게가 간 헤 완?

─ 아이. 딸따리가 지큼 목짱에 몬 다니는 디 어시721) 다니니까 간 적마다 그.

= 그 건 말짜이722). 아기덜 으근723) 때.

(웃음)

─ 헤완꺼든.

게난 그 보리낭인 경우는 지들커로 허고.

─ 예. 땔깜.

그 다으메?

소도그로는?

통시도 헤섣찌예. 통시에 그 절 쭈고.

─ 짇724) 쭈고 허는 거?

예.

= 보릿대는 삶고 참 저 끼니.

- 밥해 먹는.

땔감?

- 땔감이.

땔감?

= 예. 땔감.

- 그러니까 이제 우리 아이들 그거 나무를 해다가 놔두면 그 보릿대 눈물 흘리는 것 보다는 나무로 살짝 한번 하면 좋기야 좋은데. 그러면 남편은 욕하고.

= 나무가 어디 있었습니까? 나무 해다가 놔둔 것으로 안 때었어.

- 아이고 참 이 사람아.

= 보릿대밖에 없었어.

- 나무는 우리집이 젤 많았었다고 봐.

= 누구가 가서 해서 왔어?

- 아니. 탈탈이가 지금 목장에 못 다니는 데 없이 다니니까 간 적마다 그.

= 그것은 말째. 아기들 컸을 때.

(웃음)

- 해왔거든.

그러니까 그 보릿짚인 경우는 땔감으로 하고.

- 예. 땔감.

그 다음에?

새꽤기로는?

돼지우리에도 했었지요. 돼지우리에 그 깃 주고.

- 깃 주고 하는 거?

예.

− 아 도새기725) 그 새끼나 나고 어린 도새기726) 사 오믄 보리낭 강 돌
찝727) 안네 너어 줬찌. 소거르미 잇쓰니까.

으음.

= 때는 걸 주로 헬쭈게.

음. 때는.

= 지들케 조가부난.

− 어떤 지빈 그 돈통이 무를 골르나728).

= 마당에 꿀고.

− 도새기가 무레서 휘여뎅기민729) 도새기가 잘 안 크는데 거름 소 질
뢍으네730) 거름만 이빠이731) 잘 허믄.

− 겨난 이제 가트민 그 돈통을 땅을 안 팡 헤야 뒈는디 땅을 기피 판
헤 노니까 그 무리 고인 거라.

= 도새기 나오랑732) 사라짐니까게? 땅 안 파믄게.

(웃음)

= 열 씨 뒈영 받띠서733) 왕734) 보민 야게기735).

도새기 퀴여난.

= 이런 디양.

− 다메 드라졍736).

= 영 거러졍737) 궥.

− 다 주거간.

= 흐루 헤원738) 굴머노민양. 경 허지. 애기 울지. 물 은찌739). 저냐글
헹 머거가민 열뚜 시 너머.

밀랑페렝이도 헬썬찌예?

= 즈믈740).

그걸로?

− 예. 소독741) 케영 밀랑페렝이742) 이녁 꺼만썩.

－ 아 돼지 그 새끼나 나고 어린 돼지 사서 오면 보릿대 가서 돼지우리 안에 넣어 주었지. 소거름이 있으니까.

으음.

＝ 때는 것으로 주로 했지.

음. 때는.

＝ 땔감 적어버리니까.

－ 어떤 집에는 그 돼지우리가 물을 고이나.

＝ 마당에 깔고.

－ 돼지가 물에서 휘돌아다니면 돼지가 잘 안 크는데 거름 소 길러서 거름만 가득 잘 하면.

－ 그러니까 이제 같으면 그 돼지우리를 땅을 안 파서 해야 되는데 땅을 깊이 파서 해 놓으니까 그 물이 고인 거야.

＝ 돼지 나와서 살아집니까? 땅 안 파면요.

（웃음）

＝ 열 시 되어서 밭에서 와서 보면 목.

돼지 뛰어나가서.

＝ 이런 데요.

－ 담에 매달려서.

＝ 이렇게 걸리어서 꽥.

－ 다 죽어갔어.

＝ 하루 해껏 굶으면요. 그렇게 하지. 아기 울지. 물 없지. 저녁을 해서 먹어가면 열두 시 넘어.

밀짚모자도 했었지요?

＝ 결음을.

그것으로?

－ 예. 새꽤기 해서 밀짚모자 이녁 것만큼씩.

= 이 때 뒈민 드러743) ᄌ라십쭈744).

- 예.

예.

= 탈745) 타레 가는 탈바구리746)도 멩글곡747).

아아.

= 탈바구리. 영 허민 네모나게양. 이러케 이러케 탈바구리 멩그란 저디748) 보리탈749) 막 ᄁᆞ뗀750) 하난쭈751). 다메 드랑드랑752) 게믄 그거세 강으네 타오고.

예. 탈바구니. 거.

= 탈바구리 멩그란.

예. 거 봐 봐나서예. 예예예.

= 그거 소독 케여그네.

예예. 마쑤다.

= 그 고망디레양 찔르멍753). 찔르멍 허영 드러 ᄌ라. 게숙. 게숙 ᄌᆞ르민754) 이마는755) 허게 ᄌ라지민 탈바구리 ᄌᆞᆯ쩬 허멍 탈 타레 가게.

- 우리 제주도도 탈 저 하우스 허는 디가 이신가756) 원. 육찌엔 테레비엔 보믄.

하우슨 아니라도예 저기 하는 데 읻쑤다. 탈.

게난 지금 요샌말로 복뿌잡쭈. 거 저.

- 아 우리 제주도도 읻꾸나.

예예. 마니 읻써마씨.

양 삼춘. 소엔 허지 마랑 쉐엔 ᄀ라붑써게.

= 쉐 헙써게.

- 쉐. (웃음)

= 경 헤 뒁757) 말짜에 소엔758) 허메.

또 고추 농사도 헤봅떼강?

= 이 때 되면 들이 결었습지요.

- 예.

예.

= 산딸기 따러 가는 산딸기바구니도 만들고.

아아.

= 산딸기바구니. 이렇게 하면 네모나게요. 이렇게 이렇게 산딸기바구니 만들어서 저기 멍석딸기 막 그때는 많았었지. 담에 드랑드랑 그러면 그것에 가서 따오고.

예. 산딸기바구니. 그것.

= 산딸기바구니 만들어서.

예. 그것 봐 봤었어요. 예예예.

= 그거 새꿰기 해서.

예예. 맞습니다.

= 그 구멍으로요 찌르면서. 찌르면서 해서 들이 결어. 계속. 계속 결으면 이만큼은 하게 결게 되면 산딸기바구니 결었다고 하면서 산딸기 따러 가자고

- 우리 제주도도 산딸기 저 하우스 하는 데가 있는가 원. 육지에는 텔레비전에 보면.

하우스는 아니여도 저기 하는데 있습니다. 산딸기.

그러니까 지금 요샛말로 복분자지요. 그것 저.

- 아 우리 제주도도 있구나.

예예. 많이 있습니다.

여보세요 삼촌. 소라고 하지 말고 쉐라고 말해버리세요.

= 소 하십시오.

- 소. (웃음)

= 그렇게 해두고 말째에 소라고 하지.

또 고추 농사도 해봤습디까?

= 예게.

저 옥쑤수. 강넹이?

= 강넹인 아녀봐신디 고추도 허고.

담베?

= 싱건양759).

담베?

= 담베는 담베는 헤져신가?

고추. 담베.

= 고추도 혼 반 싱거나고760).

아까 감자도 헬썬꼬 지실도.

밀도 가라나실 껀데.

－ 어 담베가 저게.

= 밀도 미른 아녀고 모멀761). 모멀허고.

－ 오십 년도 후에.

= 박콰도 싱건 비연762) 말련 프라보고 아년 세워리.

아 박콰도 헤낟꼬예?

= 예에.

－ 놈 헌덴 헌 건 다 헤시나네763).

= 놈 박콰헬쑤가? 우리만 헬쭈.

－ 뭔 우리마니라게. 헌 사라미 댈 찝764) 너머쭈기.

고치 농사 어떵 헤납띠까?

－ 고치 농사도 거 아이고.

= 고치 농사 혼 뒤 말지기765) 거 힘뿐.

재료 씨는 어떵 보관헤마씨?

= 씨 메766) 놔그네767).

－ 메 놩.

= 예.

저 옥수수. 강냉이?

= 강냉이는 안 해봤는데 고추도 하고.

담배?

= 심어서요.

담배?

= 담배는 담배는 했었는가?

고추. 담배.

= 고추도 한 밭 심었었고.

아까 고구마도 했었고 감자도.

밀도 갈았었을 것인데.

― 어 담배가 저것이.

= 밀도 밀은 아니하고 메밀. 메밀하고.

― 오십 년도 후에.

= 박하도 심어서 베서 말려서 팔아보고 안 한 세월이.

아 박하도 했었고요?

= 예에.

― 남 한다고 한 것은 다 했으니까.

= 남 박하했습니까? 우리만 했지.

― 무엇 우리만인가. 한 사람이 댓 집 넘었지.

고추 농사 어떻게 했었습니까?

― 고추 농사도 그것 아이고.

= 고추 농사 한 두어 마지기 그것 함뿐.

재료 씨는 어떻게 보관하나요?

= 씨 모종 놓아서.

― 모종 놓아서.

예.

- 아 메.

= 메 놔그네.

- 고추 농사가 이제 ᄀ트민 잘 뒐 껀디 그 당시엔.

= 비료도 안 주곡 허난게.

- 잘뒈질 아녀. 게난 뭐에든지 어 경력또 일쯕.

= 거 어느 걸 허민 도늘 버렁 사라지린768) 허연.

= 무턱대고. 곧싸769) 소엔 허난 쉐. 쉐도 경력 인는 사름이라야지 경력 어신770) 노믄 어떵 어떵 허당 소가 주거. 쉐가 주거불고 도망가불곡 이러는 거거든.

게믄 담베 농산 어떵 지어납띠가?

- 담베 농산 아버지엉 헤봔는데.

아아.

= 그 담베 농사도 힘든 거.

아 힘드러예?

- 예. 그 바시 나쁘며는 막 큰 후에 주거.

아아.

- 자동으로. 그래 가지고 실패허곡. 또 바시 궨차녕771) 잘 뒈며는 허는디 그건또 등그비 오등급꺼지 이서772) 노니까 그 등그블 잘 몬 마지민.

- 게난 이제는 연나른 크닐치비773) 갈 때 술 안 멍는 사르명774) 부떠가민775) 혼 잔 찍씨776) 이시난.

- 아 게메. 그걸 곧쩬777) 허난 헌 건디.

= 아이 담베 말만 ᄀ릅써778)?

= 헌디 아 그 엽싸름 꺼 혼 잔 어더먹쩬 이거 제 자니우다. 두 잔 줄 때도 어더먹꼬 허젱 술 안 멍는 사름허고 부텅가든끼779) 이 담베 농사가 웨냐 허면 술 때무니주게.

예.

– 아 모종.

= 모종 놓아서.

– 고추 농사가 이제 같으면 잘 될 것인데 그 당시에는.

= 비료도 안 주고 하니까.

– 잘되지를 않아. 그러니까 무엇이든지 아 경력도 있고.

= 그것 어느 것을 하면 돈을 벌어서 살아지리 해서.

= 무턱대고. 아까 소라고 하니까 쉐. 소도 경력 있는 사람이라야지 경력 없는 놈은 어떻게 어떻게 하다가 소가 죽어. 소가 죽어버리고 도망가버리고 이러는 거거든.

그러면 담배 농사는 어떻게 지었었습니까?

– 담배 농사는 아버지하고 해봤었는데.

아아.

= 그 담배 농사도 힘든 거.

아 힘들어요?

– 예. 그 밭이 나쁘면 막 자란 후에 죽어.

아아.

– 자동으로. 그래 가지고 실패하고. 또 밭이 괜찮아서 잘 되면 하는데 그것도 등급이 오등급까지 있어 놓으니까 그 등급을 잘 못 맞으면.

– 그러니까 이제는 옛날은 큰일집에 갈 때 술 안 먹는 사람하고 따라가면 한 잔 못 있으니까.

– 아 그러게. 그것을 말하려고 하니까 하는 것인데.

= 아니 담배 말만 말하십시오?

= 한데 아 그 옆사람 거 한 잔 얻어먹으려고 이것 제 잔입니다. 두 잔 줄 때도 얻어먹고 하려고 술 안 먹는 사람하고 따라가듯이 이 담베 농사가 왜냐 하면 술 때문이지.

- 수를 그땐 고수리780). 지비서 만든 수린디.

예. 고소리예?

= 예. 그 수를 헤 가지고 담베가 어느 전 몰라가며는 그 쏘주를 뿡기멍781) 막 허며는 세기782) 껌뿔께.

= 빨강.

- 잘 세기 그러케 검뿍께 짝 나오믄 일뜽그블 멍는데 일뜽그블 몬 머경 뭐 삼등그비나 사등그비나 오등급 머거불민 일땅이 업써져불거든.

으.

- 그래 가지고 그 술 사는 도니 업썽으네 스문783).

= 여깐784) 몰렫쑤가?

- 뭐 아무 지비나. 여깐 몰리고.

= 게메.

- 아 여깡 처음 그 쌩으로 또다 온785) 땐 그느레 쫙 페와놓으네786).

= 시들루곡787).

- 어 어느 선788) 시들며는 그땐 찌프로.

여껑.

- 그 노믈 여까 가지고 이레789) 딱 영 줄 처 놀 때.

= 그느레 헤실 꺼라.

- 그 춤 이제 ᄀ트민 술도 쎈 거790). 그 술 이베 무렁으네 탁커게 뿡기민 그 향기도 잘 나오고 세기 잘 나오고. 술 몰 뿌리민 뭐 등쑤 몬 머거노며는 뭐 담베 농사는.

= 멘791) 이파리 놛 혼 접 펍디까? 혼 접?

- 어?

= 혼 저비 멘 이파리 놉띠가792)?

- 아 그건 그거는 잘 모르컨게793). 멘 이파리 드러간 건 모르는디 어 요즘도 아.

- 술을 그때는 고소리술. 집에서 만든 술인데.

예. 소줏고리요?

= 예. 그 술을 해 가지고 담배가 어느 전 말라가면 그 소주를 뿜으면서 막 하면 색이 검붉게.

= 빨강.

- 잘 색이 그렇게 검붉게 짝 나오면 일등급을 먹는데 일등급을 못 먹어서 뭐 삼등급이나 사등급이나 오등급 먹어버리면 일당이 없어져버리거든.

으.

- 그래 가지고 그 술 사는 돈이 없어서 사뭇.

= 엮어서 말렸습니까?

- 뭐 아무 집에나. 엮어서 말리고.

= 그러게.

- 아 엮어서 처음 그 생으로 뜯어 온 때는 그늘에 쫙 펴놓아서.

= 시들리고.

- 어 어느 정도 시들면 그때는 짚으로.

엮어서.

- 그 놈을 엮어 가지고 이리로 딱 이렇게 줄 쳐서 놓을 때.

= 그늘에 했을 거야.

- 그 참 이제 같으면 술도 센 거. 그 술 입에 물어서 탁하게 뿜으면 그 향기도 잘 나오고 색이 잘 나오고. 술 못 뿌리면 뭐 등수 못 먹으면 뭐 담배 농사는.

= 몇 이파리 놓아서 한 접 했습니까? 한 접?

- 어?

= 한 접이 몇 이파리 놓습디까?

- 아 그것은 그것은 잘 모르겠어. 몇 이파리 들어간 것은 모르는데 어 요즘도 아.

= 열 이파린 드러간쑤다.

− 딱 무른 거 이 이거 안네 딱 들면 담베 이파리 하나로 그 뎅기[794]를 만드는 거라. 머리 무끄는 거 모냥으로 이러케 딱 케영 엽띠레 제펭[795] 딱 눌뜰민[796] 원 그게 딱 만는 거.

− 혼 뎅인[797] 열 접. 혼 뎅이는 열 저비 다섯 깨 아래 놩 또 다섯 깨 우로[798] 딱 놩 여기 딱 무끄믄 이제 뭐로 무거운 거로 꽉 지둘롱[799] 놔두민 딱 그냥 부뜨민[800].

부떠예?

− 예. 부트믄 허영 이거 공판허레 갈 땐 이제 그러케 허멍 다 아져강[801] 등그블 잘 머그민 기분도 조쿡 돈도 뒈는데.

= 무를[802] 잘 올라사.

− 그 노믈.

= 물을 잘 올르곡.

− 소늘 잘 몬 **빵**으네 허면 뭐 영 기냥.

예예예예.

− 일땅도 어서져[803] 불고.

− 이제 이버네 테레비에 보나네 강완도엔 그 우박 내려가지고 담베를 하 나 그거 볼 땐 나도 담베 싱걷딴[804] 주거부난 가슴 아판게 우박 떠러져 가지고 담베가 다 손실 보고 그걸 보니까. 아이고.

으음.

− 거 나 거 손해 헌 거 모냥으로 셍가기 들더라고.

수박 농사도 헤봅떼가?

− 에에?

수박?

− 수박? 수박 농사는 안 허고.

차메?

= 열 이파리는 들어갔습니다.

– 딱 마른 거 이 이거 안에 딱 들면 담배 이파리 하나로 그 댕기를 만드는 거야. 머리 묶는 거 모양으로 이렇게 딱 해서 옆으로 접어서 딱 누르면 원 그게 딱 맞는 거.

– 한 덩이는 열 접. 한 덩이는 열 접이 다섯 개 아래 놓아서 또 다섯 개 위로 딱 놓아서 여기 딱 묶으면 이제 무엇으로 무거운 것으로 꽉 지질러서 놔두면 딱 그냥 붙으면.

붙어요?

– 예. 붙으면 해서 이거 공판하러 갈 때는 이제 그렇게 하면서 다 가져가서 등급을 잘 먹으면 기분도 좋고 돈도 되는데.

= 빛깔이 잘 올라야.

– 그 놈을.

= 물을 잘 올리고.

– 손을 잘 못 봐서 하면 뭐 이렇게 그냥.

예예예예.

– 일당도 없어져 버리고.

– 이제 이번에 텔레비전에 보니까 강원도에 그 우박 내려가지고 담배를 하 내가 그것 볼 때는 나도 담배 심었다가 죽어버리니까 가슴 아프던데 우박 떨어져 가지고 담배가 다 손실 보고 그것을 보니까. 아이고.

으음.

– 그것 내 것 손해 한 것 모양으로 생각이 들더라고.

수박 농사도 해봤습니까?

– 에에?

수박?

– 수박? 수박 농사는 안 하고.

참외?

- 아 차메805)도 농사는 안 헤보곡. 아 그건 아년는디806) 매년 쪼끔씨 근 이녁 머글 꺼는 허고 읻찌.

겐디 혹씨 그 지베서 머글 꺼라도 씨는 강 사왐쑤가? 아니면 지베서 **수 꽈?

= 메807)로 사당808).

- 아아 웨809)는.

예에.

- 씨 바다땅810) 이녁 냥으로 헌 거고 수바근 그 씨 오일짱에 강으네 묘종811).

아아.

- 예 사당.

= 거시 잘 뒈여.

- 허고. 이 씨로도 뒈는데. 아메도812) 그 묘종으로 사 온 게 빨리 자라 니까 차메813) 가튼 건 이녁때로 씨 헨땅으네814) 허염꼬.

- 또 오인 이 사름 댇 깨 사 완 저디815) 헤 노난.

걷또 묘종으로예?

= 메종816)으로 사오난 잘뒈엄신게817). 저 막 노프게 울타리 헤주고.

= 쒜818)만 막 받띠819) 아져단820) 발 발 걸럼쩬821) 헤도 그거 헤영 딱 드랑 잘 헤주난 그 오이가 으랄찌822). *** 모냥으로 내부러시민.

= 뎅기난 데가리823) 페는824) 건 쒜라825). (웃음) 손 걸련.

= 다 용무가 읻써서.

귤 농사도 하고 인는 거 아니우꽝?

- 예.

멘 년도부터 헙디까?

- 칠십일년도.

칠시빌련도부터예? 게난 얼마 정도 헴쑤과?

- 아 참외도 농사는 안 해보고. 아 그것은 아니하는데 매년 조금씩은 이녁 먹을 것은 하고 있지.

그런데 혹시 그 집에서 먹을 것이라도 씨는 가서 사오나요? 아니면 집에서 **습니까?

= 모종으로 사다가.

- 아아 참외는.

예에.

- 씨 받았다가 이녁 양으로 한 것이고 수박은 그 씨 오일장에 가서 모종.

아아.

- 예 사다가.

= 그것이 잘 돼.

- 하고. 이 씨로도 되는데. 아마도 그 모종으로 사 온 것이 빨리 자라니까 참외 같은 것은 이녁대로 씨 했다가는 하고 있고.

- 또 오이는 이 사람 댓 개 사 와서 저기 해 놓으니까.

그것도 모종으로요?

= 모종으로 사오니까 잘되고 있네. 저 막 높게 울타리 해주고.

쇠만 막 밭에 가져다가 발 발 걸린다고 해도 그거 해서 딱 달아서 잘 해주니까 그 오이가 열렸지. *** 모양으로 내버렸으면.

= 다니니까 대가리 패는 것은 쇠야. (웃음) 손 걸려서.

= 다 용무가 있어서.

굴 농사도 하고 있는 것 아닙니까?

- 예.

몇 년도부터 했습니까?

- 칠십일년도.

칠십일년도부터요? 그러니까 얼마 정도 하고 있습니까?

= 약 오천 평.

오천 평. 품종은 어떤 품종이우꽈?

－ 어 일남일로826)가 반. 반 뒈까? 반 정도고 극쪼생827)인데 일남일로 반 정도. 또 일반 조셍이엔 헌 거 이제 반 정도. 어 두 가지 종뉴.

예. 할라봉은 안 하고예?

－ 아 할라봉828)은 이녁 머글 꺼 혼 댇 깨 읻꼬.

예예예예.

우리 이제 여자 사추니 잘 알 꺼라게. 아까 보리받 검질멜 때 뭐 뭐 뭐 남니까? 보리받띠.

검질 이름들.

= 검질:829)?

예.

= 그때엔 뭐 진풀830) 가튼 거.

예. 진풀.

= 또 저 풀 일르미 다 이저부러서.

쒜비늠 언제 남니까?

= 쒜비느믄831).

－ 여름.

= 이제 얻꼬.

－ 이제 이제 막 나.

저 쒜터럭?

= 보리 검지를양 쒜터럭832) 커곡 저 그 진푸리엔 헌 게 두 가지라마씸? 경 혼 가진 모르커라. 진풀 허곡 경 허영 세 가지가 경 잘 납띠다. 제일 그 쒜터러기.

－ 진풀 말고 그 영.

= 복쿨833)허고.

= 약 오천 평.

오천 평. 품종은 어떤 품종입니까?

- 아 일남일호가 반. 반 될까? 반 정도고 극조생인데 일남일호 반 정도. 또 일반 조생이라고 한 거 이제 반 정도. 어 두 가지 종류.

예. 한라봉은 안 하고요?

- 아 한라봉은 이녁 먹을 거 한 댓 개 있고.

예예예예.

우리 이제 여자 삼촌이 잘 알 거야. 아까 보리밭 김맬 때 뭐 뭐 뭐 나나요? 보리밭에.

김 이름들.

= 김?

예.

= 그때는 뭐 별꽃 같은 거.

예. 별꽃.

= 또 저 풀 이름이 다 잊어버렸어.

쇠비름 언제 나나요?

= 쇠비름은.

- 여름.

= 이제 없고.

- 이제 이제 막 나와.

저 김의털?

= 보리 김은요 김의털 하고 저 별꽃이라고 한 거 두 가지예요. 그렇게 한 가지는 모르겠어. 별꽃 하고 그렇게 해서 세 가지가 그렇게 잘 납디다. 제일 그 김의털이.

- 별꽃 말고 그 이렇게.

= 깨풀하고.

- 꼳 피영 영 톡 아는[834] 거.

= 게난.

- 그 노미 풀일르미.

= 몰라. 이제도 몰라.

고넹이이빨?

= 예.

- 고넹이푸른[835]?

= 고넹이푸른.

- 보리헐 때 안 나고.

아아.

= 이제.

- 이제가 마에.

= 마에. 마에 나는 거고. 진풀도 춤 저 진푸른 아무제나[836] 나도.

- 그 다으메 고넹이풀 허곡 곧싸[837] 쉐비느멘 헌 건 뭐 뭐 영 돌 우에
놔도 말 말라. 난 멘 년 물 다만 놔둬시난.

= 진풀허곡 복콜허곡.

- 끄딱끄딱허영 사라.

= 이제 그 대우리[838].

예.

= 대우리 보리 꼭 달믐니다게. 경 헌디 그 대우린 누니 얼쭈게. 보리
는 누니 읻꼬. 경 ᄆ디[839]에.

= 경 허나네 그 대우리허곡. 경 허난 멜 땐 대우리 깨끄시 메어야. 보
리 더운 때에 야가기[840] 찔르멍[841] 그 대우리 메젠 허민 구지난[842] 그걸
잘 메젠 허영. 막 경 허난 그런 거 서너 가지. 막 검질 만친 아넘니다. 보
리 검질.

그 다으메?

‒ 꽃 피어서 이렇게 톡 앉는 거.

= 그러니까.

‒ 그 놈의 풀이름이.

= 몰라. 이제도 몰라.

고양이이빨?

= 예.

‒ 닭의장풀은?

= 닭의장풀은?

‒ 보리할 때 안 나오고.

아아.

= 이제.

‒ 이제가 장마에.

= 장마에. 장마에 나는 것이고. 별꽃도 참 저 별꽃은 아무때나 나도.

‒ 그 다음에 닭의장풀 하고 아까 쇠비름이라고 한 것은 뭐 뭐 이렇게 돌 위에 놓아도 말 마라. 나는 몇 년 물 담아서 놔뒀으니까.

= 별꽃하고 깨풀하고.

‒ 끄딱끄딱해서 살아.

= 이제 그 귀리.

예.

= 귀리 보리 똑 닮습니다. 그렇게 하는데 그 귀리는 눈이 없지. 보리는 눈이 있고. 그렇게 마디에.

= 그렇게 하니까 그 귀리하고. 그렇게 하니까 맬 때는 귀리 깨끗이 매야. 보리 더운 때에 목 찌르면서 그 귀리 매려고 하면 궂으니까 그것을 잘 매려고 해서. 막 그렇게 하니까 그런 거 서너 가지. 막 김 많지는 않습니다. 보리 김.

그 다음에?

감저 검질?

저 감저 검지른마씨?

= 감저843) 검지른 이제 뭐 그 쒜비늠.

네:.

= 쒜비늠허곡 이제 고네쿨844).

고네쿨?

= 진풀. 이제 또시 제완지845). 절완지. 절완지 그거 그자 잡풀덜 남디다. 이제 복쿨. 이젠 나는 것은 다 나.

= 제일 젤완지846)허고 쒜비느미847) 위엄허곡.

= 계속 남니다.

그 다으메 조팥띠마씨?

= 조팥띠848).

– 또 그게 마찬가지.

= 그 그때에나 마찬가지난.

예예예예예.

조허고 ㅎ끔 달믄 검질 이름 뭐엳쑤가? 조허고 똑 달믄 거?

아까?

– ᄀ랃849).

보리허고.

= ᄀ랃. ᄀ랃. 게난 ᄀ랃터곡.

– 대우리 ᄀ랃 그거는 필히 스추느로 ᄃ랑850) 뎅겸쭈게851).

– 조는 ᄀ라슬 ᄃ랑 뎅겨야 뒈곡 보리는 대우리를 안 ᄃ랑 뎅이민852) 뒈게 뒈질 아녀서.

= 나로겐853) 몰피854) 딱 그게.

– 나로겐 몰피. 거 꼭 ᄃ랑 뎅기는 거.

= ᄃ랑 뎅기는 게 이서855).

고구마 김?

저 고구마 김은요?

= 고구마 김은 이제 뭐 그 쇠비름.

네.

= 쇠비름하고 이제 닭의장풀.

닭의장풀?

별꽃. 이제 다시 바랭이. 바랭이. 바랭이 그거 그저 잡풀들 납니다. 이제 깨꽃. 이제는 나오는 것은 다 나와.

= 젤 바랭이하고 쇠비름이 위험하고.

= 계속 나옵니다.

그 다음에 조밭에요?

= 조밭에.

− 또 그것이 마찬가지.

= 그 그때에나 마찬가지니까.

예예예예예.

조하고 조금 닮은 김 이름 무엇이었습니까? 조하고 똑 닮은 거?

아까?

− 가라지.

보리하고.

= 가라지. 가라지. 그러니까 가라지하고.

− 귀리 가라지 그것은 필히 사촌으로 데려서 다니고 있지.

− 조는 가라지를 데려서 다녀야 되고 보리는 귀를 안 데려서 다니면 되게 되지 않았어.

= 벼에는 개피 딱 그것이.

− 벼에는 개피. 그것 꼭 데려서 다니는 거.

= 데려서 다니는 것이 있어.

ᄉ춘 아니우꽈? ᄉ춘?

= ᄉ춘덜.

— 예?

ᄉ춘?

— 아이 거 다 ᄉ춘이주게.

= ᄀ란또856) 초다메857).

— 아이 ᄃ랑 뎅일858) 쑤가 업쭈.

— 그게 이걸 다 ᄃ랑 뎅이게 뒌 거.

= 그거 잘몯 뛔연 뒌 거 달마859). ᄉ춘.

예. 웃음.

— 콩. 콩도 갈믄 우분지860) 졍으네 그걸 똑 이서야861) 뒈고. 폳또 갈며는 똑 그 우분지가 읻꼬. 그 ᄉ춘.

콩. 콩에 뭐마씨?

= 우분지가 꼭 이서.

"우분지"가 뭐우꽈?

= 우분지가.

— 열매도 안 열곡 아무 걷또 안 ᄋ은 누릅쓰름헌862) 게 두루멍청허게863) ᄀ치 콩영864) 부텅 이서.

콩 달믄 걸?

= 쏭니블865) 잘 안 낭866) 뭉글락케영867). 나 오늘도 강868) 메연쭈마는.

걸 우분지렌 헤마씨?

— 거 원

게난 우분지는?

= 우티레869) 뻬질 몯터곡 그냥 우분지 그냥 펜페니870) 뒈어부니까.

— 전. 우871) 마가져분872) 거.

= 뭉구젱이873) 뒌 거주.

사촌 아닙니까? 사촌?

= 사촌들.

— 예?

사촌?

— 아니 그것 다 사촌이지.

= 가라지도 처음에.

— 아니 데려서 다닐 수가 없지.

— 그것이 이것을 다 데려서 다니게 된 거.

= 그것 잘못 되어서 된 것 같아. 사촌.

예. 웃음.

— 콩. 콩도 갈면 헛아지 져서 그것 똑 있어야 되고. 팥도 갈면 똑 그 헛아지가 있고. 그 사촌.

콩. 콩에 뭐라고요?

= 헛아지가 꼭 있어.

우분지가 뭡니까?

= 헛아지가.

— 열매도 안 열고 아무 것도 안 여는 누르스름한 것이 어리멍청하게 같이 콩하고 붙어 있어.

콩 닮은 것을?

속잎을 잘 안 나서 뭉툭해서. 나 오늘도 가서 매었지만.

그것을 우분지라고 합니까?

— 그거 원.

그러니까 우분지는?

= 위로 빼지 못하고 그냥 헛아지 그냥 평평히 되어버리니까.

— 져서. 위 막아져버린 거.

= 헛아지 된 거지.

- 뭉구젱이.

걸 우분지렌 험니까? 게믄 콩에도 우분지 읻꼬.

푸세도 읻꼬?

푸세도 읻꼬 보리에도 이서 우분지가?

- 아이 보리엔 대우리[874].

대우리고?

= 다 스춘.

- 게난 스춘더른 다 드랑 뎅긴덴[875] 허난.

감저엔 어심니까?

- 아 감저[876]엔 얻꼬.

= 감저엔 검질만 머근덴.

예 좀 쉬엳따 하겓씀니다예.

이젠 나로글 다 키운 거라예.

- 예.

이젠 빈 거라마씨. 비여. 그 다으멘 어떵 허는고예? 비면?

- 비며는[877] 그 노네서 말른 후에 홀트는 사름도 읻꼬 탈곡허는 사름
도 읻꼬.

예.

- 또 이 멕타기[878]로 허는 사름도 읻꼬 만헌[879] 사라믄 멕타기로 허
곡 우리가치 짜근 사르믄 뭐 이 탈곡끼로도 아녀 보고 홀트는 걸[880]로만
홀탄만 헫딴[881] 이젠 노니 페지돼부난 뭐.

예예.

- 나로근[882] 이제 우리 부라겐 나룩 허는 사르미 아무도 어시난[883].

게난 거의 나로근 경운 탈곡끼로 하고예?

- 게난 하영[884] 허는 사르믄 탈곡끼 저 멕타기. 저 경운기 멕타기.

- 헛아지.

그것을 우분지라고 합니까? 그러면 콩에도 우분지 있고.

팥에도 있고?

팥에도 있고 보리에도 있어 우분지가?

- 아니 보리에는 귀리.

귀리이고?

= 다 사촌.

- 그러니까 사촌들은 다 데려서 다닌다고 하니까.

고구마에는 없습니까?

- 아 고구마에는 없고.

= 고구마에는 김만 먹는다고.

예. 좀 쉬었다 하겠습니다.

이제는 벼를 다 키운 거예요.

- 예.

이제는 벤 거예요. 베어. 그 다음에는 어떻게 하는가요? 베면?

- 베면 그 논에서 마른 후에 훑는 사람도 있고 탈곡하는 사람도 있고.

예.

- 또 이 탈곡기로 하는 사람도 있고 많은 사람은 탈곡기로 하고 우리처럼 적은 사람은 뭐 이 탈곡기로도 안 해보고 훑는 것으로만 훑아서만 했다가 이제는 논이 폐지되버리니까 뭐.

예예.

- 벼는 이제 우리 마을에는 벼 하는 사람이 아무도 없으니까.

그러니까 거의 벼인 경우는 탈곡기로 하고요?

- 그러니까 많이 하는 사람은 탈곡기 저 탈곡기. 저 경운기 탈곡기.

족께 족께 허는 사르믄마씨?

— 족께 허는 사르믄 홀트는 거.

예. 홀탕 태작?

— 예. 홀틈만.

= 그냥 홀트는 거.

— 게난 도께885) 아녀도 그 홀트민.

예.

= 싸리.

— 나록 알로886) 나오다가 강메기엔887) 헌 게 인는디 강메기가 그 고고
리888)로 실러졍889) 강메기가 쫌 인는데 강메기는 뭐 만치 안 하녀니까. 그

= 목뗑이890)로 뗴련쭈게.

= 몽뗑이가 아니고 클891) 압따리.

예예. 클 압따리예?

— 클 압따리가 혼 일 메다 혼 십일892) 메단 너머. 그 압다리.

예예. 여기 바치는 건디예?

— 예 바치는 게. 다 그걸로 짜바 뗴령.

= 말쩨엔 얼멩이893)로 쳐 놩양. 그 우894)에 꺼.

예예.

— 그거 흐나네.

= 또 치곡. 경 허영 장만헫쑤게.

아아 홀트기만 하면 뒈는 거우꽝?

— 예에?

으음. 홀트기만 하믄.

— 예. 홀트기만 허민 알멩이로 떠러지니까. 겐디 걷또 요령 잇께 아녕
바끼895) 둥기민896) 고고리로 마니 실러지고 은그니 슬슬 둥기며는 알멩
이 알로만 다.

적게 적게 하는 사람은요?

- 적게 하는 사람은 훑는 거.

예. 훑어서 타작?

- 예. 훑음만.

= 그냥 훑는 거.

- 그러니까 도리깨 안 해도 그 훑으면.

예.

= 쌀이.

- 벼 알로 나오다가 꼬투리라고 한 것이 있는데 꼬투리가 그 이삭으로 무너져서 꼬투리가 좀 있는데 꼬투리는 뭐 많이 안 하니까. 그.

= 몽둥이로 때렸지.

= 몽둥이가 아니고 그네 앞다리.

예예. 그네 앞다리요?

- 그네 앞다리가 한 일 미터 한 십일 미터는 넘어. 그 앞다리.

예예. 여기 받치는 건데요?

- 예 받치는 것이. 다 그것으로 잡아 때려서.

= 말째에는 어레미로 쳐 놓아서요. 그 위에 거.

예예.

- 그거 하니까.

= 또 치고. 그렇게 해서 장만했습니다.

아아 훑기만 하면 되는 것입니까?

- 예에?

으음. 훑기만 하면.

- 예. 홀트기만 허민 알멩이로 떠러지니까. 겐디 걷또 요령 잇께 아녕 바끼 둥기민 고고리로 마니 실러지고 은그니 슬슬 둥기며는 알멩이 알로 만 다.

아아.

- 박끼 홀트며는 고고리로 실러지민 내중 일꺼리가 더.

마나예?

- 마너지897). 게곡 또 깨끝또 아너고. 게난 탁 페왕898) 슬히899) 둥기민 알멩이로 스스르 허게 터러졍900) 그 고고리 실러진 게 만칠 안 허지.

예.

- 걷또 다 일허는 건또 다 요령이라.

- 받 까는 건또 요령. 그런 건또 요령. 뭐 요령이 업쓰며는 막 힘드러 베고901).

이젠 보리를 빌 차례라예. 보리를 비영 이젠 어떵 험니까? 걸 보리로 멩글젠 허면?

- 아 보리도 비영으네902) 받띠서903) 뭐 흐루도 몰리는 사름 이틀 말리는 사름도 읻꼬 말랴 노며는 이제 모앙 무껑.

예.

- 무껑으네 지베 왕 허는 사름도 읻꼬. 요 멘 년 전부떠는 멕타기904)가 바테 드러가 가지고. 거 무끄긴 다 무꺼야 뒈. 멕타기 드러가도 무껑 그 멕타기에서 낭채905) 홀트지 아녕906) 그냥 낭채 홀트지 아녕 낭채 메겨 가지고 탈곡커는 거 이섣꼬.

- 그 압싸는907) 홀타 가지고 고고리를 만드라 가지고 이제 정운기 안 나온 때. 저 정운기가 약 칠십 혼 융년도 칠년도쯔메.

- 그때 뭐 서이. 우리 남구네는908) 서귀포 군농혀베서 그 베당이 뒌는디 우리 부라게 하나 온 게 우리 다섣 싸르미 가보혜909) 사난910) 게 칠십멘 년도에 나완는디. 그때는 그 처으므로 그 보리타작커는 그 탈곡끼가 낭채 허니까 조타고 막 헫쭈.

- 그 저네는 홀튼 걸 헤 가지고 이러케 장마져 노민 스뭍911) 마당에 춤 마당이 마당이 아니고 그 발똥기 그 뭐 그 연날 오 마력 십 마력 헤

아아.

— 박 훑으면 이삭으로 무너지고 나중 일거리가 더.

많지요?

— 많지. 그러하고 또 깨끗하지도 아니하고. 그러니까 탁 펴서 살그머니 당기면 알맹이로 스스르 하게 떨어져서 그 이삭 무너진 것이 많지 않지.

예.

— 그것도 다 일하는 것도 다 요령이야.

— 밭 가는 것도 요령. 그런 것도 요령. 뭐 요령이 없으면 막 힘들어 보이고.

이제는 보리를 벨 차례예요. 보리를 베서 이제는 어떻게 합니까? 그것을 보리로 만들려고 하면?

— 아 보리도 베어서 밭에서 뭐 하루도 말리는 사람 이틀 말리는 사람도 있고 말려 놓으면 이제 모아서 묶어서.

예.

— 묶어서 집에 와서 하는 사람도 있고. 요 몇 년 전부터는 탈곡기가 밭에 들어가 가지고. 그것 묶긴 다 묶어야 돼. 탈곡기 들어가도 묶어서 그 탈곡기에서 보릿대째 훑지 아니해서 그냥 보릿대째 훑지 아니해서 보릿대째 먹여 가지고 탈곡하는 거 있었고.

— 그 앞서는 훑아 가지고 이삭을 만들어 가지고 이제 경운기 안 나온 때. 저 경운기가 약 칠십 한 육년도 칠년도쯤에.

— 그때 뭐 셋이. 우리 남군에는 서귀포 군농협에서 그 배당이 됐는데 우리 마을에 하나 온 것이 우리 다섯 사람이 출연해서 샀던 것이 칠십 몇 년도에 나왔는데. 그때는 그 처음으로 그 보리타작하는 그 탈곡기가 보릿대째 하니까 좋다고 막 했지.

— 그 전에는 훑은 것을 해 가지고 이렇게 장마져 놓으면 사뭇 마당에 참 마당이 마당이 아니고 그 발동기 그 뭐 그 옛날 오 마력 십 마력 해

가지고 허는디 거 잘 뒈지도 아녀곡 마당에 왕912) 무시913) 기르믄 찰찰914).

  = 마가 장차. 그때.

  ― 아이고 거 보리 졸바로915) 뒈진 아녀곡 깡916)으로 멘 깨 바당 가
불민.

  예 맏쑤다.

  ― 에고. 거 뭐 섭섭커곡 헤나신디917) 뭐. 게도 정운기 나완 멕타기에
이거 올련 헐 때. 뭐 이거 모든 게 조쿠나. (웃음)

  예예.

  ― 이걸 사름 살다 보민 멘 년 안 뒌 이린디 참 조은 일.

  콩은 어떵 헵쑤가? 콩도 꺼껑.

  ― 예. 걷또 멕타기.

  아.

  ― 멕타기 아년 때는 도께918)로.

  예예예예.

  ― 뚜드려.

  = 콩은 이만씩919) 무껃쭈920). 콩. 이만씩 무꺼.

  콩이나 저기 뭐는 무끄는 거 뭘로 무꺼마씨?

  = 새.

  ― 새.

  = 진 새 허영 마주 놔그네.

  ― 찌근921) 쨀브니까. 새도 비며는922) 쨀바. 이러케 뒈왕923) 팍 둥기민
나오니까 그걸 께924)가 질게 헤 가지고 아까 조가 서 무슬 시끈덴925) 허
는디 소에 콩도 서 묻.

  으으.

  ― 혼 짜게. 게믄 ᄋ선926) 무시 혼 바리.

  = 혼 두르메 ᄒ나씩.

가지고 하는데 거 잘 되지도 않고 마당에 와서 왜 기름은 찰찰.

= 장마가 장차. 그때.

− 아이고 그거 보리 똑바로 되지는 아니하고 통으로 몇 개 받아서 가 버리면.

예. 맞습니다.

− 에고. 그것 뭐 섭섭하고 했었는데 뭐. 그래도 경운기 나와서 탈곡기 에 이거 올려서 할 때. 뭐 이거 모든 것이 좋구나. (웃음)

예예.

− 이것 사람 살다 보면 몇 년 안 된 일인데 참 좋은 일.

콩은 어떻게 했습니까? 콩도 꺾어서.

− 예. 그것도 탈곡기.

아.

− 탈곡기 않을 때는 도리깨로.

예예예예.

− 뚜드려.

= 콩은 이만큼씩 묶었지. 통. 이만큼씩 묶어.

콩이나 저기 뭐는 묶는 것은 무엇으로 묶나요?

= 띠.

− 띠.

= 긴 띠 해서 마주 놓아서.

− 짚은 짧으니까. 띠도 베면 짧아. 이렇게 꼬아서 팍 당기면 나오니까 그것을 매끼가 길게 해 가지고 아까 조가 서 뭇을 싣는다고 하는데 소에 콩도 서 뭇.

<u>으으.</u>

− 한 쪽에. 그러면 여섯 뭇이 한 바리.

= 한 두름에 하나씩.

― 헤 가지고 콩 무끄젠 허민 께를 받띠927) 가서 쭉 케영 저디 돌멩이 노코 요거 돌멩이 노코 허영 콩 끄멩이만928) 이제 께 인는 디레929) 요러케 노콕 또 욜로930) 왕 요러케 노콕 막 냥 발로 꾹 볼랑으네 이놈을 슥 올려 강 무끄믄 우리 혼 아늠931) 몰 딴쭈932).

아아.

― 그 무시 혼 아늠 몰 딴께 됀 건데. 게영 시렁 왕933) 지비 왕으네 마당에서 도께934)로 허곡. 그 사르미 쪼꼼 뭐 헤가나네 이 저 갑빠935).

― 갑빠가 나오기 시작커니까. 갑빠 사댕936) 받띠서 태작커는 게 그러케 조은 이를. 그거 무껑 지비 소에 실콕937) 헤영 왕.

= 오랑 쎄열땅938) 허주.

― 아이고 허곡 헤신다. 그 갑빠가 나오난 이제 참 그러케 조안. 견디 이젠 갑빠 이제 참 쓸모가 이젠 업써.

예예.

그런 농사 안 하니까.

그럼 이제는 다 거둬드린 거라예. 그 다으메 그 방에는 어떤 거 이서신고마씨? 방에. 물방에 이쓸 거시고.

― 남방에939).

남방에.

― 예. ᄀ레940).

예. ᄀ레.

= 돌혹941).

예. 돌혹.

= 돌로 만든 돌혹.

예. 돌혹예. 예예예예.

= 벵잇꿰942).

예. 방엘꿰도 읻꼬예.

─ 해 가지고 콩 묶으려고 하면 매끼를 밭에 가서 쭉 해서 저기 돌멩이
놓고 요거 돌멩이 놓고 해서 콩 끄트머리만 이제 매끼 있는 데로 요렇게
놓고 또 요리로 와서 요렇게 놓고 막 놓아서 발로 꾹 밟아서 이놈을 쓱
올려 가서 묶으면 우리 한 아름 못 안지.

아아.

─ 그 뭇이 한 아름 못 안게 된 것인데. 그래서 실어 와서 집에 와서
마당에서 도리깨로 하고. 그 사람이 조금 뭐 해가니까 이 저 가빠.

─ 가빠가 나오기 시작하니까. 가빠 사다가 밭에서 타작하는 것이 그렇
게 좋은 일을. 그거 묶어서 집에 소에 싣고 해서 와서.

＝ 와서 쌓았다가 하지.

─ 아이고 하고 했는데. 그 가빠가 나오니까 이제 참 그렇게 좋아서.
그런데 이제는 가빠 이제 참 쓸모가 이제는 없어.

예예.

그런 농사 안 하니까.

그럼 이제는 다 거둬들인 거지요. 그 다음에 그 방아는 어떤 것 있었을까
요? 방아. 연자매 있을 것이고.

─ 남방아.

남방아.

─ 예. 맷돌.

예. 맷돌.

＝ 돌확.

예. 돌확.

＝ 돌로 만든 돌확.

예. 돌확요. 예예예예.

＝ 방앗공이.

예. 방앗공이도 있고요.

= 방엣꿰.

− 돌호게도 방엣꿰가 읻써야 뒈고 남방에도 방엣꿰가 읻써야 뒈고.

예.

= 몰ᄀ레943)는 쉐944)가 읻써야 뒈고.

예에.

− 무리나 쉐나.

예. 사라므론 안 안 해신가마씨?

− 사르므로 힘드렁.

으음.

− 몰방엔945).

= 사르므로도 허여나긴 헤난쑤다. ** 밀리엉946).

− 아이고 서너 사람 드러도 잘 안 뒈더라고.

≒ 밀리멍 허여도 버쳔947).

그래서 그러면 보리 방에 진는 거 한번 쭉 ᄀ라 봅써?

보리 *** 타작 태작커연.

다 몰련.

이젠 몰려지지 아녇쑤가? 이젠 그걸 쓸로 허젠 허면.

− 어 게난 보리 혜여네 잘 몰랸948) 이젠 몰방에949) 가게 뒈며는 그 물 져당으네 몰방에에 강.

− 텅 놔두고 수도 시난950) 허주마는 그땐 이제 이거 이심 리터 깡951) 이라도 이서시민952) 조을 껀디 똑 허벅953). 그 몰방에 강 딱.

= 물허벅.

− 대기혜 놩.

= 저 순번.

예예예예.

= 물허벅 노민 아피 온 사름부터.

= 방앗공이.

— 돌확에도 방앗공이가 있어야 되고 남방아에도 방앗공이가 있어야 되고 예.

= 연자매는 소가 있어야 되고.

예에.

— 말이나 소나.

예. 사람으로는 안 아니 했는가요?

— 사람으로 힘들어서.

으음.

— 연자매는.

= 사람으로도 했었기는 했었습니다. ** 밀리어서.

— 아이고 서너 사람 들어도 잘 안 되더라고.

= 밀리면서 해도 부쳐서.

그래서 그러면 보리 방아 찧는 것 한번 쭉 말씀해 보십시오?

보리 *** 타작 타작해서.

다 말려서.

이제는 말려지지 않았습니까? 이제는 그것을 쌀로 하려고 하면.

— 아 그러니까 보리 해서 잘 말려서 이제는 연자매에 가게 되면 그 물 지어다가 연자매에 가서.

— 틀어서 놔두고 수도 있으니까 하지만 그때는 이제 이거 이십 리터 통이라도 있었으면 좋을 건데 똑 물동이. 그 연자매에 가서 딱.

= 물동이.

— 대기해 놓아서.

= 저 순번.

예예예예.

= 물동이 놓으면 앞에 온 사람부터.

좀파기 아니고 물허벅.

= 물허벅. 좀파근954) 조 헐 때. 조 헐 때에 강 혼 줌 놔그네 어펑 놔두곡 조도 혼 망텡이955) 앝땅으네956) 팡957)에 놔두곡. 경 허민 순번.

예. 순버니 뒈는 거.

= 예에. 경 헨쑤게.

- 아 헌디 그거 참. 보리허는 거 보린 몰랴 낭 방에958)에 강 허쳐959) 낭 물 낭 아 거 참 마견헌 건데.

소로 빙빙 도라.

- 예. 소로 허영으네 올랃따 내렫땅 올랃따 내렫따 허영으네 껍죽960) 어느 선 버스민 아 꼴리961) 도닫쩬 헌 게 보리 그거시 허다 보민 첨 ᄀ레962)에 ᄀ랑 봐도 꼴리가 도다. 그 겁쭈리.

- 그러케 헤연 먹딴 그 방에가 또 새로 물 서끼멍963) 헤영으네964) 통 보리로 헤연 머글 때 그 느네965) 우영966) 뒤에 그 저 송 하르방 사라 난967) 디 그 모실포968) 싸름 오라네969) 물 주멍 통보리 헤연 그걷또 밥 조텐 허단 보난 내중은 까끼는 기계가 나온 땐.

= 쏠밥 이상이라.

- 허영헌.

= 혼 낭푸니970) 아방971)이영 나영 다 머거불곡.

- 삼십 포짜리로 밥 ᄒ나 헤여네 멩류니네972) 담다레973) 가네974) 삼십 포짜리로 밥 하날 헨는디 둘리가975) 다 머거부난 주인 머글 께 어실 쩡도로. 폴 아판 몬 머걷쭈.

(웃음) 맏 쪼안?

- 예. 폴 아판. 이제는 혼 공기도 바블 몬 멍는디 그땐 뭐 초기 사네 간 구닌 항고976).

- 그게 쏜를 하영 노며는 바비 뚜껑 더껑은977) 안 뒈주. 올라왁올라왁 허다978) 보면 한.

좀팍이 아니고 물동이.

= 물동이. 좀팍은 조 할 때. 조 할 때에 가서 한 줌 놓아서 엎어서 놔두고 조도 한 망태기 가져다가는 팡에 놔두고.

예. 순번이 되는 것.

= 예예. 그렇게 했습니다.

— 아 그런데 그것 참. 보리하는 거 보리는 말려 놓아서 방아에 가서 흘어 놓아서 물 넣어서 아 거 참 막연한 것인데.

소로 빙빙 돌아.

— 예. 소로 해서 올렸다 내렸다가 올렸다 내렸다 해서 거죽 어느 선 벗으면 아 꼬리 돋았다고 하는 것이 보리 그것이 하다 보면 참 맷돌에 갈아서 봐도 꼬리가 돋아. 그 거죽이.

— 그렇게 해서 먹다가 그 방아가 또 새로 물 섞으면서 해서 통보리로 해서 먹을 때 그 너희 텃밭 뒤에 그 저 송 할아버지 살았던 데 그 모슬포 사람 와서 물 주면서 통보리 해서 그것도 밥 좋다고 하다가 보니까 나중은 깎는 기계가 나온 때는.

= 쌀밥 이상이야.

— 허연.

= 한 양푼 남편하고 나하고 다 먹어버리고.

— 삼십 호짜리로 밥 하나 해서 명륜이네 담쌓으러 가서 삼십 호짜리로 밥 하나를 했는데 둘이서 다 먹어버리니까 주인 먹을 것이 없을 정도로. 팔 아파서 못 먹었지.

(웃음) 맛 좋아서?

— 예. 팔 아파서. 이제는 한 공기도 밥을 못 먹는데 그때는 뭐 버섯 산에 가서 군인 반합.

— 그것이 쌀을 많이 넣으면 밥이 뚜껑 덮어서는 안 되지. 오르락내리락하다 보면 한.

= 쌩밥979) 뒈부러.

− **센치 정도는 우티레980) 항고 우티레 터러질 쩡도로 올라온 거. 그거를 아침 먹꼬 정시믈981) 머거야 뒈는디 먹따 보민 바비 업써부러. 겨민 정시믄 굴머야지.

으.

− 굴무멍 이를 헤 봐신디 아이 참. 경 허연 일뜽 월급 받쩬982) 허면 참말 누니 멜라지게983) 이를 헤야 일뜽 월급. 그냥은 일뜽 월그블 안 줘.

= 잘 몬터믄 내려가 경 허곡.

− 으. 춤 내려가 쏘리 든는 사르미 또 만치.

= 초기984) 꼭지 ᄒ나만 머건땅은985) *** 강 내려가.

게믄예. 아까 다시 협주예. 보리를 이젠 물방에서 이러케 검펴. 와그네 하다 보면 맨 처으메 나오는 게 체 아니우꽝예? 두 번째는 뭐가 나옴니까?

− 아 체986)가 아니고 물방에 강 졍987). 지비 그걸 가정왕988) 멍서게 짝 너난989). 물 저진 거나네 몰르민 체도 따로 뒈어 가가고 쌀도 따로 뒈여 가가긴990) 허는디.

− 그 노믈 또 바라메 불리든지991) 푸는체992)로 푸끄든지993) 두 가지에 ᄒ 가지 헤야 뒈.

= 그때는 체 ᄒ 가지뿐.

− 체 떼여낼 연구를 헤야. 체만 떼어내민 쌀 나오면 싸를 또 잘 몰랴야 뒈. 물류민 ᄀ레994)에 낭 굴민 보리쏠 ᄀ다고 허민 그걸.

= 체도 나왔쑤다게.

− 벌러져야주. 벌러질 때 이제 체도 ᄒ꼼 나오곡 보미끄르엔995) 헌 거 나와.

예.

− 그건 보미끄르는 이치록 비 온 땐 쉐기떡 케영 먹꼬 보리쏠른 밥펭 먹꼭. 껍떼기는 도새기996)에 다메 드라정997) 객객허는 거 주고. 그렇게.

= 선밥 되어버려.

- **센티 정도는 위로 반합 위로 떨어질 정도로 올라온 것. 그것을 아침 먹고 점심을 먹어야 되는데 먹다 보면 밥이 없어버려. 그러면 점심은 굶어야지.

으.

- 굶으면서 일을 해 봤는데 아이 참. 그렇게 해서 일등 월급을 받으려고 하면 참말로 눈이 찌그러져서 일을 해야 일등 월급. 그냥은 일등 월급을 안 줘.

= 잘 못하면 내려가 그렇게 하고.

- 으. 참 내려가 소리 듣는 사람이 또 많지.

= 버섯 꼭지 하나면 먹었다가는 *** 가서 내려가.

그러면요. 아까 다시 하겠습니다. 보리를 이제는 연자매에서 이렇게 거피해. 와서 하다 보면 맨 처음에 나오는 것이 겨 아닙니까? 두 번째는 뭐가 나옵니까?

- 아 겨가 아니고 연자매 가서 찧어서. 집에 그것을 가져와서 멍석에 쫙 너니까. 물에 젖은 것이니까 마르면 겨도 따로 되어 가고 쌀도 따로 되어 가기는 하는데.

- 그 놈을 또 바람에 드리든지 키로 까부르든지 두 가지 중 한 가지는 해야 돼.

= 그때는 겨 한 가지뿐.

- 겨 떼어낼 연구를 해야. 겨만 떼어내면 쌀 나오면 쌀을 또 잘 말려야 돼. 말리면 맷돌에 넣어서 갈면 보리쌀 간다고 하면 그것을.

= 겨도 나왔잖아요.

- 깨어져야지. 깨어질 때 이제 겨도 조금 나오고 쌀겨가루라고 한 거 나와.

예.

- 그것은 쌀겨가루는 이처럼 비 온 때는 쒜기떡 해서 먹고 보리쌀은 밥해서 먹고. 껍데기는 돼지에 담에 매달려서 꽥꽥하는 것 주고. 그렇게.

삼춘 보리에도 보미렌 험니까?

－ 아?

보리에도 보미렌 ᄀ라마씨?

－ 쌀 보미까루가 나오주게. 게난 그거를.

＝ 간 때 간 때.

－ 보리 ᄀ레에 ᄀᆯ면 겐디 쌀 허당 어떵 허당 그 노미 뿌서정 ᄀ루 뒌게 나와.

＝ ᄀᆯ 때 가루 나온 거주 보미는 아니우다게.

－ 가루. 보믿까루라고 헬쭈.

보릳ᄭᅮ루.

보릳ᄭᅮ루.

－ 보릳까루로 헬쭈.

＝ 보릳ᄭᅳ르주 보미ᄭᅳ르 아니.

－ 겐디 그걸로 뭐 짐승을 주나 이제 ᄀᆮ면 짐승 줄 꺼주마는 쉐기떡.

예.

－ 저 무신 거 순다리998) 헬따가 그거 헹으네 걷또 헤영 주민 만만999) 조키가 참.

＝ 조레기1000)에 허영으네 놔두민 시득시득험니다.

예. 그러믄 보리가 그러코 그다음 나로긴 경우는. 나로긴 경우는 뭐 뭐 나옴니까? 그걸 쏠로 멘들젠 허면?

－ 아 나록또.

＝ 물령.

－ 그 물량으네 젤 처으메 나온 건 이제 방엗꽁장1001)에 강 그 아까 강메기1002)라 헤 가지고 방멩이로 두드리곡 커영 헌 거 졸렝이엔 허영 그것이 젤 구진1003) 걸로 헤영.

－ 방엗꽁장에 강 헤영으네 지민 왕께1004)는 아예 방에꽁장에 내불고.

삼촌 보리에도 보미라고 하나요?

- 아?

보리에도 보미라고 말하나요?

- 쌀 쌀겨가 나오지. 그러니까 그것을.

= 간 때 간 때.

- 보리 맷돌에 갈면 그런데 쌀 하다가 어떻게 하다가 그 놈이 부서져서 가루 된 것이 나와.

= 갈 때 가루 나온 것이지 쌀겨는 아니지요.

- 가루. 쌀겨가루라고 했지.

보릿가루.

보릿가루.

- 보릿가루로 했지.

= 보릿가루지 쌀겨가루 아니.

- 그런데 그것으로 뭐 짐승을 주나 이제 같으면 짐승 줄 것이지만 쉐기떡.

예.

- 저 무슨 거 순다리 했다가 그것 해서 그것도 해서 주면 맛만 좋기가 참.

= 좋다래끼에 해서 놔두면 시득시득합니다.

예. 그러면 보리가 그렇고 그다음 벼인 경우는. 벼인 경우는 무엇 무엇 나오나요? 그것을 쌀로 만들려고 하면?

- 아 벼도.

= 말려서.

- 그 말려서 젤 처음에 나온 것은 이제 방앗간에 가서 그 아까 꼬투리라고 해 가지고 방망이로 두드리고 해서 한 것 껍질이라 해서 한 것 쭉정이라고 해서 그것이 젤 궂은 것으로 해서.

- 방앗간에 가서 해서 찧으면 왕겨는 아예 방앗간에 내버리고.

- 이제 그 보믄 끄루허곡 쌀허구근[1005] 가정오민 이제 첸나록[1006] 헤근에 헬쩬[1007] 허영 쏠바블 혼번 허민 뭐 춤. 그 이제 쌀허고는 어떵 허연 그

= 향내가 나.

- 쿠싱헌 뭐 나록 내가 푹 커게 나곡 지름 논 거 모냥에 을씬을씬을씬 허지[1008].

= 게민 아바지네 지비도 ᄋ져가곡[1009] 우리도 헤영 먹쪽.

- ᄒ꿈씩 멍는 걸로 허당 봐도 아이더리 하노니까[1010] 뭐.

예예예.

- 멍는 게 좀 딸릴 정도라나신디[1011].

- 고구마 허영 구덕[1012] 숭키꾸덕[1013] 그거세 ᄒ나 내어 노민 혼 노미 하나씩 머그멍 ᄒ나는 두이로[1014] 슬슬 어떠케.

= 감젠 어디 시난[1015]. 구감[1016].

- *** 무사게 ᄋ근[1017] 후에 아이덜 다 헬쭈. 무사 아녀서?

- 감저뽈떼기[1018] 허영 일뜽헌 사르미 아이덜 머글 감저 어선뗀[1019] 마린가?

= 체얌[1020]. 체얌.

- 허나네 이러케 하나씨근 다 숨킬라고[1021] 헤.

- 경 허영 숨켣땅[1022] 허곡.

- 정말로 야침[1023] 허는 거 보민 흑꾜 갈 때 혼 노믄 아장[1024] 멍는 놈 울멍 가는 놈 혼 노믄 또 돈 드렌[1025] 허는 놈. 아이고 춤.

= 강[1026] 왕[1027] 보민 고무시늘양 멘도칼로 짤랑 그 저 미는 거 뭐시니? 지우개. 그게 어시민[1028] 고무신 뒤에 쫄라그네 그걸로 미러.

ᄋᄋ.

= 게민 난 바쁘니까 아기덜 허곡 때 허곡 허젠 허믄 아방은 일허영 오믄 걸로 끄시난[1029] 조근 게 책 검사를 가방 검사를 아침마다 헤줍써[1030]. 저냐기나.

- 이제 그 보릿가루하고 쌀하고는 가져오면 이제 햇벼 해서 했다고 해서 쌀밥을 한번 하면 뭐 참. 그 이제 쌀하고는 어떻게 해서 그.

= 향내가 나.

- 구수한 뭐 벼 내가 푹 하게 나고 기름 놓은 거 모양에 알씬알씬알씬 하지.

= 그러면 아버님네 집에도 가져가고 우리도 해서 먹고.

- 조금씩 먹는 것으로 하다 봐도 아이들이 많으니까 뭐.

예예예.

- 먹는 것이 좀 달릴 징도였었는데.

- 고구마 해서 바구니 나물바구니 그것에 하나 내어서 놓으면 한 놈이 하나씩 먹으면서 하나는 뒤로 슬슬 어떻게.

= 고구마는 어디 있으니까. 해묵은 고구마.

- *** 왜 큰 후에 아이들 다 했지. 왜 아니했어?

- 절간고구마 해서 일등한 사람이 아이들 먹을 고구마 없었다는 말 인가?

= 처음. 처음.

- 하니까 이렇게 하나씩은 다 숨기려고 해.

- 그렇게 해서 숨겼다가 하고.

- 정말로 아침 하는 것 보면 학교 갈 때 한 놈은 앉아서 먹는 놈 울면서 가는 놈 한 놈은 또 돈 달라고 하는 놈. 아이고 참.

가서 와 보면 고무신을요 면도칼로 잘라서 그 저 미는 것 무엇이니? 지우개. 그것이 없으면 고무신 뒤 잘라서 그것으로 밀어.

으으.

= 그러면 나는 바쁘니까 아이들 하고 때 하고 하려고 하면 남편은 일 해서 오면 그것으로 끝이니까 작은 것이 책 검사를 가방 검사를 아침마다 해주세요. 저녁에나.

= 날신딘[1031) "뭘터는 사르미랑[1032) 날ㄱ라[1033) 허렌." 허민 혼번 허여. 그거 혼번. 다으멘 또 이저부러.

= 경 허멍 그거 아이더리 커갈 때 지우개도 어성[1034). 신바를 이런 데를 쫄랑으네 그 지우개로 써.

— 게난 아기 키우는디 사라미 너멍 보민 후훼쯩이 웨 마너느냐 허면.

— 이제 우리 큰뚜리 어서전는디.

— 초등학꾜 뎅길 때 돈 오처넌을 주면서 이거 사먹쪽 아버지는 바쁘니까.

— 출 허레[1035).

— 뭐허다 헤네. 소 출 헌 건또 아니고 초를 끈난는디 물웅덩이(?) 간 검지를 어우글[1036) 비는디[1037).

— 초등학꾜에서 그 날씨가 조나네 운둥허는 그 이제는 뭐 초등학꾜에 이제 손지[1038) 때문 가 봐도 뭐 그러케 학뿌형이 막 몰리지 아녀는디 엔나렌 그러케 뭐 운동나리민 엄창 학뿌형이 저 우리 중문초등학꾜에 몰려신디.

— 돈 오처넌를 줜 놔두나네 그 도늘 시붠도 안 써네 가전 왐써. 그 다음부떤 정말 후훼헤 가지고 계속.

= 어느 걸 사머글 처레[1039) 도는 아깝꼬 모른 거라.

— 허여네 이제 그 이져불질[1040) 아녀는디.

— 이제 우리 시[1041)에 뚤쯔믄 달리길 허민 무쭈껀 일등이라.

— 겐디 그 사름 춘끼[1042)를 헌디 교장니믈 마침 표가 그 나왇딴. 교장님신디 막 뛰어간 나오렌 허난 교장니미 그 뭐 뒤에 영 안장[1043) 그 첵쌍 바단 얼른 나와져게.

— 볼써 느려오란 딴 아이더른 다 간 아자부럳꺼든. 아이고 발버둥치멍 교장님 때문에 꼴뜽헨. 그냥 달리기렌 허민 아리랑꼬께 불르멍 영 헹 강 일뜽헤불곡 허는디.

= 나한테 "무엇하는 사람이어서 나보고 하라고." 하면 한번 해. 그거 한번. 다음에는 또 잊어버려.

= 그렇게 하면서 그것 아이들이 커갈 때 지우개도 없어서. 신발을 이런 데를 잘라서 그 지우개로 써.

- 그러니까 아기 키우는데 사람이 넘어서 보면 후회감이 왜 많으냐 하면.

- 이제 우리 큰딸이 없어졌는데.

- 초등학교 다닐 때 돈 오천원을 주면서 이거 사먹고 아버지는 바쁘니까.

- 꼴 하러.

- 뭐하다 해서. 소 꼴 한 것도 아니고 꼴을 끝났는데 물웅덩이에 가서 검불을 억새를 베는데.

- 초등학교에서 그 날씨가 좋으니까 운동하는 그 이제는 뭐 초등학교에 이제 손자 때문에 가 봐도 뭐 그렇게 학부형이 막 몰리지 않는데 옛날에는 그렇게 뭐 운동날이면 엄청 학부형이 저 우리 중문초등학교에 몰렸는데.

- 돈 오천 원을 줘서 놔두니까 그 돈을 십 원도 안 써서 가져서 왔어. 그 다음부터는 정말 후회해 가지고 계속.

= 어느 것을 사먹을 차례 돈은 아깝고 모른 거야.

- 해서 이제 그 잊어버리지를 않는데.

- 이제 우리 제주시 딸쯤은 달리기를 하면 무조건 일등이야.

- 그런데 그 사람 찾기를 했는데 교장선생님을 마침 표가 그 나왔다고. 교장선생님한테 막 뛰어가서 나오라고 하니까 교장선생님이 그 뭐 뒤에 이렇게 앉아서 그 책상 받아서 얼른 나와지는가.

- 벌써 내려오니까 다른 아이들은 다 가서 앉아버렸거든. 아이고 발버둥치면서 교장선생님 때문에 꼴찌했다고. 그냥 달리기라고 하면 아리랑고개 부르면서 이렇게 해서 가서 일등하고 하는데.

‒ 경 헨 초등학꾜에 육캉년 나오는 동안 그거 훈 번 꼴뚱허고렌1044) 허멍 이제도.

‒ 달리기 선수로 허영 이제 고등혹꾜 가네 저 제주여상1045) 간 헤도 춤 달리는디 대헤서는 이 동네 왕으네 그 연나른 이젠 그런 머시 엄는디 체육대훼힐 때. 그때도 왕 선수로 허영 스타트 빼렌 허민 천장만장1046) 가부난.

= 천지연1047) 다리 바라시녜1048). 승자. 아이고.

‒ 게난 경차리 시머간덴1049) 헤봐도 천지연 다리 발지. 이제 아기 아 덜 두 개 난 사르미 이제도 지붕 우의1050) 가렌 허민 퍼딱1051) 올라강 와 랑와랑1052) 둘주1053).

(웃음)

‒ 춤 벨 라이가 다 이서.

게난 뚤 ㅇ술 아덜 하나니깐예. 그럼 다 이젠 거두웡 다 쌀로 멘든 거라예. 그럼 보리싸른 어디에 보관헤낟쑤강?

= 항1054)에.

‒ 항아리.

으. 항아리.

‒ 그건 딴 거에 안 노코 항아리에 놔야지. 깨끄터지. 경 아녀민 자꾸 ㄱ라지는디1055) 쥐가 뭐 스방에 와글와글허니까 그거 정말.

조는마씨?

‒ 조도 항아리. 항아리 아니민 도로미깡1056).

아까 뒤지도?

= 뒤지1057)도 만드랑.

‒ 예. 두지도 그건 조허고 보리쑬 가튼 건 안 놔보고 건 보리가 양이 만허난 보린 낟찌마는 조는 양이 여기는 만치 아녀.

= 보리가.

- 그렇게 해서 초등학교에 육학년 나오는 동안 그것 한 번 꼴등했다고 하면서 이제도.

- 달리기 선수로 해서 이제 고등학교 가서 저 제주여상 가서 해도 참 달리는데 대해서는 이 동네 와서 그 옛날은 이제는 그런 무엇이 없는데 체육대회할 때. 그때도 와서 선수로 해서 스타트 빼라고 하면 멀리멀리 가버리니까.

= 천지연 다리 타고 넘어 다녔네. 승자. 아이고.

- 그러니까 경찰이 잡아간다고 해도 천지연 다리 타고 다니지. 이제 아기 아들 두 개 난 사람이 이제도 지붕 위에 가라고 하면 펄쩍 올라가서 와랑와랑 닫지.

(웃음)

- 참 별 아이가 다 있어.

그러니까 딸 여섯 아들 하나니까요. 그럼 다 이제는 거두워서 다 쌀로 만든 거지요. 그럼 보리쌀은 어디에 보관했었습니까?

= 항아리에.

- 항아리.

으. 항아리.

- 그것은 다른 것에 안 놓고 항아리에 놓아야지. 깨끗하지. 그렇게 않으면 자꾸 말해지는데 쥐가 뭐 사방에 와글와글하니까 그거 정말.

조는요?

- 조도 항아리. 항아리 아니면 드럼통.

아까 뒤주도?

= 뒤주도 만들어서.

- 예. 뒤주도 그것은 조하고 보리쌀 같은 것은 안 놓아보고 그것은 보리가 양이 많으니까 보리는 놓았지만 조는 양이 여기는 많지 않아.

= 보리가.

메근 안 써 봅띠가? 멕.

─ 메게도1058) 보리 낟땅도1059).

＝ 저 몰리기 저네 놔.

─ 몰릴 몰릴 때만 바꼍띠1060).

잠시?

─ 잠시에는 멕또 나도 ᄌ르니까1061) 멕또 이 지빈 핱꼬1062).

＝ 마리에영1063) 뭐 보리가.

─ 멍석또 핱꼬.

＝ 열땐 썸 ᄋ나믄1064) 섬 헤 노민.

＝ 미삭미삭1065) 보리가.

그 다으메 씨는 아까 부게기에 논 거고예? 씨는.

＝ 씨는 허버게1066).

허버게 아.

─ 아 거 저 좁씨는 그런 거세 노는디 보리씨는 항아리에.

＝ 도레무깡1067) 항아리에. 그 다으메 퍼내영으네.

그다음 아까 나록농사를 지얻쓰면 그 나록농사에 찌블 가지고는 뭐뭐 멘드라납띠강?

─ 찡 무근 육찌는 지붕도 더펕찌마는 우리 제주도는 지붕 더픈 이리 업꼬 찌브로 느람지1068) 또 가을에 감저쭐1069) 헤당 눌면1070) 소 멕이 허는 거 그거 또 만드랑 느람지 만드랑 더끄고1071).

─ 또 그걸 중이1072) 쒜물지1073) 아녀게 잘 보관헤 놛땅 뒤테1074) 보리 무끄는 께1075)가.

ᵒ아 께로.

─ 에. 그게 나록찌기지1076).

─ 게난 생수에 논 인는 사르미 다 우리 부락 싸르미 다 인는 게 아니라 그 나록헐 때는 께허고 느람지 멘들라고1077) 그 나록 허는디 강으네

멱은 안 써 봤습니까? 멱.

- 멱에도 보리 놓았다가도.

= 저 말리기 전에 넣어.

- 말릴 말릴 때만 바깥에.

잠시?

- 잠시에는 멱도 나도 걸으니까 멱도 이 집에는 많았고.

= 마루에랑 뭐 보리가.

- 멍석도 많았고.

= 열댓 섬 여남은 섬 해 놓으면.

= 미삭미삭 보리가.

그 다음에 씨는 아까 부게에 넣은 거구요?

= 씨는 허벅에.

허벅에 아.

- 아 거 저 좁씨는 그런 것에 넣는데 보리씨는 항아리에.

= 드럼통 항아리에. 그 다음 퍼내서.

그다음 아까 벼농사를 지었으면 그 벼농사에 짚을 가지고는 무엇무엇 만들었었습니까?

- 짚 뭇은 육지는 지붕도 덮었지만 우리 제주도는 지붕 덮은 일이 없고 짚으로 이엉 또 가을에 고구마 기는줄기 해다가 가리면 소 먹이 하는 거 그거 또 만들어서 이엉 만들어서 덮고.

- 또 그것을 쥐 쏠지 않게 잘 보관해 놨다가 이듬해 보리 묶는 매끼가.

아 매끼로.

- 예. 그것이 볏짚이지.

- 그러니까 생수에 논 있는 사람이 다 우리 마을 사람이 다 있는 것이 아니라 그 벼할 때는 매끼하고 이엉 만들려고 그 벼 하는데 가서 이렇게

영 드러가며는 아이고 저 또 나록찍1078) 빌레1079) 왐꾸나 허멍 뭐 강 거 드러주곡 허여도 그걸 춤 흐끔 덜 조아허지.

으음.

— 그러면 나도 이제 노니 벡팔십일 평 이제 그냥 데껸1080) 내부난 지금 막 노람쭈마는 어 나록 허며는 그 찌그로1081) 다 사용이 뒈어.

예.

— 보리 무꺼불곡 이제 가으레 느람지 메 파니1082) 멘드라야.

= 아이고 멍서근 멜 깨 존꼬1083).

— 거허지. 멍석 존찌 멩텡이1084) 존찌 돋껄름착1085) 존찌.

예. 걸름착 존찌.

— 신 존찌1086).

예. 찝씬도 삼꼬예?

— 예. 조리1087)도 헤야지.

= 멍석또 막 카영 허연 보리 다 너럳쑤게. 마당 ᄀ득 널당 버치믄 양1088) 저 올레꼬장1089) 간 너럳쑤다.

— 나로서 미테 아이더른 멍석 ᄌ르라1090) 신 ᄌ르라 허민 처음 영 만들 쭐도 모를 꺼여. 신발 만드는 건또 처음 영 멘들 쭈를 몰라.

— 멩텡이도 처음 시작헐 쭈를 몰를 꺼여. 이제.

아까 보리 허면 그 보리찌긴 경우는 땔까므로 지들커로?

— 예. 지들커로1091).

그건 말고 무슨 지들커 헨 쓴 저근 읻쑤가?

= 지들커양. 그거 떼당으네 모잘려. 저 저을엔 가민 막 눈 녹꼬 추워가민 강 드르에 강 새. 새낭1092) 막 바상헌 거 불숨낀1093) 붇찌 아넘니다.

= 경 헌디 그거 호미1094)로 비어1095) 오곡.

= 또 저 소나무. 소낭1096)에 강 돌아아정1097) 그 미테 까젱이1098)가 사근 거 이십니다. 게민 호미 막뗑이1099) 헹 가그네 그거 걸령 둥이믄1100)

들어가면 아이고 저 또 볏짚 빌리러 오는구나 하면서 뭐 가서 거들어주고 해도 그것을 참 조금 덜 좋아하지.

으음.

– 그러면 나도 이제 논이 백팔십일 평 이제 그냥 던져서 내버리니까 지금 막 놀고 있지만 어 벼 하면 그 짚으로 다 사용이 돼.

예.

– 보리 묶어버리고 이제 가을에 이엉 몇 장 만들어야.

= 아이고 멍석은 몇 개 겯고.

– 그것하지. 멍석 겯지 망태기 겯지 돼지거름용 먹둥구미 겯지.

예. 거름용 먹둥구미 겯지.

– 신 겯지.

예. 짚신도 삼고요?

– 예. 샌들도 해야지.

= 멍석도 막 많이 해서 보리 다 널었습니다. 마당 가득 널다가 부치면요 저 올래까지 가서 널었습니다.

– 나로부터 밑에 아이들은 멍석 걸어라 신 걸어라 하면 처음 이렇게 만들 줄도 모를 거야. 신발 만드는 것도 처음 영 만들 줄을 몰라.

– 망태기도 처음 시작할 줄을 모를 거야. 이제.

아까 보리 하면 그 보릿짚인 경우는 땔감으로 땔감으로?

– 예. 땔감으로.

그것 말고 무슨 땔감 해서 쓴 적은 있습니까?

= 땔감요. 그것 때다가 모자라. 저 겨울에는 가면 막 눈 녹고 추워 가면 가서 들에 가서 띠. 띠 막 바삭한 거 불 때기는 붙지 않습니다.

= 그렇게 하는데 그것 낫으로 베어 오고.

= 또 저 소나무. 소나무에 가서 매달려서 그 밑에 가지가 삭은 것 있습니다. 그러면 낫 막대기 해서 가서 그거 걸려서 당기면 뚝뚝 아래 떨어지면

뚝뚝 아래 터러지민 그거 허곡. 또 미테 저 이파리. 솔입1101) 이파리.

솔입.

= 그 글겡이1102) ᄋ정강 막 글거 놩. 끅1103) 네 개나 다섯 깨나 놔그네 체얌1104) 그 이파리 ᄌ근ᄌ근허게 쭉 커게 놔노민 그 우티렌1105) 막 이마니1106) 놔낭 벵허게 ᄆ랑 그걸로 무ᄁ민양 저 옴도1107) 경 조콕.

보달치는 거예?

= 지드미1108) 그러케 조아마씨.

걸 보달 친덴 허지 아념니까?

= 예예.

보달예?

= 경 허영 오랑으네 그거 허영 데멩1109) 놔두민 그거 앋땅1110) 저을에 때민 진기1111) 일꼬.

− 이 김 교수니믄 나이로 비허민 그런 거 저런 거 농초네 헤난1112) 거.

나도 솔립또 글그레 가낮쑤다.

− 잘 몰를 껀데.

다 아라마씨.

겨곡.

= 어멍네 헐 때.

거 삭따리. 삭따리도 헌 거고. 아까 소나무 그 주근 거예. 삭따리.

= 경 허곡양.

− 그게 삭따리1113) 맏쭈.

= 볼레낭1114). 볼레낭 강 미트로 ᄁ창으네1115) 가시 몬딱1116) 다드마. 다드망으네 그거 ᄌ근ᄌ근 놔그네 이마니 허게 허영 지어 오곡. 저 돌오름1117) 받띠 거자1118) 가민 서리낭1119). 소리낭1120)은 무겁찌양?

− 소리낭은 무겁꼬.

= 서리낭으로 짤라그네.

그거 하고. 또 밑에 저 이파리. 솔가리 이파리.

솔잎.

= 그 갈퀴 가져가서 막 긁어 놓아서. 칡 네 개나 다섯 개나 놓아서 처음 그 이파리 차근차근하게 쭉 하게 놓으면 그 위로는 막 이만큼 놓아서 뱅하게 말아서 그것으로 묶으면요 저 오기도 그렇게 좋고.

보퉁이 치는 거요?

= 때기가 그렇게 좋아요.

그것을 보퉁이 친다고 하지 않습니까?

= 예예.

보퉁이요?

= 그렇게 해서 와서 그것 해서 쟁이어 놔두면 그거 가져다가 겨울에 때면 진기 있고.

− 이 김 교수님은 나이로 비하면 그런 것 저런 것 농촌에 했던 거.

나도 솔잎도 긁으러 갔었습니다.

− 잘 모를 텐데.

다 알아요.

그러하고.

= 어머니네 할 때.

그것 삭정이. 삭정이도 한 것이고. 아까 소나무 그 죽은 거요. 삭정이.

= 그렇게 하고요.

− 그것이 삭정이 맞지.

= 보리수나무. 보리수나무 가서 밑으로 끊어서 가시 몽땅 다듬어. 다듬어서 그거 차근차근 놓아서 이만큼 하게 해서 져 오고. 저 돌오름 밭에 거의 가면 서어나무. 소리나무는 무겁지요?

− 소리나무는 무겁고.

= 서어나무로 잘라서.

- 서리낭허고 종낭1121)이 개겹고1122).

= 나대1123)로 깨여. 나대.

- 또 이제 이제 다간주기낭1124)이 우리 목짱에 이제 과짝헤신디1125).

= 이제 대간중낭1126) 그땐 어선쑤게.

- 거붑고1127) 그자 칼로라도 깨주 뭐.

= 경 허영 즈근즈근 놩 그디서 이딜 그걸 눌거1128) 경 져 오고.

- 아 그런 건 우서니고. 우서는 일차로는 보릴때1129)가 땔깜.

= 경 허영양 똥 팡팡. 파득파득파득.

쉐똥은 안 써봅띠가? 쉐똥.

= 경 헤가믄 마당에 막 끄라.

- 아이고 촐1130) 끈나믄 이제 딴 사름보단 아피 가주. 딸따리 모랑으네 목짱에 가가지고 게난 우리 아이드리 그걸 보아가지고 안 조아허는 게 그거야.

- 이제 강 그 똥 주성으네1131) 시렁 오는 거. 시렁 왕 굴묵1132).

예.

- 게민 이제는 쎄메느로라도1133) 헬따 그때는 흐그로 허민 흐기 쫙쫙 버려져 노난 똥 연기가 그냥 펑펑 올라오곡.

= 불만 스맏쑤가게1134). 부수와그네1135) 퉤비 멘들켄 허멍 막 헏까네1136) 막 주서1137) 다망 덩드렝마께1138)로 막 뿐스고1139). 똥을.

게난 굴무근 쉐똥으로도 허곡?

= 쉐똥 물똥. 물똥이.

- 물똥허고 쉐로. 견디 물똥은 이제는 우리 제주도 그 경마장 셍기난 ᄆᆞ리 마니1140) 셍겸쭈마는 그땐 우리 이기엔1141) ᄆᆞ리 베랑1142) 어선쭈1143).

= 촘 몰 그때 핟쑤다1144).

- 아 여긴 베랑 어서.

- 서어나무하고 때죽나무가 가볍고.

= 손도끼로 깨어. 손도끼.

- 또 이제 이제 예덕나무가 우리 목장에 이제 곧게 있는데.

= 이제 예덕나무 그때는 없었잖아요.

- 가볍고 그저 칼로라도 깨지 뭐.

= 그렇게 해서 차근차근 놓아서 거기서 여기를 날것 그렇게 저 오고.

- 아 그런 것은 우선이고. 우선은 일차로는 보릿대가 땔감.

= 그렇게 해서요 똥 팡팡. 파득파득파득.

소똥은 안 써봅디까? 소똥.

= 그렇게 해가면 마당에 막 깔아.

- 아이고. 꼴 끝나면 이제 다른 사람보다는 앞에 가지. 탈탈이 몰아서 목장에 가 가지고 그러니까 우리 아이들이 그것을 보아 가지고 안 좋아하는 것이 그거야.

- 이제 가서 그 똥 주워서 실어 오는 것. 실어 와서 굴묵.

예.

- 그러면 이제는 시멘트로라도 했다 그때는 흙으로만 하면 흙이 쫙쫙 벌어져 놓으니까 똥 연기가 그냥 펑펑 올라오고.

= 불만 때었나요. 부수어서 퇴비 만들겠다고 하면서 막 헛간에 막 주워 담아서 덩드렁마께로 막 빻고. 똥을.

그러니까 굴묵은 소똥으로도 하고?

= 소똥 말똥. 말똥이.

- 말똥하고 소로. 그런데 말똥은 이제는 우리 제주도 그 경마장 생기니까 말이 많이 생기고 있지만 그때는 우리 여기에는 말이 별로 없었지.

= 참 말 그때 많았습니다.

- 아 여기는 별로 없어.

＝ 물똥이 천지랄쭈.

그다음 겨우레 멍는 채소는 어떤 게 이서신고예?

－ 차?

채소.

ᄂᆞ물마씨.

겨우레 멍는 채소.

＝ 채수는.

눕삐?

＝ 모멀팟띠[1145]. 모멀팟띠 강으네.

－ 들머귀[1146].

＝ ᄂᆞ멀[1147] 뿌렁. 게영 모멀 비여불믄양[1148] 비료도 안 주고 허나네 ᄂᆞ멀이 빨강허여[1149]. 자주새그로. 메줄라[1150].

＝ 게영 그런 거 캐여당 김치도 허곡 그걸로 국 끌렁[1151].

－ 짐치는 만무허고 그자 구기나 허곡 데왕[1152] 먹꼭.

＝ 드른눕삐.

－ 그자 베만 불민 조은 거주 뭐.

＝ 드른눕삐 강으네 케여당양 쑬마. 쑬망으네.

그거 드른눕삐?

＝ 드른눕삐 드르에 나는 눕삐[1153]가 잇쑤다. 이제 질레에[1154] 뎅기당[1155] 보민 자주색 꼳 핀 거.

쪼근 거예?

아아. 예예예예.

＝ 까릿까릳헌[1156] 거. 그거 그 눕삐 헤당으네 그거 케여당은에 이제 문짝[1157] 쑬망 뒌장 찌그멍 먹꼬. 주로 그거. 그거.

모멀팓띠 논 그 ᄂᆞ물 이르미 베춘 베춘디 들무기라고 헌 마리 들무기. 저 들무기엔 헌 건디 그게 걷또 아무나 잘 몬 먹고.

= 말뚱이 천지였주.

그다음 겨울에 먹는 채소는 어떤 것이 있었을까요?

─ 차?

채소.

나물요.

겨울에 먹는 채소.

= 채소는.

무?

= 메밀밭에. 메밀밭에 가서.

─ 들머귀.

= 나물 뿌려서. 그렇게 해서 메밀 베어버리면요 비료도 안 주고 하니까 나물이 빨개. 자주색으로. 모종이 짧아서.

= 그렇게 해서 그런 것 캐다가 김치도 하고 그것으로 국 끓여서.

─ 김치는 만무하고 그저 국이나 하고 데워서 먹고.

= 들무.

─ 그저 배만 불면 좋은 거지 뭐.

= 들무 가서 캐다가요 삶아. 삶아서.

그거 들무?

= 들무 들에 나는 무가 있습니다. 이제 길에 다니다가 보면 자주색 꽃 핀 거.

작은 거요?

아아. 예예예예.

= 까릿까릿한 거. 그거 그 무 해다가 그거 캐다가 이제 푹 삶아서 된장 찍으면서 먹고. 주로 그거. 그거.

메밀밭에 놓은 그 나물 이름이 배추는 배추인데 들무기라고 한 말이 들무기. 저 들무기라고 한 것인데 그게 그것도 아무나 잘 못 먹고.

＝ 저 보리왇띠1158). 보리왇띠 가그네 ᄂᆞ물 ᄒᆞ나씩양. 도난1159) 거 그 거 나곡. 드른마농1160) 캐곡. 드른마농. 드른마농 읻찌예?

　－ 이 꿩마농옌1161) 헌 건디. 그거 마농이 지그믄 이 저 제초제 헤 가난 영 어서젼는디1162).

　－ 연나렌 여기 그 보리가 한번 갈고 ᄒᆞᆫ 버는 안 가랑 놔두민 가슬왇1163) 영 허는디. 그 그 가슬왇띠가 그 꿩마농이 마니 나가지고 칼 아정 강1164) 막.

　＝ 티가 하1165).

　－ 케여당으네 다드망으네1166) 콩주글 쑤나 그냥 뭐 구글 끌리나 허민 코슝허영1167). 짐칠 허난 뭐 이제도 그걸 인끼가 읻는데.

　－ 그 연나른 겅 마니 이선는디 이제는 받띠는 어서지고.

　＝ 김치도 *** 노리롱허게1168).

　－ 이 우리 받띤 이제 올리1169) 멛 깨 나난 이 사름 건드리지도 말렌 헤연 그 구완헨 놔두난 어서져신디1170) 씨가 터러지나 뿌리가 받띠 벡키나1171).

　＝ 뿌리 헤양헨쑤다1172).

　－ 이젠 내녀넨 이제 나오면. 아 ᄒᆞᆫ번 머거질찌1173) 모를 껀데.

　＝ 제초제 헤 불카부뎅게1174).

　－ 이제 제초제도 허지 말라. 그디 이제 뭐 딱 봉헨 이시나네1175) 내년 내녀는 우리도 꿩마농 ᄒᆞᆫ번 먹거볼 꺼난.

　예. 그러믄 옌나레 부른 어떤 거로 싸신고예?

　－ 예?

　불.

　정기 드러오기 저네.

　－ 저 아 게난 우린 돈 어스난1176) 호야1177). 호야도 업써네 각찌1178).

　예. 각찓뿔.

= 저 보리밭에. 보리밭에 가서 나물 하나씩요. 저절로 난 거 그거 나고. 달래 캐고. 달래. 달래 있지요?

- 이 달래라고 한 것인데. 그거 마늘이 지금은 이 저 제초제 해 가니까 영 없어졌는데.

- 옛날에는 여기 그 보리가 한번 갈고 한번은 안 갈아서 놔두면 검은그루 이렇게 하는데. 그 검은그루에 그 달래가 많이 나와서 칼 가져가서 막.

= 티가 많아.

- 캐다가 다듬어서 콩죽을 쑤나 그냥 뭐 국을 끓이나 하면 고소해서. 김치를 하나 뭐 이제도 그것이 인기가 있는데.

- 그 옛날은 그렇게 많이 있었는데 이제는 밭에는 없어지고.

= 김치도 *** 노르무레하게.

- 이 우리 밭에는 이제 올해 몇 개 나오니까 이 사람 건드리지도 말라고 해서 그 구완해서 놔두니까 없어졌는데 씨가 떨어지나 뿌리가 밭에 박히나.

= 뿌리 허옇습니다.

- 이제는 내년에는 이제 나오면. 아 한번 먹을 수 있을지 모를 것인데.

= 제초제 해 버릴까 봐.

- 이제 제초제도 하지 마라. 거기 이제 뭐 딱 봉해서 있으니까는 내년 내년은 우리도 달래 한번 먹어볼 것이니까.

예. 그러면 옛날에 불은 어떤 것으로 켰을까요?

- 예?

불.

전기 들어오기 전에.

- 저 아 그러니까 우리는 돈 없으니까 남포등. 남포등도 없어서 등잔.

예. 등잔불.

- 각찌가 이 잔보단.

흐끔 쪽찌예?

- 족쭈게. 예. 그거 헤영으네 걷또 하.

= 지름뿔 쌀쑤다1179). 체얌1180).

지름뿔예.

= 지름. 저 느몰치름1181) 낳.

- 느몰치름 낳 접씨에 낳. 씸지1182) 영 헹 그건또 흐끔 싸고1183). 서규 살 뜬도 흔 뒈빠기믄1184) 서이나 너이나 갈라노민1185) 그게 허당 보민 떠 러져불민 사레 몬 까믄 이제 젭씨에 그 끈 낳으네 씰 네 껍1186) 허영도 허곡.

혹씨 백나브로 헤본 저기 읻쑤가? 백납.

백납. 저 개꽝낭 읻찌 아녀우꽈? 개꽝낭?

- 예.

거기 보민 하얀 거 읻찌?

- 예.

그걸 막 모아낭 때면 꼭 양초 가태마씨?

- 아 그건 개꽝낭엔1187) 껀 그 벡뻐니옌1188) 헹으네.

벡뻔.

- 이제 허멀1189) 난 아이덜 그 엔나른 머리에도 허멀 잘 나곡 베에도 잘 나곡 허나네.

- 독진1190).

- 그 저 벡뻔 노민 존넨1191) 허영 벡뻐느로 사용헬쭈. 불 싼 기어근 얻꼬 걸예. 꼭.

- 소나무.

= 송진.

- 깨엉으네.

– 등잔이 이 잔보다는.

조금 작지요?

– 작지. 예. 그거 해서 그것도 하.

= 기름불 켰습니다. 처음.

기름불요?

= 기름. 저 나물기름 넣어서.

– 나물기름 놓아서 접시에 놓아서. 심지 이렇게 해서 그것도 조금 켜고. 석유 살 돈도 한 되면 셋이나 넷이 가르면 그거 하다 보면 떨어져버리면 사러 못 가면 이제 접시에 그 끈 놓아서 실 네 겹 해서도 하고.

혹시 백랍으로 해 본 적이 있습니까? 백랍.

백랍. 저 쥐똥나무 있지 않습니까? 쥐똥나무?

– 예.

거기 보면 하얀 것 있지?

– 예.

그것을 막 모아놓아서 때면 꼭 양초 같아요?

– 아 그것은 쥐똥나무라고 그 백반이라고 해서.

백반.

– 이제 종기 난 아이들 그 옛날에는 머리에도 종기 잘 나고 배에도 잘 나고 하니까.

– 독창.

– 그 저 백반 놓으면 좋다고 해서 백반으로 사용했지. 불 켠 기억은 없고 그거요. 꼭.

– 소나무.

= 송진.

– 깨서.

솔칵.

— 솔칵[1192]. 솔카기라고 헤서 그걸로 부른 싸[1193] 봐신디 그거는 약쩨로만 썯쭈.

게난에 건 어떤 거냐 허면 이러케 대나무를 영 두 개로 쪼겨. 걸 노으면 그 중가네 씨리 영 논 거라마씨. 게연 그 딱 종강 놔두면 양초처럼 뒌 거라. 양초처럼.

= 아 그런 거 아년.

으음.

— 그건 이디 허는 거 구경도 몰태 보곡 허여보도[1194] 몰터고.

— 어떠튼 그 벡뼈넨 헌 게 개꽝낭에 아까 마러듣 개꽝낭에만 인는.

햐얀 건데.

— 하양헌[1195] 거 인는 건데 그거 다드망으네. 걷또 야속컨 사르미 헤당 놔두지 아무나 걷또. 또 경 만치도 안 허고.

예. 맏쑤다.

— 예. 게난 솔카기엔 헌 걷또 그 이제는 뭐 세상 메딱[1196] 소나문디 이 소나무도 그 나이 든 노미라야 솔카기 뒈지 어린노멘[1197] 솔칵또 안 뒈 이서마씨.

— 아 심 년 이상 뒌 노미라야 솔카글 멘들 쑤가 이서.

게난 여기 전기는 언제 드러왇쑤가. 색딸리에.

— 전기가.

= 쓰레트[1198] 헌 후제 드러완쭈.

— 아니 저 서녁[1199] 초지비서[1200] 전기 드러완쭈.

육십팔년도.

— 그게.

육십팔년도.

관솔.

- 관솔. 관솔이라고 해서 그것으로 불은 켜 봤는데 그것은 약제로만 썼지.

그러니까요 그것은 어떤 것이가 하면 이렇게 대나무를 이렇게 두 개로 쪼개. 그것을 넣으면 그 중간에 실이 이렇게 놓은 거예요. 그래서 그 딱 잠가서 놔두면 양초처럼 된 거야. 양초처럼.

= 아 그런 것은 아니했어.

으음.

- 그것은 여기 하는 것 구경도 못해보고 해보지도 못하고.

- 어떻든 그 백반이라고 한 것이 쥐똥나무에 아까 말하듯 쥐똥나무에만 있는.

하얀 것인데.

- 하얀 것 있는 것인데 그것 다듬어서. 그것도 야속한 사람이 해다가 놔두지 아무나 그것도. 또 그렇게 많지도 안 하고.

예. 맞습니다.

- 예. 그러니까 관솔이라고 한 것도 그 이제는 뭐 세상 몽땅 소나무인데 이 소나무도 그 나이 든 놈이라야 관솔이 되지 어린놈에는 관솔도 안 되어 있어요.

- 아 십 년 이상 된 놈이어야 관솔을 만들 수가 있어.

그러니까 여기 전기는 언제 들어왔습니까? 색달리에.

- 전기가.

= 슬레이트 한 후제 들어왔지.

- 아니 저 서녘 초가에서 전기 들어왔지.

육십팔년도.

- 그것이.

육십팔년도.

- 어 그쯔미라.

예.

육씹팔년. 칠공년.

- 흔 육십오 년도쯔미 가타 베네.

- 우리 여기 쓰레트 지비 칠공년도에 지선쭈게1201). 게난 저 서녁 찌비 초집 이신 때 그 일보네서 상규허고 고창오 와네1202) 헐 때.

- 에이그. 그 명령쩌그로 뒈야지1203) 사네1204) 정1205) 글렌1206) 허민 사네 정 글곡1207) 허멍. 우리 노동헤 주면 그 돈 내난 이 전기를 교포가 거러준 건데.

예예예.

- 칠십. 아 육씹팔 년도민 바로 두태에1208) 이디1209) 나 집 찌서지지 아녀실 꺼고. 한 칠 육씹 흔 오년도쯔메 우리 전기 거러진 거 달믄데1210).

예예예. **고맙씀니다. 오느른 여기꺼지만 허쿠다. 수고하셜씀니다.**

‒ 아 그쯤이야.

예.

육십팔년. 칠공년.

‒ 한 육십오 년도쯤 같아 보이네.

‒ 우리 여기 슬레이트 집이 칠공년도에 지었지. 그러니까 저 서녘 집에 초가 있을 때 그 일본에서 상규하고 고창호 와서 할 때.

‒ 에이그. 그 명령적으로 돼지 사서 져서 가자고 하면 사서 져서 가고 하면서. 우리 노동해 주면 그 돈 내놓아서 이 전기를 교포가 걸어준 것인데.

예예예.

‒ 칠십. 아 육십팔 년도면 바로 이듬해에 여기 내 집 지어지지 않았을 것이고. 한 칠 육십 한 오년도쯤에 우리 전기 걸어진 것 같은데.

예예예. 고맙습니다. 오늘은 여기까지만 하겠습니다. 수고하셨습니다.

1.4 마을 공동체 생활을 위한 일손

　오느른 쉐예. 소가 아니고 쉐. 쉐에 대해서 쯤 무러보쿠다. 옌라레 쉐는 어떵 길러신고예?

　- 게난 연나른 쉐 질루젠[1211] 허민 이제추룩 경 뭐 혼 지비 멘 깨썩 허질 몰터곡 하영[1212] 헌 지븐 야위[1213] 그 사삼사껀[1214] 저네 야위는 뭐 뱅 머리꺼장도 헌 사름 읻쭈. 우리 부라게.

　야우예?

　- 예 야우로. 그냥 저 사네 그냥.

　올령 내부러.

　- 으 올령 내부렁으네 송아지가 나도 반. 벡 깨 나며는 오십 깨 살리기가 힘드럳땀미다. 이제는 벡 깨 나며는 팔십 깨는 살리고 경 허주마는 그때는 벡 깨 나도 오십 깨 살리기도 힘들다 영 헬꼬.

　- 이제 그 후에 사삼사껀 후엔 뭐 이 저 촐[1215]도 허기도 힘들고 허나네 혼 지비 호나 두 개가 하영[1216] 헤야 두 개. 게민 다 혼 지비 호나 거일 시길라고[1217].

　예.

　- 거민 일 ᄀ리칠 땐 어떠케 허느냐 허면 젤 처으믄 질메[1218].

　예.

　- 아 젤 처으메 코 께어[1219] 가지고 코 께어 가지고 순허게 멘드라 낳 질메 지왕[1220] 그디 이제 뭐 푸를 시ᄁ든지[1221] 뭐 헐 꺼 곡식낭[1222]은 안 뒈여 그 노미 막 들롸키니까[1223] 이제 검지를[1224] 허든지 뭐 헤가지고 시껑[1225] 이제 연습 시겨 놔.

　- 또 다으멘 그거 질메를 벤껴[1226] 두고 멍에.

　- 멍에 씌왕[1227] 이제는 폐다야[1228]가 참 마니 읻쓰니까 허지마는 옌

오늘은 소요. 소가 아니고 쉐. 소에 대해서 좀 물어보겠습니다. 옛날에 소는 어떻게 길렀을까요?

－ 그러니까 옛날은 소 기르려고 하면 이제처럼 그렇게 뭐 한 집에 몇 개씩 하지를 못하고 많이 한 집은 야우 그 사삼사건 전에 야우는 뭐 백 마리까지도 한 사람 있지. 우리 마을에.

야우요?

－ 예. 야우로. 그냥 저 산에 그냥.

올려서 내버려.

－ 으 올려서 내버려서 송아지가 나도 반. 백 개 낳으면 오십 개 살리기가 힘들었답니다. 이제는 백 개 나면 팔십 개는 살리고 그렇게 하지만 그때는 백 개 나도 오십 깨 살리기도 힘들다 이렇게 했고.

－ 이제 그 후에 사삼사건 후에는 뭐 이 저 꼴도 하기도 힘들고 하니까 한 집에 하나 두 개가 많이 해야 두 개. 그러면 다 한 집에 하나 그것 일 시키려고.

예.

－ 그러면 일 가르칠 때는 어떻게 하느냐 하면 젤 처음에는 길마.

예.

－ 아 젤 처음에 코 꿰어 가지고 코 꿰어 가지고 순하게 만들어 놓아서 길마 지워서 거기 이제 뭐 풀을 싣든지 뭐 할 것 짚은 안 되어. 그 놈이 막 날뛰니까 이제 검불을 하든지 무엇해서 실어서 이제 연습 시켜 놓아.

－ 또 다음에는 그거 길마를 벗겨 두고 멍에.

－ 멍에 씌워서 이제는 폐타이어가 참 많이 있으니까 하지만 옛날에 폐

나레 페다야도 업꼭 허민 도를 이러케 쏘랑헌[1229] 노믈 헤 가지고 모가지 요러케 만드라 가지고 무껑 도를 끄서[1230] 가지고 이 막 도라뎅이지[1231].

　＝ 토막낭[1232]으로도 끈꼬.

　－ 이디 이제는 저 아스팔트 헤부난 욕케영 몬터주마는 엔나른 뭐 다 비포장도로나네 그치룩 커영 막 둘려가며는 그때부턴 말도 잘 뜯꼬.

혹씨 그게 곰또리우꽈꽝?

　－ 예?

그게 곰또리우꽈? 곰똘.

돌이름마씨?

　－ 돌리름?

　＝ 돌 그냥. 저런 돌. 도리고.

　－ 돌.

　＝ 공고리[1233] 아니.

건 우리 동네선 그걸예 곰똘 헙쭈게. 게니까 큰 도린데 고망 똘라졍 거기다가 쉐안뻬 무꺼그네.

　＝ 만쭈게.

예. 헹 이걸 끈께 허는 거라예. 이 도리 업쓰면 뭘로 헌냐 허면 ᄀ레착 중에 우착. ᄀ레착 우착.

　－ 예.

거기 보믄 구멍 읻찌 아녀우꽈?

　－ 예.

그걸 또 헹으네 끈께 멘드라예?

　－ 아 우리는.

걸 우리 쪼게선 곰똘 그럽쭈.

　－ 그 그런 뭐슨 그 ᄀ레착[1234] 끈는 건또 안 봐 보고.

예.

타이어도 없고 하면 돌을 이렇게 기름한 놈을 해서 목 요렇게 만들어 가지고 묶어서 돌을 끄어 가지고 이 막 돌아다니지.

= 토막나무로도 끗고.

— 여기 이제는 저 아스팔트 해버리니까 욕해서 못하지만 옛날은 뭐 다 비포장도로이니까 그처럼 해서 막 달려가면 그때부터는 말도 잘 듣고.

혹시 그것이 곰돌입니까?

— 예?

그것이 곰돌입니까? 곰돌.

돌이름요?

— 돌 이름?

= 돌 그냥. 저런 돌. 돌이고.

— 돌.

= 콘크리트 아니.

그것을 우리 동네에선 그것을요 곰돌 하지요. 그러니까 큰 돌인데 구멍 뚫어져서 거기다가 북두 묶어서.

= 맞지.

예. 해서 이것을 끗게 하는 거예요. 이 돌이 없으면 무엇으로 했느냐 하면 망돌짝 중에 위짝. 망돌짝 위짝.

— 예.

거기 보면 구멍 있지 않습니까?

— 예.

그것을 또 해서 끗게 만들어요?

— 아 우리는.

그것을 우리 쪽에서는 곰돌 그러지요.

— 그 그런 무엇은 그 망돌짝 끄는 것도 안 봐 보고.

예.

― 어쨌뜬 도를 그러케 강아지 모냥에 소롬허게 셍긴 거 헹으네 목 쪼끄만 또 다시리민1235) 철싸로 무꺼지게 뒈 일써. 겨믄 그거 드랑으네1236) 막 끌고 다니멍 경 허곡.

― 또 우리 벡싸장.

예예예예.

― 이제 우리 벡싸장에 가 가지고. 아주 부량허며는1237) 벡싸장 가 가지고 모래바시니까 이 노미 뭐 힘써도 크게 몬 쓰니까. 사람도 힘 몬 쓰지마는 소도 그딘1238) 가믄 야코1239)가 주거. 바당물1240) 팍팍 올라오곡 허니까.

― 거기서 또 교유글 시켜 가지고 허며는 더 순내 가지고.

아 그러믄 아까 삼춘니미 지금 여기 조하뷔니 여덜 싸람 읻쑤가?

― 예. 여덜 싸람.

지금 목짱에 올린 거 아니우꽝예?

― 예. 다 목짱에.

게민 지금 어떵 헴쑤가?

― 어떵 허느냐고?

예.

― 아. 이 목짱에 다 읻쓰니까. 구좌별마다 이제 한 시빌 시보일 살며는 요 구좌1241)는 흐꼼1242) 너르니까 한 시보일.

― 요 구좌는 흐꼼 쪼브니까 흔 시빌. 또 조근 디 일쭈일도 살령1243) 너머가고 허는디 그 목짱 당버니 가 가지고 일이리 누구네 쉐 인나 업나 그거 화기늘 다 몯터곡.

― 젤 우서는 뭐 이녁 쏘 보는 게 우서는 첻째 봐 노코 다으믄 이제 아 우리 쉐 어디사1244) 이서신지1245) 몰 츠자라1246). 영 허민 그걷또 인나 언나1247) 화긴헤 보곡 젤 화긴헤 볼 꺼는 부룽이. 부룽이가 하나 목짱에 읻께 뒌 거난. 종우를 꼭 인나 업나 그거 화긴허는 게 그날 당번 목쩌기.

- 어쨌든 돌을 그렇게 강아지 모양에 기름하게 생긴 것 해서 목 조금만 또 다스리면 철사로 묶어지게 되어 있어. 그러면 그거 달아서 막 끌고 다니면서 그렇게 하고.

- 또 우리 백사장.

예예예예.

- 이제 우리 백사장에 가 가지고. 아주 불량하면 백사장 가 가지고 모래밭이니까 이 놈이 뭐 힘써도 크게 못 쓰니까. 사람도 힘 못 쓰지만 소도 거기는 가면 콧대가 죽어. 바닷물 팍팍 올라오고 하니까.

- 거기서 또 교육을 시켜 가지고 하면 더 순해 가지고.

아 그러면 아까 삼촌님이 지금 여기 조합원이 여덟 사람 있습니까?

- 예. 여덟 사람.

지금 목장에 올린 것 아닙니까?

- 예. 다 목장에.

그러면 지금 어떻게 하고 있습니까?

- 어떻게 하고 있냐고?

예.

- 아. 이 목장에 다 있으니까. 구역별마다 이제 한 십 일 십 오일 살면 요 구역은 조금 너르니까 한 십 오일.

- 요 구역은 조금 좁으니까 한 십 일. 또 작은 데 일주일도 살려서 넘어가고 하는데 그 목장 당번이 가 가지고 일일이 누구네 소 있나 없나 그것 확인을 다 못하고.

- 젤 우선은 뭐 이녁 소 보는 것이 우선은 첫째 봐 놓고 다음은 이제 아 우리 소 어디야 있었는지 못 찾더라. 이렇게 하면 그것도 있나 없나 확인해 보고 젤 확인해 볼 것은 부룩소. 부룩소가 하나 목장에 있게 된 것이니까. 종우를 꼭 있나 없나 그것 확인하는 것이 그날 당번 목적이.

게난 옌나레도 경 헤낟쑤과?

― 아 연날도 경 헤십쭈1248).

옌날도.

― 예. 옌날도 사삼사건 후에도 이 우리 목짱 이르미 백마눠케1249) 이러케 헤 가지고 헌 목짱인데 이거 이제 대학꾜에 너머간따가 대학꾜에서는 도청으로 너머간따가 도에선 재무부로 너머가부런써.

― 재무부에 몬딱1250) 재무부 소과느로 뒈어 부런는디 내중은 이제 이 ***에서가 뭐 재무부에 간 살따 허는디 아지근 살쓰며는 우리가 도늘 대부료를 안 내는 건디 올리도1251) 천백 멘 썸마 눠 낻써.

― 그게 어떠케 내느냐. 재무부에서 나 셍가겐 재무부에서 고지서 오는 게 아니고 이 시청에서 재무부로 헹으네 고지서 흐나 만들고 흔 필지를. 받 하나를.

― 또 시청에 얼마 내라1252) 헹으네1253) 만들고 허는 게 벵마 눠이면 오십마 눠씩 요러케 헤 가지고 시청에 오심 마눠 재무부 오심마 눠. 흔 바시. 그러케 헤 가지고 여섣 필찌 도늘 내는데 천백 멘 씨마 눠 낻써.

건 조하붜니 하는 거고.

― 예. 조하붜니.

그러믄 이쯔믄 쉐를 목짱에 올렫쓸 때고. 그 다음 받 깔젠 허믄 쉐를 내려와야 뒐 꺼 아니우꽈예?

= 받또 안 가람쑤다1254).

그러면 그때는 지베서 어떵 메어낟쑤가?

― 아 그 이제는 뭐 소로 받 안 가난 허주. 요 중간끄지도 소로 받 깔 때 목짱에 넌 때는 그 받 까는 시저레는 목짱에 널 때 이 개이니 춤 저 우리 조하붜니 당버늘 허지 아녀고1255) 목짱 보는 목뚱이 일썯쭈1256).

아 테우리.

― 예. 테우리1257)가 소테우리엔도1258) 허곡 목뚱이엔도 허곡 허는디

그러니까 옛날에도 그렇게 했었습니까?

─ 아 옛날도 그렇게 했습지요.

옛날도.

─ 예. 옛날도 사삼사건 후에도 이 우리 목장 이름이 백만원케 목장 이 렇게 해서 한 목장인데 이거 이제 대학교에 넘어갔다가 대학교에서는 도 청으로 넘어갔다가 도에서는 재무부로 넘어가버렸어.

─ 재무부에 몽땅 재무부 소관으로 되어 버렸는데 나중은 이제 이 *** 에서가 뭐 재무부에 가서 샀다 하는데 아직은 샀으면 우리가 돈을 대부료 를 안 내는 것인데 올해도 천백 몇 십만 원 냈어.

─ 그것이 어떻게 내느냐. 재무부에서 내 생각에는 재무부에서 고지서 오는 것이 아니고 이 시청에서 재무부로 해서 고지서 하나 만들고 한 필 지를. 밭 하나를.

─ 또 시청에 얼마 내어라 해서 만들고 하는 것이 백만 원이면 오십만 원씩 요렇게 해 가지고 시청에 오십만 원 재무부 오십만 원. 한 밭이. 그 렇게 해 가지고 여섯 필지 돈을 내는데 천백 몇 십만 원 냈어.

그것은 조합원이 하는 것이고.

─ 예. 조합원이.

그러면 이쯤은 소를 목장에 올렸을 때고. 그 다음 밭 갈려고 하면 소를 내 려 와야 될 것 아닙니까?

= 밭도 안 갈고 있습니다.

그러면 그때는 집에서 어떻게 매었었습니까?

─ 아 그 이제는 뭐 소로 밭 안 가니까 하지. 요 중간까지도 소로 밭 갈 때 목장에 넣을 때는 그 밭 가는 시절에는 목장에 넣을 때 이 개인이 참 저 우리 조합원이 당번을 하지 않고 목장 보는 목동이 있었지.

아 목동.

─ 예. 목동이 소목동이라고도 하고 목동이라고도 하고 하는데 거기 그

그디1259) 그 사르미 한 사르미 그 하루 종일 강1260) 엔나른 지켠써.

― 왜 지커느냐. 소 끄러가부는 수도 이선꼬. 이제는 그런 머시1261) 엄는데 헤 가지고 하루 종일 지커는 사르미 이선는디.

― 겨민1262) 그 싸근1263) 뭐스로 줜느냐? 소 훈 마리당 보리 한 말 줄 때도 이선꼬. 그 아피는 보리 두 뒈.

아.

― 에 소 훈 머리1264)가. 두 뒈 줄 때도 읻꼬. 저 곧싸1265) 우리 아더리 이 사름 쉐 본 깝1266) 훈 말 줘 가난1267) 무사1268) 보리 놈1269) 줘부럼쑤가 허멍 막 컨 아더린디1270).

= 마니 쥠뗀1271). 초등학꾜 때.

― 우리 부라게 그 서기도 부락 서기연는디 이젠 뭐 사무장 이러는디.

― 그땐 부락 서기도 곡씨그로 한 말씩 이러케 줘나신디1272). 이젠 뭐.

한 마른 며치레 한 말마씨? 한 다레.

― 뭐 보리 주는 거?

예.

― 목짱에?

예.

― 그 훈 드리 아니고.

일년?

― 일년치가.

예.

― 예. 만 일녀니 아니고 걷또 오월 이릴 날 가면 구월 마레 소가 파둔 헤1273). 게난 그 공가네 꺼시 소 훈 머리당 훈 말.

― 그디 이제는 글로1274) 후엔 그 싹1275) 커는 게 또 도느로 얼마 이래 가지고 또 허다가 이제는 그런 걷또 얻꼬1276) 목짱 조하뷔니 합짝뒈가지고 소 질루는1277) 사르미 전부 어서지고1278) 허나네 합짝뒈연 당번허는

사람이 한 사람이 그 하루 종일 가서 옛날은 지켰어.

－ 왜 지키느냐. 소 끌어가버리는 수도 있었고. 이제는 그런 무엇이 없는데 해 가지고 하루 종일 지키는 사람이 있었는데.

－ 그러면 그 삯은 무엇으로 줬느냐? 소 한 마리당 보리 한 말 줄 때도 있었고. 그 앞에는 보리 두 되.

아.

－ 에 소 한 마리가. 두 되 줄 때도 있고. 저 아까 우리 아들이 이 사람 소 본 삯을 한 말 줘 가니까 왜 보리 남 줘버리나요 하면서 막 한 아들인데.

＝ 많이 준다고. 초등학교 때.

－ 우리 마을에 그 서기도 마을 서기였는데 이제는 뭐 사무장 이러는데.

－ 그때는 마을 서기도 곡식으로 한 말씩 이렇게 줬었는데. 이제는 뭐.

한 말은 며칠에 한 말요? 한 달에.

－ 뭐 보리 주는 거?

예.

－ 목장에?

예.

－ 그 한 달이 아니고.

일년?

－ 일년치가.

예.

－ 예. 만 일년이 아니고 그것도 오월 일일 날 가면 구월 말에 소가 파둔해. 그러니까 그 공간에 것이 소 한 마리당 한 말.

－ 거기 이제는 그 이후에는 그 삯 하는 것이 또 돈으로 얼마 이래 가지고 또 하다가 이제는 그런 것도 없고 목장 조합원이 합작되어 가지고 소 기르는 사람이 전부 없어지고 하니까 합작되어서 당번하는 것은 이녁

건 이녁 조하뒈네서 날짜 일쭈이레 한번 딱 지정헨 그날만.

— 뭐 바껴지지도1279) 안 허고.

— 게민 마냐게 내가 토요일날 그판 이리 읻따. 일요일날 당번신디1280) 아 나 영정헤영1281) 그판 일 시나네1282) 하루 바꽈주라1283). 낼 이릴 날1284) 허커메1285) 영 허영 워료일 날 토요일날 강 헤주라. 바꽝도1286) 허는 식또 일꼬.

그럼 가끔 가다가예. 쉐 어신 사르미 이실 꺼 아니우까예? 쉐 인는 사름도 일꼬 쉐 엄는 사름도 일꼬. 그러믄 쉐 어신 사르미 쉐 인는 사름안티 강으네 쉐를 어 일쭝에 빌려오는 거라예. 그럼 요샌말로 멤쒜?

— 에 멤쒜1287)도 읻쭈게.

예 그걸 한번 어떵 헤나신고예?

— 거 멤쒜엔 헌 건 암쒜를 하나 멤쒜 주며는 새끼 나민 하난 쉐 임제 주곡 하난 키운 사름신디 주곡 그러케 허는 아 그런 세상은 춤.

예를 들면 한 마리가 나면?

— 예. 아니 혼 뻐네 한 머리뻬끼 두 머리 남니까? 쉐가 흐나 나는 거 주. 게난1288) 올리1289) 하나 난 거는 쉐 임제신디 줘뒁 다음 헤에 새끼 난 건 소 키운 사름. 쉐 키운 사르미 이제 알꼬1290).

거 보통 멘 년쯤 계야글 허는고예?

— 계야근 그 두 번 낭으네 대랴근 끈날쭈.

두 버니면예?

— 예. 거 웨 두 버네 끈나느냐 허면 그거 정말 상당이 힘든 이린디 이제는 뭐 목짱에 강 먹꼬 겨우레 뭐 다 또 용뜬도 일꼬 허난 뭐 사료도 사당 다 주고 허난 허긴 허주만 그.

— 그 주로 멤쒜 메는 시저른 정말 보릳꼬개라 춤 잘 몯쌀 때나네1291).

— 춤 멤쒜도 그 오래 메제늘1292) 아녀.

게난 그때.

조합원에서 날짜 일주일에 한번 딱 지정해서 그날만.

— 뭐 바꿔지지도 안 하고.

— 그러면 만약에 내가 토요일 날 급한 일이 있다. 일요일 날 당번한테 아 나 이러저러해서 급한 일 있으니까 하루 바꿔줘라. 내일 일일 내가 하겠으니 이렇게 해서 월요일 날 토요일 날 가서 해줘라. 바꿔서도 하는 식도 있고.

그럼 가끔 가다가요. 소 없는 사람이 있을 것 아닙니까? 소 있는 사람도 있고 소 없는 사람도 있고. 그러면 소 없는 사람이 소 있는 사람한테 가서 소를 아 일종에 빌려오는 거지요. 그럼 요샛말로 배냇소?

— 에 배냇소도 있지.

예. 그것을 한번 어떻게 했었는가요?

— 거 배냇소라고 한 것은 암소를 하나 배냇소 주면 새끼 나면 하나는 소 임자 주고 하나는 키운 사람한테 주고 그렇게 하는 아 그런 세상은 참.

예를 들면 한 마리가 나면?

— 예. 아니 한 번에 한 마리밖에 두 마리 납니까? 소는 하나 나는 거지. 그러니까 올해 하나 난 것은 소 임자한테 줘두고 다음 해에 새끼 난 것은 소 키운 사람. 소 키운 사람이 이제 가지고.

그것 보통 몇 년쯤 계약을 하는가요?

— 계약은 그 두 번 나아서 대략은 끝났지.

두 번이면요?

— 에. 거 왜 두 번에 끝나느냐 하면 그거 정말 상당히 힘든 일인데 이제는 뭐 목장에 가서 먹고 겨울에 뭐 다 또 용돈도 있고 하니까 뭐 사료도 사다가 다 주고 하니까 하기는 하지만 그.

— 그 주로 배냇소 매는 시절은 정말 보릿고개여서 참 잘 못살 때니까.

— 참 배냇소도 그 오래 매려고를 않아.

그러니까 그때.

- 게난 두 해 키왕 송아지 하나 보믄 그 송아지를 잘 키왕 어떵어 떵[1293] 성공허는 사름도 잇꼬 이거를 잘 몯테영 성공 몯터는 사름도 잇꼬.

- 게난 사라미 신경 노려게 메열찌.

게난 혹씨 그런 멤쒜에 대한 거예? 혹씨 이 동네에서라도 혹씨 아라지는 이 야기 잇쓰면 좀 ᄀ라 줍써? 아까 재미잇쓸 꺼 가튼데. 어떠케 어렵게 키원는 지예? 맴쒜를.

- 아 멤쒜를 이제 마냐게 나가 멤쒜를 가져온다. 나미 걸 개똥이네 쉐 를 강 아정온다. 게난 쳴 쌔끼 나난 노미 잇꼬 안 나난 노미 잇써.

- 게난[1294] 이제는 뭐 쳴 새끼 나는 걷또 겁 업씨 안 뒈며는 수의사 다 이시난 헌디 우리 어린 때는 그 수의사가 인는 걸 몰랃찌.

예.

- 엄는 걸 몰라.

- 게난 쳴 새끼 나는 건 ᄒ꼼 검낭으네 새끼 훈 번 나난 게 조타 혜영 으네 이제 새끼 나난 걸로 돈 인는 사름네 지비 꺼 가져왕으네[1295] 걸 구 완 잘 혜 가지고.

- 어떤 그 소 임제가 어떤 사람. 쉐 임제가 어떤 사르믄 키우는 사름 신디[1296] 너 새끼 나건[1297] 아피[1298] 아져라[1299].

음.

- 너 아피 아져라. 영 허는 사람도 잇꼬. 야 걸랑 날[1300] 줘두고 다으 메 새끼 나거든 너 아져라. 이러면 ᄒ꼼[1301] 그 거북케.

- 왜 거북커느냐 허면 일년 차이가 소는 뭐. 애기. 우리 사람도 일년 차이가 크는디 소는 일년 차이가 무지 큽쭈[1302].

- 게난 그 새끼 난 걸 처음 아지며는[1303] 에미허고 가치 키우며는 뭐 다음 혜엔 재수 조면 새끼가 또 벨 쑤가 잇써. 그러며는 덕 뽀는 수가 인 는디 그 쉐[1304] 임제 따르메[1305] 메는 거니까.

- 그러니까 두 해 키워서 송아지 하나 보면 그 송아지를 잘 키워서 어찌어찌 성공하는 사람도 있고 이것을 잘 못해서 성공 못하는 사람도 있고.

- 그러니까 사람의 신경 노력에 매였지.

그러니까 혹시 그런 배냇소에 대한 거요? 혹시 이 동네에서라도 혹시 아는 이야기 있으면 좀 말씀해 주십시오? 아까 재미있을 것 같은데. 어떻게 어렵게 키웠는지요? 배냇소를.

- 아 배냇소를 이제 만약에 내가 배냇소를 가져온다. 남의 것을 개똥이네 소를 가서 가져온다. 그러니까 첫 새끼 나니까 놈이 있고 안 나니까 놈이 있어.

- 그러니까 이제는 뭐 첫 새끼 나는 것도 겁 없이 안 되면 수의사 다 있으니까 하는데 우리 어릴 때는 그 수의사가 있는 것을 몰랐지.

예.

- 없는 것을 몰라.

- 그러니까 첫 새끼 나는 것은 조금 겁나서 새끼 한 번 나니까 그것이 좋다고 해서 이제 새끼 났던 것으로 돈 있는 사람네 집에 것 가져와서 그것을 구완 잘 해 가지고.

- 어떤 소 임자가 어떤 사람. 소 임자가 어떤 사람은 키우는 사람한테 너 새끼 나거든 먼저 가져라.

음.

- 너 먼저 가져라. 이렇게 하는 사람도 있고. 야 그것일랑 나에게 줘 두고 다음에 새끼 나거든 너 가져라. 이러면 조금 그 거북해.

- 왜 거북하느냐 하면 일년 차이가 소는 뭐. 애기. 우리 사람도 일년 차이가 큰데 소는 일년 차이가 무지 큽지요.

- 그러니까 그 새끼 난 것을 처음 가지면 어미하고 같이 키우면 뭐 다음 해에는 재수 좋으면 새끼가 또 밸 수가 있어. 그러면 덕 보는 수가 있는데 그 소 임자 하기에 매는 것이니까.

아.

― 게난 건 조코 구진1306) 사르미. 욕씨미 돈 일꼬 허난 욕씸 엄는 사르믄 느1307) 아피 아지라게1308) 경 허민 나 다음 아지마게1309). 영 허민 뭐 상당이 조은 이린디. 그러케 아녕 걷또 사라메 따라 결쩡이 뒈는 거난.

그러믄에 혹씨 소를 부릴 때 예를 들면 받까리하거나 할 때예?

게서 예를 들면 받까리할 때는 오른쪼그로 가거라 웬쪼그로 가거라 도라서거라 헤야 뒐 꺼 아니우꽈? 걸 기냥 솜비쭐로만 헬쑤가 아니면 소리로 헬쑤가?

― 아니.

받 깔 때마씨?

― 우리 여기 풍소근 받깔 때 허는 거 보믄 쟁기 멍에 씌왕 쟁기 헤영으네 가린서기라고1310).

예. 가린석.

― 읻쑤다.

― 예. 가린석. 가린서기 가린서겐 허난 양쪼게 다 인는 거라. 이쪼게도 가린석 이짝또 가린석. 가린서그로 좌우를 콜리멍1311) 가는 거고.

― 또 그 소리는 받까는 소리는 머식께1312).

예.

― 머씩께 영 허멍.

건 아프로 가란 얘기고.

― 예. 소 가란.

= 이 쉐야 도라오라 허멍 잘 헨게1313) 멍에질1314) 간 때.

― 아 그 이 쉐야 도라오라 허는 거는 건 아까도 얘기헬쑤마는 건 저 무슨 일허멍이라도 피곤허니까 시가늘 때우기 위해서 그 허는 소리는 건 멍에에 강 소가 도라. "어 이 쉐야 자기1315) 도라오라." 영 허영.

= 심심허난 심심푸리주.

아.

– 그러니까 그것은 좋고 궂은 사람이. 욕심이 돈 있고 하니까 욕심 없는 사람은 너 먼저 가져라 그렇게 하면 나 다음 가지마. 이렇게 하면 뭐 상당히 좋은 일인데. 그렇게 아니해서 그것도 사람에 따라 결정이 되는 것이니까.

그러면요 혹시 소를 부릴 때 예를 들면 밭갈이 하거나 할 때요?

그래서 예를 들면 밭갈이 할 때는 오른쪽으로 가거라 왼쪽으로 가거라 돌아서거라 해야 될 것 아닙니까? 그것을 그냥 봇줄로만 했습니까 아니면 소리로 했습니까?

– 아니.

밭 갈 때요?

– 우리 여기 풍속은 밭갈 때 하는 것 보면 쟁기 멍에 씌워서 쟁기 해서 가린석이라고.

예. 가린석.

– 있습니다.

– 예. 가린석. 가린석이 가린석이라고 하니까 양쪽에 다 있는 거야. 이쪽에도 가린석 이쪽도 가린석. 가린석으로 좌우를 가리면서 가는 것이고.

– 또 그 소리는 밭가는 소리는 이러.

예.

– 이러 이렇게 하면서.

그것은 앞으로 가라는 이야기이고.

– 예. 소 가라는.

= 이 소야 돌아오너라 하면서 잘 하던데 밭머리 갈 때.

– 아 그 이 소야 돌아와라 하는 것은 그것은 아까도 얘기했지만 그것은 저 무슨 일하면서라도 피곤하니까 시간을 때우기 위해서 그 하는 소리는 그것은 밭머리에 가서 소라 돌아. "어 이 소야 재우 돌아와라." 이렇게 해서.

= 심심하니까 심심풀이지.

― 이제 제라허게1316) 그 쟁기 자브민 소리가 조케 나와.

아아.

― 예. 경 허영 허는 소린디.

게난 아까 아프로 가라.

― 그 소리도 절믄 사름더리나 아무나 몯터고 나는 나므1317) 집 진는디 이 흑군1318). 흑1319) 이제는 뭐 쎄멘느로1320) 허지마는 엔나른 흑꾼터는 건또 우리 부라게 흑꾼또 마니 다년.

게난 아까 쉐를 가라 헐 때는 "머식께" 허고.

― 예. 머씩께. 머씩께. 영 허는.

이버는 세우젠 허는 거라예.

― 예?

= 왕 허주.

― 왕.

예. 왕.

― 왕 영 허민 탁 사주1321).

게난 가린서그로 오른쪽 웬쪽?

― 예. 오른 잘*. 그걸로 허고. 나 강완도는 말로 허곡. 이렁 이렁 이렁 좌로 좌로 좌로 영 허곡. 강완도에 저 그 군대생활헐 때 보나네.

게믄 오른쪼그로 허렌 헐 땐 뭐엔 헤마씨?

― 예. 아 우로 우로 좌로 좌로 그 강원도에선.

아니 우린?(아니 우리는?)

아 우리는 가린석.

― 말곤는1322) 대로.

= 이레1323) 도라오곡.

― 받쭈리 이짜게 뿔. 뿌레 일로 무꺼 일로 헨 이시니까1324) 우츠그로 가야 뒈민 우측 꺼 뗑기민1325) 뒈고 좌츠그로 가민 좌츠기 꺼 뒈고. 차

─ 이제 제격에 맞게 그 쟁기 잡으면 소리가 좋게 나와.

아아.

─ 예. 그렇게 해서 하는 소리인데.

그러니까 아까 앞으로 가라.

─ 그 소리도 젊은 사람들이나 아무나 못하고 나는 남의 집 짓는데 이 흙긋. 흙 이제는 뭐 시멘트로 하지만 옛날은 흙긋하는 것도 우리 마을에 흙긋도 많이 다녔어.

그러니까 아까 소를 가라 할 때는 "머식께" 하고.

─ 예. 이러. 이러. 이렇게 하는.

이번은 세우려고 하는 거예요.

─ 예?

＝ 왕 하지.

─ 왕.

예. 왕.

─ 왕 이렇게 하면 탁 서지.

그러니까 가린석으로 오른쪽 왼쪽?

─ 예. 오른. 잘*. 그것으로 하고. 나 강원도는 말로 하고. 이렁 이렁 이렁 좌로 좌로 좌로 이렇게 하고. 강원도에 저 그 군대생활할 때 보니까.

그러면 오른쪽으로 하라고 할 때는 뭐라고 하나요?

─ 예. 아 우로 우로 좌로 좌로 그 강원도에서는.

아니 우린?(아니 우리는?)

아 우리는 가린석.

─ 말하는 대로.

＝ 이리로 돌아오고.

─ 밧줄이 이쪽에 뿔. 뿔에 이리로 묶어 이리로 해서 있으니까 우측으로 가야 되면 우측 것 당기면 되고 좌측으로 가민 좌측에 것 되고. 차

운전허는 거허고 비슷테.

― 쎄게 둥겨부러도1326) 쉐가 버려불민 여기 틈 나부렁 안 뒈고. 또 좌로 가는 건또 이짝 너무 쎄게 둥겨불민 고지1327)가 비트러져부렁 안 뒈고. 게난 자동차허고 운전허는 거 살짝살짝.

― 뭐 돌릴 땐 팍 영 돌리주마는 그런 시그로 뒈는 거.

그다음 소를 이제 질룰 때예 뭐뭐 도구가 피료한고예? 일딴 쉐마기 이서야 뒐 꺼고예? 쉐 질루젠 허면?

― 아 쉐 질루는 건 뭐 춤 곧싸 우서는 쉐막1328). 쉐석1329).

예?

― 쉐석.

예. 쉐알뻬.

― 쉐알뻬1330)는 짐 시끌1331) 때 허는 거고.

아 쉐석.

― 쉐석. 그거 잇쓰믄 뭐 그냥 쉐 질루는 거는.

그냥 초른 그냥 무채 줘마씨?

― 예. 옌나른 ** 묻채만1332) 주당 내중은 작또1333).

예.

― 작또를 그 쉐를 잘 메기자 헤네덜 뭐 놈 혼 지비 하나 허는 거 달마가난1334) 작또를 헤가지고 작또로 춢1335) 써렁 허다가 그 작또로 써는 건 또 힘드난 이제 기계.

― 기계로 또 요즘 나온 기계더른 뭐 엄창 조치. 그냥 혼 단도 다 드러가게 뒈 잇써. 겐디1336) 이젠 저 춢 썰고 뭐허는 거슨 하나도 얻꼬. 사료 잇끼 때무네 그건 얻꼬1337).

― 또 춢도 트럭차로 비며는1338) 빌 때 막 허꺼지멍1339) 뺀사지멍1340) 비어정 그거 말르면 또 트럭차로 또 무끄니까 다니 크게 한 단.

― 게난 요즘 그 혼 다니 무끄고 비고 무끈 까비 이천오베 권. 혼 단.

운전하는 것하고 비슷해.

- 세게 당겨버려도 소가 버려버리면 여기 틈 나버려서 안 되고. 또 좌로 가는 것도 이쪽 너무 세게 당겨버리면 이렁이 비뚤어져버려서 안 되고. 그러니까 자동차하고 운전하는 거 살짝살짝.

- 뭐 돌릴 때는 팍 이렇게 돌리지만 그런 식으로 되는 거.

그다음 소를 이제 기를 때요 뭐뭐 도구가 필요한가요? 일단 외양간이 있어야 될 거고요? 소 기르려고 하면?

- 아 소 기르는 것은 뭐 참 아까 우선은 외양간. 쇠고삐.

예?

- 쇠고삐.

예. 북두.

- 북부는 짐 실을 때 하는 것이고.

아 쇠고삐.

- 쇠고삐. 그것 있으면 뭐 그냥 소 기르는 것은.

그냥 꼴은 그냥 뭇째 주나요?

- 예. 옛날은 ** 뭇째만 주다가 나중은 작두.

예.

- 작두를 그 소를 잘 먹이자 해서들 뭐 남 한 집에 하나 하는 것 같으니까 작두를 해 가지고 작두로 꼴 썰어서 하다가 그 작두로 써는 것도 힘드니까 이제 기계.

- 기계로 또 요즘 나온 기계들은 뭐 엄청 좋지. 그냥 한 단도 다 들어가게 되어 있어. 그런데 이제는 저 꼴 썰고 뭐하는 것은 하나도 없고. 사료 있기 때문에 그것은 없고.

- 또 꼴도 트럭으로 베면 벨 때 막 흩어지면서 빻아지면서 베어져서 그것 마르면 또 트럭으로 또 묶으니까 단이 크게 한 단.

- 그러니까 요즘 그 한 단이 묶고 베고 묶은 값이 이천오백 원. 한 단.

― 예. 혼 무시엔도1341) 허곡 혼 다녠도1342) 허곡.

게믄 아까 시그로 그걸 작뚜에 써렁 아까 시그로 거 보리채에 서껑 허젠 허민 뭐에 주어낳쑤가?

― 아 거 저 참 이젠 도로미깡1343)이 저 막 ***** 그땐 도로미깡 귀허레 막 뎅겨 가지고 도로미깡 두 개로 딱 쨜라 가지고 그 우1344)에서 촐 혼 단 아져다1345) 낳 작또로 써렁 보릳까루1346) 이러케 서껑 머경 그러케 메기는 소는 마장동. 서울 마장동.

혹씨 그걸 구시라 안 험니까? 구시.

게난 도로무깡 나기 저네는 뭐에 쥘쑤가? 촐.

― 나무.

그 나무 이르믄 뭐우꽈?

― 밥통.

그냥 밥통이렌만 헤?

= 짠. 짠. 나무 허여근에 널만 헨 짜.

― 나도 돈 어시나네1347) 저 사네 강 나무허연 완 여기서 나 냥으로 토브로.

아 밥통.

= 쉐 밥통.

― 그 저 만드라네 널 만드란 거 짠 몬딱1348) 만드라네 딱 이시난1349) 야네1350) 아버지가 와네 영짱 나왐쩌 허난 실망이 탁 풀려가지고.

― 소 사다 노코 밥통 만드라 노코 아 이제 돈 벌 기훼를 막 만드라 난는디 군인 영짱이 딱 나오니까 그게 완전 그 고비 노쳐부런.

= 막 만드란 손 털멍 세수허젠 헴시난1351) 영짱이여 허여 노나네.

게믄 혹씨 쉐죽또 쒀 봅띠가?

= 아이고 쑤고말곡1352).

― 죽? 아 주근 이 딴 부라근 몰라도 그건 얻꼬1353). 저 일 허젠 흐민

- 예. 한 뭇이라고도 하고 한 단이라고도 하고.

그러면 아까 식으로 그것을 작두에 썰어서 아까 식으로 그것 보릿겨에 섞어서 하려고 하면 무엇에 줬었습니까?

- 아 거 저 참 이제는 드럼통이 저 막 ***** 그때는 드럼통 구하러 막 다녀 가지고 드럼통 두 개로 딱 잘라 가지고 그 위에서 꼴 한 단 가져다 놓아서 작두로 썰어서 보릿가루 이렇게 섞어서 먹여서 그렇게 먹이는 소는 마장동. 서울 마장동.

혹시 그것을 구유라 안 하나요? 구유.

그러니까 드럼통 나오기 전에는 무엇에 줬습니까? 꼴.

- 나무.

그 나무 이름은 뭐예요?

- 밥통.

그냥 밥통이라고만 해?

= 짰어. 짰어. 나무 해서 널만 해서 짜.

- 나도 돈 없으니까 저 산에 가서 나무해서 와서 여기서 나 양으로 톱으로.

아 밥통.

= 소 밥통.

- 그 저 만들어서 널 만들어서 그것 짜서 몽땅 만들어서 딱 있으니까 얘네 아버지가 와서 영장 나왔다 하니까 실망이 탁 풀려 가지고.

- 소 사다 놓고 밥통 만들어 놓고 아 이제 돈 벌 기회를 막 만들어 놨는데 군인 영장이 딱 나오니까 그것이 완전 그 고비 놓쳐버렸어.

= 막 만들어서 손 털면서 세수하려고 하고 있으니까 영장이야 해 놓으니까.

그러면 혹시 소죽도 쒀 봅디까?

= 아이고 쑤고말고.

- 죽? 아 죽은 이 다른 마을은 몰라도 그것은 없고. 저 일 하려고 하

끈시락1354) 노콕 보리.

　= 쭉젱이.

　－ 좀 노콕 케영으네 죽쩽이 좀 그 보리도 나쁜 거 그거 낭 딸령1355)
이제 밭 깔레 갈 땐 메기곡.

　게난 그 그걸 허면 뭐로 거려봍쑤가? 그 밥통더레.

　－ 밥통에 저 옌나른 남제1356).

　남제?

　= 남자. 남자.

　－ 남자. 거 낭1357)으로 만드란는데 이제 삭꾸1358) 모냥으로 셍견찌.

　으.

　－ 겐디 이제 그거 인는지? 베수기1359)는 우리 지비 읻써.

　베수기?

　－ 예. 베수기는 게난 연날 그 놀레1360)가 읻쭉.

　－ 부르땡이1361). 부르땡이는 몯 견디게1362) 불 쏘게서 자꾸 이러케 허
면서 혜 노민 내중은 베수기가 드러가 가지고 흔들러부러.

　－ 또 내중은 울그미가1363) 가서 확 떵1364) 머거부러. 그러케 혜 가지
고 그걷또 그 의미가 인는 마를 헤나신디1365).

　그다음 혹씨 쉐:. 새까레 따라서 거믄 건 거믄쉐.

　－ 예.

　그다으멘 얼룩얼룩헌 소도 읻찌 아너우꽈?

　－ 어럭쉐1366).

　건 어럭쉐우꽈?

　－ 예.

　= 숙쉐1367).

　－ 숙쉐는 또 터러기 숙쉐로 셍겨 이서.

　숙쉐는 어떤 거우꽈?

면 까끄라기 넣고 보리.

　= 쭉정이.

　- 좀 넣고 해서 쭉정이 좀 그 보리도 나쁜 거 그것 넣어서 달여서 이
제 밭 갈러 갈 때는 먹이고.

그러니까 그 그것을 하면 무엇으로 떠놨습니까? 그 밥통으로.

　- 밥통에 저 옛날은 국자.

국자?

　= 국자. 국자.

　- 국자. 그것 나무로 만들었는데 이제 삽 모양으로 생겼지.

으.

　- 그런데 이제 그거 있는지? 죽젓개는 우리 집에 있어.

죽젓개?

　- 예. 죽젓개는 그러니까 옛날 그 노래가 있지.

　- 부지깽이. 부지깽이는 못 견디게 불 속에서 자꾸 이렇게 하면서 해
놓으면 나중은 죽젓개가 들어가 가지고 흔들어버려.

　- 또 나중은 밥주걱이 가서 확 떠서 먹어버려. 그렇게 해 가지고 그것
도 그 의미가 있는 말을 했었는데.

그다음 혹시 소. 색깔에 따라서 검은 것은 검정소.

　- 예.

그다음에는 얼룩얼룩한 소도 있지 않습니까?

　- 얼룩소.

그것은 얼룩소입니까?

　- 예.

　= 칡소.

　- 칡소는 또 털이 칡소로 생겨 있어.

칡소는 어떤 겁니까?

= 거믄 주레.

예.

= 노랑 줄.

예.

= 경 헤그네 흔 줄 흔 줄.

예.

슥쏘.

저 호 호랑이.

− 호랭이 새까리주게.

예.

= 게민 흰 저메.

− 아 저 저 슥쉐 저디[1368] 인네.

예. 저치룩.

= 흰 점 이신 건 얼룩쉐.

− 저 흰 점만 빼어불민 슥쉐.

예예예예. 걸 슥쉐예?

− 예. 슥쉐.

아아.

− 꺼믄쉐 슥쉐 황새 어럭쉐 이러케.

예. 어럭쉐. 예예.

게믄 세 가지라마씨?

− 혹씨 여기 이마에.

− 황쉐 어럭쉐 슥쉐 꺼문쉐 네 가지.

= 태상베기[1369].

여기 하얀 저미 인는.

− 태상바기.

= 검은 줄에.

예.

= 노랑 줄.

예.

= 그렇게 해서 한 줄 한 줄.

예.

칡소.

저 호 호랑이.

― 호랑이 색깔이지.

예.

= 그러면 흰 점에.

― 아 저 저 칡소 저기 있네.

예. 저렇게.

= 흰 점 있는 것은 얼룩소.

― 저 흰 점만 빼버리면 칡소.

예예예예. 그것을 칡소요?

― 예. 칡소.

아아.

― 검정소 칡소 황소 얼룩소 이렇게.

예. 얼룩소. 예예.

그러면 세 가지인가요?

― 혹시 여기 이마에.

― 황소 얼룩소 칡소 검정소 네 가지.

= 별박이.

여기 하얀 점이 있는.

― 별박이.

건 쉐도 태상베기가 이심니까?

— 아 이제도 일쭈 뭐.

예. 혹씨 요러케 요 바레 하얀 털 인는 걷또 잍쑤가?

— 예. 그걷또 일쭈.

건 뭐엔 험니까?

— 저 쪽빠레1370) 희연쩌.

예.

— 쪽빨 희얻쩌.

족뻬기.

— 우리 소덜 이제 네 개가 다 쪽발 다 히어.

= 일러불민1371) 춛끼 쉽게.

쪽뻬기예?

— 예. 뒫빨만 미테로 다 히니까 형님네 쉔 쪽빨 다 희어 영. 게도 흰 쉔 안 난다 마려. 영 허곡.

— 우리 쉐더른 그 어러기나 아직 옫1372) 굳께 나며는 이제 도늘 영 안 줘. 오시 고와야. 어럭또 곧싸 태상베기도 안 뒈고 숙쉐도 안 뒈고 꺼믄쉐도 안 뒈고 어떠튼 황으로 곱딱커게1373) 나야.

— 경 오시 곱게 이브민 여자 요즘 처녀덜 온 곱께 이브민 총가기 빨리 붇뜬끼1374) 오시 곱게 이버야 쉐장시1375)가 빨리 와.

건 새까리고 이버는 뿔. 뿔도?

— 아 겐디 그거는 큰 요즘 크게 뭐 허질 안 하더라고. 뿔 잍꼬 엄는 거. 뿔 엄는 쉐도 잍꼬 인는 쉐도 잍꼬.

게난 뿔도 영 도든 거 잍꼬.

여프로 영 헌 걷또 잍꼬.

영 헌 걷또 잍꼬 영 오그라진 걷또 잍꼬.

— 엉게뿌리어 뭐.

그것은 소도 별박이가 있습니까?

— 아 이제도 있지 뭐.

예. 혹시 요렇게 요 발에 하얀 털 있는 것도 있습니까?

— 예. 그것도 있지.

그것은 무엇이라고 합니까?

— 저 족발이 하얬다.

예.

— 족발 하얬다.

사족백이.

— 우리 소들 이제 네 개가 다 족발 다 하얘.

= 잃어버리면 찾기 쉽게.

사족백이요?

— 예. 뒷발만 밑으로 다 희니까 형님네 소는 족발 다 하얘 이렇게. 그래도 흰 소는 안 난다 말이야. 이렇게 하고.

— 우리 소들은 그 얼룩소나 아직 옷 궂게 나면 이제 돈을 영 안 주지. 옷이 고와야. 얼룩소도 아까 별박이도 안 되고 칡소도 안 되고 검정소도 안 되고 어떻든 황으로 곱다랗게 나야.

— 그렇게 옷이 곱게 입으면 여자 요즘 처녀들 옷 곱게 입으면 총각이 빨리 붙듯이 옷이 곱게 입어야 소장수가 빨리 와.

그것은 색깔이고 이번은 뿔. 뿔도?

— 아 그런데 그것은 큰 요즘 크게 뭐 하지를 안 하더라고. 뿔 있고 없는 거. 뿔 없는 소도 있고 있는 소도 있고.

그러니까 뿔도 이렇게 돋은 거 있고.

옆으로 이렇게 한 것도 있고.

이렇게 한 것도 있고 이렇게 오그라진 것도 있고.

— 엉게뿔이야 뭐.

예?

─ 엉게뿔1376).

예.

─ 엉게뿔 이거 저 겡이1377) 모냥에 엉게뿔 헌 거여. 천상뿌리여 뭐 뿔 젭쩨기 뭐 이러케 여러 가지로 걷또.

천상뿌른 어떤 거우꽈?

─ 예?

＝ 천상뿌른?

─ 천상뿌른1378) 우티레 영 허는.

뿔젭쩨긴?

─ 예. 이제 영 접게뿔른 이렇게 영 오그라진 거고.

영 오그라진 거.

예예. 또 이제 뿔 두이로 제짝컨 게 인는데.

＝ 뿔자치기.

─ 그거는 만무허는데 저 지바네서 뿔젭쩨기가 잇쓰민 재수가 업써서 쉐도 잘 안 뒌다고 허더니. 마저. 나도 그 뿔젭쩨기가 이시난 마니 주겨 머거신디.

뿔젭쩨기?

─ 예. 두이로1379) 영 뿔 제짝헌 거.

─ 겐디 뽄때1380)도 업써. 웨레1381) 뿔 어신1382) 건만 몰테.

뿔 어신 거는 또 부르는 이름 잇쑤가?

─ 두렁머리.

아.

─ 두렁머리. 뿌리 업쓰니까 두렁머리.

두렁머리. 그냥 뿔 이신 거는 다른?

─ 예. 다른 거 얻꼬.

예?

   — 엉게뿔.

예.

   — 엉게뿔 이거 저 게 모양에 엉게뿔 한 거야. 고추뿔이야 뭐 뿔접제기 뭐 이렇게 여러 가지로 그것도.

고추뿔은 어떤 거예요?

   — 예?

   = 고추뿔은?

   — 고추뿔은 위로 이렇게 하는.

뿔접제기는?

   — 예. 이제 이렇게 접게뿔은 이렇게 이렇게 오그라진 것이고.

이렇게 오그라진 것.

예예. 또 이제 뿔 뒤로 제쳐진 것 있는데.

   = 뿔잦히기.

   — 그것은 만무하는데 저 집안에서 뿔잦히기가 있으면 재수가 없어서 소도 잘 안 된다고 하더니. 맞아. 나도 그 뿔잦히기가 있으니까 많이 죽여 먹었는데.

뿔잦히기?

   — 예. 뒤로 이렇게 뿔 제쳐진 것.

   — 그런데 본때도 없어. 외려 뿔 없는 것만 못해.

뿔 없는 것은 또 부르는 이름 있습니까?

   — 두렁머리.

아.

   — 두렁머리. 뿔이 없으니까 두렁머리.

두렁머리. 그냥 뿔 있는 것은 다른?

   — 예. 다른 것 없고.

= 뿔로 허영 다 이름.

− 천상뿔 뭐. 이제 뿔 일름므로만 허곡. 그 두렁머리는 몰 모냥에 녹때1383) 혜영 씌와야 뒈니까.

예.

− 흐끔 이 키우는 사르믄 덜 조아허는데 그 소장시덜1384) 막 커는 디서는 뭐 크게 무신 제지나는 아니고1385) 어럭 꺼믄 거 이런 거는 제가 지는디1386) 이런 거는 어러근 순노미나 프라먹찌 암노믄 건 키우다가 자기가 자바멍는 거베끼 잘 몬테. 가격 차이가 엄청나.

건 어러근 무사 셍겸신고예?

− 연나른 어럭또 쉐가 궤차느며는1387) 뭐 아라줘신디 이젠 그 어러기엔1388) 헌 건 영.

= 부릴 땐 헌디 이젠 포랑멍는 따문 그런 거는.

− 겐디 자바멍는 디 그 고기는 다 ᄀ튼 걸로 아는데 어러글 영 안 아라줘. 가격 차이가 엄청나.

아까 부룽이도 ᄀ란게마는 부룽인 뭐우꽈?

− 부룽이1389)는 수커.

그다으메 암커는?

− 암쉐.

= 새끼 나는 건 암쉐.

그럼 이제는 쉐 한 사를 뭐렌 부름니까?

− 금승1390).

두 사른?

− 다간1391).

세 사른?

− 사릅 나릅 다습1392).

ᄋ섯 싸른?

＝ 뿔로 해서 다 이름.

－ 고추뿔 뭐. 이제 뿔 이름으로만 하고. 그 두렁머리는 말 모양에 굴레 해서 씌워야 되니까.

예.

－ 조금 이 키우는 사람은 덜 좋아하는데 그 소장수들 막 하는 데서는 뭐 크게 무슨 제지는 것은 안 하고 얼룩 검정 거 이런 것은 제가 지는데 이런 것은 얼룩은 수놈이나 팔아먹지 암놈은 그것은 키우다가 자기가 잡아먹는 것밖에 잘 못해. 가격 차이가 엄청나.

그것은 얼룩은 왜 생기는가요?

－ 옛날은 얼룩도 소가 괜찮으면 뭐 알아줬는데 이제는 그 얼룩소라고 한 것은 영.

＝ 부릴 때는 하는데 이제는 팔아먹는 때문 그런 것은.

－ 그런데 잡아먹는 데 그 고기는 다 같은 것으로 아는데 얼룩소는 영 안 알아줘. 가격 차이가 엄청나.

아까 부룩소도 말하던데 부룩소는 뭡니까?

－ 부룩소는 수컷.

그다음에 암컷은?

－ 암소.

＝ 새끼 나는 것은 암소.

그럼 이제는 소 한 살을 뭐라고 부르나요?

－ 하릅.

두 살은?

－ 두습.

세 살은?

－ 사릅 나릅 다습.

여섯 살은?

─ 으습1393).

= 그치룩만 헤가믄.

─ 일곱1394). 으답1395). 으답 너머가민 쉐를 아이고 나이 드럳쩌. 이거 열 썰도 너먿쩌. 열두 설도 뒌 거 담따1396). 이러케. 으답꺼지는 품쑤로 그냥 올라가고.

아홉 써른 안 ᄀ라마씨?

─ 으 아옵1397) 설부터는 뭐 에이고 저거 아홉 써리라도 아옵 썰 너믄 거 담따. 열1398) 설도 너먿쩌. 열두 설 담따. 열세 설 담따.

─ 쉐가 여덥 써를 너머가며는 얼구리. 오널 노래자랑에도 보나녠1399) 얼구리 서른 난 사르믄 막 어린아이 담꼬. 혼 쓰물두 설 난 사르믄 막 늘 그니로 보이든끼1400) 소도 경 허는 거라.

─ 으덥 써리 너머가민 뿔때1401)로 아라집쭈1402).

─ 두렁머리1403)는 뿔로 모르는디 뿔 인는 소는 으덥 썰끄지는 ᄆ자기1404) 읻써1405).

아 뿌레.

─ 예예. 구브로 이거 톡톡톡톡 으덥 쌀까지는 아라지는디 으덥 써리 너머가며는 이제 헤까닥허는1406) 거.

이빨론 보지 아념니까?

─ 이빠른 저 다가녜서1407) 사릅 사이에 이빠를 ᄀ니까.

으.

─ 그때는 뭐 그건 뭐 어린 때나네 그 헌디 내중은 이빨 혼 번 ᄀᆯ민 그것이 끄시니까.

아 그러우꽈?

─ 게난 니빨 ᄀ라가민 볼써 쉐가 틀려1408). 풀 잘 몬 머그니까. 쭈러1409) 가지고.

게믄 쉐 질드릴 땐 멛 싸레 질드림니까?

– 여습.

= 그렇게만 해가면.

– 이롭. 여듭. 여듭 넘어가면 소를 아이고 나이 들었다. 이거 열 살도 넘었다. 열두 살도 된 거 같다. 이렇게. 여덟까지는 품수로 그냥 올라가고.

아습은 안 말하나요?

– 으 아홉 살부터는 뭐 에이고 저거 아홉 살이라도 아홉 살 넘은 것 같다. 열 살도 넘었다. 열두 살 같다. 열세 살 같다.

– 소가 여듭을 넘어가면 얼굴이. 오늘 노래자랑에도 보니까 얼굴이 서른 난 사람은 막 어린아이 같고. 한 스물두 살 난 사람은 막 늙은이로 보이듯이 소도 그렇게 하는 거야.

– 여듭이 넘어가면 뿔대로 알 수 있지요.

– 두렁머리는 뿔로 모르는데 뿔 있는 소는 여듭까지는 마디가 있어.

아 뿔에.

– 예예. 굽으로 이거 톡톡톡톡 여듭까지는 알아지는데 여듭이 넘어가면 이제 헷갈리는 거.

이빨로는 보지 않나요?

– 이빨은 저 두습에서 사릅 사이에서 이빨을 가니까.

으.

– 그때는 뭐 그것은 뭐 어린 때니까 그 하는데 나중은 이빨 한 번 갈면 그것이 끝이니까.

아 그렇습니까?

– 그러니까 이빨 갈아가면 벌써 소가 달라. 풀 잘 못 먹으니까. 여위어 가지고.

그러면 소 길들일 때 몇 살에 길들이나요?

─ 사르베 젤.

사르베?

─ 예. 숙썽헌 노믄 다가네 허여야 더 잘 뒌덴1410) 헤도 다가는 어려노난1411) 허고 사르비 젤 양오헌 때.

─ 짐 시끄는1412) 거나 밭 까는 거나 사르베 몰 ᄀ리치민 나릅 뒈어가민 구늉1413) 드렁1414) 히미.

혹씨 조은 소를 고르젠 허민 어떵 어떤 소를 고르면 조으코마씨?

─ 게난1415) 연날. 엔나른 그 잘사는 사름더른 일 뭐 새끼 나건 안 나건 이 젱기질허는 걸 허곡 짐 실른1416) 거 셍각케 가지고 황소. 그 수놈. 부룽이1417) 그런 거 허영으네 나릅 뒈며는 불깡1418) 중성기1419).

예예예예.

─ 중성기 헤가지고 쉐가 불까며는 확 피어나지.

─ 확 피어나민 아픈 하지1420) 안 허곡. 에 부룽이 땐 아피가1421) 조콕 뒤는 뿔련따가1422) 부를 까불며는 뒤도 퍼지곡 아픈 더 퍼지지. 경 허영 이제 *** 허켄1423) 허멍 저 젱기질 잘허곡. 힘 조아.

─ 그 부룽이론 허며는 이 암쉘 봐져가민 그냥 사라미 히므로 소 뗑길 쑤가 업쭈게.

─ 게난 코 께고 헤도 그 부룽이 촌는1424) 쉐가 여프로 너머가민1425) 냄세가 탁 나는 모냥이라. 뗑기지 몰터난 불까 뒹 순너게 허영 그런 쉐는 열다섯 쓰물까지도 마니 키완1426).

그럼 아까 세 사레 쉐를 부리젠 길드릴 꺼 아니우꽈?

─ 예.

그럼 그때 불깜니까? 부른 멜 싸레?

─ 아 나릅 나릅.

아 나르베?

─ 예.

- 사릅에 젤.

사릅에?

- 예. 숙성한 놈은 두습에 해야 더 잘 된다고 해도 두습은 어리니까 하고 사릅이 젤 양호한 때.

- 짐 싣는 것이나 밭 가는 것이나 사릅에 못 가르치면 나릅 되어 가면 궁흉 들어서 힘이.

혹시 좋은 소를 고르려고 하면 어떤 어떤 소를 고르면 좋을까요?

- 그러니까 옛날. 옛날은 그 잘사는 사람들은 일 뭐 새끼 나건 안 나건 쟁기질하는 것을 하고 짐 싣는 거 생각해 가지고 황소. 그 수놈. 부룩소 그런 것 해서 나릅 되면 불까서 악대소.

예예예예.

- 악대소 해서 소가 불까면 확 피어나지.

- 확 피어나면 앞은 많지 안 하고. 아 부룩소 때는 앞이 좋고 뒤는 빨아졌다가 불을 까버리면 뒤도 퍼지고 앞은 더 퍼지지. 그렇게 해서 이제 *** 하겠다고 하면서 저 쟁기질 잘하고. 힘 좋아.

- 그 부룩소로 하면 이 암소를 보이면 그냥 사람의 힘으로 소 당길 수가 없지.

- 그러니까 코 꿰고 해도 그 부룩소 찾는 소가 옆으로 지나가면 냄새가 탁 나는 모양이야. 당기지 못하니까 불까 두고 순하게 해서 그런 소는 열다섯 스물까지도 많이 키웠어.

그럼 아까 사릅에 소를 부리려고 길들일 것 아닙니까?

- 예.

그럼 그때 불까나요? 불은 몇 살에?

- 아 나릅 나릅.

아 나릅에?

- 예.

아 나르베. 혹씨 불 어떵.

– 이제는 불까는 거 금승에.

예.

– 혼 서레. 금승에 헴쭈마는 그때는 혼 서레 불까는 건 몰 **빠**시난. 딴 부라겐 몰라도 이 중문 안네는 다 나가 아라지니까.

게난 그때 부른 어떵 까낟쑤가? 순설 훈번 ᄀ라봅써?

– 걷또 불까젠 허면 사름 거 춤 좀 쉐에 대헌 경녁 인는 사름.

– 그걸 눅쪄1427) 놩 하 상당이 힘드럳찌. 장남덜1428) 막 비러다가 네 발 무꺼가지고 누르떵1429) 눅찔 때가 젤 힘드러.

– 눠 노키만 허민 뒈는디 눅끼가1430) 상당히 힘드는. 거 네 발 무껑으네 그 뭐야. 씰로 그 참 씰로 무꺼 가지고 불까네 약또 뭐냐면 연나레 그저 뭐야?

아까쟁기?

옥또쟁기?

– 옥또쟁기1431) 아까쟁기1432) 건 업썯꼬. 저 아까 개꽝낭1433). 개꽝낭에 거 뭐 하양헌 거 아라집쭈1434). 거 무런는데.

벡뻔이라.

– 벡뻔1435).

예예.

– 그걸로 카바를 시키는 거.

– 게난 연날 참 이 세상 발가오는 게 하루빠미는 확콱 발가점서1436).

아 게난 어떤 디 강 조사허다 보민예 그걸.

– 이제야 불까민 뭐 즉씨 그 옥또정기 그 수의사가 탁 아정왕1437) 탁 탁 처단헤부런 노난 뭐 걱쩡 어시1438) 뭐 후독이 하나도 엄는디. 연나른 정말 허민 뭐 비린1439) 사름도 몯 뗑기고 상당이 고심헫쭈.

– 이제는 뭐 소 하나 주근 거 아무 걷또 아닌디 엔나른 소 하나 주건

아 나릅에. 혹시 불 어떻게.

– 이제는 불까는 것 하릅에.

예.

– 한 살에. 하릅에 하고 있지만 그때는 한 살에 불까는 것 못 봤으니까. 다른 마을에는 몰라도 이 중문 안에는 다 내가 알아지니까.

그러니까 그때 불은 어떻게 깠습니까? 순서를 한번 말해보십시오?

– 그것도 불까려고 하면 사람 거 참 좀 소에 대한 경력이 있는 사람.

– 그것을 눕혀 놓아서 하 상당히 힘들었지. 정남들 막 빌려다가 네 발 묶어서 눌러서 눕힐 때가 젤 힘들어.

– 누워 놓기만 하면 되는데 눕기가 상당히 힘드는. 그것 네 발 묶어서 그 뭐야. 실로 그 참 실로 묶어 가지고 불까서 약도 뭐냐 하면 옛날에 그 저 뭐야?

머큐로크롬?

옥도정기?

– 옥도정기 머큐로크롬 그것은 없었고. 저 아까 쥐똥나무. 쥐똥나무에 거 뭐 하얀 것 알겠지요. 그것 물었는데.

백반이라.

– 백반.

예예.

– 그것으로 커버를 시키는 거.

– 그러니까 옛날 참 이 세상 밝아오는 것이 하룻밤에는 확확 밝아지고 있어.

아 그러니까 어떤 데 가서 조사하다 보면요 그것을.

– 이제야 불까면 뭐 즉시 그 옥도정기 그 수의사가 탁 가져와서 탁탁 처단해버려 놓으니까 뭐 걱정 없이 뭐 후독이 하나도 없는데. 옛날은 정말 하면 뭐 부정한 사람도 못 다니고 상당히 고심했지.

– 이제는 뭐 소 하나 죽은 거 아무 것도 아닌데 옛날은 소 하나 죽었

따 허면 황소 하나 주건따 허면.

거 재산닌디.

― 음. 크닐 난쭈1440). 크닐.

아 게난 어린 때 가보면 덩드렁에다가 덩드렁마께로 부를 깐따고 허는 거라 예. 부를.

― 아 경은1441) 아녀고. 아 그런 건 난.

그냥 씰로 무껑.

― 예. 씰로 무껑 거 불까 뒹 그건또 야기엔 그걸 써십쭈1442).

그 쉐 키우젠 허면 아까 이 코 꿰는 거 일짜녀우꽈예?

― 예.

건 뭐렌 헤마씨? 일름.

― 코 꿰는 거 보고.

예.

― 아 건 코 꿰는 건디 코는 그 쉐 놀래엔 인쭈.

― 푸수므로1443) 코 꿰곡 이제 소낭1444) 질메1445)에 보리낭1446) 도고 메1447) 또 멍에는 이제 버드낭1448) 멍에에 이제 삼동낭1449) 접께1450)에 이러케 헤서 해주며는 삼 녀늘 더 이를 헤주겠다. 그런 놀래가 이선는디.

그 노래 훈번 불러 봅써?

― 예?

그 노래 훈번 불러 봅써?

― 그게 몬딱1451) 약컨 걸로만 만든 거라.

건 놀래가 아니고 그러케 한단 얘기지.

= 쉐에 드러가는.

― 그 쉐에 드러가는 게 그러케 거분1452) 거. 보리낭 도고믄 아 짐 시 꺼도 그거 뭐 무게가 업쓰난 보각커고 조코 또 소나무가 그 말르민 거 붑찌.

다 하면 황소 하나 죽었다 하면.

그것 재산인데.

— 음. 큰일 났지. 큰일.

아 그러니까 어릴 때 가보면 덩드렁에다가 덩드렁마께로 불을 깠다고 하는 거예요. 불을.

— 아 그렇게는 아니하고. 아 그런 것은 나는.

그냥 실로 묶어서.

— 예. 실로 묶어서 거 불까 두고 그것도 약이라고 그것을 썼지요.

그 소 키우려고 하면 아까 이 코 꿰는 것 있잖습니까?

— 예.

그것은 뭐라고 하나요? 이름.

— 코 꿰는 것 보고.

예.

— 아 그것은 코 꿰는 것인데 코는 그 소 노래에는 있지.

— 오미자로 코 꿰고 이제 소나무 길마에 보릿대 떰치에 또 멍에는 이제 버드나무 멍에에 이제 삼동나무 목대에 이렇게 해서 해주면 삼 년을 더 일을 해주겠다. 그런 노래가 있었는데.

그 노래 한번 불러 보십시오?

— 예?

그 노래 한번 불러 보십시오?

— 그것이 몽땅 약한 것으로만 만든 거야.

그것은 노래가 아니고 그렇게 한다는 얘기지.

= 소에 들어가는.

— 그 소에 들어가는 것이 그렇게 거벼운 거. 보릿대 떰치는 아 짐 실어도 그거 뭐 무게가 없으니까 보각하고 좋고 또 소나무 그 마르면 거 볍지.

- 게난 소나무로 질메 헤주곡.

- 이 멍에는 버드나무로 헤주곡.

= 코 꿰는 건?

- 푸슴. 걷또 푸수미엔 헌 게 고지1453) 가며는.

= 너덩1454).

- 너덩인데 그 저 영 문질문질허여. 문질문질허니까 그걸로 코 꿰고 헤주며는 삼 녀늘 이를 더 헤준다. 게난 소에게 페난헌 거만 헤 둘라는 거지.

무겁찌도 안코 **.**

너덩이 어떤 거우꽈?

- 예?

너덩이?

= 나무에 올라가는 거 이서1455).

- 게난 그.

= 줄ㄱ찌 쭉 올라가는 거.

- 이르미 드렌빠렌1456) 헌 건디 드레나문데1457).

예.

- 뭐 강완도엔 그 드레1458)도 훅꼬1459) 제주 할라사네느1460) 드렌빠리 드레가 훅찐 안 허는디 그 드렌빠리엔 헌 노미 이디 호박쭐 모냥에 번는 종눈데.

- 그 드레 저 드렌쭈른1461) 헤다가 헤녀덜 망시리 이러케 둘러진 걷또.

에움.

예. 망사리 에움1462). 에 에움.

- 에 에움.

여긴 어우미렌 헴신게.

－ 그러니까 소나무로 길마 해주고.

－ 이 멍에는 버드나무로 해주고.

＝ 코 꿰는 거.

－ 오미자. 그것도 오미자라고 한 것이 숲에 가면.

＝ 너덩.

－ 너덩인데 그 저 이렇게 매끈매끈해. 매끈매끈하니까 그것으로 코 꿰고 해주면 삼 년을 일을 더 해준다. 그러니까 소에게 편안한 것만 해 달라는 것이지.

무겁지도 않고 ****.

너덩이 어떤 것입니까?

－ 예?

너덩이?

＝ 나무에 올라가는 것 있어.

－ 그러니까 그.

＝ 줄같이 쭉 올라가는 거.

－ 이름이 다래뿌리라고 한 것인데 다래나무인데.

예.

－ 뭐 강원도에는 그 다래도 굵고 제주 한라산에는 다랫발이 다래가 굵지는 안 하는데 그 다래나무라고 하는 놈이 여기 호박줄 모양으로 뻗는 종류인데.

－ 그 다래 저 다래나무 덩굴을 해다가 해녀들 망사리 이렇게 둘러진 것도.

에움.

예. 망사리 에움. 아 에움.

－ 에 에움.

여기는 에움이라고 하네요.

- 어움.

음.

- 그걸 허곡. 그 뿔리[1463]를 캐어다가 그걸 아까 덩드렁[1464]에 쉐 부를 묻는[1465] 게 아니고 그 너덩을 덩드렁에서 뻔사[1466] 가지고 그걸 달롸[1467] 그걸로.

= 거죽 벤껴부러야.

- 이제 쉐 멍에 허는 그 솜비줄[1468].

예예. 솜비줄.

- 솜비주리 춤 뭐헌 사름드른 그 나이롱 쭐 사당으네[1469] 요 정도 술진[1470] 노므로. 그 나이롱 쭈른 히미 안 나.

- 그 너덩으로 만드는 건 홀모기마니[1471] 허영 뻰뻰터며는 새바슬[1472]가나 뭘터나 허면 젱기를 툭툭 지쳐[1473] 주며는 그 나무 모냥에 뻐짝허니까[1474] 소가 한걸허는디[1475] 나이롱 쭈른 끈는[1476] 거 영 헤 노민 히미 곱드러 가지고 그 받 까는 타이비 안 마자.

- 그래서 나는 그 사네 강 줌자멍 바메 돌트멍[1477]에서 줌자멍 그 너덩 헤당 몬딱 헬딴 아 이 집 지슬 때 우리 아이덜신디 몰 테우게 허단 보난 볼써 부레 드러강 타부런.

게믄 그 너덩이 그 드렌빨 뿔리가 너덩이우꽈?

- 드렌빨 뿔리가 너덩.

아 뿔리가.

- 예. 너덩으로 솜비주를 만드럳쭈.

그러며는.

- 받 까는.

드렌빠른 그 줄기로는 아까 어움하고 그 뿔리로는.

- 넝쿨. 넝쿠른 넝쿠른 이제 어움[1478] 바다에 뎅기는 어움허고[1479].

너덩은 뿔리로는.

- 어움.

음.

- 그것을 하고. 그 뿌리를 캐다가 그것을 아까 덩드렁에 소 불을 마는 것이 아니고 그 다래나무 뿌리를 덩드렁에서 빻아 가지고 그것을 다루어서 그것으로.

= 껍질 벗겨버려야.

- 이제 소 멍에 하는 그 봇줄.

예예. **봇줄.**

- 봇줄이 참 뭐한 사람들은 그 나일론 줄 사다가는 요 정도 굵은 놈으로. 그 나일론 줄은 힘이 안 나.

- 그 다래나무 뿌리로 만드는 것은 손목만큼 해서 뻣뻣하면 띠밭을 가나 무엇하나 하면 쟁기를 툭툭 치뜨려 주면 그 나무 모양에 뻣뻣하니까 소가 한가하는데 나일론 줄은 가는 것 이렇게 해 놓으면 힘이 곱들어 가지고 그 밭 가는 타입이 안 맞아.

- 그래서 나는 그 산에 가서 잠자면서 밤에 돌틈에서 잠자면서 그 다래나무 뿌리 해다가 몽땅 했다가 아 이 집 지을 때 우리 아이들한테 못 태우게 하다가 보니까 벌써 불에 들어가서 타버렸어.

그러면 그 너덩이 그 다래나무 뿌리가 너덩입니까?

- 다래나무 뿌리가 너덩.

아 **뿌리가.**

- 예. 다래나무 뿌리로 봇줄을 만들었지.

그러면.

- 밭 가는.

다래나무 뿌리는 그 줄기로는 아까 어움하고 그 뿌리로는.

- 덩굴. 덩굴은 덩굴은 이제 어움 바다에 다니는 어움하고.

다래나무 뿌리는 뿌리로는.

- 그 뿔리는 "너덩"이라고 헤가지고 케어다가 그걷또 저 올레만씩1480) 허주.

아 뿔리도마씨?

- 예. 재수 조민 세 뿔리1481)만 허민 쉐 그 솜비줄1482) 양쪼글 만들 쑤 일쭈. 그 양쪼기 일메다 오십씩 만드는 걸 헐 쑤 일써.

게믄 옌나레 그 너덩으로 뭐 굴체를 짜거가 저기 구덕또 짜거나 헬 쑤가?

= 구덕1483)또 짜고.

- 아 그거 말고 그건 뜬난 거.

= 거우다게1484).

- 허이 춤. 졸겡이쭐1485).

졸겡이쭐. 근쎄 졸겡이쭐.

- 아이 그건.

= 졸겡이쭐 ᄀ는1486) 거 헤당으네 굴체1487)도 허곡.

- 그거 졸겡이쭐. 졸 거더당. 졸겡이쭈렌 안 허고 졸 거더 당.

예. 졸.

- 에 저 손띠1488) 낭 쑬망 허민 허영케 껍쭉1489) 버스믄 송쿠리도1490) 만들고 바굼지1491)도 만들민 멀쩔쭈.

- 겐디1492) 또 그걸로. 이제 굴체 만드는 건 야속커게 숨찌1493) 아녕 그냥 거더왕 막빠로 굴체는 만드랑 돋껄름1494) 내곡.

= 막 잘허는 사르미나 걸로 헬쭈. 끄그로1495) 즈랑으네1496).

끄그로도 줄고?

- 겐디 끄근 무리1497) 머그민 무거운디 조른1498) 무겁찌 절때 무겁찌 아녀.

= 야속컨 사르미.

− 그 뿌리는 "너덩"이라고 해서 캐다가 그것도 저 올레만큼씩 하지.

아 뿌리도요?

− 예. 재수 좋으면 세 뿌리만 하면 소 그 봇줄 양쪽을 만들 수 있지. 그 양쪽이 일미터 오십씩 만드는 것을 할 수 있어.

그러면 옛날에 그 다래나무 뿌리로 뭐 삼태기를 짜거나 저기 바구니도 짜거나 했습니까?

= 바구니도 짜고.

− 아 그것 말고 그것은 다른 거.

= 그겁니다.

− 아이 참. 으름덩굴.

으름덩굴. 이제 막 으름덩굴.

− 아니 그것은.

= 으름덩굴 줄기 가는 것 해다가 삼태기도 하고.

− 그거 으름덩굴. 으름덩굴 줄기 걷어다가. "졸겡이줄"이라고 안 하고 "졸" 걷어다가.

예. 으름덩굴 줄기.

− 에 저 솥에 넣어서 삶아서 하면 허옇게 거죽 벗으면 소쿠리도 만들고 바구니도 만들면 멋졌지.

− 그런데 또 그것으로. 이제 삼태기 만드는 것은 야속하게 삶지 않고 그냥 걷어와서 막바로 삼태기는 만들어서 돼지거름 내고.

= 아주 잘하는 사람이나 그것으로 했지. 칡으로 결어서.

칡으로도 겯고?

− 그런데 칡은 물을 먹으면 무거운데 으름덩굴 줄기는 절대 무겁지 않아.

= 야속한 사람이.

- 게난 굴체가 세 가지로 만드는 건디. 아 네 가지로구나.

- 찌그로[1499] 만드는 게 잍꼬 끄그로 만드는 게 잍꼬 대로 만드는 게 잍꼬 졸로 만든 게 인는디.

- 그 젤 오래 몬 쓰는 건 대. 그다으믄 젤 오래 써지는 건 졸. 게부면서[1500] 오래 써져.

아아.

- 대는 박커게 쓰민 뭐 몰르믄 거꺼지곡 부서지고 이러는디 그자 야속커게 고치나[1501] 다망 뎅기곡[1502] 간딴넌 용은 대가 조콕.

- 그 조른 찔기고 돋껄름도 내당 도레 탁 부쳐도 머 터러정 조콕 다 조콕.

- 끄근 일년. 이노므 게 썩길 재게[1503] 써거부러. 저지면[1504] 그냥 써그민 빌빌.

- 찌그로 굴체를 만든 건 보민 또 무겁끼만 허고 오래가지 안코. 비 마지민 건 끄시여[1505].

- 게난 요즈믄 나이롱 줄은 비 마자도 조코 삗띠[1506] 상는 건데. 이 찌근 비 마지민 안 뒈고 삗띤 조아.

- 게난 연날 쉐 질룰[1507] 땐 찌그로 쉐써글[1508] 만들민 머거부러. 멍는 쉐가 잍써.

예예예예.

= 찌그로 굴체도 허여?

- 어이 굴체 허주.

= 푸지게[1509] 헨쭈. 돌 지는 거.

- 푸지게는 돌 질 때 건 뭐 간딴니 만드는 이리고. 굴체는 그 노꽝[1510] 다 헤영으네 멩텡이[1511] 줄든[1512] 여깡[1513] 허는 거.

- 게난 이제 그 연날 이거 걷는[1514] 거는 내가 ᄌᆞ신허고 다 헤지는 거.

- 그러니까 삼태기가 세가지로 만드는 것인데. 아 네 가지로구나.

- 짚으로 만드는 것이 있고 칡으로 만드는 것이 있고 대로 만드는 것이 있고 으름덩굴 줄기로 만든 것이 있는데.

- 그 젤 오래 못 쓰는 것은 대. 그다음은 젤 오래 써지는 것은 으름덩굴 줄기. 거벼우면서 오래 써져.

아아.

- 대는 박하게 쓰면 뭐 마르면 꺾어지고 부서지고 이러는데 그저 야속하게 고추나 담아서 다니고 간단한 용은 대가 좋고.

- 그 으름덩굴 줄기는 질기고 돼지거름도 내다가 돌에 탁 부딪쳐도 뭐 떨어져서 좋고 다 좋고.

- 칡은 일년. 이놈의 것이 썩기를 재우 썩어버려. 젖으면 그냥 썩으면 빌빌.

- 짚으로 삼태기를 만든 것을 보면 또 무겁기만 하고 오래가지 않고. 비 맞으면 그것은 끝이야.

- 그러니까 요즘은 나일론 줄은 비 맞아도 좋고 볕에 삭는 것인데. 이 짚은 비 맞으면 안 되고 볕에는 좋아.

- 그러니까 옛날 소 기를 때는 짚으로 쇠고삐를 만들면 먹어버려. 먹는 소가 있어.

예예예예.

= 짚으로 삼태기도 해?

- 어이 삼태기 하지.

= 푸지게 했지. 돌 지는 거.

- 푸지게는 돌 질 때 그것은 간단하게 만드는 일이고 삼태기는 그 노 꼬아서 다 해서 망태기 겯듯 엮어서 하는 거.

- 그러니까 이제 그 옛날 이거 말하는 것은 내가 자신하고 다 할 수 있는 거.

예예예예.

 ─ 굴체건 너덩[1515] 거뎌오는 거건 숨비줄[1516] 만드는 거건 젱기건 멍에건 그건 나가 다 만들 쑤 인는 거. 연날 물거는.

아까 그 쒜. 쒜 키우젠 허면 쒜석 피료허뎐 허지 아녀우꽈예? 줄 메러 갈 때 영 메는 건 뭐우꽈?

 ─ 아 줄대.

줄대렌 험니까?

 = 쒜줄[1517].

 ─ 쒜줄.

쒜줄. 쒜주른 이러케 주리고 그다음 이러케 방는 거 읻짜녀우꽈?

 ─ 아 건 이제는.

 = 말톡[1518].

 ─ 이제는 그 쒜로 헤 가지고 불미왕[1519]에 강 꼬부련 헬쭈마는 엔나른 나무 만들 땐 그 말토기 뭐로 허느냐면 틀낭[1520]이라야 뒈. 틀나무. 틀낭이 찔기고 그 돌멩이로 때려도 재기[1521] 벌러지지[1522] 아녀.

 ─ 게난 틀낭 몯턴 사르믄 솔피낭[1523]. 솔피낭은 젱기 만드는 낭[1524] 인데.

예예예.

 ─ 그 솔피낭으로도 만들고.

 ─ 아까 그럼 뭐 말톡마씨?

 ─ 말톡.

 = 쒜 메는 말톡. 주레 연결헌 쒜 메는 말톡.

게믄 몰 메는 말토근 뭐우꽈?

 = 몰 메는 말토기나 쒜 메는 말토기나 꼭ᄀᆞ타[1525].

 ─ 주리민 ᄀᆞ타.

 = 게영 저디 강으네 어디 촐[1526] 이신 디 강 그거 바강 눌땅 게민 그

예예예예.

－ 삼태기건 다래나무 뿌리 걷어오는 것이건 봇줄 만드는 것이건 쟁기건 멍에건 그것은 내가 다 만들 수 있는 거. 옛날 물건은.

아까 그 소. 소 키우려고 하면 쇠고삐 필요하다고 하지 않았습니까? 줄 매러 갈 때 이렇게 매는 것은 무엇입니까?

－ 아 줄대.

줄대라고 하나요?

＝ 소줄.

－ 소줄.

소줄. 소줄은 이렇게 줄이고 그다음 이렇게 박는 것 있잖습니까?

－ 아 그것은 이제는.

＝ 말뚝.

－ 이제는 그 쇠로 해 가지고 대장간에 가서 꼬부려서 했지만 옛날은 나무 만들 때는 그 말뚝이 뭐로 하느냐 하면 산딸나무라야 돼. 산딸나무. 산딸나무가 질기고 그 돌멩이로 때려도 빨리 깨어지지 않아.

－ 그러니까 산딸나무 못한 사람은 솔비나무. 솔비나무는 쟁기 만드는 나무인데.

예예예.

－ 그 솔비나무로도 만들고.

－ 아까 그럼 뭐 말뚝이요?

－ 말뚝.

＝ 소 매는 말뚝. 줄에 연결한 소 매는 말뚝.

그러면 말 매는 말뚝은 뭡니까?

＝ 말 매는 말뚝이나 소 매는 말뚝이나 똑같아.

－ 줄이면 같아.

＝ 그래서 저기 가서 어디 꼴 있는 데 가서 그것 박아서 놓았다가 그러면 그

줄 안네만 벵벵 돌멍 머그민 그디 초리 판칙1527) 어서. 또 나진 강으네 딴 디레 촐 인는 디레 이제 이꺼당으네1528) 고쪄1529) 메여.

− 게난 아까 몰 메는 건 뭐 주른 다 ᄀ튼디 서근1530) 쉐썩1531) 몰썩1532) 몰녹때1533) 이런 마른 ᄒ꼼 ᄒ쏘른1534) 차이나주. 뭐 그 주른 똑ᄀ테.

− 몰라. 제주도도 조븐 디가 아니고 너른 디난 북꾼1535)허고 여기도 틀리고1536) 바로 여기서 대정1537)허고도 틀려.

예.

− 그 모실포1538)는 우리 서귀포 이 괄래인데 틀리고 또 성산1539)허고 여기 또 틀리고. 모든.

이 동네 마리 막 틀리우다.

− 말허는 거나 모든 거나 성산허고.

= 따른 디서 온 사름 말 틀리덴1540) 우리 막 욷쭈게.

게난 지금 우리는 사실 여기 조사를 잘헤지는 거 가태마씨.

아까 울그미. 우린 우금 하는데 여기 울그미도 나오고예.

울금도 나와.

울그미엔 아까 헨짜나예?

= 우그미엔도 허곡 울그미엔.

아 우금도 험니까?

= 예.

우금도 하고.

보통 우금하지.

− 아 대랴근 여기선 울구미엔.

= 밥우그미엔1541) 헨쭈게.

밥우금.

− 부지땡이1542). 베수기1543).

아까 부르땡이렌도?

줄 안에만 뱅뱅 돌면서 먹으면 거기 꼴이 판칙 없어. 또 낮에는 가서 다른 데로 꼴 있는 데로 이제 이끌어다가 고쳐 매어.

　－ 그러니까 아까 말 매는 것은 뭐 줄은 다 같은데 고삐는 쇠고삐 말고 삐 말굴레 이런 말은 조금 조금은 차이나지. 뭐 그 줄은 똑같아.

　－ 몰라. 제주도도 좁은 데가 아니고 너른 데니까 북군하고 여기도 다르고 바로 여기서 대정하고도 달라.

　예.

　－ 그 모슬포는 우리 서귀포 이 관내인데 다르고 또 성산하고 여기 또 다르고. 모든.

　이 동네 말이 막 다르네요?

　－ 말하는 것이나 모든 것이나 성산하고.

　＝ 다른 데서 온 사람 말 다르다고 우리 막 웃지.

　그러니까 지금 우리는 사실 여기 조사를 잘해지는 것 같아요.

　아까 울금이. 우리는 우금 하는데 여기 울금이도 나오고요.

　울금도 나와.

　울금이라고 아까 했잖아요?

　＝ 우금이라고도 하고 울금이라고.

　아 우금도 하나요?

　＝ 예.

　우금도 하고.

　보통 우금하지.

　－ 아 대략은 여기서는 울금이라고.

　＝ 밥주걱이라고 했지.

　밥주걱.

　－ 부지깽이. 죽젓개.

　아까 부지깽이라고도?

— 예?

부르땡이렌 헨게?

= 부지땡이.

— 부지땡이.

부르땡이가 아니고?

= 떼여 불멍1544) 몬 어더머그는

— 젤 스몰1545) 몬 전디게1546) 이른 젤 하영1547) 허는 건디 몬 머거.

— 내중 베수기도 게도1548) 흐꼼 마슨 보는 거.

저시멍.

— 천 뻬네 드렁 내중은 머거부는 건 울그미 다 머거부러.

= 옌나른 부지땡이. 경 허민.

— 놀래가 이섣쭈. 할망더리 그 옌나렌 일 어시민1549) 아이고 부지땡인 떼불멍 들구1550) 일만 허영 몬 먹쪽.

— 베수긴 강 막 저스멍1551) 게도 흐꼼 만 봐서.

— 울그믄1552) 다 퍼당 머거불곡.

— 이런 놀래가 이선는디. 게난 이런 울그미나.

— 이 떵 만드는 걸또 요 대정허고 여기 툰나는데 말허는 음성이나 뭐 사라가는 옌날 사라난 거난 모든 거 말허민 저 이거 다 틀린 건 확씰헌 거 달마1553). 저가 아니까. 틀리미.

혹씨 여기도 머슴사리 이서나신가마씨?

— 예게.

게민 머슴사리엔 험니까 아니면 장남미렌 험니까?

— 장나멘도 허곡 머스멘도 허곡.

드사리도?

— 드사린엥도1554) 허곡.

= 세 가지로 フ랃쭈. 거 마자.

− 예?

부르땡이라고 하던데?

= 부지깽이.

− 부지깽이.

부지깽이가 아니고?

= 데어 버리면서 못 얻어먹는.

− 젤 사뭇 못 견디게 일은 젤 많이 하는 것인데 못 먹어.

− 나중 죽젓개도 그래도 조금 맛을 보는 거.

저으면서.

− 첫 번에 들어서 나중은 먹어버리는 것은 밥주걱 다 먹어버려.

= 옛날에는 부지깽이. 그렇게 하면.

− 노래가 있었지. 할망들이 그 옛날에는 일 없으면 아이고 부지깽이는 때버리면서 들입다 일만 해서 못 먹고.

− 죽젓개는 가서 막 저으며 그래도 조금 맛 봤어.

− 밥주걱은 다 퍼다가 먹어버리고.

− 이런 노래가 있었는데. 그러니까 이런 밥주걱이나.

− 이 떡 만드는 것도 요 대정하고 여기 다른데 말하는 음성이나 뭐 살아가는 옛날 살았던 것이나 모든 거 말하면 저 이거 다 다른 것은 확실한 것 같아. 제가 아니까. 다름이.

혹시 여기도 머슴살이 있었나요?

− 예.

그러면 머슴살이라고 하나요 아니면 장남이라고 하나요?

− 장남이라고도 하고 머슴이라고도 하고.

머슴아이?

− 머슴아이라고도 하고.

= 세 가지로 말했지. 그것 맞아.

- 드사리. 머슴. 장남. 우리 지비 장남 봐져 영도 허고.
- 우리 드사리 봐져 허는 마른 잘 아녀.
- 우리 지비 머스믄 어디레 가부러신고? 영.

장남예?
- 머스멩 헌 마른 잘 아녀. 허긴 허는디 잘 허진 아녀.

겐디 장나믈 드랑 살 때 어떤 조꺼니 분는고예? 예를 들면 그냥 밤만 메겨
줘마씸 아니면 밥 메겨주고 돈도 줘마씨?
- 어 돈 줘야주.

돈.
- 예.
- 이 얼마 계야기 뭐 도느로 허민 마 눠냐 이마 눠냐.
- 거 아니민 송아지 새낄 하나 주느냐. 뭐 게민 어디 바슬[1555] 하나
주느냐 계야기 읻쭈.
- 그냥 인는 건 아니.

게난 계약컴에 따라서예?
- 예. 건 아이[1556] 노동자 그 뭐에도 메열꼬.
- 마냐게 이 사름 개똥이냐 쉐똥이 쭝에 아 이른 이 사르미 잘허느냐
몯터느냐 이건또 관계돼얻꼬.
- 그 저 드사리냐 장남 비렁 험도 일 농뗑이 쳥 잘 아년디[1557] 싸
근[1558] 하영[1559] 줄 쑤가 업찌 아녀우꽈게.
- 그건또 관계가 읻꼬 그 결쩡헐 때 얼마짜리냐 이걸 근는[1560] 겁쭈.
- 요즘 뭐 일허는 디 용역 빌민 뭐 그저넨 융마 눤 허단 이젠 칠마 눤
헤도 건 일 잘허건 몯터건 칠마눠늘 줘야 뒈지마는 연나른 사라메 딸라
헬쭈 경.
- 이제추루근 안 뒈긴 안 허지게. 중무니 싸름도 모른 사름도 이시난[1561]
허는디 엔나른 안 사름 웨에는 경 모른 사름 비러당 뭐 허긴 힘드러난[1562].

― 머슴아이. 머슴. 정남. 우리 집의 정남 봐져 이렇게도 하고.

― 우리 머슴아이 보이던가 하는 말을 잘 아니해.

― 우리 집의 머슴은 어디로 가버렸는가? 이렇게.

정남요?

― 머슴이라고 하는 말은 잘 아니해. 하기는 하는데 잘 말하지는 않아.

그런데 머슴을 데려서 살 때 어떤 조건이 붙는가요? 예를 들면 그냥 밥만 먹여주나요 아니면 밥 먹여주고 돈도 주나요?

― 어 돈 줘야지.

돈.

― 예.

― 이 얼마 계약이 뭐 돈으로 하면 만 원이냐 이만 원이냐.

― 그것 아니면 송아지 새끼를 하나 주느냐. 뭐 그러면 어디 밭을 하나 주느냐 계약이 있지.

― 그냥 있는 것은 아니.

그러니까 계약함에 따라서요?

― 예. 그것은 아니 노동자 그 무엇에도 매였고.

― 만약에 이 사람 개똥이냐 쇠똥이 중에 아 일은 이 사람이 잘하느냐 못하느냐 이것도 관계되었고.

― 그 저 머슴아이냐 정남 빌려서 함도 일 농땡이 쳐서 잘 안 하는데 삯은 많이 줄 수가 없지 않습니까?

― 그것도 관계가 있고 그 결정할 때 얼마짜리냐 이것을 말하는 거지요

― 요즘 뭐 일하는 데 용역 빌리면 뭐 그전에는 육만 원 하다가 이제는 칠만 원 해도 그것은 일 잘하건 못하건 칠만 원을 줘야 되지만 옛날은 사람에 따라서 했지 그렇게.

― 이제처럼은 안 되기는 안 하지. 중문 사람도 모른 사람도 있으니까 하는데 옛날은 안 사람 외에는 그렇게 모른 사람 빌려다가 뭐 하기는 힘들었어.

게난 장나민 경우는 남자우꽝 여자우꽝?

— 아 남자.

여자는 어신가마씨?

= 여자도 션쑤다1563).

— 이 여자도 이섣쭈1564).

여자도예. 그러믄 그 쿠믄 다를 꺼 아닌가마씨? 예를 들면 아까.

= 쿠믄1565) 그때엔 굴물 때난 머거만 저도 조코 허난 게난 쿠믄 벨로 다른 게 어시1566).

예.

— 다른 게 아니라 쿠믄 흐꼬를 바다도 바닫쭈 안 바다?

= 남전1567) 쉐 메기곡.

예.

— 지비서 그냥 하간1568) 일 찍1569) 두드리곡 그런 거 뭐 허곡. 여저는1570) 그디 강 밥퍼곡. 밥페영 식꾸들 문1571) 메기곡 설거지 방에 뭐 방에 문 방 청소.

그럼 아까 쉐 어신 사르믄 쉐를 빌려당 벵작커는 수가 읻꼬예?

— 예.

이버는 밭 업는 사라미 밭 인는 사람안테 바슬 빌령 벵자글 헐 꺼 아니우꽈예? 게믄 벵자근 어떤 시그로 헤신고예?

— 어이고. 나도 그 밭 떠신1572) 땐 나미 밭 비러당 벵작커며는 어 나 헤여난1573) 대로.

예.

— 보리를 가라신디1574).

예.

— 보리를 가라가지고 비연1575) 무꺼 가지고 딱 일 때 일 일 때 일 허다 보니까 흔 단이 나만 흔 무시 나먀. 저 흔 다니 아니고 흔 문576). 저 다니 아니라 흔.

그러니까 장남인 경우는 남자입니까 여자입니까?

— 아 남자.

여자는 없을까요?

= 여자도 있었습니다.

— 이 여자도 있었지.

여자도요. 그러면 그 삯은 다른 것 아닌가요?

= 삯은 그때에는 굶을 때니까 먹어만 져도 좋고 하니까 그러니까 삯은
별로 다른 것이 없이.

예.

— 다른 것이 아니라 삯은 조금을 받아도 받았지 안 받는가?

= 남자는 소 먹이고.

예.

— 집에서 그냥 온갖 일 짚 두드리고 그런 것 뭐 하고. 여자는 거기
가서 밥하고. 밥해서 식구들 모두 먹이고 설거지 방에 뭐 방에 모두 방
청소.

그럼 아까 소 없는 사람은 소를 빌려다가 병작하는 수가 있고요?

— 예.

이번은 밭 없는 사람이 밭 있는 사람한테 밭을 빌려서 병작을 할 것이 아닙
니까? 그러면 병작은 어떤 식으로 했을까요?

— 어이고. 나도 그 밭 없을 때는 남의 밭 빌려다가 병작하면은 아 나
했던 대로.

예.

— 보리를 갈았는데.

예.

— 보리를 갈아서 베서 묶어서 딱 일 대 일 일 대일 하다보니까 한 단이
남았어. 한 뭇이 남아. 저 한 단이 아니고 한 뭇. 저 단이 아니라 한.

- 혼 무시 나므니까. 아 이거 정시미나1577) 그 우린 몬 머그멍도 곤쌀1578) 하나씩 놓으네 정시믈 잘혜 봐. 그 저 보리 혼 단 나믄 건 줄 꺼라.

= 둑1579) 자방 강1580) 주곡.

- 게난 여기서 어디까지 거러 완느냐 허면 저 광평1581). 이제 골프장이 살록또로로1582) 가다 보며는 광평엔 헌 디 싸름네 바슬 어던 헨1583). 정심 잘혜연 주곡 다 헨는디 아 그 보리 혼 단도.

= ᄋ져가부런1584).

- 갈랑 저 날 주카부덴1585) 허난 혼 문 주카부덴 허단 보난 ᄀ져가부런1586).

= 막 우러난쭈1587). 우리. 보리 혼 무시 그러케 커서.

으음.

- 이러케 사라미.

야속카게도.

- 참 업씬1588) 사르믄 몯살겐따.

- 그때부떠도 더 정시늘 차려 이를 헤야 뒈겐따 허는 셍가글 그때도 가져난 예가 인는디.

- 게난 요거 그 보리 혼 무센 헌 거 잘허면 두 뒈 나와. 두 뒈.

- 두 뒈 나오는 건 존1589) 거라야. 혼 뒈 반. 막 안 뒌 건 혼 뒈. 그 저 뒈빠-그로1590) 말하는 건데. 경 허는 건또 안 젖으네 가져가부는 수.

건 완전히 반벵자기다예.

- 예.

일 때 일.

- 예. 일 때 이리니까. 반벵자게1591) 혼 무시 남는 건데도 그건또 가져가부러.

게난 보통 벵작하민 일 때 일이우꽈?

- 예. 일 때 일.

─ 한 뭇이 남으니까. 아 이것 점심이나 그 우리는 못 먹으면서도 흰쌀 하나씩 넣어서 점심을 잘해 봐. 그 저 보리 한 단 남은 것은 줄 거야.

= 닭 잡아서 가서 주고.

─ 그러니까 여기서 어디까지 걸어서 왔느냐 하면 저 광평리. 이제 골프장 이 산록도로로 가다 보면 광평리라고 한 데 사람네 밭을 얻어서 했어. 점심 잘해서 주고 다 했는데 아 그 보리 한 단도.

= 가져가버렸어.

─ 갈라서 저 날 줄까 보다 하니까 한 뭇 줄까 보다 하다 보니까 가져가버렸어.

= 막 울었었지. 우리. 보리 한 뭇이 그렇게 컸어.

으음.

─ 이렇게 사람이.

야속하게도.

─ 참 없는 사람은 못살겠다.

─ 그때부터도 더 정신을 차려서 일을 해야 되겠다 하는 생각을 그때도 가졌던 예가 있는데.

─ 그러니까 요것 그 보리 한 뭇이라고 한 거 잘하면 두 되 나와. 두 되.

─ 두 되 나오는 것은 좋은 것이어야. 한 되 반. 막 안 된 것은 한 되. 그저 됫박으로 말하는 것인데. 그렇게 하는 것도 안 줘서 가져가버리는 수.

그것은 완전히 반작이네요?

─ 예.

일 대 일.

─ 예. 일 대 일이니까. 반작에 한 뭇이 남는 것인데도 그것도 가져가버려.

그러니까 보통 병작하면 일 대 일입니까?

─ 예. 일 대 일.

— 겐디 이제는 뭐 이 선셍도 알다시피 미깡낭받[1592] 천 펭 주며는 잘 받 천 평을 빌리민 춤 잘 바드민 돈 벵마 뉜 바드나마나.

— 으 그런 실쩡인디 엔나른 너무나.

게난 받 띰제허고 여기 버러멍는 사름 읻쓰면 요 버러멍는 사르미 다 씨앋 또 당하고 검질도 메고.

— 아이고 다.

다 하고.

— 예. 받 띰젠 가마니 읻따가 보리 왕 다 헤시난 갈라 갑써[1593] 허며는 왕 갈라 갈 때.

— 춤 셈 인는 사르믄 혼 믇 안 나마도 자기 찍시[1594]에 일 때 일 헌 디서도 다섣 믇또 주는 사름 읻꼬 열 믇또 주는 사름 읻꼬 게도 서너 믇 주는 사름도 이선는디[1595] 그거 안 허민 뭐 그냥 가져가도 뭐라고 말 몯터지.

— 게난 우리 아버지 때부떠 광평[1596] 싸름 바슬[1597] 마니 벌고 논도 마니 버러봔는디.

— 춤 그 광평에 소를 쉐를 마니 질루난 그 돈 마니 버런 헤벤 바슬 존 바슬 믄[1598] 사 노난 그때도 그 부니 춤 사라미 조나네[1599] 보리를 타작 헤그네 얼마씩 줘 두고 가곡.

— 그 광평서 온 사람더리 몰 모랑 왕으네[1600] 무레 짐 시껑 그냥 내불민 지비 몯 드러간덴. 드러가는 양 짐 펭 뇌두누레[1601] 허는디. 참 이제 셍각커면 아이고.

아 그 혼 믇예. 혼 믇. 아.

= 게난 다음헤에 또 벌젠 허민양 경 어굴헤도 둑[1602] 자방으네 짐 시끌[1603] 땐 골르레[1604] 놔. 쉐 골르레 몰르로[1605]. 경 가민.

— 짐 시끄기[1606] 저네 쉐질메[1607]가 요러케 두 개 허민 요 트메.

예.

= 다음 보젠[1608]. 다음헤 보젠.

- 그런데 이제는 뭐 이 선생도 아다시피 귤밭 천 평 주면 잘 밭 천 평을 빌리면 참 잘 받으면 돈 백만 원 받으나마나.

- 으 그런 실정인데 옛날은 너무나.

그러니까 밭 임자하고 여기 벌어먹는 사람 있으면 요 벌어먹는 사람이 다 씨앗도 당하고 김도 매고.

- 아이고 다.

다 하고.

- 예. 밭 임자는 가만히 있다가 보리 와서 다 했으니까 갈라 가십시오 하면 와서 갈라 갈 때.

- 참 셈 있는 사람은 한 뭇 안 남아도 자기 몫에 일 대 일 한 데서도 다섯 뭇도 주는 사람 있고 열 뭇도 주는 사람 있고 그래도 서너 뭇 주는 사람도 있었는데 그거 안 하면 뭐 그냥 가져가도 뭐라고 말 못하지.

- 그러니까 우리 아버지 때부터 광평리 사람 밭을 많이 벌고 논도 많이 벌어봤는데.

- 참 그 광평리에 소를 소를 많이 기르니까 그 돈 많이 벌어서 해변 밭을 좋은 밭을 몽땅 사놓으니까 그때도 그 분이 참 사람이 좋으니까 보리를 타작해서 얼마씩 줘 두고 가고.

- 그 광평리에서 온 사람들이 말 몰아서 와서 말에 짐 실어서 그냥 내버리면 집에 몽땅 들어간다고. 들어가는 양 짐 퍼서 놔두노라고 하는데. 참 이제 생각하면 아이고.

아 그 한 뭇요. 한 뭇. 아.

= 그러니까 다음해에 또 벌려고 하면요 그렇게 억울해도 닭 잡아서 짐 실을 때는 골에 넣어. 소 골에 모르게. 그렇게 가면.

- 짐 싣기 전에 소길마가 요렇게 두 개 하면 요 틈에.

예.

= 다음 보려고. 다음해 보려고.

- 경 와이로1609) 썽 놔뒁.

= ** 버러야 머글 꺼난.

- 딴 사름 받 줘불카덴1610). 그런 뭘또 이선꼬. 정말.

아까 쉐 골로로마씸? 거기 트물 쉐 골로렌 험니까?

= 쉐 골.

쉐 골?

- 쉐 고량.

쉐 고량엔 헤마씨?

- 거기 질메가 요루케 헤서 영 허난 그 질메까지1611) 트멍1612)이 이마닌1613) 공가니 잇찌. 예. 겨믄1614) 짐 시러불민1615).

= 모르주.

= 셍전 어드레1616) 도망 안 강 지비 강.

지베 가면 거기 이제 둑 자븐 게 딱 이신 거.

- 다기1617) 나오게 뒌 거지.

아 그러니까 새헤도 받 버러 먹쩬 헴꾸나 허영 주는 거고예?

- 예.

아아.

- 아 겨난 바슬 딴 사라믈 주지 말라 하는 뜨시지.

= 굴머도 그 밥페영 잘헹 메기곡 경 아녀민 벌질 몯터니까.

- 정말 그끄지 거렁 가곡.

이버는 수느는 건 헙쭈예? 예를 들면 보리바슬 헐 때에 수눌젠 허면 검질멜 때만 수눔니까?

- 검질멜 땐 수누러도1618) 아 돋껄름1619) 보리 갈 때도 수누는 수 잇쭈.

아 갈 때도예?

- 예. 여자는 뭐여 예를 들어 혼자마는 그 걸름 뿌리곡 간 고량에 거름 눟으네 이거 흑1620) 더프고 허젠 허민 엄창 바쁜 이리라.

‒ 그렇게 뇌물 써서 놔두고.

= ** 벌어야 먹을 것이니까.

‒ 다른 사람 밭 줘버릴까 봐. 그런 무엇도 있었고. 정말.

아까 소 골로요? 거기 틈을 소 골이라고 합니까?

= 소 골.

소 골?

‒ 소 고랑.

소 골 하나요?

‒ 거기 길마가 요렇게 해서 이렇게 하니까 그 길맞가지 틈이 이만큼은 공간이 있지. 예. 그러면 짐 실어버리면.

= 모르지.

= 생전 어디로 도망 안 가서 집에 가서.

집에 가면 거기 이제 닭 잡은 것이 딱 있는 거.

‒ 닭이 나오게 된 것이지.

아 그러니까 새해도 밭 벌어 먹으려고 하는구나 해서 주는 것이고요?

‒ 예.

아아.

‒ 아 그러니까 밭을 다른 사람을 주지 말라 하는 뜻이지.

= 굶어도 그 밥해서 잘해서 먹이고 그렇게 않으면 벌지 못하니까.

‒ 정말 거기까지 걸어서 가고.

이번은 품앗이 하는 것 하지요? 예를 들면 보리밭을 할 때에 품앗이하려고 하면 김맬 때만 품앗이하나요?

‒ 김맬 때는 품앗이해도 아 돼지거름 보리 갈 때도 품앗이하는 수 있지.

아 갈 때도요?

‒ 예. 여자는 뭐야 예를 들어 혼자만은 그 거름 뿌리고 간 고랑에 거름 넣어서 이거 흙 덮고 하려고 하면 엄청 바쁜 일이야.

= 난 눕 삐러 보지 아년.

― 으 춤 눕 비렁도. 저 사람[1621] 비럳쩬 허는 게 아니고 이 우리 부락 실쩡을 말허렌 허는 거난 눕 삐렁 그 수누렁 허는 사름도 마니 일썰꼬.

받 브를 때도 수눌고예?

― 예?

받 브를 때?

― 아아 뭐.

여기는 보리는 잘 안 볼르니까 허고.

= 볼르지 아녀.

― 보리 볼르는 거?

예.

― 아이 그런 건 안 헤보고.

게난 주로 검질멜 때예?

― 예.

검질멜 때.

― 검질멜 때. 조컴질[1622] 멜 때.

그러믄에 예를 들면 수눌 때 수눌지 몯터면 쿠믈 줘야힐 꺼 아니우꽝예?

= 예.

그러면 쿰도 다 다른 거 아니우꽈? 예를 들면 받 깐 장남안테는 쿠믈 얼마 줼쑤가? 엔나레.

검질맨 사름도 다를 꺼고예?

= 얼마 바듭디까?

(웃음).

= 가라봐시메 알주.

― 아이 게난 나가 노미 받 깔렌[1623] 마니 뎅긴[1624] 사르민디.

예. 그땐 도느로 바닫쑤가? 아니면 쏠로 바듭떼가?

= 나는 놉 빌려 보지 않았어.

— 으 참 놉 빌려서도 저 사람 빌렸다고 하는 것이 아니고 이 우리 마을 실정을 말하라고 하는 것이니까 놉 빌려서 그 품앗이해 하는 사람도 많이 있었고

밭 밟을 때도 품앗이하고요?

— 예?

밭 밟을 때?

— 아아 뭐.

여기는 보리는 잘 안 밟으니까 하고.

= 밟지 않아.

— 보리 밟는 거?

예.

— 아니 그런 것은 안 해보고.

그러니까 주로 김맬 때요?

— 예.

김맬 때.

— 김맬 때. 조김 맬 때.

그러면요 예를 들면 품앗이할 때 품앗이 못하면 삯을 줘야할 것 아닙니까?

= 예.

그러면 삯도 다 다른 것 아닙니까? 예를 들면 밭 간 정남한테는 삯을 얼마 줬습니까? 옛날에.

김맨 사람도 다른 것이고요?

= 얼마 받습디까?

(웃음)

= 갈아봤으니까 알지.

— 아니 그러니까 내가 남의 밭 갈러는 많이 다닌 사람인데.

예. 그때는 돈으로 받았습니까? 아니면 쌀로 받습디가?

－ 도느로 바단.

도느로예?

－ 예.

겐디 받 깐 장나민 경우는 쉐도 가정가곡 허민 두 노미역 주지 아녑니까?

－ 예예. 쉐 가정강 허곡. 쉐 아니 아정가는1625) 수도 읻꼬.

예.

－ 아 몰 살 땐 쉐도 어시나네1626) 그 지비 쉐 인는 지비 강 받 하루 가라주곡 쉐 혼 번 아져당1627) 이녁 받 흐르 갈곡.

아아.

－ 아 그런 걷또 허곡 내중은 쉐가 읻쓰니까 쉐 아정강 이제 쉐 엄는 지비 강 받 까라 주기도 허곡. 아 헌디 돈 얼마 바든 기어근 잘 안 나네.

한 번 가라줭 한 번 쉐 비렁 오곡.

－ 예.

＝ 그냥 보리가뜬 조ㄱ뜬 나룩1628)ㄱ뜬 건 혼 말.

예.

＝ 곡씨ㄱ로.

예.

＝ 한 말. 아이고 혼 말 주민 거 꺼렝이1629) 단 말 닫 빨썩1630) 헌 거.

－ 견디 보리도 잘 홀튼 사르믄 혼 말 더 줼쭈게.

＝ 검질멘 사름 거 여자.

－ 아 난.

＝ 여자 쿰1631). 여자.

예를 들면 보리 홀트는 건 남자가 헐 꺼 아니우꽈?

－ 예.

게믄 두 노미역 허든지 혼 노미역 반 허영 더 주긴 헐 꺼라예?

－ 어 겐디 보리 홀트는 거라고 뭐 남ㅈ만 허는 게 아니고 여자도 잘

— 돈으로 받았어.

돈으로요?

— 예.

그런데 밭 간 정남인 경우는 소도 가져가고 하면 두 놈의 삯을 주지 않습니까?

— 예예. 소 가져가서 하고. 소 아니 가져가는 수도 있고.

예.

— 아 못 살 때는 소도 없으니까 그 집에 소 있는 집에 가서 밭 하루 갈아주고 소 한 번 가져다가 이녁 밭 하루 갈고.

아아.

— 아 그런 것도 하고 나중은 소가 있으니까 소 가져가서 이제 소 없는 집에 가서 밭 갈아 주기도 하고. 아 한데 돈 얼마 받은 기억은 잘 안 나네.

한 번 갈아주서 한 번 소 빌려 오고.

— 예.

= 그냥 보리같은 조같은 벼같은 것은 한 말.

예.

= 곡식으로.

예.

= 한 말. 아니고 한 말 주면 그것 까끄라기 닷 말 닷 발씩 한 것.

— 그런데 보리도 잘 훑은 사람은 한 말 더 줬지.

= 김맨 사람 거 여자.

— 아 나는.

= 여자 삯. 여자.

예를 들면 보리 훑는 것은 남자가 할 거 아닙니까?

— 예.

그러면 두 놈 역 하든지 한 놈역 반 해서 더 주기는 하겠지요?

— 아 그런데 보리 훑는 것이라고 뭐 남자만 하는 것이 아니고 여자도

홀탄쭈게.

－ 게난1632) 그 홀튼 능려게 따라 그 주이니 셍각커는 게 부잔찌빈 흐
꼼 욕씸 헤영 더 잘 줩직케도1633) 잘 안 주곡 흐꼼 중간 정도에 사는 사
르미 일땅은 잘 줘신디.

부자드른.

＝ 주가 곡써그로 바단쭈. 곡시그로. 도니 어실1634) 때난.

일딴 노블 빌 꺼 아니우꽝에? 그러면 메겨야 헐 꺼 아니우꽈?

＝ 아이 아침 나지만1635).

나지만.

＝ 예. 아침 머경 왕. 머경 왕 헤영1636) 나진1637) 우리가 밥페영 가그
네1638) 나진 정심만 머거. 저냐기는 또 거기서 헤어정 이녁만씩 왕.

아 그러우꽈? 혹씨 중서근 안 메겨마씨?

＝ 중서근1639) 그때 중석 뭐 션쑤가1640)? 밥또 몬 머거네.

－ 이제는 미깡1641) 타젠1642) 허민 오저네 우둥1643)이나 짜장1644)이나
불렁 뭐 메기곡 정심1645) 메기곡 또 오후 뒈면.

중석 메기고.

－ 아무런 거라도 메기고 커피 줘야 뒈곡 이런디 엔나른 어느 저르
에1646).

게난 엔나른 게믄 정시믄 바브로예?

＝ 바브로 허영양1647) 차롱1648) 흐나에 거리민1649) 이제 너이1650) 머거
지카1651). 여른 머거도 남쭈. 그 밥. 경 헌디양 너이가1652) 박박 글거 머
거. 차롱을.

보리밥.

－ 밤 모지리카부덴1653) 젤 걱쩡허는디.

＝ 게영 친구덜.

－ 이젠 바비 남는디.

잘 훑었지.

─ 그러니까 그 훑는 능력에 따라 그 주인이 생각하는 것이 부잣집은 조금 욕심 해서 더 잘 줄 것 같아도 잘 안 주고 조금 중간 정도에 사는 사람이 일당은 잘 줬는데.

부자들은.

= 주가 곡식으로 받았지. 곡식으로. 돈이 없을 때니까.

일단 놉을 빌 것 아닙니까? 그러면 먹여야 할 것 아닙니까?

= 아니 아침 낮에만.

낮에만.

= 예. 아침 먹어서 와서. 먹어서 와서 해서 낮에는 우리가 밥해서 가서 낮에는 점심만 먹어. 저녁에는 또 거기서 헤어져서 이녁만씩 와서.

아 그렇습니까? 혹시 곁두리는 안 먹이나요?

= 곁두리는 그때 곁두리 뭐 있었습니까? 밥도 못 먹어서.

─ 이제는 굴 타려고 하면 오전에 국수나 자장면이나 불러서 뭐 먹이고 점심 먹이고 또 오후 되면.

곁두리 먹이고.

─ 아무런 것이라도 먹이고 커피 줘야 되고 이러는데 옛날은 어느 겨를에.

그러니까 옛날은 그러면 점심은 밥으로요?

= 밥으로 해서요 채롱 하나에 뜨면 이제 넷이 먹을 수 있을까. 열은 먹어도 남지. 그 밥. 그런데요 넷이 박박 긁어서 먹어. 채롱을.

보리밥.

─ 밥 모자랄까 봐 젤 걱정하는데.

= 그렇게 해서 친구들.

─ 이제는 밥이 남는데.

= 검질메렌 가민 밥 나쁘뎬 막 글거 머경으네 압받띄레1654) 차롱 아상1655) 던져부러. 밥 족께1656) 헤완쩬1657). 경 막 장난치곡.

− 뒌장. 뒌장이 그 잘 아너는 지바니 잍써.

− 거믄1658) 그 베렝이1659)가 와글와글헌 거 그냥 아져간1660) 지반. 겐디 그 뭐 이제 가트면 베렝이 하나만 나오민 뭐 아무도 안 머글 껀디.

= 어쩔 쑤 어서게1661).

− 어 다 베렝이 그냥 아사뒹1662) 다 먹꼬.

게난 그 버렝이 이는 지븐 말장시 인는 지빈디예?

= 예. 맏쑤다. (웃음) 속따믈 다 아란.

건 무슨거렌 곰니까?

= 아?

베렝이 이신 지븐 뭐렌 ᄀ라?

= 말 존1663) 지비 장 ᄀ린다.

경 곰니까? 말 존 지비 장?

= 말 존 지븐 장 ᄀ린다. 말도 조코 얼굴도 곱꼭 헌 지비가 뭄치1664) 아정가민1665) 뭄치 우티레1666) 데가리 영영영1667) 허멍 장뻬렝이1668)가 올라와.

− 솔찌기 마리주. (웃음)

= 진짜.

− 말 존 지비가1669) 장 ᄀ리는 건 마자. 말로는 헌는데 실찌는 그 지비.

= 장만 ᄀ리질 아녀고 모든 게양1670) 모든 게 경 헤마씨1671). 사라가는 게. 사라가는 게 말 존 지비가 아메도.

− 이제도 마찬가지.

− 이제도 놀레1672) 강으네1673) 막 떠들고 허는 지비 강 보면 청소도 아녕 잍꼬. 날 달믄 사름.

아니우다게.

= 김매러 가면 밥 나쁘다고 막 긁어 먹어서 앞밭으로 채롱 가져서 던져버려. 밥 적게 해왔다고. 그렇게 막 장난치고.

─ 된장. 된장이 그 잘 아니하는 집안이 있어.

─ 그러면 그 가시가 와글와글한 것 그냥 가져간 집안. 그런데 그 뭐 이제 같으면 가시 하나만 나오면 뭐 아무도 안 먹을 것인데.

= 어쩔 수 없어.

─ 어 다 가시 그냥 가져 두고 다 먹고.

그러니까 그 가시 이는 집은 말쟁이 집인데요?

= 예. 맞습니다. (웃음) 속담을 다 알아서.

그것은 무엇이라고 말합니까?

= 아?

가시 있는 집은 무엇이라고 말해?

= 말 좋은 집에 장 고린다.

그렇게 말하나요? 말 좋은 집에 장?

= 말 좋은 집에는 장 고린다. 말도 좋고 얼굴도 곱고 한 집에서 모자 반장아찌 가져가면 모자반장아찌 위로 대가리 이리저리 하면서 가시가 올라와.

─ 솔직히 말이지. (웃음)

= 진짜.

─ 말 좋은 집이 장 고리는 것은 맞아. 말로는 했는데 실제는 그 집이. 장만 고리지를 않고 모든 것이요 모든 것이 그렇게 해요. 살아가는 것이. 살아가는 것이 말 좋은 집이 아마도.

─ 이제도 마찬가지.

─ 이제도 놀러 가서는 막 떠들고 하는 집에 가서 보면 청소도 아니해서 있고. 나를 닮은 사람.

아닙니다.

- 나가 청소도 아녀민 할망1674) 아녀민 크닐 나지.

= 게난 말 존 지비 장 고련쭈. (웃음)

- 나강1675) 저디1676) 강 떠들기나 허지.

- 청솔 아녀주게.

게난 주로 그냥 바블 헫꾸나예?

= 예.

예. 뭐 국쑤 가튼 건 아녀보고예? 게난 이제는 뭐 중국찌비서 불렁도 메긴다고?

= 예게.

- 아이구 뭐 정심도1677) 식땅에 전놔허민 뭐 반찬 잘 출리곡1678).

= 경 허곡 중석1679)또양 이제 우둥허여그네1680) 국쑤허여그네 중석 주곡. 이젠 경 허곡. 짜장도 불렁 주곡. 짜장 불르는 게 흐꼼1681) 셍각컨디고. 우리.

- 셍각커나마나 안 너민1682) 다신1683) 타레1684) 안 와.

= 빵도 사당1685) 주곡. 그런 거 주로. 아녕 너머가진1686) 몬텀니께1687).

- 아녇땅은1688) 뭐 다음.

= 오후에도 커피 헹 먹꼬. 단가미라도 막 베꼉으네1689) 더우믄 아장1690) 먹쪽.

받 깔레 가면 그래도 다른 거 보다는 쫌 잘헤주지 아녇쑤가? 밥들.

= 받 깔.

받 깔레 갈 때.

- 잘 잘허는 지비고.

= 받 깔 장나메1691).

- 영 몯턴 지비 일꼬. 정심 굴멍도1692) 헤 보고.

음.

- 내가 청소도 아니하면 아내 아니하면 큰일 나지.

= 그러니까 말 좋은 집이 장 고렸지. (웃음)

- 나가서 저기 가서 떠들기나 하지.

- 청소를 아니하지.

그러니까 주로 그냥 밥을 했군요?

= 예.

예. 국수 같은 것은 안 해보고요? 그러니까 이제는 뭐 중국집에서 불러서도 먹인다고?

= 예.

- 아이구 뭐 점심도 식당에 전화하면 뭐 반찬 잘 차리고.

= 그렇게 하고 곁두리도요 이제 국수해서 국수해서 곁두리 주고. 이제는 그렇게 하고. 자장면도 불러서 주고. 자장면 부르는 것이 조금 생각한 데고. 우리.

- 생각하나마나 안 하면 다시는 따러 안 와.

= 빵도 사다가 주고. 그런 거 주로. 아니해서 지나치지는 못합니다.

- 아니하였다가는 뭐 다음.

= 오후에도 커피 해서 먹고. 단감이라도 막 벗겨서 더우면 앉아서 먹고.

밭 갈러 가면 그래도 다른 거 보다는 좀 잘해주지 않았나요? 밥들.

= 밭 갈.

밭 갈러 갈 때.

- 잘 잘하는 집이고.

= 밭 갈 정남에.

- 전혀 못한 집이 있고. 점심 굶어서도 해 보고.

음.

여긴 조 불리젠 허면 연날 물 허영 조 하영 불런짜나예? 조 불리는 사름안
티는 특별히 음시글 헤줸뗀 허는데. 따른 동네 가면?

— 아 여긴 조 불린다고 뭐 특별리.

= 조 이녁 냥으로 불려신디[1693].

— 아 헌 거 얻꼬.

게난 우리 동넨예 밧 까는 사름안티 더 헤줼꼬예? 그다으메 씨 뿌리는
사람.

= 예. 씨와치[1694].

예. 씨 뿌리는 사람안테 더 해주곡.

= 밧 까는 사라미 씨 뿌리고.

그다으메 보리 홀트는 사람안티 더해 주고. 예. 경 헫쑤다. 웬냐 하면 아마
그거시 힘든 모양이지예?

— 아이 보리 홀트는 거야 힘드런찌마는 밧 까는 거허고 씨 뿌리는 건
뭐 그 씨 뿌리는 건 아무 걷또 아니라.

= 씨 뿌려 뒁으네[1695] 바슬 가난. 여긴.

아 게난 씨 뿌리는 사람안테 더 준 걸로예.

여기는 씨 뿌리는 걸 남자가 험니까?

= 아방이[1696].

— 아니.

= 삐어[1697] 뒁으네.

— 남자만 허는 게 아니라 나가 바쁘면 할망고라도[1698] 허렌 허고.

— 겐디 우리 할망은 삐미는[1699] 좀 존께[1700] 삐여부러. 마니[1701] 삐여.
그건 뿌니지 뭐 이걷또 허고 저걷또 허고.

= 마니 헌 건 스끄민[1702] 뒈난.

— 다 험니다.

음.

240 제주 서귀 색달 지역의 언어와 생활

여기는 조 밟으려고 하면 옛날 말 해서 조 많이 밟았잖아요? 조 밟는 사람한테는 특별히 음식을 해주었다고 하는데. 다른 동네 가면?

　－ 아 여기는 조 밟는다고 뭐 특별히.

　＝ 조 이녁 양으로 밟았는데.

　－ 아 한 것 없고.

그러니까 우리 동네는요 밭 가는 사람한테 더 해줬고요? 그다음에 씨 뿌리는 사람.

　＝ 예. 씨 뿌리는 사람.

예. 씨 뿌리는 사람한테 더 해 주고.

　＝ 밭 가는 사람이 씨 뿌리고.

그다음에 보리 훑는 사람한테 더해 주고. 예. 그렇게 했습니다. 왜냐 하면 아마 그것이 힘든 모양이지요?

　－ 아니 보리 훑는 거야 힘들었지만 밭 가는 거하고 씨 뿌리는 것은 뭐 그 씨 뿌리는 것은 아무 것도 아니야.

　＝ 씨 뿌려 두어서 밭을 가니까. 여기는.

아 그러니까 씨 뿌리는 사람한테 더 준 것으로요.

여기는 씨 뿌리는 것을 남자가 하나요?

　＝ 남편이.

　－ 아니.

　＝ 뿌려 두어서는.

　－ 남자만 하는 것이 아니라 내가 바쁘면 아내더러도 하라고 하고.

　－ 그런데 우리 아내는 뿌리면 좀 배게 뿌려버려. 많이 뿌려. 그것 뿐이지 쉬 이것도 하고 저것도 하고.

　＝ 많이 한 것은 솎으면 되니까.

　－ 다 합니다.

음.

예. 좀 쉬엳따 하겓.

— 이제 우리 그 저디 우영1703)에 꿰씨는1704) 요디 헐 꺼만 서귀포오일 짱에 간 산는디1705).

— 그걸로 저쪼게영 다 나가 걸 삐나네1706).

— 아아 처으믄 너미 드무렁 안 뒐 꺼 간느디 거 아라마촤가지고1707) 착 거련1708). 훈 노미 세 개 두 개 다 거리니까 이젠 듬북커게 보여 가지고 할망1709) 누네 드난 매날. 오늘 아침도 간 일헫쭈.

좀 쉬었다가 하겠.

— 이제 우리 그 저기 터앝에 참깨씨는 요디 할 것만 서귀포오일장에
가서 샀는데.

— 그것으로 저쪽이랑 다 내가 그것을 뿌리니까.

— 아아 처음은 너무 드물어서 안 될 것 같았는데 그것 알아맞혀 가지
고 짝 갈리니까. 한 놈에 세 개 두 개 다 갈리니까 이제는 듬뿍하게 보여
가지고 아내 눈에 드니까 만날. 오늘 아침도 가서 일했지.

■ **주석**

1) '벼'를 말한다. '벼'의 방언형은 '나룩, 나룩, 베' 등으로 나타난다.
2) '줄기'를 말한다. '줄기[幹]'의 방언형은 '남, 남뎅이, 낭, 낭뎅이' 등으로 나타난다.
3) '있는'의 뜻으로, '잇[有]-+-인' 구성이다. '있다[有]'의 방언형은 '시다, 싯다, 이시다, 잇다' 등으로 나타난다.
4) '병충해(病蟲害)'의 뜻으로 쓰였다.
5) '해'의 뜻으로, '허[爲]-+-어' 구성이다. '하다[爲]'의 방언형은 'ᄒᆞ다, 허다' 등으로 나타난다.
6) '모종'을 말한다. '모종'의 방언형은 '메종, 모종, 묘종' 등으로 나타난다.
7) '판' 또는 '모판'을 말한다.
8) '같은데'의 뜻이다.
9) '수염'을 말하나, 여기서는 '잔뿌리' 의미로 쓰였다.
10) '대야'를 말하는데, 일본어 'たらい'에서 온 어휘이다.
11) '순(筍)'을 말한다.
12) '파랗게'의 뜻이다. '파랗다'의 방언형은 '파랑ᄒᆞ다'로 나타난다.
13) '나오던데'의 뜻으로, '나오[出]-+-안게' 구성이다. '-안게'는 '-던데'의 의미로 쓰이는 어미이다.
14) '써레'를 말한다. '써레'의 방언형은 '서으레, 서을레, 서흐레, 설메' 등으로 나타난다.
15) '다루어'의 뜻으로, '달루-+-아' 구성이다. '다루다'의 방언형은 '달우다, 달루다, 달룹다' 등으로 나타난다.
16) '흩어서'의 뜻으로, '허치[散]-+-엉은에' 구성이다. '-엉은에'는 '-어서'의 의미로 쓰이는 어미이다. '흩다'의 방언형은 '허끄다, 허치다, 허트다, 흐트다' 등으로 나타난다.
17) '번지'를 말한다.
18) '조금'을 말한다. '조금'의 방언형은 '아쓱, 아씩, 조곰, 조금, ᄒᆞ꼼, ᄒᆞ끔, ᄒᆞ쓸' 등으로 나타난다.
19) '있어'의 뜻으로, '잇[有]-+-어' 구성이다. '있다[有]'의 방언형은 '시다, 싯다, 이시다, 잇다' 등으로 나타난다.
20) '그저'의 뜻이다.
21) '맞추어'의 뜻으로, '맞초-+-아' 구성이다. '맞추다'의 방언형은 '맞초다, 맞추다' 등으로 나타난다.
22) '뒷박'을 말한다. '뒷박'의 방언형은 '뒛박'으로 나타난다.
23) '전'은 길이의 단위로, 약 1cm 정도의 길이를 말한다.
24) '못줄'을 말한다.
25) '있기는'의 뜻으로, '잇[有]-+-긴' 구성이다. '있다'의 방언형은 '시다, 싯다, 이시다,

잇다' 등으로 나타난다.

26) '있는데'의 뜻으로, '잇[有]-+-는디' 구성이다.

27) '거기'를 말한다.

28) '20 전'은 약 20㎝로, 한 뼘 정도의 길이가 된다.

29) '논 풀 매기'는 곧 '논매기'를 말한다.

30) '밀어서'의 뜻으로, '밀리-+-어근에' 구성이다. '밀다[推]'의 방언형은 '밀다, 밀리다' 등으로 나타난다.

31) '번지'를 말한다.

32) '하게 되지'의 뜻이다.

33) '북(식물의 뿌리를 싸고 있는 흙)'을 말한다. '북'의 방언형은 '굿, 수둠' 등으로 나타난다.

34) '애벌매기하고' 또는 '초벌매기를 하고'의 뜻이다.

35) '두벌매기하고'의 뜻이다.

36) '호미로'의 뜻이다. '호미[鋤]'의 방언형은 '곱은쉐, 굴각지, 굴강쉐, 굴개, 굴겡이, 호멩이' 등으로 나타난다.

37) '근다'는 '갈퀴 따위로 널어진 검불 따위를 긁어모으다.' 등의 뜻을 지닌 어휘다. 여기서는 '긁어주다'의 뜻으로 쓰였다.

38) '흙이'의 뜻으로, '흑[土]+-이' 구성이다. '흙[土]'의 방언형은 '헉, 흑, 흨' 등으로 나타난다.

39) '일으키게 되면'의 뜻이다. '일으키다'의 방언형은 '일리다, 일으키다' 등으로 나타난다.

40) '뿌리'를 말한다. '뿌리[根]'의 방언형은 '불이, 불희, 뿌렝이, 뿌리, 뿔이, 뿔희' 등으로 나타난다.

41) '크듯이' 뜻으로, '크[大]-+-듯기' 구성이다. '-듯기'는 '-듯이'의 의미로 쓰이는 어미이다.

42) '번지'를 뜻하는 것으로 보인다.

43) '밀고'의 뜻이다.

44) '심은'의 뜻으로, '싱그[植]-+-ㄴ' 구성이다. '심다[植]'의 방언형은 '심다, 싱그다' 등으로 나타난다.

45) '그처럼'의 뜻이다.

46) '심어서'의 뜻으로, '심[植]-+-엉' 구성이다.

47) '조금'의 뜻이다. '조금'의 방언형은 '아쓱, 아씩, 조곰, 조금, 흐꼼, 흐끔, 흐쓸' 등으로 나타난다.

48) '김[雜草]'를 말한다. '김[雜草]'의 방언형은 '검질, 지슴, 지심' 등으로 나타난다.

49) 절기의 하나인 '상강(霜降)'을 말한다.

50) '오르락내리락'의 뜻으로, 여기서는 '절기는 양력으로 하기 때문에 크게 변동이 없다.'는 의미로 쓰고 있다.

51) '틀림없어'의 뜻이다. '틀림없다'의 방언형은 '뜰림엇다, 뜰림웃다, 틀림엇다, 틀림웃다' 등으로 나타난다.

52) ‘맞는’의 뜻이다.

53) ‘타작은’의 뜻이다. ‘타작(打作)’의 방언형은 ‘태작’으로 나타난다.

54) ‘그네(벼를 훑는 데 쓰는 농기구)’를 말한다.

55) ‘훑는’의 뜻으로, ‘홀트-+-는’ 구성이다. ‘훑다’의 방언형은 ‘홀트다’로 나타난다.

56) ‘탈곡기(脫穀機)’를 말한다.

57) ‘눌러’의 뜻으로, ‘누르뜨[壓]-+-어’ 구성이다. ‘누르다[壓]’의 방언형은 ‘누뜰다, 누르다, 누르뜨다, 누울리다, 눌뜨다, 눌르다’ 등으로 나타난다.

58) ‘바퀴’를 말한다. ‘바퀴[輪]’의 방언형은 ‘도레기, 도로기’ 등으로 나타난다.

59) ‘하다가’의 뜻으로, ‘허[爲]-+-당’ 구성이다. ‘-당’은 ‘-다가’의 의미로 쓰이는 어미이다. ‘하다[爲]’의 방언형은 ‘허다, 흐다’ 등으로 나타난다.

60) ‘탈곡기’를 말하는데, ‘맥타기(麥打機)’에서 온 말이다.

61) ‘없었고’의 뜻으로, ‘엇[無]-+-엇고’ 구성이다. ‘없다’의 방언형은 ‘없다, 엇다, 읎다, 웃다’ 등으로 나타난다.

62) ‘생수천(生水川)’을 말한다.

63) ‘다루고’의 뜻이다. ‘다루다’의 방언형은 ‘달우다, 달루다, 달룹다’ 등으로 나타난다.

64) ‘심고’의 뜻으로, ‘싱그[植]-+-고’ 구성이다. ‘심대[植]’의 방언형은 ‘심다, 싱그다’ 등으로 나타난다.

65) 여기서는 ‘개상(볏단이나 보릿단을 메어쳐서 이삭을 떨어내는 데 쓰는 농기구)’을 말한다.

66) ‘세워’의 뜻으로, ‘셉[立]-+-앙(세방>세왕)’ 구성이다. ‘세우다’의 방언형은 ‘세우다, 셉다’ 등으로 나타난다.

67) ‘없었고’의 뜻으로, ‘엇[無]-+-엇고’ 구성이다. ‘없대[無]’의 방언형은 ‘없다, 엇다, 읎다, 웃다’ 등으로 나타난다.

68) ‘얘네는’의 뜻으로, ‘얘’는 지역어 조사를 함께했던 김성용 선생을 말한다.

69) ‘훑아서’의 뜻으로, ‘홀트-+-앙’ 구성이다. ‘훑다’의 방언형은 ‘홀트다’로 나타난다.

70) ‘밝기’의 뜻이다. ‘밝다’의 방언형은 ‘붉다’로 나타난다.

71) ‘벼 김매기’는 곧 ‘논매기’를 말한다.

72) ‘달라’의 뜻이다. ‘다르다’의 방언형은 ‘다르다[異]’의 방언형은 ‘다르다, 달르다, 뜰리다, 뜬나다, 틀리다, 튼나다’ 등으로 나타난다.

73) ‘개피’를 말하는 것 같다.

74) ‘개피는’의 뜻이다. ‘개피(볏과의 두해살이풀)’의 방언형은 ‘물피’로 나타난다.

75) ‘밭에’의 뜻으로, ‘밧[田]+-디’ 구성이다.

76) ‘오는가?’의 뜻으로, ‘오[來]-+-암서’ 구성이다. ‘-암서’은 ‘-고 있어?’ 또는 ‘-는가?’의 의미로 쓰이는 어미이다.

77) ‘주무르면서’의 뜻으로, ‘무르쉐-+-멍’ 구성이다. ‘주무르다’의 방언형은 ‘무르쉐다’로 나타난다.

78) ‘쥐어서’의 뜻으로, ‘쉐[執]-+-엉’ 구성이다. ‘쥐다[執]’의 방언형은 ‘쉐다’로 나타난다.

79) '논둑에'의 뜻이다. 보통 '(논)시둑' 하면 '눈둑 가운데 물을 받아 괴게 하기 위하여 돌 따위를 박은 둑'을 말한다.

80) '눌러서'의 뜻으로, '눌르[壓]-+-엉' 구성이다. '누르다[壓]'의 방언형은 '누뜰다, 누르다, 누르뜨다, 누울리다, 눌뜨다, 눌르다' 등으로 나타난다.

81) '있으니까'의 뜻으로, '잇[有]-+-이난' 구성이다. '있다'의 방언형은 '시다, 싯다, 이시다, 잇다' 등으로 나타난다.

82) '발부리로'의 뜻이다. '발부리'의 방언형은 '발부리, 발봉오지' 등으로 나타난다.

83) '에염'은 '옆이나 가장자리'의 뜻이다.

84) '가서'의 뜻으로, '개[去]-+-앙' 구성이다.

85) '베고'의 뜻으로, '비[刈]-+-고' 구성이다. '베다[刈]'의 방언형은 '버이다, 베다, 비다' 등으로 나타난다.

86) '회전기'를 말한다.

87) '다루니까'의 뜻이다. '다루다'의 방언형은 '달우다, 달루다, 달룹다' 등으로 나타난다.

88) '재우'를 말한다. '재우[速]'의 방언형은 '재게, 재기' 등으로 나타난다.

89) '사람'을 말한다. '사람'의 방언형은 '사름, 사룸' 등으로 나타난다.

90) '할머니'의 뜻이나 여기서는 '아내'의 의미로 쓰였다.

91) '이끌고'의 뜻으로, '이끄[導]-+-고' 구성이다. '이끌다[導]'의 방언형은 '이끄다, 이끌다' 등으로 나타난다.

92) '써레질'을 말한다. '써레질'의 방언형은 '서흐레질'로 나타난다.

93) '왜[何]'를 말한다.

94) '소 밭 가르치다'는 '소를 길들여 밭을 가는 법을 익히다.'를 뜻한다.

95) '당기라고'의 뜻으로, '둥기-+-렌' 구성이다. '-렌'은 '-라고'의 의미로 쓰이는 어미이다. '당기다[引]'의 방언형은 '드리다, 둥기다, 둥이다' 등으로 나타난다.

96) '내(물건이 탈 때 나는 부옇고 매운 기운)'를 말하나, 여기서는 '냄새'의 의미로 쓰였다.

97) '냄새는'의 뜻이다.

98) '나는지'의 뜻으로, '내[出]-+-ㅁ광' 구성이다. '-ㅁ광'은 '-는지'의 의미로 쓰이는 어미이다.

99) '번지(농기구)'를 말한다.

100) '쳐서'의 뜻으로, '치-+-엉은에' 구성이다. '-엉은에'는 '-어서'의 의미로 쓰이는 어미이다.

101) '날레'는 '볕에 말리려고 멍석에 널어놓은 곡식'을 말한다.

102) '고무래[丁]'를 말한다. '고무래'의 방언형은 '군데, 근데, 날렛근데, 당그네, 설레' 등으로 나타난다. '고무래'는 머리 부분에 달린 널빤지에는 곡식이 골고루 퍼지도록 하기 위하여 톱니처럼 홈이 패여 있어, 밋밋한 '불당그래'와는 차이가 있다. 한편 재를 그러내는 데 쓰는 '불당그래'의 방언형은 '구그네, 군데, 굴른데, 굴묵근데, 굴흐네, 굴흔데, 근데, 불그네, 불근데' 등으로 나타난다.

103) '턱을'의 뜻이나, 여기서의 '툭(턱)'은 (고무래 등의) '톱니'를 말한다. '턱(갑자기 높

이 된 자리)'의 방언형은 '툭'으로 나타난다.

104) '뿌리어'의 뜻으로, '뻬[撒]-+-엉' 구성이다. '뿌리다[撒]'의 방언형은 '뿌리다, 뻬다' 등으로 나타난다.

105) '흙[土]'을 말한다. '흙'의 방언형은 '혀, 흑, 혹' 등으로 나타난다.

106) '조금'을 말한다. '조금'의 방언형은 '아쓱, 아씩, 조곰, 조금, 호꼼, 호끔, 호쏠' 등으로 나타난다.

107) '주워먹지'의 뜻이다. '주워먹다'의 방언형은 '봉가먹다, 줏어먹다' 등으로 나타난다.

108) '가서'의 뜻으로, '개[去]-+-앙' 구성이다.

109) '있으면'의 뜻으로, '시[有]-+-민' 구성이다. '있다[有]'의 방언형은 '시다, 싯다, 이시다, 잇다' 등으로 나타난다.

110) '써레(농기구)'를 말한다. '써레'의 방언형은 '서으레, 서을레, 서흐레, 설메' 등으로 나타난다.

111) '다루어'의 뜻으로, '달룹-+-아' 구성이다. '다루다'의 방언형은 '달우다, 달루다, 달룹다' 등으로 나타난다.

112) '소에 씌우는 멍에'를 말한다.

113) '길마'를 말한다. '길마'의 방언형은 '질메'로 나타난다.

114) '지워'의 뜻으로, '집[負]-+-아' 구성이다. '지우다[負]'의 방언형은 '지우다, 집다' 등으로 나타난다.

115) '흘려서'의 뜻이다.

116) '다르지'의 뜻으로, '틀리[異]-+-주' 구성이다. '다르다[異]'의 방언형은 '다르다, 달르다, 뜰리다, 뜬나다, 틀리다, 튼나다' 등으로 나타난다.

117) '등어리'를 말한다.

118) '위'를 말한다. '위[上]'의 방언형은 '우, 우이, 우희' 등으로 나타난다.

119) '굴려'의 뜻이다. '굴리다[轉]'의 방언형은 '둥그리다, 둥글리다, 둥으리다' 등으로 나타난다.

120) '많이'를 말한다. '많이[多]'의 방언형은 '만이, 만히, 하영, 해' 등으로 나타난다.

121) '많이'의 뜻이다.

122) '논둑'을 말한다.

123) '내려가게'의 뜻이다. '내려가다'의 방언형은 '느려가다'로 나타난다.

124) '만큼(의존명사)'의 뜻이다.

125) '가서'의 뜻으로, '개[去]-+-앙' 구성이다.

126) '데로'의 뜻이다.

127) '벨'의 뜻으로, '비[刈]-+-ㄹ' 구성이다. '베다'의 방언형은 '버이다, 베다, 비다' 등으로 나타난다.

128) '낫[鎌]'을 말한다. '낫[鎌]'의 방언형은 '좀호미, 호미' 등으로 나타난다. 한편 '호미[鋤]'의 방언형은 '곱은쉐, 굴각지, 굴강쉐, 굴개, 굴겡이, 호멩이' 등으로 나타난다.

129) '논도랑이' 뜻이다. '논도랑'의 방언형은 '논골'로 나타난다.

130) 서귀포시 예래동(猊來洞)을 말한다.

131) '다니는'의 뜻이다. '다니다'의 방언형은 '뎅기다, 뎅이다, 드니다' 등으로 나타난다.

132) '실어서'의 뜻으로, '시끄[載]-+-엉' 구성이다. '싣다[載]'의 방언형은 '시끄다, 시르다, 실르다' 등으로 나타난다.

133) '죽여질까 보아'의 뜻으로, '죽여지-+-카부덴' 구성이다. '-카부덴'은 '-ㄹ까 보아'의 의미로 쓰이는 어미이다.

134) '버린'의 뜻이다. '버리다'의 방언형은 '불다'로 나타난다.

135) '것이었고'의 뜻이다.

136) '하다가'의 뜻으로, '허[爲]-+-단에' 구성이다. '-단에'는 '-다가'의 의미로 쓰이는 어미이다. '하다[爲]'의 방언형은 '허다, ᄒ다' 등으로 나타난다.

137) '마리(수효를 헤아리는 말)'를 말한다.

138) '시킬'의 뜻이다. '시키다'의 방언형은 '시기다, 시키다' 등으로 나타난다.

139) '집에'의 뜻으로, '집[家]-+-의(처격)' 구성이다.

140) '타서'의 뜻으로, '태[乘]-+-앙' 구성이다.

141) '마차'를 뜻하는데, 일본어 'くるま'이다.

142) '방아'를 말한다. '방아'의 방언형은 '방에, 방이, 뱅이' 등으로 나타난다.

143) '찧고'의 뜻이다. '찧다[搗]'의 방언형은 '짛다'로 나타난다.

144) '사다가'의 뜻으로, '새[買]-+-당' 구성이다. '-당'은 '-다가'의 의미로 쓰이는 어미이다.

145) '언걸먹였다'의 뜻이다. '언걸먹이다'의 방언형은 '얼멕이다'로 나타난다.

146) '아니하고'의 뜻으로, '아녀-+-엉' 구성이다. '아니하다'의 방언형은 '아녀다, 아니ᄒ다' 등으로 나타난다.

147) '개비'를 말한다.

148) '다르듯이'의 뜻으로, '다르[異]-+-듯기' 구성이다. '-듯기'는 '-듯이'의 의미로 쓰이는 어미이다.

149) '있는데'의 뜻으로, '잇[有]-+-는디' 구성이다. '있다[有]'의 방언형은 '시다, 싯다, 이시다, 잇다' 등으로 나타난다.

150) '없으니까'의 뜻으로, '엇[無]-+-이난' 구성이다. '없다[無]'의 방언형은 '없다, 엇다, 읎다, 웃다' 등으로 나타난다.

151) '섭섭함은' 또는 '섭섭하기는'의 뜻이다. '섭섭하다'의 어간이 명사로 쓰인 특이한 경우이다.

152) '살고 있으니까는'의 뜻으로, '살[生]-+-암시난' 구성이다. '-암시난'은 '-고 있으니까는'의 의미로 쓰이는 어미이다.

153) '왔습디다'의 뜻으로, '오[來]-+-아십디다' 구성이다. '-아십디다'는 '-았습디다'의 의미로 쓰이는 어미이다.

154) '나와서'의 뜻으로, '나오[出]-+-앙은에' 구성이다. '-앙은에'는 '-아서'의 의미로 쓰이는 어미이다.

155) '바퀴'를 말한다. '바퀴'의 방언형은 '곱, 바쿠, 바퀴' 등으로 나타난다.

156) '부르는'의 뜻이다. '부르다[唱]'의 방언형은 '부르다, 불르다' 등으로 나타난다.

157) '잘잘'은 '가볍게 내닫는 모양'을 뜻하는 어휘로, 표준어와 같다.

158) '달려옵니다'의 뜻으로, '돌아오-+-ㅂ니다+게(종결보조사)' 구성이다. '달려오다'의 방언형은 '둘려오다, 돌아오다' 등으로 나타난다.

159) '들어서'의 뜻으로, '들르[擧]-+-엉' 구성이다. '들다[擧]'의 방언형은 '드르다, 들르다' 등으로 나타난다.

160) '잘잘잘(가볍게 내닫는 모양)'의 뜻이다.

161) '아버지'의 뜻이나 여기서는 '남편'의 의미로 쓰였다.

162) '사다가'의 뜻으로, '새[買]-+-당' 구성이다. '-당'은 '-다가'의 의미로 쓰이는 어미이다.

163) '말하고'의 뜻으로, '곧[曰]-+-고' 구성이다. '말하다[曰]'의 방언형은 '곧다, 굳다, 말곧다, 말굳다, 말ᄒᆞ다' 등으로 나타난다.

164) '있어'의 뜻으로, '시[有]-+-어+게(종결보조사)' 구성이다. '있다[有]'의 방언형은 '시다, 싯다, 이시다, 잇다' 등으로 나타난다.

165) '닫는'의 뜻으로, '돈[走]-+-는' 구성이다. '닫다[走]'의 방언형은 '돋다, 둘다' 등으로 나타난다.

166) '달으라고'의 뜻으로, '둘[走]-+-으렌' 구성이다. '-으렌'은 '-라고'의 의미로 쓰이는 어미이다.

167) '언걸먹어서'의 뜻이다. '언걸먹다'의 방언형은 '얼먹다'로 나타난다.

168) '밭벼'를 말한다. '밭벼'의 방언형은 '산뒤, 산듸' 등으로 나타나는데, 한자어 '산도(山稻)'에서 온 어휘이다.

169) '메밀'을 말한다. '메밀'의 방언형은 '모멀, 모믈, 모몰' 등으로 나타난다.

170) '짓는다고'의 뜻으로, '짓[作]-+-덴' 구성이다. '-덴'는 '-다고'의 의미로 쓰이는 어미이다.

171) '없이'의 뜻이다. '없이'의 방언형은 '엇이, 웃이' 등으로 나타난다.

172) '김을'의 뜻으로, '검질[雜草]+-을' 구성이다. '김[雜草]'의 방언형은 '검질, 지슴, 지심' 등으로 나타난다.

173) '김매었다'의 뜻으로, '검질메-+-엇저' 구성이다. '-엇저'는 '-었다' 또는 '-었네'의 의미로 쓰이는 어미이다.

174) '보리검질'은 '보리밭에 난 김[雜草]'를 말한다.

175) '칼 받은 삼월'은 춘궁기(春窮期)인 삼월에는 곡식 대용으로 칼로 들의 풀이나 나물을 캐어 먹어야 하기 때문에 생긴 말이다.

176) '해[太陽]'를 말한다.

177) '달아매듯'의 뜻이다. '달아매다'의 방언형은 '돌아메다'로 나타난다.

178) '드렝이'는 달리 '드랑이, 지렝이'라 하는데, '물건이 아래로 축 늘어진 모양'을 뜻하는 어휘이다.

179) '매달려서'의 뜻으로, '둘아지-+-엉' 구성이다. '매달리다'의 방언형은 '둘아지다'로 나타난다.

180) '기니까'의 뜻으로, '질[長]-+-난' 구성이다. '길다[長]'의 방언형은 '걸다, 길다, 질다' 등으로 나타난다.

181) '드랑이'는 달리 '드렝이, 지렁이'라 하는데, '물건이 아래로 축 늘어진 모양'을 뜻하는 어휘이다.

182) '길어서'의 뜻으로, '질[長]-+-엉' 구성이다.

183) '짧은'의 뜻이다.

184) '짧아지는'의 뜻이다.

185) '달아매듯'의 뜻이다. '달아매다'의 방언형은 '돌아메다'로 나타난다.

186) '기나길어'의 뜻으로, '진진허-+-어' 구성이다. '기나길다'의 방언형은 '진진허다, 진진ㅎ다' 등으로 나타난다.

187) '떨어질'의 뜻이다. '떨어지다'의 방언형은 '떨어지다, 털어지다' 등으로 나타난다.

188) '매달려 있으면서'의 뜻으로, '돌아지-+-어둠서' 구성이다. '-어둠서'는 '-어 있으면서'의 의미로 쓰이는 어미이다.

189) '좋은데'의 뜻이다.

190) '밤에도'의 뜻으로, '밤+-의도' 구성이다.

191) '김맨'의 뜻이다. '김매다'의 방언형은 '검질메다, 메살리다' 등으로 나타난다.

192) '볏모'를 말한다. '볏모'의 방언형은 '나록메, 나록모, 나록모종' 등으로 나타난다.

193) '놓으려고'의 뜻으로, '놓-+-젠' 구성이다. '-젠'은 '-려고'의 의미로 쓰이는 어미이다.

194) '볏모'를 말한다.

195) '잠그는'의 뜻으로, '크[沈]-+-는' 구성이다. '잠그다[沈]'의 방언형은 '둥그다, 크다' 등으로 나타난다.

196) '거두어들이면'의 뜻이다. '거두어들이다'의 방언형은 '거두와들이다'로 나타난다.

197) '밭벼'를 말한다. '밭벼'의 방언형은 '산뒤, 산듸' 등으로 나타난다.

198) '벼의' 뜻이다. '벼'의 방언형은 '나록, 나룩, 베' 등으로 나타난다.

199) '팥이'의 뜻으로, '풋[小豆]+-이' 구성이다.

200) '팥'을 말한다. '팥[小豆]'의 방언형은 '풋'으로 나타난다.

201) '유월절'은 '소서(小暑)부터 입추(立秋)까지의 절기'를 말한다.

202) '메밀'을 말한다. '메밀'의 방언형은 '모멀, 모믈, 모물' 등으로 나타난다.

203) '메밀밭'을 말한다. '메밀밭'의 방언형은 '모멀팟, 모믈팟, 모물팟' 등으로 나타난다.

204) '두벌'의 뜻이다.

205) '이제 막'의 뜻이다. 'ㄱㅅ사, ㄱㅅ세' 등으로 나타난다.

206) '그처럼'의 뜻이다.

207) '해서'의 뜻으로, '허[爲]-+-어' 구성이다. '하다[爲]'의 방언형은 '허다, ㅎ다' 등으로 나타난다.

208) '아마도'를 말한다. '아마도'의 방언형은 '아마도, 아메도' 등으로 나타난다.

209) '벼'를 말한다.

210) '감자'를 말한다. '감자'의 방언형은 '지슬, 지실' 등으로 나타난다.

211) '삶아서도'의 뜻이다. '삶다'의 방언형은 '슬므다, 숢다, 슘다' 등으로 나타난다.
212) '감자'를 말한다.
213) '당기고'의 뜻으로, '둥이[引]-+-고' 구성이다. '당기다[引]'의 방언형은 '드리다, 둥기다, 둥이다' 등으로 나타난다.
214) '놓으려고'의 뜻으로, '놓-+-젠' 구성이다. '-젠'은 '-려고'의 의미로 쓰이는 어미이다.
215) '고구마의 모종'을 말한다. '감젓메'는 달리 '감젯메, 씨감저' 등으로 나타나기도 한다.
216) '아버지'를 뜻하나 여기서는 '남편'의 의미로 쓰였다.
217) '졸라매어'의 뜻이다.
218) '당기고'의 뜻으로, '둥이[引]-+-곡' 구성이다. 당기다[引]'의 방언형은 '드리다, 둥기다, 둥이다' 등으로 나타난다.
219) '파서'의 뜻으로, '파[掘]-+-앙' 구성이다.
220) '쉐걸름'은 달리 '쉐거름'이라 하는데, '외양간에서 쳐낸 거름'을 말한다.
221) '있어서'의 뜻으로, '시[有]-+-언' 구성이다. '있다[有]'의 방언형은 '시다, 싯다, 이시다, 잇다' 등으로 나타난다.
222) '위에'의 뜻으로, '우[上]+-티레' 구성이다. '위[上]'의 방언형은 '우, 우이, 우희' 등으로 나타난다.
223) '고구마의 모종'을 말한다.
224) '덮어서'의 뜻으로, '더프[蓋]-+-엉' 구성이다. '덮다[蓋]'의 방언형은 '더끄다, 더프다' 등으로 나타난다.
225) '비닐(vinyl)'을 말하는데, 일본어 'ビニール'이다.
226) '덮어서'의 뜻으로, '더끄[蓋]-+-엉' 구성이다.
227) '장마'를 말한다. '장마'의 방언형은 '마, 장마' 등으로 나타난다.
228) '심었습니다'의 뜻으로, '싱그[植]-+-엇수게' 구성이다. '-엇수게'는 '-었습니다'의 의미로 쓰이는 어미이다. '심다[植]'의 방언형은 '심다, 싱그다' 등으로 나타난다.
229) '말째'를 말한다. '말째'의 방언형은 '말짜, 말쩨' 등으로 나타난다.
230) '파서'의 뜻으로, '파[掘]-+-근에' 구성이다. '-근에'는 '-아서'의 의미로 쓰이는 어미이다.
231) '썰려고'의 뜻으로, '썰[剿]-+-젠' 구성이다. '-젠'은 '-려고'의 의미로 쓰이는 어미이다.
232) 서귀포시 중문리(中文里)을 말한다.
233) '절간고구마'를 말한다. '절간고구마'의 방언형은 '감저뻿데기, 절간감저, 뻿데기' 등으로 나타난다.
234) '했었는데'의 뜻으로, '허[爲]-+-어나신디' 구성이다. '-어나신디'는 '-었었는데'의 의미로 쓰이는 어미이다. '하다[爲]'의 방언형은 '허다, 흐다' 등으로 나타난다.
235) '마르면요'의 뜻으로, '몰르[乾]-+-면+양(종결보조사)' 구성이다. '마르다[乾]'의 방언형은 '므르다, 몰르다' 등으로 나타난다.
236) '하얗고'의 뜻이다. '하얗다'의 방언형은 '하양흐다'로 나타난다.
237) '고운데'의 뜻이다.

238) '이처럼'의 뜻이다.

239) '숯'을 말한다. '숯[炭]'의 방언형은 '숫'으로 나타난다.

240) '조금'을 말한다. '조금'의 방언형은 '아쓱, 아씩, 조곰, 조금, 흐꼼, 흐끔, 흐쌀' 등으로 나타난다.

241) '모양'의 뜻이다. '모양'의 방언형은 '모냥, 모양, 뽄' 등으로 나타난다.

242) '아니'의 뜻이다. '아니[不]'의 방언형은 '아니, 아이, 앙이' 등으로 나타난다.

243) 보리의 한 종류이다.

244) '불그스레한'의 뜻이다.

245) '색깔'을 말한다. '색깔'의 방언형은 '세깔, 섹깔, 섹즈, 섹제' 등으로 나타난다.

246) '해서'의 뜻이다.

247) '그것이' 뜻으로, '그것+-가' 구성으로, '-이' 대신에 '-가'가 연결된 것이 특이하다.

248) '찰진다고'의 뜻으로, '출지[粘]-+-ㄴ덴' 구성이다. '-ㄴ덴'은 '-ㄴ다고'의 의미로 쓰이는 어미이다. '차지다[粘]'의 방언형은 '차지다, 추지다, 출지다, 흐리다, 희리다' 등으로 나타난다.

249) '많으니까'의 뜻이다. '많다[多]'의 방언형은 '만흐다, 하다' 등으로 나타난다.

250) '덜해'의 뜻이다.

251) '흰밥이' 뜻이다. '흰밥'의 방언형은 '곤밥'으로 나타난다.

252) '못지않았지'의 뜻이다. '못지아니하다'의 방언형은 '못지아녀다, 못지아니흐다' 등으로 나타난다.

253) '깎아서'의 뜻으로, '까끄[刮]-+-안에' 구성이다. '-안네'는 '-아서'의 의미로 쓰이는 어미이다. '깎다[刮]'의 방언형은 '가끄다, 까끄다' 등으로 나타난다.

254) '쌀보리'를 말한다. '쌀보리'의 방언형은 '술보리, 술오리, 술우리' 등으로 나타난다.

255) 'ᄀᆞᆺ사'는 달리 'ᄀᆞᆺ세'로 나타나기도 하는데, '이제 막'의 뜻으로 쓰이는 어휘이다.

256) '맥주보리라고'의 뜻으로, '맥주맥(麥酒麥)+-이옌' 구성이다. '-이옌'은 '-이라고'의 의미로 쓰이는 어미이다.

257) '많이'를 말한다. '많이'의 방언형은 '만이, 만히, 하영, 해' 등으로 나타난다.

258) '갈지도'의 뜻이다.

259) '아니했고'의 뜻이다. '아니하다'의 방언형은 '아녀다, 아니흐다' 등으로 나타난다.

260) '하여간'의 뜻이다.

261) '나다가'의 뜻으로, '내[出]-+-단' 구성이다. '-단'은 '-다가'의 의미로 쓰이는 어미이다.

262) '말째'의 뜻이다. '말째'의 방언형은 '말짜, 말쩨' 등으로 나타난다.

263) '맞아서'의 뜻으로, '맞-+-앙' 구성이다.

264) '드럼통'을 말하는데, 일본어 'ドラムかん'이다.

265) '먹에' 또는 '먹서리에'의 뜻이다.

266) '짜서'의 뜻으로, '째[組]-+-안' 구성이다.

267) '상자'를 말하는데, 일본어 'はこ'이다.

268) '놓아둔다고'의 뜻이다. '놓아두다'의 방언형은 '나두다, 놓아두다, 놔두다' 등으로 나타난다.

269) '없었고'의 뜻으로, '엇[無]-+-엇고' 구성이다. '-엇고'는 '-었고'의 의미로 쓰이는 어미이다. '없다[無]'의 방언형은 '없다, 엇다, 읎다, 웃다' 등으로 나타난다.

270) '먹으려고'의 뜻이다.

271) '고방이라고'의 뜻으로, '안방[庫房]+-이옌' 구성이다. '-이옌'은 '-이라고'의 의미로 쓰이는 어미이다. '고방(庫房)'의 방언형은 '고팡, 궤팡, 안방, 안팡, 암팡, 앙팡' 등으로 나타난다.

272) '하니까'의 뜻이다.

273) '안에'의 뜻으로, '앤[內]+-에' 구성이다.

274) 'ᄌᆞᆺ사'는 달리 'ᄌᆞᆺ세'라 하는데, '이제 막'의 뜻으로 쓰이는 어휘이다.

275) '먹에' 또는 '먹서리에'의 뜻이다.

276) '많이'의 뜻이다. '많이'의 방언형은 '만이, 만히, 하영, 해' 등으로 나타난다.

277) '돼지거름'을 말한다. '돼지거름'의 방언형은 '돗가레, 돗갈레, 돗거름, 돗걸름' 등으로 나타난다.

278) '쉐거름'은 '외양간에서 쳐낸 거름'을 말하는데, 달리 '쉐걸름'이라 한다. 곧 '소거름'이다.

279) '돼지우리'를 말한다. '돼지우리'의 방언형은 '돗통, 돗통시, 뒈야지통, 통시, 통제, 통지' 등으로 나타난다.

280) '들면'의 뜻이다.

281) '삼태기'를 말한다. '삼태기'의 방언형은 '굴체'로 나타난다.

282) '밟아서'의 뜻으로, '볿[踏]-+-앙' 구성이다. '밟다[踏]'의 방언형은 '볼르다, 볿다' 등으로 나타난다.

283) '쇠스랑'을 말한다. '쇠스랑'의 방언형은 '쉐스랑, 쉐시랑, 쉐시렁' 등으로 나타난다.

284) '뒤집어서'의 뜻으로, '뒤집-+-엉' 구성이다. '뒤집다[覆]'의 방언형은 '뒈쓰다, 뒈씨다, 뒈집다, 뒤집다' 등으로 나타난다.

285) '뿌리어서'의 뜻으로, '삐[撒]-+-엉' 구성이다. '뿌리다[撒]'의 방언형은 '뿌리다, 삐다' 등으로 나타난다.

286) '쌓아'의 뜻이다.

287) '올려서'의 뜻으로, '올리[謁]-+-엉' 구성이다.

288) '산방산(山房山)'은 서귀포시 안덕면 사계리(沙溪里)에 위치하고 있는 395m의 오름 이름이다. 이 산방산에는 <영주10경>의 하나로 알려진 '산방굴사(山房窟寺)'라는 절집이 있다.

289) '모양'을 말한다. '모양'의 방언형은 '모냥, 모양, 뽄' 등으로 나타난다.

290) '삐죽하게'의 뜻이다. '삐죽하다'의 방언형은 '주작ᄒᆞ다, 주짝ᄒᆞ다' 등으로 나타난다.

291) '쟁이든지'의 뜻이다. '쟁이다[積]'의 방언형은 '데미다, 제기다' 등으로 나타난다.

292) '지나가다가'의 뜻으로, '넘어가+-당' 구성이다. '-당'은 '-다가'의 의미로 쓰이는

어미이다. '건너가다'의 방언형은 '넘어가다, 지나가다' 등으로 나타난다.

293) '쟁였네'의 뜻으로, '데미[積]-+-엇네' 구성이다.

294) '들으려고들'의 뜻으로, '듣[聽]-+-젠+-덜(복수의 접미사)' 구성이다. '-젠'은 '-려고'의 의미로 쓰이는 어미이다.

295) '돗거름착'은 달리 '돗걸름착, 돗가레착, 돗갈레착'으로 나타나기도 하는데, '돼지거름을 담아 나르는 데 쓰는 먹둥구미'를 말한다.

296) '실어서'의 뜻으로, '시끄[載]-+-엉' 구성이다. '싣다[載]'의 방언형은 '시끄다, 시르다, 실르다' 등으로 나타난다. 이것은 소 길마에 하나씩 실었다는 것이다.

297) '밭에'의 뜻으로, '밧[田]-+-듸(처격)' 구성이다.

298) '아버지'의 뜻이나 여기서는 '남편'의 의미로 쓰였다.

299) '키[身長]'를 말한다. '키[身長]'의 방언형은 '지레'로 나타난다.

300) '바동바동하면서'의 뜻이다. '바동바동하다'는 '바들락바들락ᄒ다, ᄇ들락ᄇ들락ᄒ다, ᄇ들랑ᄇ들랑ᄒ다' 등으로 나타난다.

301) '가서'의 뜻으로, '개[去]-+-앙' 구성이다.

302) '소[牛]'를 말한다. '소[牛]'의 방언형은 '소, 쉐' 등으로 나타난다.

303) '위로'의 뜻으로, '우[上]+-티레' 구성이다. '-티레'는 '-으로'의 의미로 쓰이는 조사이다.

304) '빌리러'의 뜻으로, '빌[借]-+-레' 구성이다. '-레'는 '-러'의 의미로 쓰이는 어미이다.

305) '결어서'의 뜻으로, '줄[組]-+-앙' 구성이다. '결다[組]'의 방언형은 '졸다, 줄다' 등으로 나타난다.

306) '써라'의 뜻으로, '씌[用]-+-라' 구성이다. '-라'는 받침 없는 동사 어간에 붙어서 '-어라'(명령형)의 의미로 쓰이는 어미이다.

307) '떨어질'의 뜻이다. '떨어지다'의 방언형은 '떨러지다, 털어지다' 등으로 나타난다.

308) '땅으로'의 뜻으로, '땅[地]+-드레' 구성이다. '-드레'는 '-으로'의 의미로 쓰이는 조사이다.

309) '저녁'을 말한다. '저녁'의 방언형은 '저낙, 저냑, 저녁, 저뭇, 제냑, 즈낙, 즈냑, 즈뭇, 처냑, ᄎ냑' 등으로 나타난다.

310) '누워'의 뜻으로, '눕[臥]-+-어' 구성이다. '눕다[臥]'의 방언형은 '눅다, 눕다' 등으로 나타난다.

311) '바리(마소의 등에 실은 짐을 세는 단위)'의 뜻이다.

312) '다섯'을 잘못 말한 것이다.

313) '마차' 또는 '수레'를 말하는데, 일본어 'くるま'이다.

314) '실어서'의 뜻으로, '시끄[載]-+-엉' 구성이다. '싣다[載]'의 방언형은 '시끄다, 시르다, 실르다' 등으로 나타난다.

315) '다니니까'의 뜻이다. '다니다'의 방언형은 '뎅기다, 뎅이다, ᄃ니다' 등으로 나타난다.

316) '하니까'의 뜻으로, '허[爲]-+-난' 구성이다. '-난'은 '-니까'의 의미로 쓰이는 어미이다.

317) '합작하니까'의 뜻으로, '가보'는 일본어 'かぶ'이다.
318) '아니했다'의 뜻으로, '아녀[不]-+-엇저' 구성이다. '-엇저'는 '-었다'의 의미로 쓰이는 어미이다. '아니하다'의 방언형은 '아녀다, 아니ᄒᆞ다' 등으로 나타난다.
319) '탈탈이'를 말한다.
320) '과양'은 달리 '광양'이라 하는데, 제주시 이도동(二徒洞)에 위치하는 한 자연 마을의 이름이다.
321) '이 아이' 또는 '이 애'를 말한다.
322) '도남'은 제주시 이도2동의 '도남동(道南洞)'을 말한다.
323) '절간고구마'를 말한다. '절간고구마'의 방언형은 '감저뼷데기, 절간감저, 뼷데기' 등으로 나타난다.
324) '시렁'은 '실어서'의 뜻으로, '시르[載]-+-엉' 구성이다. '싣다[載]'의 방언형은 '시끄다, 시르다, 실르다' 등으로 나타난다.
325) '시경'은 '실어서'의 뜻으로, '시끄[載]-+-엉' 구성이다. '싣다[載]'의 방언형은 '시끄다, 시르다, 실르다' 등으로 나타난다.
326) '다니면'의 뜻이다. '다니다'의 방언형은 '뎅기다, 뎅이다, ᄃᆞ니다' 등으로 나타난다.
327) '분질러져버렸는데'의 뜻이다. '분지르다[摧]'의 방언형은 '분질르다, 뿐질르다' 등으로 나타난다.
328) '실어서'의 뜻으로, '시르[載]-+-엉' 구성이다.
329) '알고 있지만'의 뜻으로, '알[知]-+-암쭈마는' 구성이다. '-암쭈마는'은 '-고 있지만'의 의미로 쓰이는 어미이다.
330) '엄청'을 말한다. '엄청'의 방언형은 '엄창, 엄청' 등으로 나타난다.
331) '되듯이' 뜻으로, '뒈[化]-+-듯기' 구성이다. '-듯기'은 '-듯이'의 의미로 쓰이는 어미이다.
332) '먹으려고'의 뜻으로, '먹[食]-+-젠' 구성이다. '-젠'은 '-려고'의 의미로 쓰이는 어미이다.
333) '검부러기'를 말한다. '검부러기'의 방언형은 '검부럭, 검부레기, 검부세, 검부셍이, 검질께기' 등으로 나타난다.
334) '부스러기'를 말한다. '부스러기'의 방언형은 '부스레기, 부시레기' 등으로 나타난다.
335) '먼지'를 말한다. '먼지'의 방언형은 '구둠, 먼지, 몬독, 몬지, 몬지락' 등으로 나타난다.
336) '펴놓으면'의 뜻이다. '펴놓다'의 방언형은 '페와놓다'로 나타난다.
337) '와서 가는데'의 뜻이나 여기서는 '(눈이) 내리는데' 또는 '(눈이) 오는데'의 의미로 쓰였다.
338) '비벼서'의 뜻이다. '비비다[擦]'의 방언형은 '보비다, 부비다, 비비다' 등으로 나타난다.
339) '골고루'를 말한다. '골고루'의 방언형은 '골로로, 골호로' 등으로 나타난다.
340) '흩는'의 뜻이다. '흩다'의 방언형은 '허끄다, 허치다, 허트다, 흐트다' 등으로 나타난다.
341) '말마따나'의 뜻으로, '말+-쩨라도' 구성이다. '-쩨라도'는 '-마따나'의 의미로 쓰이는 조사이다.

342) '깔기듯'의 뜻이다. '깔기다'의 방언형은 'ㄱ리다, 굴기다' 등으로 나타난다.

343) '밭에'의 뜻으로, '밧[田]+듸(처격)' 구성이다.

344) '가져서'의 뜻으로, '앳[持]-+-앙은에' 구성이다. '-앙은에'는 '-아서'의 의미로 쓰이는 어미이다. '가지다[持]'의 방언형은 '가지다, ㄱ지다, 아지다, 앗다, ㅇ지다' 등으로 나타난다.

345) '비벼서'의 뜻으로, '부비[擦]-+-엉' 구성이다. '비비다[擦]'의 방언형은 '보비다, 부비다, 비비다' 등으로 나타난다.

346) '밭'을 말한다. '밭[田]'의 방언형은 '밧'으로 나타난다.

347) '고랑'을 말한다. '고랑'의 방언형은 '고랑, 고량' 등으로 나타난다.

348) '말이야'의 뜻이다.

349) '덩어리'의 뜻이다.

350) '전'은 길이의 단위로, 약 1㎝ 정도의 길이를 말한다. 15전은 약 15㎝로, 집게뼘 정도의 길이가 된다.

351) '가져다가는'의 뜻으로, '앳[持]-+-당은에' 구성이다. '-당은에'는 '-다가는'의 의미로 쓰이는 어미이다. '가지다'의 방언형은 '가지다, ㄱ지다, 아지다, 앗다, ㅇ지다' 등으로 나타난다.

352) '안아서'의 뜻으로, '앤[抱]-+-앙' 구성이다. '-앙'은 '-아서'의 의미로 쓰이는 어미이다.

353) '문드리다'는 '가지고 있던 물건을 저도 모르는 사이에 떨어뜨리거나 잊어버리다.'는 뜻을 지닌 어휘로, 여기서는 '떨어뜨리다'의 의미로 쓰였다.

354) '흙으로'의 뜻이다. '흙'의 방언형은 '헉, 흑, 훅' 등으로 나타난다.

355) '안아다가'의 뜻으로, '앤[抱]-+-아당' 구성이다. '-아당'은 '-아다가'의 의미로 쓰이는 어미이다.

356) '뜯고서'의 뜻으로, '튼[撋]-+-아근에' 구성이다. '-아근에'는 '-고서'의 의미로 쓰이는 어미이다. '뜯다'의 방언형은 '뜯다, 틀다, 튼다' 등으로 나타난다.

357) '밭머리'를 말한다. '밭머리'의 방언형은 '멍에, 멍에질, 밧머리' 등으로 나타난다.

358) '와서'의 뜻으로, '오[來]-+-앙은에' 구성이다. '-앙은에'는 '-아서'의 의미로 쓰이는 어미이다.

359) '고랑'을 말한다.

360) '양편으로'의 뜻으로, '양펜(兩便)+-디레' 구성이다. '양편(兩便)'의 방언형은 '양펜, 양편' 등으로 나타난다.

361) '한쪽으로만'의 뜻이다.

362) '내[我]가'의 뜻이다.

363) '꽁무니에'의 뜻으로, '조름+-에' 구성이다. '꽁무니'의 방언형은 '조롬, 조름' 등으로 나타난다.

364) '가져'의 뜻으로, '아지[持]-+-어' 구성이다. '가지다'의 방언형은 '가지다, ㄱ지다, 아지다, 앗다, ㅇ지다' 등으로 나타난다.

365) '와서'의 뜻으로, '오[來]-+-앙' 구성이다.

366) '덩어리씩'을 말한다.

367) '저기'의 뜻이다.

368) '이쪽으로'의 뜻이다.

369) '있으면'의 뜻으로, '이시[有]-+-면은' 구성이다. '있다[有]'의 방언형은 '시다, 싯다, 이시다, 잇다' 등으로 나타난다.

370) '헛헛하면서'의 뜻이다. '헛헛하다'는 '밭갈이하면서 소를 재촉하는 것'을 말한다.

371) '조금'을 말한다. '조금'의 방언형은 '아쏙, 아씩, 조꼼, 조금, 흐꼼, 흐끔, 흐쏠' 등으로 나타난다.

372) '뜨으룽허면서도'는 '(행동이) 뜬 것 같으면서도'의 뜻이다.

373) '엄청'을 말한다. '엄청'의 방언형은 '엄창, 엄청' 등으로 나타난다.

374) '이 아이네'의 뜻이다.

375) '떡 되었다'는 말은 '이제는 행동이 느긋하고 유순하게 되었다.'는 말이다.

376) '다울리다'는 달리 '다둘리다, 다불리다'라 하는데, '급히 몰아서 쫓다.' 또는 '하는 일을 빨리 하도록 죄어치다.'는 뜻을 지닌 어휘이다.

377) '맞춰서'의 뜻으로, '맞초[適]-+-앙은에' 구성이다. '-앙은에'는 '-아서'의 의미로 쓰이는 어미이다. '맞추다[適]'의 방언형은 '맞초다, 맞추다' 등으로 나타난다.

378) '저 아이네'의 뜻이다.

379) '센스(sense)'를 말한다.

380) '달았어'의 뜻으로, '둘[走]-+-안' 구성이다. '닫다[走]'의 방언형은 '돋다, 둘다' 등으로 나타난다.

381) '흙바탕'을 말한다. '흙바탕'의 방언형은 '흑발, 혹발' 등으로 나타난다.

382) '좋으니까는'의 뜻이다.

383) '내버렸어'의 뜻이다.

384) '밟으라고'의 뜻으로, '붋[踏]-+-으렌' 구성이다. '-으렌'은 '-으라고'의 의미로 쓰이는 어미이다. '밟다[踏]'의 방언형은 '붋르다, 붋다' 등으로 나타난다.

385) '모슬포(摹瑟浦)'는 서귀포시 대정읍 상모리(上摹里)와 하모리(下摹里)를 아울러 이르는 말이다.

386) '그리로는'의 뜻이다.

387) '많이'를 말한다. '많이[多]'의 방언형은 '만이, 남히, 하영, 해' 등으로 나타난다.

388) '많아 놓으니까'의 뜻이다.

389) '지지르니까'의 뜻으로, '지둘르[壓]-+-난' 구성이다. '지지르다'의 방언형은 '지둘르다, 지들루다, 지들우다' 등으로 나타난다.

390) '밟기'의 뜻으로, '붋르[踏]-+-ㅁ' 구성이다.

391) '감자'를 말한다. '감자'의 방언형은 '지슬, 지실' 등으로 나타난다.

392) '이리로는'의 뜻이다.

393) '사계'는 서귀포시 안덕면 '사계리(沙溪里)'를 말한다.

394) '그리로'의 뜻이다.

395) '데니까, 곳이니까'의 뜻으로, '디[所]+-난' 구성이다.

396) '감자라고'의 뜻으로, '지슬+-이엔' 구성이다. '-이엔'은 '-이라고'의 의미로 쓰이는 어미이다. '감자'의 방언형은 '지슬, 지슬' 등으로 나타난다.

397) '말했으니까'의 뜻으로, '곧[曰]-+-아시난' 구성이다. '-아시난'은 '-았으니까'의 의미로 쓰이는 어미이다. '말하다[曰]'의 방언형은 '곧다, 곧다, 말곧다, 말곧다, 말ᄒ다' 등으로 나타난다.

398) '보니까'의 뜻으로, '보-+-난에' 구성이다. '-난에'는 '-니까'의 의미로 쓰이는 어미이다.

399) '위해서'의 뜻으로, '울-+-엉' 구성이다. '울다'는 '어떤 사람 또는 어떤 일을 위하여 무슨 일을 일부러 하다.'는 뜻을 지닌 어휘이다.

400) '두벌'을 말한다.

401) '초벌' 또는 '애벌'을 말한다.

402) '잠뿍하니까'의 뜻이다. '잠뿍하다'의 방언형은 '짐뿍ᄒ다, 줌뿍ᄒ다, 줌쑥ᄒ다' 등으로 나타난다.

403) '없게'의 뜻이다. '없다[無]'의 방언형은 '없다, 엇다, 읎다, 웃다' 등으로 나타난다.

404) '귀리'를 말한다. '귀리'의 방언형은 '대오리, 대우리' 등으로 나타난다.

405) '씨지다'는 '식물이 씨가 땅에 떨어져 번지다.'는 뜻을 지닌다.

406) '밭에쯤은' 또는 '밭쯤은'의 뜻이다.

407) '집에'의 뜻으로, '집+-의(처격)' 구성이다.

408) '묶어서'의 뜻으로, '무끄[束]-+-엉은에' 구성이다. '-엉은에'는 '-어서'의 의미로 쓰이는 어미이다. '묶다[束]'의 방언형은 '무끄다'로 나타난다.

409) '실어'의 뜻으로, '실르[載]-+-어' 구성이다. '싣다[載]'의 방언형은 '시끄다, 시르다, 실르다' 등으로 나타난다.

410) '와서'의 뜻으로, '오[來]-+-앙' 구성이다.

411) '할머니'의 뜻이나 여기서는 '부인'의 의미로 쓰였다.

412) '먼저'의 뜻이다. '먼저'의 방언형은 '먼저, 무녀, 무녜, 문저, 문처, 문첨' 등으로 나타난다.

413) '말했을'의 뜻으로, '곧[曰]-+-아실' 구성이다. '-아실'은 '-았을'의 의미로 쓰이는 어미이다. '말하다[曰]'의 방언형은 '곧다, 곧다, 말곧다, 말곧다, 말ᄒ다' 등으로 나타난다.

414) '올려라'의 뜻으로, '올리[登]-+-라' 구성이다.

415) '가리라고'의 뜻으로, '눌[積]-+렌' 구성이다. '-렌'은 '-라고'의 의미로 쓰이는 어미이다. '가리다[積]'의 방언형은 '눌다'로, '가리[積]'의 방언형은 '눌'로 나타난다.

416) '중문'은 서귀포시 중문동(中文洞)을 말한다.

417) 제보자의 딸 이름이다.

418) '말하십시오'의 뜻으로, '곧[曰]-+-읍서' 구성이다. '-읍서'는 '-으십시오'의 의미로

쓰이는 어미이다. '말하다[曰]'의 방언형은 'ᄀ르다, ᄀ를다, 말ᄀ르다, 말ᄀ를다, 말ᄒ다' 등으로 나타난다.
419) '주면서'의 뜻이다.
420) '훑어서'의 뜻으로, '홀트-+-앙' 구성이다. '훑다'의 방언형은 '홀트다'로 나타난다.
421) '도리깨'를 말한다.
422) '타작(打作)'을 말한다.
423) '탈곡기(脫穀機)'를 말한다.
424) '많이'의 뜻이다. '많이'의 방언형은 '만이, 만히, 하영, 해' 등으로 나타난다.
425) '아버지'의 뜻이나 여기서는 '남편'의 의미로 쓰였다.
426) '먹으려고'의 뜻으로, '먹-+-젠' 구성이다. '-젠'은 '-려고'의 의미로 쓰이는 어미이다.
427) '방아'를 말한다. '방아'의 방언형은 '방에, 방이, 뱅이' 등으로 나타난다.
428) '찧어야'의 뜻이다. '찧다[搗]'의 방언형은 '짛다'로 나타난다.
429) '말려서'의 뜻으로, '몰리[乾]-+-엉은에+게(종결보조사)' 구성이다. '-엉은에'는 '-어서'의 의미로 쓰이는 어미이다. '말리다[乾]'의 방언형은 '몰류다, 몰리다, 몰립다' 등으로 나타난다.
430) '연자매'를 말한다. '연자매'의 방언형은 '돌ᄀ레, 몰ᄀ레, 물방에, 물방이' 등으로 나타난다.
431) '찧어'의 뜻이다. '찧다[搗]'의 방언형은 '지다'로 나타난다.
432) '마른'의 뜻이다. '마르다[乾]'의 방언형은 'ᄆ르다, 몰르다' 등으로 나타난다.
433) '깎아'의 뜻이나 여기서는 '찧어'의 의미로 쓰였다.
434) '거죽'을 말한다. '거죽'의 방언형은 '거죽, 걱적, 걱죽, 겁죽, 꺽죽, 껍죽' 등으로 나타난다.
435) '넣어서'의 뜻으로, '널-+-엉' 구성이다.
436) '드리면서'의 뜻이다. '드리다(검불, 쭉정이 따위를 없애기 위하여 떨어놓은 곡식을 바람에 날리다.)'의 방언형은 '불리다'로 나타난다.
437) '겨'를 말한다.
438) '맷돌'을 말한다. '맷돌'의 방언형은 'ᄀ레, ᄀ렛돌' 등으로 나타난다.
439) '거피(去皮)했지'의 뜻이다. '거피하다'의 방언형은 '거피다, 검피다' 등으로 나타난다.
440) '거피해서'의 뜻으로, '거피(去皮)-+-엉' 구성이다.
441) '꼬랑이'를 말한다. '꼬랑이'의 방언형은 '꼬렝이, 꼴렝이, 꽁뎅이' 등으로 나타난다.
442) '목[頸]'을 말한다.
443) '메밀'을 말한다. '메밀'의 방언형은 '모멀, 모믈, 모몰' 등으로 나타난다.
444) '벗기어서'의 뜻이다. '벗기다'의 방언형은 '벳기다'로 나타난다.
445) '고운 가루'의 뜻으로 보인다.
446) 서귀포시 중문동(中文洞)을 말한다.
447) '갔다가'의 뜻으로, '개[去]-+-앗당' 구성이다. '-앗당'은 '-았다가'의 의미로 쓰이는 어미이다.

448) '갈아서'의 뜻으로, '귤[磨]-+-안' 구성이다. '갈다[磨]'의 방언형은 '귤다'로 나타난다.

449) '풋보리'를 말한다. '풋보리'의 방언형은 '섯보리, 알보리' 등으로 나타난다.

450) '아버지'를 말하나 여기서는 '남편'의 의미로 쓰였다.

451) '표고버섯밭에'의 뜻이다.

452) '왜'의 뜻이다.

453) '움막에'의 뜻이다. '움막'의 방언형은 '엄막, 움막' 등으로 나타난다.

454) '비벼'의 뜻으로, '보비[擦]-+-어' 구성이다. '비비다[擦]'의 방언형은 '보비다, 부비다, 비비다' 등으로 나타난다.

455) '가버리니까'의 뜻이다.

456) '삶아버리니까'의 뜻이다. '삶다'의 방언형은 '술므다, 슒다, 숢다' 등으로 나타난다.

457) '분수'를 말한다. '분수'의 방언형은 '분쉬, 분시' 등으로 나타난다.

458) '깨어져버렸어'의 뜻이다. '깨어지다'의 방언형은 '까지다, 깨여지다, 벌러지다' 등으로 나타난다.

459) '경그레'를 말한다. '경그레'의 방언형은 'ᄀᆞᆯ, ᄀᆞ소왈, 도들, 떡징, 바드렝이, 시릿징, 징' 등으로 나타난다.

460) '쪄야'의 뜻으로, '치[蒸]-+-어야' 구성이다. '찌다[蒸]'의 방언형은 '치다'로 나타난다.

461) '조금만'의 뜻이다. '조금'의 방언형은 '아쓱, 아씩, 조곰, 조금, ᄒᆞᆷ꼼, ᄒᆞᆷ끔, ᄒᆞᆷ쓸' 등으로 나타난다.

462) '많이'의 뜻이다. '많이'의 방언형은 '만이, 만히, 하영, 해' 등으로 나타난다.

463) '방울이'의 뜻이다. '방울'의 방언형은 '방올, 방울' 등으로 나타난다.

464) '깨어졌어'의 뜻이다.

465) '말리려고'의 뜻으로, '물리[乾]-+-젠' 구성이다. '-젠'은 '-려고'의 의미로 쓰이는 어미이다.

466) '아버지'의 뜻이나 여기서는 '남편'의 의미로 쓰였다.

467) '없는'의 뜻으로, '엇[無]-+-인' 구성이다. '없다[無]'의 방언형은 '없다, 엇다, 읎다, 읏다' 등으로 나타난다.

468) '좁씨'를 말한다.

469) '허벅에'의 뜻이다. '허벅'은 '물 등 액체 따위를 운반하거나 보관할 때 쓰는 동이'를 말한다. 그 모양은 둥글며 배가 불룩하고 위의 아가리는 아주 좁다.

470) 제보자는 '씨부게기'를 잘못 이야기하고 있다. '씨부게기'는 달리 '부게, 부게기, 씨부게'라 하는데, '씨앗을 보관하기 위하여 짚으로 허벅처럼 목이 있게 걸어서 만든 아주 작은 멱둥구미'를 말한다.

471) '걸어서'의 뜻으로, '줄[織]-+-아서' 구성이다. '결대[織]'의 방언형은 '줃다, 줄다' 등으로 나타난다.

472) '모양'을 말한다.

473) '걸어서'의 뜻으로, '줄[織]-+-앙은에' 구성이다. '-앙은에'는 '-아서'의 의미로 쓰이는 어미이다.

474) '허벅부리'를 말한다.

475) '위로'의 뜻으로, '위[上]+-티레' 구성이다. '위[上]'의 방언형은 '우, 우이, 우희' 등으로 나타난다.

476) '빨아지게'의 뜻으로 쓰였다. '빨다[尖]'의 방언형은 '뿔아지다, 홀타지다' 등으로 나타난다.

477) '놓으려고'의 뜻으로, '놓[放]-+-젠' 구성이다. '-젠'은 '-으려고'의 의미로 쓰이는 어미이다.

478) '길어서'의 뜻으로, '질[汲]-+-엉' 구성이다. '긷다[汲]'의 방언형은 '짇다, 질다' 등으로 나타난다.

479) '길었다가'의 뜻으로, '질[汲]-+-엇다근에' 구성이다. '-엇다근에'는 '-었다가'의 의미로 쓰이는 어미이다.

480) '뿌리게'의 뜻이다. '뿌리다[撒]'의 방언형은 '뿌리다, 삐다' 등으로 나타난다.

481) '망태기'를 말한다. '망태기'의 방언형은 '망텡이, 멩텡이' 등으로 나타난다.

482) '그것에'의 뜻으로, '것+-듸렌' 구성이다. '-듸렌'은 '-에는'의 의미로 쓰이는 어미이다.

483) '부어'의 뜻으로, '빕[注]-+-아' 구성이다. '붓다[注]'의 방언형은 '부수다, 부으다, 비우다, 빕다' 등으로 나타난다.

484) '가져가서'의 뜻이다. '가져가다'의 방언형은 '가져가다, 거져가다, ᄀ져가다, 아져가다, 앗아가다, ᄋ져가다' 등으로 나타난다.

485) '뿌려서'의 뜻으로, '삐[撒]-+-엉' 구성이다.

486) '목[頸]'을 말한다.

487) '아버지'의 뜻이나 여기서는 '남편'의 의미로 쓰였다.

488) '가져서'의 뜻으로, 'ᄋ지[持]-+-엉' 구성이다. '가지다[持]'의 방언형은 '가지다, ᄀ지다, 아지다, 앗다, ᄋ지다' 등으로 나타난다.

489) '다니면서'의 뜻이다. '다니다'의 방언형은 '뎅기다, 뎅이다, ᄃ니다' 등으로 나타난다.

490) '밟으라고'의 뜻으로, '볼리[踏]-+-렌' 구성이다. '-렌'은 '-라고'의 의미로 쓰이는 어미이다. '밟다[踏]'의 방언형은 '볼르다, 볿다' 등으로 나타난다.

491) '들이'를 말한다. '들이'의 방언형은 '드러, 드리' 등으로 나타난다.

492) '때리며'의 뜻이다. '때리다'의 방언형은 '뜨리다, 뎨리다' 등으로 나타난다.

493) '밟아'의 뜻으로, '볼르[踏]-+-아' 구성이다.

494) '지깍'은 '짜인 물건이나 담긴 물건이 딴딴하여 좀처럼 허물어지지 않는 모양'을 말한다. 달리 '데깍, 디깍, 제깍' 등으로 나타나기도 한다.

495) '나지요'의 뜻이다.

496) '벗어버리면'의 뜻이다. 여기서 '벗다'는 '조의 새싹이 비에 쓸리어 맨땅이 되어버린 것'을 뜻한다.

497) '가서'의 뜻으로, '가[去]-+-앙은에' 구성이다. '-앙은에'는 '-아서'의 의미로 쓰이는 어미이다.

498) '잦은'의 뜻으로, '줓[頻]-+-인' 구성이다. '잦다[頻]'의 방언형은 '줓다'로 나타난다.
499) '심어'의 뜻으로, '싱그[植]-+-어' 구성이다. '심다[植]'의 방언형은 '심다, 싱그다' 등으로 나타난다.
500) '몽땅'을 말한다. '몽땅'의 방언형은 '메딱, 멘딱, 멘짝, 몬딱, 문딱, 문짝, 믄딱, 믄 짝' 등으로 나타난다.
501) '가득해'의 뜻이다. '가득하다'의 방언형은 'ᄀ득다, ᄀ득ᄒ다' 등으로 나타난다.
502) '마갇이'를 잘못 말한 것이다.
503) '있는'의 뜻으로, '이시[有]-+-ㄴ' 구성이다. '있다[有]'는 '시다, 싯다, 이시다, 잇 다' 등으로 나타난다.
504) '마걷이'는 '마갇이'라 하는데, '여름 농사에서 파종 후 일주일이 넘도록 계속 좋은 날씨. 또는 그렇게 지은 조농사'를 말한다.
505) '조밭에는'의 뜻으로, '조팟[粟田]-+-엔' 구성이다. '-엔'는 '-에는'의 의미로 쓰이는 조사이다.
506) '밭을'의 뜻으로, '밧[田]-+-을' 구성이다. '밭[田]'의 방언형은 '밧'으로 나타난다.
507) '감젓메'는 달리 '감젯메'라 하는데, '고구마 모종'을 말한다.
508) '놓았던'의 뜻이다.
509) '감자'를 말한다. '감자'의 방언형은 '지슬, 지실' 등으로 나타난다.
510) '거리왓'은 '마을 안에 있는 밭'을 말한다. 달리 '가름팟, 이네왓' 등으로 나타나기 도 한다.
511) '된장국'을 말한다. '된장국'의 방언형은 '뒌장쿡, 장쿡' 등으로 나타난다.
512) '장마'를 말한다. '장마'의 방언형은 '마, 장마' 등으로 나타난다.
513) '밟아야'의 뜻이다. '밟다'의 방언형은 '볼르다, 붋다' 등으로 나타난다.
514) '조크르'는 '조를 베고 남은 밑동 또는 그 밭'을 뜻한다.
515) '알맞게' 또는 '제격에 맞게'의 뜻이다. '제라ᄒ다'는 '제격에 알맞다.'는 뜻을 지닌 어휘다.
516) '조밭[粟田]'을 말한다.
517) '가을'을 말한다. '가을[秋]'의 방언형은 'ᄀ슬, ᄀ실, ᄀ을' 등으로 나타난다.
518) '지슬끄르'는 '감자를 캐고 난 밭'을 뜻한다.
519) '크지요'의 뜻이나 여기서는 '자라지요'의 의미로 쓰였다.
520) '있어서'의 뜻으로, '시[有]-+-어근에' 구성이다. '-어근에'는 '-고서, -어서'의 의미 로 쓰이는 어미이다. '있다[有]'의 방언형은 '시다, 싯다, 이시다, 잇다' 등으로 나 타난다.
521) '조금요'의 뜻으로, 'ᄒ꼼+양(종결보조사)' 구성이다. '양'은 '동의, 재촉, 사정하는 뜻을 나타내는 데 쓰는 종결보조사이다.
522) '훑고'의 뜻이다. '훑다'의 방언형은 '훌트다'로 나타난다.
523) '낫[鎌]'을 말한다.
524) '베다가'의 뜻으로, '비[刈]-+-어다근에' 구성이다. '-어다근에'는 '-어다가'의 의미로

쓰이는 어미이다. '베다[刈]'의 방언형은 '버이다, 베다, 비다' 등으로 나타난다.

525) '베다가'의 뜻으로, '비[刈]-+-어당은에' 구성이다. '-어당은에'는 '-어다가'의 의미로 쓰이는 어미이다.

526) '가리었다가'의 뜻으로, '눌[積]-+-엇단' 구성이다. '-엇단'은 '-었다가'의 의미로 쓰이는 어미이다. '가리다[積]'의 방언형은 '눌다'로 나타난다.

527) '가리[積]'를 말한다.

528) '빼다가'의 뜻으로, '빠[拔]-+-당' 구성이다. '-당'은 '-다가'의 의미로 쓰이는 어미이다. '빼다[拔]'의 방언형은 '빠다, 빼다' 등으로 나타난다.

529) '앉아서'의 뜻으로, '엇[坐]-+-앙' 구성이다. '앉다'의 방언형은 '아지다, 안즈다, 안지다, 앚다, 앚다' 등으로 나타난다.

530) '끌러'의 뜻으로, '클르[解]-+-어' 구성이다. '끄르다[解]'의 방언형은 '끌르다, 크르다, 클르다' 등으로 나타난다.

531) '놓아서'의 뜻이다.

532) '뜯어'의 뜻이다. '뜯다'의 방언형은 '뜯다, 튿다, 튿다' 등으로 나타난다.

533) '방망이'를 말한다. '방망이'의 방언형은 '마게, 방망이, 방멩이' 등으로 나타난다.

534) '덩드렁마께'는 '짚 따위를 덩드렁 위에 올려놓고 두들기는 방망이'를 말한다.

535) '볕'을 말한다. '볕[陽]'의 방언형은 '벳'으로 나타난다.

536) '도리깨질'을 말한다.

537) '방망이질'을 말한다.

538) '메워서'의 뜻으로, '맵[僿]-+-앙' 구성이다. '메우다[僿]'의 방언형은 '메우다, 맵다' 등으로 나타난다.

539) '굴릴'의 뜻이다. '굴리다[轉]'의 방언형은 '궁굴리다, 궁글리다, 둥굴리다, 둥그리다' 등으로 나타난다.

540) '견디어'의 뜻이다. '견디다'의 방언형은 '전디다, 존디다' 등으로 나타난다.

541) '굴리기'의 뜻이다.

542) '조이삭'을 말한다. '조이삭'의 방언형은 '조코고리'로 나타난다.

543) '이삭[穗]'을 말한다.

544) '눌러'의 뜻이다. '누르다[壓]'의 방언형은 '누뜰다, 누르다, 누르뜨다, 누울리다, 눌뜨다, 눌르다' 등으로 나타난다.

545) '방아'를 말한다. '방아'의 방언형은 '방에, 방이, 뱅이' 등으로 나타난다.

546) '미끄러져서'의 뜻이다. '미끄러지다'의 방언형은 '닝끼리다, 느끼리다, 밍끄러지다' 등으로 나타난다.

547) '망식'은 동네 사람 이름이다.

548) '연자매'를 말한다.

549) '좌수'를 말한다.

550) '증조부'를 말한다.

551) '이 아이네'의 뜻이다.

552) '줄이' 뜻이나 여기서는 '항렬'의 의미로 쓰였다.

553) '좌수'를 말한다.

554) '무서운'의 뜻이다. '무섭대[恐]'의 방언형은 '무섭다, ᄆ섭다, 무습다, ᄆ습다' 등으로 나타난다.

555) '저기'의 뜻이다.

556) '앉았다'의 뜻으로, '앉[坐]-+-앗저' 구성이다. '-앗저'는 '-았다'의 의미로 쓰이는 어미이다. '앉다[坐]'의 방언형은 '아지다, 안즈다, 안지다, 앉다, 앚다' 등으로 나타난다.

557) '둘[二]에'의 뜻이다.

558) '있었지'의 뜻이다.

559) '채(수레 따위의 앞쪽 양옆에 댄 긴 나무)'를 말한다. '채'의 방언형은 '차경, 창낭, 채경, 챗낭' 등으로 나타난다.

560) '매달리고'의 뜻이나 여기서는 '달리고'의 의미로 쓰였다.

561) '샛정'은 지경 이름이다.

562) '칡 잎' 또는 '칡 이파리'를 말한다.

563) '끊으면'의 뜻으로, '그치[切]-+-믄' 구성이다. '끊다[切]'의 방언형은 '그치다, 기치다, 끈다, 끈치다' 등으로 나타난다.

564) '새[鳥]'를 말한다.

565) '말리면서'의 뜻이다.

566) '몽땅'을 말한다. '몽땅'의 방언형은 '메딱, 멘딱, 멘짝, 몬딱, 몬짝, 문딱, 문짝, ᄆ딱, ᄆ짝' 등으로 나타난다.

567) '떨어지니까'의 뜻이다. '떨어지다'의 방언형은 '떨어지다, 털어지다' 등으로 나타난다.

568) '바구니'를 말한다. '바구니'의 방언형은 '구덕, 바구리, 바굼지' 등으로 나타난다.

569) '주워'의 뜻으로, '줏[拾]-+-어' 구성이다. '줍다[拾]'의 방언형은 '줏다'로 나타난다.

570) '왔어'의 뜻이다.

571) '했어지요'의 뜻이다.

572) '두벌'의 뜻이나 여기서는 '두벌매기'를 의미한다.

573) '세벌'의 뜻이나 여기서는 '세벌매기'를 의미한다.

574) '매었다가'의 뜻으로, '메[耘]-+-엇당' 구성이다. '-엇당'은 '-었다가'의 의미로 쓰이는 어미이다.

575) '허울허울'은 '김[雜草]이 휘차게 자라 조그마한 바람에 너울거울거리는 모양'을 나타내는 말이다.

576) '이만큼'의 뜻이다.

577) '궂은'의 뜻으로, '궂[惡]-+-인' 구성이다.

578) '고르고'의 뜻으로, '골르[選]-+-곡' 구성이다. '고르다[選]'의 방언형은 '고르다, 골르다' 등으로 나타난다.

579) '헛아지'를 말하는데, '병들어 이삭이 피지 아니하거나 물알이 들지 아니한 조 따

위를 이른다. '헛아지'의 방언형은 '귀마구리, 마구레기, 멍구젱이, 몽구젱이' 등으로 나타난다.

580) '평평하게'의 뜻이다.

581) '방 벌이다'는 '조가 잘 자라도록 일정한 간격으로 조를 솎다.'를 이르는 말이다.

582) '세벌은'의 뜻이나 여기서는 '세벌매기'의 의미로 쓰였다.

583) '거의'의 뜻이다. '거의'의 방언형은 '거의, 거자, 거저, 거줌, 거진, 건자, 건줌' 등으로 나타난다.

584) '새꿰기'를 말한다. '새꿰기'의 방언형은 '소독, 소둑, 소들게' 등으로 나타난다.

585) '없이'의 뜻이다.

586) '선(線)'의 뜻이나 여기서는 '정도'의 의미로 쓰였다.

587) '배어도'의 뜻으로, '줓[頻]-+-아도' 구성이다. '배다[頻]'의 방언형은 '줓다'로 나타난다.

588) '뿌릴'의 뜻으로, '삐[撒]-+-ㄹ' 구성이다. '뿌리다[撒]'의 방언형은 '뿌리다, 삐다' 등으로 나타난다.

589) '두무룽이'는 '조금 드문 듯하게'의 뜻을 지닌 어휘이다.

590) '좋은데'의 뜻이다.

591) '배게'이 뜻으로, '줓[頻]-+-게' 구성이다.

592) '솎아'의 뜻으로, '소꼬-+-아' 구성이다. '솎다'의 방언형은 '소꼬다, 소끄다' 등으로 나타난다.

593) '솎은'의 뜻이다.

594) '같거든'의 뜻이다. '같다[如]'의 방언형은 'ᄀᆞ뜨다, ᄀᆞ트다, 닯다, 답다' 등으로 나타난다.

595) '품앗이하면서요'의 뜻이다. '품앗이하다'의 방언형은 '수눌다'로 나타난다.

596) '품앗이하다가도'의 뜻이다.

597) '낮에는'의 뜻이다.

598) '채롱짝'의 뜻이다. '차롱착'은 '채롱의 위 아래짝을 각기 이르는 말'이다.

599) '떠서'의 듯으로, '거리[分]-+-어' 구성이다. '뜨다[分]'의 방언형은 '거리다'로 나타난다.

600) '보따리'를 말한다.

601) '바구니에'의 뜻이다. '바구니'의 방언형은 '구덕, 바구리, 바굼지' 등으로 나타난다.

602) '모자반장아찌'를 말한다. '몸치'는 달리 '몸지, 몸지시, 몸치이' 등으로 나타나기도 한다.

603) '뜯어다'의 뜻으로, '톨-+-아다' 구성이다. '뜯다'의 방언형은 '뜯다, 틀다, 톨다' 등으로 나타난다.

604) '물외'를 말한다.

605) '나무그늘에'의 뜻이다. '나무그늘'의 방언형은 '낭그늘'로 나타난다.

606) '앉아서'의 뜻으로, '앚[坐]-+-앙' 구성이다. '앉다'의 방언형은 '아지다, 안즈다, 안

607) '말하다가'의 뜻으로 '말글[曰]-+-당' 구성이다. '-당'은 '-다가'의 의미로 쓰이는 어미이다. '말하다[曰]'의 방언형은 '곧다, 굴다, 말곧다, 말굴다, 말ㅎ다' 등으로 나타난다.

608) '뒹굴어'의 뜻이다. '뒹굴다'의 방언형은 '누엉둥글다, 누웡둥글다' 등으로 나타난다.

609) '버리고'의 뜻이다.

610) '헛아지'를 말하는데, '병들어 이삭이 피지 아니하고 물알이 들지 않은 조 따위'를 이른다. '헛아지'의 방언형은 '귀마구리, 머구레기, 멍구젱이, 몽구젱이' 등으로 나타난다.

611) '속잎이' 뜻이다. '속잎'의 방언형은 '속입, 쪽입' 등으로 나타난다.

612) '헛아지'를 말한다.

613) '없어'의 뜻으로, '엇[無]-+-어' 구성이다. '없다[無]'의 방언형은 '없다, 엇다, 읎다, 웃다' 등으로 나타난다.

614) '이삭[穗]'을 말한다.

615) '가다가'의 뜻으로, '개[去]-+-당' 구성이다. '-당'은 '-다가'의 의미로 쓰이는 어미이다.

616) '나와서'의 뜻으로, '나오[出]-+-앙은에' 구성이다. '-앙은에'는 '-아서' 또는 '-아서는'의 의미로 쓰이는 어미이다.

617) '그리로'의 뜻이다.

618) '애월'은 제주시 애월읍 애월리(涯月里)를 말한다.

619) '납읍'은 제주시 애월읍 납읍리(納邑里)를 말한다.

620) '어음'은 제주시 애월읍 어음리(於音里)를 말한다.

621) '고내봉(高內峯)'은 제주시 애월읍 고내리(高內里)와 상·하가리(上·下加里)에까지 발이 뻗친 175m의 오름을 말한다.

622) '참깨'를 말한다.

623) '밀짚모자'를 말한다. '밀짚모자'이 방언형은 '밀낭퍼렝이, 밀낭페렝이, 밀찍페렝이, 밀접퍼렝이, 밀접페렝이, 밀페렝이, 페렝이' 등으로 나타난다.

624) '던지면'의 뜻이다. '던지다'의 방언형은 '네끼다, 더지다, 던지다, 데끼다' 등으로 나타난다.

625) '아랫담'의 뜻으로, '아래쪽에 위치한 담'을 말한다.

626) '수긋한다고'의 뜻이다. '수긋하다'의 방언형은 '수국ㅎ다'로 나타난다.

627) '되지도 말지도 않은'의 뜻이나 여기서는 '되지 않은'의 의미로 쓰였다.

628) '벼'를 말한다.

629) '여물'을 말한다. '여물'의 방언형은 '여물, ᄋᆞ물, ᄋᆞ물' 등으로 나타난다.

630) '곧추'를 말한다. '곧추'의 방언형은 '곧초, 고짝, 과짝, 구짝' 등으로 나타난다.

631) '있어서'의 뜻으로, '잇[有]-+-엉' 구성이다. '있다[有]'의 방언형은 '시다, 싯다, 이시다, 잇다' 등으로 나타난다.

632) '조이삭'을 말한다.

633) '드레드레하니'의 뜻이다. 이는 '커다란 조이삭이 고개를 숙이어 있는 모양'을 말한 것이다.

634) '싣는데'의 뜻으로, '시끄[載]-+-는디' 구성이다. '싣다[載]'의 방언형은 '시끄다, 시르다, 실르다' 등으로 나타난다.

635) '뭇밖에'의 뜻이다. 여기서 '소에 싣는다'는 것은 '소길마'에 싣는 짐인 '바리'를 말하는데, 싣는 종류에 따라 다음과 같이 차이가 있다.

종류	개수(뭇)
꼴	30-40
보리	14-30
조(+이삭)	6-8
조짚	12-30
밭벼	12-20
메밀	6
새	30

636) '다닐'의 뜻이다. '다니다'의 방언형은 '뎅기다, 뎅이다, 드니다' 등으로 나타난다.

637) '뭇이야'의 뜻으로, '뭇[束]+-사' 구성이다. '-사'는 한정이나 강조하는 뜻을 나타내는 조사이다.

638) '안에'의 뜻으로, '안[內]+-네(처격)' 구성이다.

639) '바깥에'의 뜻이다. '바깥'의 방언형은 '바깟, 바껏, 바꼇, 바꿋, 배꼇' 등으로 나타난다.

640) '양편에' 뜻으로, '양편(兩便)+-의(처격)' 구성이다. '양편(兩便)'의 방언형은 '양펜, 양편' 등으로 나타난다.

641) '싣지'의 뜻으로, '시끄[載]-+-지' 구성이다. '싣다[載]'의 방언형은 '시끄다, 시르다, 실르다' 등으로 나타난다.

642) '앞에'의 뜻이다.

643) '뒤에'의 뜻이다. '뒤[後]'의 방언형은 '두이, 뒤' 등으로 나타난다.

644) '길마'를 말한다. '길마'는 '쉐질메'(소길마)와 '몰질메, 몰칠메'(말길마)로 나뉜다.

645) '나무[木]'를 말한다. '나무[木]'의 방언형은 '나모, 나무, 낭, 낭' 등으로 나타난다.

646) '북두(마소나 마차에 짐을 실을 적에 동여매는 굵직하고 기다랗게 드린 줄)'를 말한다. '북두'의 방언형은 '쉐왓배, 쉐왓배, 쉣배' 등으로 나타난다.

647) '엿'을 말한다. '엿[六]'의 방언형은 '엿, 읏' 등으로 나타난다.

648) '요만큼한'의 뜻이다.

649) '밑으로' 또는 '아래로'의 뜻이다.

650) '나무때기'의 뜻인데, 여기서는 '조짚'의 의미로 쓰였다.

651) '길어'의 뜻이다. '길다[長]'의 방언형은 '걸다, 길다, 질다' 등으로 나타난다.

652) '이삭'을 말한다.

653) '위로'의 뜻으로, '위[上]+-틔레' 구성이다. '-틔레'는 '-으로'의 의미로 쓰이는 조사이다.

654) '싣는'의 뜻으로, '시끄[載]-+-는' 구성이다. '싣다[載]'의 방언형은 '시끄다, 시르다, 실르다' 등으로 나타난다.

655) '벗어서'의 뜻으로, '벗[脫]-+-엉' 구성이다.

656) '던져 버리려고만'의 뜻이다. '던지다'의 방언형은 '네끼다, 더지다, 던지다, 데끼다' 등으로 나타난다.

657) '다니는'의 뜻이다. '다니다'의 방언형은 '뎅기다, 뎅이다, 드니다' 등으로 나타난다.

658) '아래로만'의 뜻으로, '알[下]+-러레(방향)+-만' 구성이다.

659) '길에'의 뜻으로, '질[路]+-레(장소)' 구성이다.

660) '밭에'의 뜻으로, '밧[田]+-듸(장소)' 구성이다.

661) '가서'의 뜻으로, '개[去]-+-앙' 구성이다.

662) '많이'의 뜻이다. '많이'의 방언형은 '만이, 만히, 하영, 해' 등으로 나타난다.

663) '닭'을 말한다.

664) '잡아다가'의 뜻으로, '심[執]-+-어당' 구성이다. '-어당'은 '-어다가'의 의미로 쓰이는 어미이다. '잡다[執]'의 방언형은 '심다, 잡다' 등으로 나타난다.

665) '완두'을 말한다.

666) '낮에'의 뜻으로, '낮[晝]+-의(시간)' 구성이다.

667) '보았다가'의 뜻으로, '보[示]-+-앗당' 구성이다. '-앗당'은 '-았다가'의 의미로 쓰이는 어미이다.

668) '밤에'의 뜻으로, '밤[夜]+-의(시간)' 구성이다.

669) '따다가'의 뜻으로, '트-+-당' 구성이다. '-당'은 '-다가'의 의미로 쓰이는 어미이다. '따다'의 방언형은 '따다, 뜨다, 타다, 트다' 등으로 나타난다.

670) '삶아'의 뜻이다. '삶다[烹]'의 방언형은 '술므다, 숢다, 숢다' 등으로 나타난다.

671) '닭[鷄]'을 말한다.

672) '잡아다가'의 뜻으로, '심[執]-+-어당' 구성이다. '-어당'은 '-어다가'의 의미로 쓰이는 어미이다. '잡다[執]'의 방언형은 '심다, 잡다' 등으로 나타난다.

673) '많이'의 뜻이다. '많이'의 방언형은 '만이, 만히, 하영, 해' 등으로 나타난다.

674) '돼지'를 말한다.

675) '있었다고'의 뜻으로, '잇[有]-+-엇젠' 구성이다. '-엇젠'은 '-었다고'의 의미로 쓰이는 어미이다. '있다'의 방언형은 '시다, 싯다, 이시다, 잇다' 등으로 나타난다.

676) '닭은요'의 뜻으로, '둑[鷄]+-은+요(종결보조사)' 구성이다.

677) '했어'의 뜻으로, '허[爲]-+-엇어' 구성이다. '하다[爲]'의 방언형은 '허다, ᄒ다' 등으로 나타난다.

678) '잠자고 있으면'의 뜻으로, '줌자[眠]-+-암시민' 구성이다. '암시민'은 '-고 있으면'
의 의미로 쓰이는 어미이다.

679) '가만한다고'의 뜻이다. '가만하다'의 방언형은 'フ만ᄒ다'로 나타난다.

680) '감자'를 말한다. '감자'의 방언형은 '지슬, 지실' 등으로 나타난다.

681) '목[頸]'을 말한다.

682) '와서'의 뜻으로, '오[來]-+-앙' 구성이다.

683) '파서'의 뜻으로, '파[掘]-+-앙' 구성이다.

684) '고구마는'의 뜻으로, '감저+-ㄴ' 구성이다. '고구마'의 방언형은 '감저, 감제, 감ᄌ'
등으로 나타난다.

685) '묻어서'의 뜻으로, '묻[埋]-+-엉' 구성이다.

686) '다녀왔어?'의 뜻이다. '다녀오다'의 방언형은 '가오다, 뎅겨오다' 등으로 나타난다.

687) '아버지'의 뜻이나 여기서는 '남편'의 의미로 쓰였다.

688) '해다가'의 뜻으로, '허[爲]-+-어단' 구성이다. '-어단'은 '-어다가'의 의미로 쓰이는
어미이다. '하다[爲]'의 방언형은 '허다, ᄒ다' 등으로 나타난다.

689) '감저눌'은 '고구마 가리'를 말한다. 대개 '감저눌'은 '겨울을 나기 위하여 땅을 파
서 만들어 고구마를 쌓은 가리'를 뜻한다.

690) '선'의 뜻이다. '서대[立]'의 방언형은 '사다, 스다' 등으로 나타난다.

691) '둘러서'의 뜻으로, '둘르[圍]-+-어근에' 구성이다. '-어근에'는 '-어근에'는 '-고서,
-어서'의 의미로 쓰이는 어미이다. '두르대[圍]'의 방언형은 '두르다, 둘르다' 등으
로 나타난다.

692) '건드렸다가'의 뜻이다. '거시다'는 달리 '거스다, 거슬다, 거실다, 거찌다, 서시다'
라 하는데, '가만히 있는 사람이나 물건을 일부러 건드리다.'는 의미로 쓰이는 어
휘이다.

693) '아버지'의 뜻이나 여기서는 '남편'의 의미로 쓰였다.

694) '있으니까요'의 뜻으로, '시[有]-+-난+앙(종결보조사)' 구성이다. '있대[有]'의 방언
형은 '시다, 싯다, 이시다, 잇다' 등으로 나타난다.

695) '섰다가'의 뜻으로, '새[立]-+-앗단' 구성이다. '-앗단'은 '-았다가'의 의미로 쓰이는
어미이다. '서대[立]'의 방언형은 '사다, 스다' 등으로 나타난다.

696) '와서'의 뜻으로, '오[來]-+-라네' 구성이다. '-라네'는 '-아서'의 의미로 쓰이는 어
미인데, '오다' 동사하고만 연결된다.

697) '와서'의 뜻으로, '오[來]-+-란' 구성이다. '-란'은 '-아서'의 의미로 쓰이는 어미인
데, '오다' 동사하고만 연결된다.

698) '파다가'의 뜻으로, '파[掘]-+-당' 구성이다. '-당'은 '-다가'의 의미로 쓰이는 어미
이다.

699) '말하겠으니'의 뜻으로, '말굴[曰]-+-으커메' 구성이다. '-으커메'는 '-겠으니'의 의
미로 쓰이는 어미이다. '말하대[曰]'의 방언형은 'ᄀ다, 굴다, 말ᄀ다, 말굴다, 말ᄒ
다' 등으로 나타난다.

700) '저리로'의 뜻이다.
701) '가서'의 뜻으로, '개[去]-+-앙은에' 구성이다. '-앙은에'는 '-아서, -아서는'의 의미로 쓰이는 어미이다.
702) '비스름히'의 뜻이다.
703) '해[爲]' 뜻이다.
704) '가니까'의 뜻으로, '가-+-난+게(종결보조사)' 구성이다.
705) '뒤로'의 뜻으로, '뒤[後]'의 방언형은 '두이, 뒤' 등으로 나타난다.
706) '가서'의 뜻으로, '개[去]-+-안에' 구성이다. '-안에'는 -아서'의 의미로 쓰이는 어미이다.
707) '보이면'의 뜻이다.
708) '감자'를 말한다. '감자'의 방언형은 '지슬, 지실' 등으로 나타난다.
709) '알았니'의 뜻으로, '알아지-+-언' 구성이다, '-언'은 '-었니?'의 의미로 쓰이는 어미이다.
710) '고구마'를 말한다. '고구마'의 방언형은 '감저, 감제, 감ㅈ' 등으로 나타난다.
711) '보릿대요'의 뜻이다. '보릿대'의 방언형은 '보릿낭'으로 나타난다.
712) '보릿짚'을 말한다. '보릿짚'의 방언형은 '보릿찍, 보릿찝, 보릿낭, 보릿칩' 등으로 나타난다.
713) '밀짚모자'를 말한다.
714) '거야' 또는 '것이야'의 뜻이다. '-사'는 한정하거나 강조의 뜻을 나타내는 보조사이다.
715) '새꽤기'를 말한다. '새꽤기'의 방언형은 '소독, 소둑, 소들게' 등으로 나타난다.
716) '땔감'을 말한다. '땔감'의 방언형은 '땔ㄱ음, 질을것, 질을커' 등으로 나타난다.
717) 땔감으로 보릿대를 쓰면 연기가 많이 나서 눈을 흘리게 된다는 말이다.
718) '아버지'의 뜻이나 여기서는 '남편'의 의미로 쓰였다.
719) '보릿대밖에'의 뜻이다. '보릿대'의 방언형은 '보릿낭'으로 나타난다.
720) '많았었다고'의 뜻으로, '해[多]-+-아낫다고' 구성이다. '-아낫다고'는 대개 '-아낫젠'으로 나타나는데, '-았었다고'의 의미로 쓰이는 어미이다. '많다[多]'의 방언형은 '만흐다, 하다' 등으로 나타난다.
721) '없이'의 뜻이다.
722) '막째'를 말한다. '막째'의 방언형은 '막짜, 막쩨' 등으로 나타난다.
723) '약은'의 뜻이나 여기서는 '컸을' 또는 '다 자랐을'의 의미로 쓰였다.
724) '깃[敷草]'을 말한다. '깃[敷草]'의 방언형은 '짓'으로 나타난다.
725) '돼지'를 말한다. '돼지'의 방언형은 '도새기, 도야지, 돗, 뒈야지' 등으로 나타난다.
726) '새끼 돼지'를 대개는 '자릿도새기'라 한다.
727) '돼지우리'를 말한다. '돼지우리'의 방언형은 '돗통, 돗통시, 뒈야지통, 통시, 통제, 통지' 등으로 나타난다.
728) '고이나'의 뜻이다. '고이다[澱]'의 방언형은 '괼르다, 괾다, 굅다' 등으로 나타난다.
729) '휘돌아다니면'의 뜻이다. '휘돌아다니다'의 방언형은 '휘어뎅기다'로 나타난다.

730) '길러서'의 뜻으로, '질룹[養]-+-앙은에' 구성이다. '-앙은에'는 '-아서'의 의미로 쓰이는 어미이다. '기르다[養]'의 방언형은 '질루다, 질룹다, 질우다' 등으로 나타난다.

731) '가득'의 뜻으로, 일본어 'いっぱい'이다.

732) '나와서'의 뜻으로, '나오-+-랑' 구성이다. '-랑'은 '오다' 등의 동사 어간에 붙어서 '-아서'의 의미로 쓰이는 어미이다. 여기서 '나오다'는 돼지가 돼지우리에서 '나와 버리는 것'을 말하는데, 대개는 '퀴어나다(돼지 따위가 우리를 뛰어넘어 달아나다.)'라 표현하기도 한다.

733) '밭에서'의 뜻으로, '밧[田]+-듸서' 구성이다. '-듸서'는 '밧[田], ㄱ[邊]' 등에 연결되어서 '-에서'의 의미로 쓰이는 조사이다.

734) '와서'의 뜻으로, '오[來]-+-앙' 구성이다.

735) '목[頸]'을 말한다.

736) '매달리어'의 뜻으로, '둘아지[繫]-+-엉' 구성이다. '매달리다[繫]'의 방언형은 '둘아지다'로 나타난다.

737) '걸리어서'의 뜻이다. '걸어지다'는 '걸리게 되다'의 의미를 지닌 어휘이다.

738) '해껏'을 말한다. '해껏'의 방언형은 '헤언, 헤원, 헤온, 헤훈' 등으로 나타난다.

739) '없지'의 뜻으로, '읏[無]-+-지' 구성이다. '없다[無]'의 방언형은 '없다, 엇다, 읇다, 읏다' 등으로 나타난다.

740) '겯음을'의 뜻이다. '겯다[織]'의 방언형은 '줃다, 줄다'

741) '새풰기'를 말한다. '새풰기'의 방언형은 '소독, 소둑, 소들게' 등으로 나타난다.

742) '밀짚모자'를 말한다.

743) '들이'를 말한다. '들이'의 방언형은 '드러, 드리' 등으로 나타난다.

744) '겯었습지요'의 뜻으로, '줄[織]-+-아십주' 구성이다. '-아십주'는 '-았습지요'의 의미로 쓰이는 어미이다.

745) '산딸기' 또는 '딸기'를 말한다.

746) '탈바구리'는 '산딸기를 따서 넣는 바구니'를 말한다. '바구니'의 방언형은 '구덕, 바구리, 바굼지' 등으로 나타난다.

747) '만들고'의 뜻이다. '만들다'의 방언형은 '만들다, 멘글다, 멘들다, 멩글다, 뭉글다' 등으로 나타난다.

748) '저기'를 말한다.

749) '멍석딸기'를 말한다.

750) '그때는'의 뜻이다.

751) '많았었지'의 뜻으로, '하[多]-+-아낫주' 구성이다. '-아낫주'는 '-았었지'의 의미로 쓰이는 어미이다. '많다[多]'의 방언형은 '만흐다, 하다' 등으로 나타난다.

752) '드랑드랑'은 '크고 무거운 열매가 많이 달린 모양'을 뜻하는 어휘이다.

753) '찌르면서'의 뜻이다. '찌르다'의 방언형은 '지르다, 질르다, 찌르다, 찔르다' 등으로 나타난다.

754) '겯으면'의 뜻이다. '겯다'의 방언형은 '줃다, 줄다' 등으로 나타난다.

755) '이만큼은'의 뜻이다.

756) '있는가'의 뜻으로, '이시[有]-+-ㄴ가' 구성이다. '있다[有]'의 방언형은 '시다, 싯다, 이시다, 잇다' 등으로 나타난다.

757) '해 두고'의 뜻이다.

758) '소라고'의 뜻으로, '소[牛]+-옌' 구성이다. '-옌'은 '-라고'의 의미로 쓰이는 어미이다.

759) '심어서요'의 뜻으로, '싱그[植]-+-언+예(보조사)' 구성이다. '심다[植]'의 방언형은 '심다, 싱그다' 등으로 나타난다.

760) '심었었고'의 뜻으로, '싱그[植]-+-어나고' 구성이다. '-어나고'는 '-었었고'의 의미로 쓰이는 어미이다.

761) '메밀'을 말한다. '메밀'의 방언형은 '모멀, 모믈, 모몰' 등으로 나타난다.

762) '베어서'의 뜻으로, '비[刈]-+-언' 구성이다. '베다[刈]'의 방언형은 '버이다, 베다, 비다' 등으로 나타난다.

763) '했으니까'의 뜻으로, '허[爲]-+-여나신에' 구성이다. '-여나신에'는 '-였으니까'의 의미로 쓰이는 어미이다. '하다[爲]'의 방언형은 '허다, ᄒ다' 등으로 나타난다.

764) '댓[五] 집'을 말한다.

765) '마지기'를 말한다. '마지기'의 방언형은 '말지기'로 나타난다.

766) '모종'을 말한다. '모종'의 방언형은 '메종, 모종, 묘종' 등으로 나타난다.

767) '놓아서'의 뜻으로, '놓[放]-+-아근에' 구성이다. '-아근에'는 '-고서, -아서'의 의미로 쓰이는 어미이다.

768) '살아지리 하고'의 뜻으로, '살아지-+-린' 구성이다. '-린'은 '-리 하고'의 의미로 쓰이는 어미이다.

769) 'ᄀ사'는 '이제 막'의 뜻으로 쓰이는 어휘이다.

770) '없는'의 뜻이다.

771) '괜찮아서'의 뜻이다. '괜찮다'의 방언형은 '관차녀다, 괜결차녀다, 괜차녀다' 등으로 나타난다.

772) '있어'의 뜻으로, '잇[有]-+-어' 구성이다. '있다[有]'의 방언형은 '시다, 싯다, 이시다, 잇다' 등으로 나타난다.

773) '큰일집이' 뜻이다. '큰일집'은 달리 '큰일칩'이라 하는데, '잔치, 초상 따위의 큰일이 있는 집'의 의미로 쓰이는 어휘이다.

774) '사람하고'의 뜻으로, '사름[人]+-이영' 구성이다. '-이영'은 '-하고'의 의미로 쓰이는 조사이다.

775) '따라가면'의 뜻이다. '따라가다'의 방언형은 '뜨라가다, 부뗘가다, 부터가다' 등으로 나타난다.

776) '몫'을 말한다. '몫'의 방언형은 '나시, 적시, 직시, 찍, 찍세, 찍시' 등으로 나타난다.

777) '말하려고'의 뜻으로, '곧[曰]-+-젠' 구성이다. '-젠'은 '-려고'의 의미로 쓰이는 어미이다. '말하다'의 방언형은 'ᄀ다, ᄀᆯ다, 말곧다, 말ᄀᆯ다, 말ᄒ다' 등으로 나타난다.

778) ‘말하십시오’의 뜻으로, ‘굴[日]-+-읍서’ 구성이다. ‘-읍서’는 ‘-으습시오’의 의미로 쓰이는 어미이다.

779) ‘따라가듯이’의 뜻이다. ‘따라가다’의 방언형은 ‘뜨라가다, 부떠가다, 부터가다’ 등으로 나타난다.

780) ‘소줏고리’를 뜻하나 여기서는 ‘소숫고리에서 내린 술’의 의미로 쓰였다. ‘소줏소리에서 내린 술’을 대개는 ‘고소리술’ 또는 ‘고수리술’이라 한다.

781) ‘뿜으면서’의 뜻이다. ‘뿜다’의 방언형은 ‘뿜다, 품다’ 등으로 나타난다.

782) ‘색이’의 뜻이다. ‘색(色)’의 방언형은 ‘섹’으로 나타난다.

783) ‘사뭇’을 말한다. ‘사뭇’의 방언형은 ‘스못, 스뭇, 흐뭇’ 등으로 나타난다.

784) ‘엮어서’의 뜻으로, ‘여끄[編]-+-언’ 구성이다. ‘엮다[編]’의 방언형은 ‘여끄다, 으끄다’ 등으로 나타난다.

785) ‘뜯어 온’의 뜻이다.

786) ‘펴놓아서’의 뜻으로, ‘페와놓[伸]-+-앙은에’ 구성이다. ‘-앙은에’는 ‘-아서’의 의미로 쓰이는 어미이다. ‘펴놓다’의 방언형은 ‘페와놓다’로 나타난다.

787) ‘시들리고’의 뜻이다. ‘시들리다’의 방언형은 ‘소들리다, 시들리다, 시들루다’ 등으로 나타난다.

788) ‘선(線)’의 뜻이나 여기서는 ‘정도’의 의미로 쓰였다.

789) ‘여기에’의 뜻이다.

790) ‘술이 센 것’은 ‘알콜 성분이 높은 술’을 말한다. 곧 ‘독한 술’을 의미한다.

791) ‘몇’의 뜻이다.

792) ‘놓습디까?’의 뜻으로, ‘놓[放]-+-읍디가’ 구성이다. ‘-읍디가’는 ‘-읍디까’의 의미로 쓰이는 어미이다.

793) ‘모르겠어’의 뜻으로, ‘모르[不知]-+-컨게’ 구성이다. ‘-컨게’는 ‘-겠어’의 의미로 쓰이는 어미이다.

794) ‘댕기’를 말한다. ‘댕기’의 방언형은 ‘당기, 뎅기’ 등으로 나타난다.

795) ‘접어서’의 뜻이다.

796) ‘누르면’의 뜻이다. ‘누르다[壓]’의 방언형은 ‘누뜰다, 누르다, 누르뜨다, 누울리다, 눌뜨다, 눌르다’ 등으로 나타난다.

797) ‘덩이는’의 뜻이다. ‘덩이’의 방언형은 ‘덩이, 뎅이’ 등으로 나타난다.

798) ‘위로’의 뜻이다. ‘위[上]’의 방언형은 ‘우, 우이, 우희’ 등으로 나타난다.

799) ‘지질러서’의 뜻이다. ‘지지르다’의 방언형은 ‘지둘르다, 지들루다, 지들우다’ 등으로 나타난다.

800) ‘붙으면’의 뜻이다. ‘붙다[附]’의 방언형은 ‘부뜨다, 부트다’ 등으로 나타난다.

801) ‘가져가서’의 뜻이다. ‘가져가다’의 방언형은 ‘가져가다, 거져가다, ᄀ져가다, 아져가다, 앗아가다, ᄋ져가다’ 등으로 나타난다.

802) ‘물[水]이’의 뜻이다. 여기서 ‘물’은 ‘빛깔’ 또는 ‘색깔’의 의미로 쓰였다.

803) ‘없어져’의 뜻이다. ‘없어지다’의 방언형은 ‘엇어지다, 웃어지다’ 등으로 나타난다.

804) '심었다가'의 뜻으로, '싱그[植]-+-엇단' 구성이다. '-엇단'은 '-었다가'의 의미로 쓰이는 어미이다. '심다[植]'의 방언형은 '심다, 싱그다' 등으로 나타난다.

805) '참외'를 말한다. '참외'의 방언형은 '춤메, 춤웨' 등으로 나타난다.

806) '아니하는데'의 뜻이다.

807) '모종'을 말한다. '모종'의 방언형은 '메종, 모종, 묘종' 등으로 나타난다.

808) '사다가'의 뜻으로, '사[買]-+-당' 구성이다. '-당'은 '-다가'의 의미로 쓰이는 어미이다.

809) '참외'를 말한다. '참외'에 대하여 '오이'를 구분할 때는 '물웨'라 한다.

810) '받았다가'의 뜻으로, '받-+-앗당' 구성이다. '-앗당'은 '-았다가'의 의미로 쓰이는 어미이다.

811) '모종'을 말한다.

812) '아마도'를 말한다.

813) '참외'를 말한다.

814) '했다가'의 뜻으로, '허[爲]-+-엇당은에'는 '-었다가는'의 의미로 쓰이는 어미이다. '하다[爲]'의 방언형은 '허다, 흐다' 등으로 나타난다.

815) '저기'를 말한다.

816) '모종'을 말한다. '모종'의 방언형은 '메종, 모종, 묘종' 등으로 나타난다.

817) '잘되고 있네'의 뜻으로, '잘뒈-+-엄신게' 구성이다. '-엄신게'는 '-고 있네'의 의미로 쓰이는 어미이다.

818) '쇠[鐵]'를 말한다. 이 '쇠'는 '지지대로 쓸 쇠몽둥이'를 뜻한다.

819) '밭에'의 뜻으로, '벗[田]+-듸(처격)' 구성이다.

820) '가져다가'의 뜻으로, '아지[持]-+-어단' 구성이다. '-어단'은 '-어다가'의 의미로 쓰이는 어미이다. '가지다[持]'의 방언형은 '가지다, ᄀ지다, 아지다, 앗다, ᄋ지다' 등으로 나타난다.

821) '걸린다고'의 뜻이다.

822) '열렸지'의 뜻이다.

823) '대가리'를 말한다.

824) '패는'의 뜻이다.

825) 이는 오이가 잘 달리라고 쇠몽둥이로 지지대를 세우고 지붕도 만들었는데, 오이를 따라 다니다 보면 이 쇠몽둥이에 자주 머리가 부딪치게 된다는 말이다.

826) '일남일호'라는 귤 품종의 이름이다.

827) '극조생(極早生)'을 말한다.

828) '한라봉'은 귤 품종의 이름이다. 그 모양이 마치 한라산을 닮았다고 해서 붙은 이름이라고 한다.

829) '김[雜草]'을 말한다.

830) '별꽃'을 말한다. '별꽃'의 방언형은 '진쿨, 진풀' 등으로 나타난다.

831) '쇠비름은'의 뜻이다. '쇠비름'의 방언형은 '쒜비눔, 쒜비늠, 쒜비놈' 등으로 나타난다.

832) '김의털'을 말한다.

833) '깨풀'을 말한다. '깨풀'의 방언형은 '복쿨, 복풀' 등으로 나타난다.

834) '앉는'의 뜻이다.

835) '닭의장풀은'의 뜻이다. '닭의장풀'의 방언형은 '고낭귀, 고네쿨, 고네할미, 고네이
양에, 고능풀, 고니풀, 고로풀' 등으로 나타난다.

836) '아무때나'의 뜻이다. '아무때'의 방언형은 '아모때, 아모제, 아무때, 아무제' 등으
로 나타난다.

837) 'ㄱ사'는 '이제 막'의 뜻을 지닌 어휘다.

838) '귀리'를 말한다. '귀리'의 방언형은 '대오리, 대우리' 등으로 나타난다.

839) '마디[節]'를 말한다. '마디'의 방언형은 'ㅁ디, ㅁ작' 등으로 나타난다.

840) '목[頸]'을 말한다.

841) '찌르면서'의 뜻이다. '찌르다'의 방언형은 '지르다, 질르다, 찌르다, 찔르다' 등으
로 나타난다.

842) '궂으니까'의 뜻이다.

843) '고구마'를 말한다. '고구마'의 방언형은 '감저, 감제, 감ᄌ' 등으로 나타난다.

844) '닭의장풀'을 말한다.

845) '바랭이'를 말한다. '바랭이'의 방언형은 '절완이, 절완지, 제완이, 제완지, 제환지'
등으로 나타난다.

846) '바랭이'를 말한다.

847) '쇠비름이' 뜻이다.

848) '조밭에'의 뜻이다.

849) '가라지'를 말한다. '가라지'의 방언형은 'ㄱ라조, ㄱ라지, ㄱ랏' 등으로 나타난다.

850) '데려서'의 뜻으로, '둘[與]-+-앙' 구성이다. '데리다'의 방언형은 '데리다, ᄃ리다,
둘다' 등으로 나타난다.

851) '다니고 있지' 또는 '다니지'의 뜻으로, '뎅기-+-엄쭈+게(종결보조사)' 구성이다.
'다니다'의 방언형은 '뎅기다, 뎅이다, ᄃ니다' 등으로 나타난다.

852) '다니면'의 뜻이다.

853) '벼에는' 의 뜻이다.

854) '개피[-稷]'를 말한다.

855) '데려서 다니는 게 있어.'의 뜻으로, 서로 비슷함을 이야기하고 있는 것이다, 곧
'보리-귀리, 조-가라지, 벼-개피'는 서로 사촌처럼 데리고 다녀야 한다는 것이다.

856) '가라지도'의 뜻이다.

857) '처음에'의 뜻이다. '처음'의 방언형은 '처엄, 처음, 체얌, 초담' 등으로 나타난다.

858) '다닐'의 뜻으로, '뎅이-+-ㄹ' 구성이다. '다니다'의 방언형은 '뎅기다, 뎅이다, ᄃ
니다' 등으로 나타난다.

859) '같아'의 뜻이다. '같다'의 방언형은 'ㄱ뜨다, ㄱ트다, 닮다, 답다' 등으로 나타난다.

860) '우분지'의 확실한 뜻은 모호하다. '열매가 열리지 않는다'는 설명으로 보면 '헛아

지(이삭이 생기지 못하는 아지)'가 아닌가 한다.

861) '있어야'의 뜻으로, '잇[有]-+-어야' 구성이다. '있다[有]'의 방언형은 '시다, 싯다, 이시다, 잇다' 등으로 나타난다.

862) '누르스름한'의 뜻이다. '누르스름하다'의 방언형은 '누릅스름ㅎ다, 누리스름ㅎ다' 등으로 나타난다.

863) '어리멍청하게'의 뜻이다. '어리멍청하다'의 방언형은 '두루멍청ㅎ다, 두리멍청ㅎ다' 등으로 나타난다.

864) '콩하고'의 뜻으로, '콩[斗]+-이영' 구성이다. '-이영'은 '-하고'의 의미로 쓰이는 조사이다.

865) '속잎이'의 뜻이다.

866) '나서'의 뜻으로, '내[出]-+-앙' 구성이다.

867) '뭉툭해서'의 뜻이다. '뭉툭하다'의 방언형은 '문틀락ㅎ다, 물트락ㅎ다, 뭉클락ㅎ다, 뭉탁ㅎ다' 등으로 나타난다.

868) '가서'의 뜻으로, '개[去]-+-앙' 구성이다.

869) '위로'의 뜻이다.

870) '평평히'의 뜻이다.

871) '위'를 말한다. '위[上]'의 방언형은 '우, 우이, 우희' 등으로 나타난다.

872) '막아져버린' 또는 '막힌'의 뜻이다.

873) '헛아지'를 말한다.

874) '귀리'를 말한다. '귀리'의 방언형은 '대오리, 대우리' 등으로 나타난다.

875) '다닌다고'의 뜻을, '뎅기-+-ㄴ덴' 구성이다. '-ㄴ덴'은 '-ㄴ다고'의 의미로 쓰이는 어미이다.

876) '고구마'를 말한다.

877) '베면'의 뜻이다. '베다[刈]'의 방언형은 '버이다, 베다, 비다' 등으로 나타난다.

878) '탈곡기'를 말한다.

879) '많은'의 뜻이다. '많다'의 방언형은 '만ㅎ다, 하다' 등으로 나타난다.

880) 이렇게 훑는 것을 '클'이라고 한다. '보리를 훑는 그네'은 '보리클', '벼를 훑는 그네는 '나록클'이라고 한다. '보리클'과 '나록클'의 구분은 살이 모양이 둥그런 것인가, 모난 것인가에 따라 구분한다. 곧 살이 둥글면 '보리클', 모나면 '나록클'이다.

881) '했다가'의 뜻으로, '허[爲]-+-엇단' 구성이다. '-엇단'은 '-었다가'의 의미로 쓰이는 어미이다.

882) '벼는'의 뜻이다. '벼[禾]'의 방언형은 '니록, 나록, 베' 등으로 나타난다.

883) '없으니까'의 뜻으로, '엇[無]-+-이난' 구성이다.

884) '많이'의 뜻이다. '많이'의 방언형은 '만이, 만히, 하영, 해' 등으로 나타난다.

885) '도리깨'를 말한다.

886) '알'의 뜻으로, 여기서는 '쌀알'의 의미로 쓰였다.

887) '각메기'는 달리 '각마기, 콕메기, 쿡메기'라 하는데, '조이삭이나 콩꼬투리에서 열

매를 떨어버리고 남은 줄기나 깍지 따위'의 뜻을 지닌 어휘다.

888) '이삭'을 말한다.

889) '무너져서'의 뜻이다. 여기서 '무너지다'는 '일정한 형태의 것이 깨지다'는 의미로 쓰인 경우이다.

890) '몽둥이'를 말한다. '몽둥이'의 방언형은 '목동이, 목둥이, 몽동이, 몽둥이 몽뎅이' 등으로 나타난다.

891) '그네(농기구)'를 말한다.

892) '일 미터 십'을 잘못 말한 것이다.

893) '어레미'를 말한다.

894) '위'를 말한다. '위[上]'의 방언형은 '우, 우이, 우희' 등으로 나타난다.

895) '박(힘주어 당기는 소리. 또는 그 모양)'을 말한다. '박'의 방언형은 '박, 박기' 등으로 나타난다.

896) '당기면'의 뜻이다. '당기다'의 방언형은 '드리다, 둥기다, 둥이다' 등으로 나타난다.

897) '많지'의 뜻이다.

898) '펴서'의 뜻으로, '펩[伸]-+-앙' 구성이다. '펴다[伸]'의 방언형은 '페우다, 펩다' 등으로 나타난다.

899) '살그머니'의 뜻이다. '살그머니'의 방언형은 '슬히, 술이, 술히' 등으로 나타난다.

900) '떨어져서'의 뜻이다. '떨어지다'의 방언형은 '떨어지다, 털어지다' 등으로 나타난다.

901) '보이고'의 뜻이다.

902) '베어서'의 뜻으로, '비[제]-+-엉은에' 구성이다. '-엉은에'는 '-어서'의 의미로 쓰이는 어미이다. '베다[제]'의 방언형은 '버이다, 베다, 비다' 등으로 나타난다.

903) '밭에서'의 뜻으로, '밧[田]+-듸서' 구성이다. '-듸서'은 '-에서'의 의미로 쓰이는 조사이다.

904) '탈곡기'를 말한다.

905) '나무째'의 뜻이나 여기서는 '보릿대째'의 의미로 쓰였다.

906) '아니해서'의 뜻으로, '아녀-+-엉' 구성이다. '아니하다'의 방언형은 '아녀다, 아니ᄒ다' 등으로 나타난다.

907) '앞서는'의 뜻이다.

908) '남군에는'의 뜻으로, '남군(南郡)'는 '서귀포시'를 제외한 한라산 남쪽 지역을 포함하는 행정구역의 이름이다. 2006년 7월 1일 제주특별자치도가 출범하면서 행정시인 '서귀포시'에 편입되었다.

909) '합작해서'의 뜻으로, '가보'는 일본어 'かぶ'이다.

910) '샀던'의 뜻으로, '사[買]-+-아난' 구성이다. '-아난'은 '-았던'의 의미로 쓰이는 어미이다.

911) '사뭇'을 말한다. '사뭇'의 방언형은 'ᄉ뭇, 스뭇, ᄒ뭇' 등으로 나타난다.

912) '와서'의 뜻으로, '오[來]-+-앙' 구성이다.

913) '왜'를 말한다.

914) '찰찰'은 '물이나 기름 따위가 넘치는 모양'을 뜻하는데, 방언형은 '밋밋, 찰찰' 등으로 나타난다.

915) '똑바로'를 말한다. '똑바로'의 방언형은 '졸바로, 졸바르' 등으로 나타난다.

916) '통(桶)'을 말하는데, 일본어 'かん'이다.

917) '했었는데'의 뜻이다.

918) '도리깨'를 말한다.

919) '이만큼씩'의 뜻이다.

920) '묶었지'의 뜻이다. '묶다[束]'의 방언형은 '무끄다'로 나타난다.

921) '짚은'의 뜻이다. '짚'의 방언형은 '찍, 찝' 등으로 나타난다.

922) '베며는'의 뜻이다. '베다[刈]'의 방언형은 '버이다, 베다, 비다' 등으로 나타난다.

923) '비틀어서'의 뜻으로, '뒙[捩]-+-앙' 구성이다. '뒤틀다[捩]'의 방언형은 '뒈우다, 뒙다, 비틀우다, 틀루다' 등으로 나타난다.

924) '매끼'를 말한다. '매끼'의 방언형은 '께, 께미, 메께, 무세, 무셍이' 등으로 나타난다.

925) '싣는다고'의 뜻으로, '시끄[載]-+-ㄴ덴' 구성이다. '-ㄴ덴'은 '-ㄴ다고'의 의미로 쓰이는 어미이다. '싣다[載]'의 방언형은 '시끄다, 시르다, 실르다' 등으로 나타난다.

926) '여섯'을 말한다.

927) '밭에'의 뜻으로, '밧[田]+-듸' 구성이다.

928) '끄트머리만'의 뜻이다. '끄트머리'의 방언형은 '끄트머리, 끗겡이, 끗다리, 끗데기, 끗뎅이' 등으로 나타난다.

929) '데로'의 뜻으로, '듸[所]+-레' 구성이다. '-레'는 '-로'의 의미로 쓰이는 조사이다.

930) '요리로'의 뜻이다.

931) '아름'을 말한다. '아름'의 방언형은 '아늠, 아름' 등으로 나타난다.

932) '못 안지'의 뜻이다.

933) '실어 와서'의 뜻이다.

934) '도리깨'를 말한다.

935) '가빠'는 '비바람이나 눈보라를 막거나 곡식을 널기 위하여 만든 두꺼운 천. 또는 거기에 고무 같은 것을 먹인 천'으로, 포르트갈어 'capa'에서 유래한다.

936) '사다가'의 뜻으로, '사[買]-+-당' 구성이다. '-당'은 '-다가'의 의미로 쓰이는 어미이다.

937) '싣고'의 뜻이다. '싣다[載]'의 방언형은 '시끄다, 시르다, 실르다' 등으로 나타난다.

938) '쌓았다가'의 뜻이다.

939) '남방아'를 말한다. '남방아'의 방언형은 '남방에, 남방이' 등으로 나타난다.

940) '맷돌'을 말한다. '맷돌'의 방언형은 'ᄀ레, ᄀ렛돌' 등으로 나타난다.

941) '돌확'을 말한다.

942) '방앗공이'를 말한다. '방앗공이'는 '방앗귀, 방엣귀, 방잇귀, 뱅잇귀' 등으로 나타난다.

943) '연자매'를 말한다. '연자매'의 방언형은 '돌ᄀ레, 물ᄀ레, 물방에, 물방이' 등으로

나타난다.

944) '소[牛]'를 말한다.

945) '연자매는'의 뜻이다.

946) '밀리어서'의 뜻이다.

947) '부쳐서'의 뜻으로, '버치-+-언' 구성이다. '부치다[不及]'의 방언형은 '버치다'로 나타난다.

948) '말리어서'의 뜻이다.

949) '연자매'를 뜻한다.

950) '있으니까'의 뜻으로, '시[有]-+-난' 구성이다. '-난'은 '-니까'의 의미로 쓰이는 어미이다. '있다[有]'의 방언형은 '시다, 싯다, 이시다, 잇다' 등으로 나타난다.

951) '통(桶)'을 말한다.

952) '있었으면'의 뜻으로, '잇[有]-+-어시민' 구성이다. '-어시민'은 '-었으면'의 의미로 쓰이는 어미이다.

953) '허벅'은 제주도 고유의 '물동이'를 말한다. 그 모양은 '둥글며 배가 불룩하고 위의 아가리는 아주 좁게' 되어 있다.

954) '좀곽은'의 뜻이다. '좀곽'은 '나무를 납죽하게 파서 만든 바가지 비슷한 그릇'을 말한다. 달리 '솔박, 속박, 손박, 좀곽세기'로 나타나기로 한다.

955) '망태기'의 뜻이다. '망태기'의 방언형은 '망텡이, 멩텡이' 등으로 나타난다.

956) '가져다가는'의 뜻으로, '앳[持]-+-당은에' 구성이다. '-당은에'는 '-다가는'의 의미로 쓰이는 어미이다.'가지다'의 방언형은 '가지다, ㄱ지다, 아지다, 앗다, ㅇ지다' 등으로 나타난다.

957) '팡'은 '말을 타고 내리거나 짐을 지고 부리거나, 빨래를 할 때 받침대가 되게 크고 넓적한 돌 따위로 만든 대(臺)'를 뜻하는 어휘다.

958) '방아'를 말한다. '방아'의 방언형은 '방에, 방이, 뱅이' 등으로 나타난다.

959) '흩어'의 뜻으로, '허치[散]-+-어' 구성이다. '흩다[散]'의 방언형은 '허끄다, 허치다, 허트다, 흐트다' 등으로 나타난다.

960) '거죽'을 말한다. '거죽'의 방언형은 '거죽, 걱적, 적죽, 겁죽, 꺽죽, 껍죽' 등으로 나타난다.

961) '꼬리'를 말한다. '꼬리'의 방언형은 '꼬리, 꼴리' 등으로 나타난다.

962) '맷돌'을 말한다.

963) '섞으면서'의 뜻이다. '섞다[混]'의 방언형은 '서끄다, 서트다' 등으로 나타난다.

964) '해서는'의 뜻으로, '허[爲]-+-영은에' 구성이다. '-영은에'는 '-여서는'의 의미로 쓰이는 어미이다.

965) '너희'의 뜻이다.

966) '터앝'을 말한다. '터앝'의 방언형은 '우연, 우영, 우영팟, 위연' 등으로 나타난다.

967) '살았던'의 뜻으로, '살[生]-+-아난' 구성이다. '-아난'은 '-았던'의 의미로 쓰이는 어미이다.

968) '모슬포'는 서귀포시 대정읍 '상·하모리(上·下摹里)'를 함께 이르는 말이다.

969) '와서'의 뜻으로, '오[來]-+-라네' 구성이다. '-라네'는 '오다' 동사 어간에 연결되어서 '-아서'의 의미로 쓰이는 어미이다.

970) '양푼'을 말한다. '양푼'의 방언형은 '낭푼이'로 나타난다.

971) '아버지'의 뜻이나 여기서는 '남편'의 의미로 쓰였다.

972) '명륜이네'라는 사람 이름이다.

973) '담쌓으러'의 뜻으로, '담닺[築]-+-레' 구성이다. '-레'는 '-러'의 의미로 쓰이는 어미이다. '담쌓다'의 방언형은 '담답다, 담닺다' 등으로 나타난다.

974) '가서'의 뜻으로, '개[去]-+-안네' 구성이다. '-안에'는 '-아서'의 의미로 쓰이는 어미이다.

975) '둘이서'의 뜻이다.

976) '반합(飯盒)'의 뜻으로, 일본어 'はんごう'이다.

977) '덮어서는'의 뜻으로, '더끄[蓋]-+-엉은' 구성이다. '-엉은'은 '-어서'의 의미로 쓰이는 어미이다. '덮다[蓋]'의 방언형은 '더끄다, 더프다' 등으로 나타난다.

978) '오르락내리락하다'의 뜻이다.

979) '선밥'을 말한다.

980) '위로'의 뜻으로, '우[上]+-티레' 구성이다. '-티레'는 '-로'의 의미로 쓰이는 조사이다. '위[上]'의 방언형은 '우, 우이, 우희' 등으로 나타난다.

981) '점심을'의 뜻이다. '점심'의 방언형은 '점심, 정심, 증심, 징심' 등으로 나타난다.

982) '받으려고'의 뜻으로, '밤[受]-+-젠' 구성이다. '-젠'은 '-려고'의 의미로 쓰이는 어미이다.

983) '찌그러지게'의 뜻이다. '찌그러지다'의 방언형은 '멜라지다, 멜싸지다' 등으로 나타난다.

984) '버섯'을 말한다.

985) '먹었다가는'의 뜻으로, '먹[食]-+-엇당은' 구성이다. '-엇당은'은 '-었다가는'의 의미로 쓰이는 어미이다.

986) '겨'를 말한다.

987) '찧어서'의 뜻으로, '짛[搗]-+-엉' 구성이다. '찧다[搗]'의 방언형은 '짛다'로 나타난다.

988) '가져와서'의 뜻이다. '가져오다'의 방언형은 '가져오다, 거져오다, ᄀ져오다, 아져오다, 앗아오다, ᄋ져오다' 등으로 나타난다.

989) '너니까'의 뜻으로, '닐[伸]-+-난' 구성이다. '-난'은 '-니까'의 의미로 쓰이는 어미이다.

990) '가기는'의 뜻이다.

991) '드리든지'의 뜻이다. '드리다(쭉정이 따위를 바람에 날리다.)'의 방언형은 '불리다'로 나타난다.

992) '키[箕]'를 말한다.

993) '까부르든지'의 뜻이다. '까부르다'의 방언형은 '능그리다, 푸끄다, 푸다' 등으로 나타난다.
994) '맷돌'을 말한다.
995) '쌀겨라고'의 뜻이다. '쌀겨'의 방언형은 '보미'로 나타난다.
996) '돼지'를 말한다.
997) '매달리어'의 뜻이다. '매달리다'의 방언형은 '돌아지다'로 나타난다.
998) '순다리'는 '쉰밥에 누룩을 넣어 발효시킨 음식'으로, 감주보다는 덜 달고 맛이 새콤하다. 달리 '쉰다리'라 한다.
999) '맛만'의 뜻이다.
1000) '종다래끼'를 말한다. '종다래끼'의 방언형은 '둘랑지, 둘렝이, 조락, 조락바구리, 조레기' 등으로 나타난다.
1001) '방앗간'을 말한다. '방앗간'의 방언형은 '방에공장, 방이왕' 등으로 나타난다.
1002) '각메기'는 달리 '각마기, ᄀ메기, ᄏ메기'라 하는데, '조이삭이나 콩꼬투리에서 열매를 떨어버리고 남은 줄기와 깍지 따위'를 이르는 어휘를 말한다.
1003) '궂은'의 뜻이다.
1004) '왕겨'를 말한다.
1005) '쌀하고는'의 뜻이다.
1006) '햇벼'를 말한다.
1007) '했다고'의 뜻으로, '허[爲]-+-엇젠' 구성이다. '-엇젠'은 '-었다고'의 의미로 쓰이는 어미이다. '하다[爲]'의 방언형은 '허다, ᄒ다' 등으로 나타난다.
1008) '알씬알씬하지'의 뜻이다. '알씬알씬하다'는 '어떤 냄새 따위의 자극으로 코를 찌르듯이 잇따라 알알하다.'는 말이다.
1009) '가져가고'의 뜻이다. '가져가다'의 방언형은 '가져가다, 거져가다, ᄀ져가다, 아져가다, 앗아가다, ᄋ져가다' 등으로 나타난다.
1010) '많으니까'의 뜻이다. '많다[多]'의 방언형은 '만ᄒ다, 하다' 등으로 나타난다.
1011) '정도였었는데'의 뜻으로, '정도+-이+-라나신디' 구성이다. '-라나신디'는 '-았었는데'의 의미로 쓰이는 어미이다.
1012) '바구니'를 말한다. '바구니'의 방언형은 '구덕, 바구리, 바굼지' 등으로 나타난다.
1013) '나물바구니'를 말한다. '나물바구니'의 방언형은 'ᄉ키구덕, ᄉ키바구리' 등으로 나타난다.
1014) '뒤로'의 뜻으로, '두이[後]+-로' 구성이다. '뒤[後]'의 방언형은 '두이, 뒤' 등으로 나타난다.
1015) '있으니까'의 뜻으로, '시[有]-+-난' 구성이다. '-난'은 '-니까'의 의미로 쓰이는 어미이다. '있다[有]'의 방언형은 '시다, 싯다, 이시다, 잇다' 등으로 나타난다.
1016) '구감'은 '씨앗으로 사용한 땅속에서 해묵은 고구마'를 말한다.
1017) '약은' 또는 '큰'의 뜻이다.
1018) '절간고구마'를 말한다. '절간고구마'의 방언형은 '감저뺏데기, 절간감저, 뺏데기'

등으로 나타난다.

1019) '없었다고'의 뜻으로, '엇[無]-+-엇덴' 구성이다. '-엇덴'은 '-었다고'의 의미로 쓰이는 어미이다. '없다[無]'의 방언형은 '없다, 엇다, 읎다, 웃다' 등으로 나타난다.

1020) '처음'의 뜻이다. '처음'의 방언형은 '처엄, 처음, 체얌, 초담' 등으로 나타난다.

1021) '숨길려고'의 뜻이다. '숨기다'의 방언형은 '곱지다, 숨기다, 숭기다, 숭키다' 등으로 나타난다.

1022) '숨겼다가'의 뜻이다.

1023) '아침'의 뜻이다.

1024) '앉아서'의 뜻으로, '앚[坐]-+-앙' 구성이다. '-앙'은 '-아서'의 의미로 쓰이는 어미이다. '앉다[坐]'의 방언형은 '아지다, 안즈다, 안지다, 앉다, 앚다' 등으로 나타난다.

1025) '달라고'의 뜻으로, '돌[要]-+-렌' 구성이다. '-렌'은 '-라고'의 의미로 쓰이는 어미이다.

1026) '가서'의 뜻으로, '개[去]-+-앙' 구성이다.

1027) '와서'의 뜻으로, '오[來]-+-앙' 구성이다.

1028) '없으면'의 뜻으로, '엿[無]-+-이민' 구성이다. '없다'의 방언형은 '없다, 엇다, 읎다, 웃다' 등으로 나타난다.

1029) '끝이니까'의 뜻으로, '끗[末]+-이난' 구성이다.

1030) '해주십시오'의 뜻이다.

1031) '나한테'의 뜻이다.

1032) '사람이라고'의 뜻으로, '사름+-이랑' 구성이다. '-이랑'은 '-이라고'의 의미로 쓰이는 조사이다.

1033) '나보고' 또는 '나더러'의 뜻이다.

1034) '없어서'의 뜻으로, '엇[無]-+-엉' 구성이다.

1035) '꼴 하러'의 뜻이다. '꼴[芻]'의 방언형은 '촐'로 나타난다.

1036) '억새를'의 뜻이다. '억새'의 방언형은 '어욱, 어워기, 어웍' 등으로 나타난다.

1037) '베는데'의 뜻이다. '베다[刈]'의 방언형은 '버이다, 베다, 비다' 등으로 나타난다.

1038) '손자(孫子)'를 말한다. '손자'의 방언형은 '손자, 손지, 손ᄌ' 등으로 나타난다.

1039) '차례'를 말한다.

1040) '잊어버리지를'의 뜻이다. '잊어버리다'의 방언형은 '이져불다, 이쳐불다' 등으로 나타난다.

1041) '제주시(濟州市)'를 말한다.

1042) '찾기'의 뜻이다. '찾다'의 방언형은 '촞다'로 나타난다.

1043) '앉아서'의 뜻으로, '앚[坐]-+-앙' 구성이다. '앉다[坐]'의 방언형은 '아지다, 안즈다, 안지다, 앉다, 앚다' 등으로 나타난다.

1044) '꼴등했노라고'의 뜻으로, '꼴등허-+-고렌' 구성이다. '-고렌'은 '-았노라고'의 의미로 쓰이는 어미이다.

1045) ‘제주여상’은 제주시에 있는 제주여자상업고등학교를 말한다.

1046) ‘멀리멀리’의 뜻으로, 한자어 ‘千丈萬丈’이다.

1047) 이 ‘천지연’은 중문 색달동에 위치하는 ‘천제연(天帝淵)’의 잘못으로 보인다. ‘천지
연(天池淵)’은 서귀포시 천지동에 위치한다.

1048) ‘타고 넘어 다녔네’의 뜻으로, ‘발-+-아시네’ 구성이다. ‘-아시네’는 ‘-았네’의 의
미로 쓰이는 어미이다. ‘발다’는 ‘좁고 높은 데를 조심스레 걸어 다니거나 넘어
다니다.’는 뜻을 지닌 어휘다.

1049) ‘잡아간다고’의 뜻으로, ‘심어가-+-ㄴ덴’ 구성이다. ‘-ㄴ덴’은 ‘-ㄴ다고’의 의미로
쓰이는 어미이다. ‘잡아가다’의 방언형은 ‘심어가다, 잡아가다’ 등으로 나타난다.

1050) ‘위에’의 뜻으로, ‘위[上]+-의(처격)’ 구성이다. ‘위[上]’의 방언형은 ‘우, 우이, 우
희’ 등으로 나타난다.

1051) ‘펄쩍’의 뜻이다. ‘펄쩍’의 방언형은 ‘퍼딱, 퍼쩍’ 등으로 나타난다.

1052) ‘와랑와랑’은 ‘사람이 세차게 뛰어가는 모양’의 뜻을 지닌 어휘다.

1053) ‘닫지’의 뜻으로, ‘둘[走]-+-주’ 구성이다. ‘닫다[走]’의 방언형은 ‘둗다, 둘다’ 등
으로 나타난다.

1054) ‘항아리’를 말한다. ‘항아리’의 방언형은 ‘항, 황’ 등으로 나타난다.

1055) ‘말해지는데’의 뜻이다. ‘말하다’의 방언형은 ‘곧다, 굴다, 말곧다, 말굴다, 말ᄒᆞ다’
등으로 나타난다.

1056) ‘드럼통’을 말하는데, 일본어 ‘ドラムかん’이다.

1057) ‘뒤주’를 말한다. ‘뒤주’의 방언형은 ‘두지, 두쥐’ 등으로 나타난다.

1058) ‘멱에도’의 뜻이다. ‘멱[짚으로 만든 그릇]’의 방언형은 ‘멕’으로 나타난다.

1059) ‘놓았다가도’의 뜻이다.

1060) ‘바깥에’의 뜻이다. ‘바깥’의 방언형은 ‘바깟, 바껏, 바곗, 바끗, 배곗’ 등으로 나타
난다.

1061) ‘겯으니까’의 뜻이다. ‘겯다[織]’의 방언형은 ‘줃다, 줄다’ 등으로 나타난다.

1062) ‘많았고’의 뜻으로, ‘해[多]-+-앗고’ 구성이다. ‘-앗고’는 ‘-았고’의 의미로 쓰이는
어미이다. ‘많다[多]’의 방언형은 ‘만ᄒᆞ다, 하다’ 등으로 나타난다.

1063) ‘마루에랑’의 뜻으로, ‘마리[抹]+-에영’ 구성이다. ‘-에영’은 ‘-에랑, -에는’의 의미
로 쓰이는 어미이다. ‘마루[抹]’의 방언형은 ‘마리, 상방’ 등으로 나타난다.

1064) ‘여남은’을 말한다. ‘여남은’의 방언형은 ‘여남은, ᄋᆞ남은’ 등으로 나타난다.

1065) ‘미삭미삭’은 ‘모아 쌓은 물건이 지나칠 정도로 아무 많은 모양’을 뜻하는 어휘다.

1066) ‘허벅에’의 뜻이다. ‘허벅’은 ‘물 등 액체 따위를 운반하거나 보관할 때 쓰는 동이’
를 말하는데, 그 모양은 둥글며 배가 불룩하고 위의 아가리는 아주 좁게 되어 있다.

1067) ‘드럼통’을 말하는데, 일본어 ‘ドラムかん’이다.

1068) ‘이엉’을 말한다. ‘이엉’의 방언형은 ‘ᄂᆞ라미, ᄂᆞ람지, ᄂᆞ래미, 눌래’ 등으로 나타난다.

1069) ‘감저줄’은 달리 ‘감저꿀’이라 하는데, ‘고구마의 기는줄기’를 말한다.

1070) ‘가리면’의 뜻으로, ‘눌[積]-+-면’ 구성이다. ‘가리다[積]’의 방언형은 ‘눌다’로 나

타난다.

1071) '덮고'의 뜻으로, '더끄[蓋]-+-고' 구성이다. '덮다[蓋]'의 방언형은 '더끄다, 더프다' 등으로 나타난다.

1072) '쥐'를 말한다. '쥐[鼠]'의 방언형은 '중이, 쥉이, 쥐, 쥥이' 등으로 나타난다.

1073) '쏠지'의 뜻이다. '쏠다'의 방언형은 '쏘미다, 쏠다, 쉐물다, 쉐미다' 등으로 나타난다.

1074) '이듬해'를 말한다. '이듬해'의 방언형은 '뒷헤'로 나타난다.

1075) '매끼'를 말한다. '매끼[束]'의 방언형은 '께, 께미, 메께, 무세, 무성이' 등으로 나타난다.

1076) '볏짚이지'의 뜻이다. '볏짚'의 방언형은 '나록찍, 나록찝, 나룩찍, 나룩찝' 등으로 나타난다.

1077) '만들려고'의 뜻이다.

1078) '볏짚'을 말한다.

1079) '빌리러'의 뜻으로, '빌[借]-+-레' 구성이다. '-레'는 '-러'의 의미로 쓰이는 어미이다. '빌리대[借]'의 방언형은 '빌다, 빌리다' 등으로 나타난다.

1080) '던져서'의 뜻으로, '데끼[投]-+-언' 구성이다. '던지다[投]'의 방언형은 '네끼다, 더지다, 던지다, 데끼다' 등으로 나타난다.

1081) '짚으로'의 뜻으로, '찍[藁]+-으로' 구성이다. '짚[藁]'의 방언형은 '찍, 찝' 등으로 나타난다.

1082) '장(단위를 나타내는 말)'을 말한다.

1083) '겯고'의 뜻이다. '겯대[織]'의 방언형은 '즌다, 줄다' 등으로 나타난다.

1084) '망태기'를 말한다. '망태기'의 방언형은 '망텡이, 맹텡이' 등으로 나타난다.

1085) '돗걸름착'은 달리 '돗가레착, 돗갈레착, 돗거름착'이라 하는데, '돼지거름을 담아 나르는 데 쓰는 멕둥구미'를 말한다. 곧 '돼지거름용 멕둥구미'다.

1086) '겯지'의 뜻이다.

1087) '샌들(sandal)'을 말하는데, 일본어 'ぞうり'이다.

1088) '부치면요'의 뜻이다. '부치대[不及]'의 방언형은 '버치다'로 나타난다.

1089) '올래까지'의 뜻이다. '올래'는 '집으로 드나드는 아주 좁은 골목'을 뜻하는 어휘인데, 문헌 어휘 '오래'에서 유래한다.

1090) '겯어라'의 뜻이다.

1091) '땔감으로'의 뜻이다. '땔감'의 방언형은 '땔ㄱ음, 진을것, 진을거' 등으로 나타난다.

1092) '새낭'은 '다 자란 띠를 땔감으로 이르는 말'이다.

1093) '불때기는'의 뜻이다. '불때다'의 방언형은 '불숨다, 불슴다' 등으로 나타난다.

1094) '낫[鎌]'을 말한다.

1095) '베어'의 뜻이다. '베대[刈]'의 방언형은 '버이다, 베다, 비다' 등으로 나타난다.

1096) '소나무'를 말한다. '소나무'의 방언형은 '소남, 소낭, 솔남, 솔낭' 등으로 나타난다.

1097) '매달리어'의 뜻이다. '매달리다'의 방언형은 '둘아지다'로 나타난다.

1098) '가지[枝]'를 말한다. '가지[枝]'의 방언형은 '가젱이, 가지' 등으로 나타난다.

1099) '막대기'를 말한다. '막대기'의 방언형은 '막당이, 막데기, 막뎅이' 등으로 나타난다.

1100) '당기면'의 뜻이다. '당기다'의 방언형은 '드리다, 동기다, 동이다' 등으로 나타난다.

1101) '솔가리'를 말한다. '솔가리'의 방언형은 '솔썹, 솔입' 등으로 나타난다.

1102) '갈퀴'를 말한다.

1103) '칡[葛]'을 말한다. '칡[葛]'의 방언형은 '끅, 칙' 등으로 나타난다.

1104) '처음'을 말한다. '처음'의 방언형은 '처엄, 허음, 체얌, 초담' 등으로 나타난다.

1105) '위로는'의 뜻으로, '위[上]+-틔레+-ㄴ' 구성이다. '-틔레'는 '-으로'의 의미로 쓰이는 조사이다.

1106) '이만큼'의 뜻이다.

1107) '지어 오기도'의 뜻이다.

1108) '때기가'의 뜻으로, '짇-+-음' 구성으로 이루어진 어휘다. '짇다'는 '불이 꺼지지 아니하게 아궁이 따위에 연이어 장작 따위를 집어넣다.' 또는 '고구마 따위를 익히기 위하여 뜨거운 재 속에 묻어 두다.' 등의 의미를 지닌 어휘다.

1109) '쟁이어'의 뜻으로, '데미[蓄]-+-엉' 구성이다. '쟁이다[蓄]'의 방언형은 '데미다, 제기다' 등으로 나타난다.

1110) '가져다가'의 뜻으로, '앗[持]-+-당' 구성이다. '가지다'의 방언형은 '가지다, ㄱ지다, 아지다, 앗다, ㅇ지다' 등으로 나타난다.

1111) '진기(津氣)'는 '끈적끈적한 기운'의 뜻이나 여기서는 '땔감이 마딘 타 들어가는 마딘 기운'의 의미로 쓰였다.

1112) '했던'의 뜻으로, '허[爲]-+-어난' 구성이다. '-어난'은 '-었던'의 의미로 쓰이는 어미이다. '하다[爲]'의 방언형은 '허다, ㅎ다' 등으로 나타난다.

1113) '삭정이'를 말한다. '삭정이'의 방언형은 '삭다리'로 나타난다.

1114) '보리수나무'를 말한다.

1115) '끊어서'의 뜻으로, '그치[切]-+-앙은에' 구성이다. '-앙은에'는 '-아서' 또는 '-아서는'의 의미로 쓰이는 어미이다. '끊다[切]'의 방언형은 '그치다, 기치다, 끈다, 끈치다' 등으로 나타난다.

1116) '몽땅'을 말한다. '몽땅'의 방언형은 '메딱, 멘딱, 멘짝, 몬딱, 몬짝, 문딱, 문짝, 몬딱, 몬짝' 등으로 나타난다.

1117) 이 '돌오름'은 제주시 애월읍 봉성리(鳳城里)와 서귀포시 안덕면 상천리(上川里)와 광평리(廣坪里) 등에 거친, 표고 866m의 오름이다.

1118) '거의'의 뜻이다. '거의'의 방언형은 '거의, 거자, 거저, 거줌, 거진, 건자, 건줌' 등으로 나타난다.

1119) '서어나무'를 말한다. '서어나무'의 방언형은 '서리낭, 서으리낭, 서의낭' 등으로 나타난다.

1120) '소리나무'를 말한다.

1121) '때죽나무'를 말한다.

1122) '가볍고'의 뜻이다. '가볍다'의 방언형은 '가볍다, 개볍다, 개볍다, 개붑다' 등으로 나타난다.

1123) '손도끼'를 말하는데, '대개 나무 따위를 찍어서 자르는, 쇠로만 된 기다란 연장'을 말한다. 쇠자루는 잡고 일하기 편하게 헝겊을 감는다. '나대'는 일본어 'なた'이다.

1124) '예덕나무'를 뜻한다. '예덕나무'의 방언형은 '다간죽낭, 다근죽낭, 복닥낭' 등으로 나타난다.

1125) '곧게 있는데' 또는 '곧게 서 있는데'의 뜻이다. '곧다[直]'의 방언형은 '곧다, 고짝ᄒ다. 과짝ᄒ다, 구짝ᄒ다' 등으로 나타난다.

1126) '예덕나무'를 말한다.

1127) '가볍고'의 뜻이다. '가볍다'의 방언형은 '가볍다, 개볍다, 개봅다, 개붑다' 등으로 나타난다.

1128) '날것'을 말한다. '날것'의 방언형은 '눌거, 눌것' 등으로 나타난다.

1129) '보릿대'를 말한다. '보릿대'의 방언형은 '보릿낭'으로 나타난다.

1130) '꼴[芻]'를 말한다.

1131) '주워서'의 뜻으로, '줏[拾]-+-엉은에'에 구성이다. '-엉은에'는 '-어서'의 의미로 쓰이는 어미이다. '줍다[拾]'의 방언형은 '줏다'로 나타난다.

1132) '굴묵'은 '구들방에 불을 때게 만든 아궁이와 그 바깥 공간'을 이른다.

1133) '시멘트로라도'의 뜻으로, '세멘'은 일본어 'セメン'이다.

1134) '삶았습니까'의 뜻이나 여기서는 '불때다'의 의미로 쓰였다.

1135) '부수어서'의 뜻으로, '부숩[碎]-+-아근에' 구성이다. '-아근에'는 '-아서'의 의미로 쓰이는 어미이다. '부수다[碎]'의 방언형은 '부수다, 부숩다, 부쉬다' 등으로 나타난다.

1136) '헛간에'의 뜻이다.

1137) '주워'의 뜻으로, '줏[拾]-+-어' 구성이다.

1138) '덩드렁마께'는 달리 '던드렁마께, 덩더렁마께'라 하는데, '짚 따위를 덩드렁 위에 올려놓고 두들기는 방망이'를 말한다.

1139) '빻고'의 뜻이다. '빻다[舂]'의 방언형은 '뽓다'로 나타난다.

1140) '많이'의 뜻이다. '많이'의 방언형은 '만이, 만히, 하영, 해' 등으로 나타난다.

1141) '여기에는'의 뜻이다. '여기'의 방언형은 '여기, 이듸' 등으로 나타난다.

1142) '별로'의 뜻이다. '별로'의 방언형은 '베랑, 벨로, 벨부' 등으로 나타난다.

1143) '없었지'의 뜻으로, '엇[無]-+-엇주' 구성이다. '-엇주'는 '-었지'의 의미로 쓰이는 어미이다. '없다[無]'의 방언형은 '없다, 엇다, 읎다, 웃다' 등으로 나타난다.

1144) '많았습니다'의 뜻이다. '많다[多]'의 방언형은 '만ᄒ다, 하다' 등으로 나타난다.

1145) '메밀밭에'의 뜻이다.

1146) '들머귀'는 달리 '들러귀ᄂ물, 드러귀ᄂ물, 드레기ᄂ물, 들러귀ᄒ물, 들허귀ᄂ물'이라 하는데, '잎이 작고 검푸르며 털 같은 것이 돋은 품질이 좋지 못한 야생 나물'을 이르는 어휘다.

1147) '나물'을 말한다. '나물'의 방언형은 'ᄂ물, ᄂ몰' 등으로 나타난다.

1148) '베어버리면요'의 뜻이다. '베다[刈]'의 방언형은 '버이다, 베다, 비다' 등으로 나타난다.

1149) '빨개'의 뜻이다. '빨갛다'의 방언형은 '빨강허다'로 나타난다.

1150) '메즈르다'는 '모종이 크지 아니하고 짧다.' 또는 '토양이 비옥하지 못하여 초목의 성장이 좋지 아니하다.'는 뜻을 지닌 어휘다.

1151) '끓여서'의 뜻으로, '끌리[沸]-+-엉' 구성이다. '끓이다[沸]'의 방언형은 '꿰우다, 끌리다, 끌이다' 등으로 나타난다.

1152) '데워서'의 뜻으로, '뎁[熰]-+-앙' 구성이다. '데우다[熰]'의 방언형은 '데우다, 뎁다' 등으로 나타난다.

1153) '무[菁]'를 말한다.

1154) '길에'의 뜻으로, '질[路]+-레에' 구성이다. '-레에'는 '질[路]' 따위의 연결되어 '-에'의 의미로 쓰이는 조사이다.

1155) '다니다가'의 뜻으로, '뎅기[行]-+-당' 구성이다. '-당'은 '-다가'의 의미로 쓰이는 어미이다. '다니다'의 방언형은 '뎅기다, 뎅이다, 드니다' 등으로 나타난다.

1156) '까릿까릿ᄒ다'는 '이파리 따위가 손가락을 벌린 손바닥처럼 여러 갈래로 갈라지다.'는 뜻을 지닌 어휘이다. 달리 '가릿가릿ᄒ다'라 한다.

1157) '푹 (삶다)'의 뜻이다. '푹'은 '문짝, 무큰' 등으로 나타난다.

1158) '보리밭에'의 뜻이다.

1159) '도나다'는 '씨가 떨어져 저절로 나다.'는 뜻을 지닌 어휘다.

1160) '달래'를 말한다. '달래'의 방언형은 '꿩마농, 드릇마농' 등으로 나타난다.

1161) '달래라고'의 뜻이다.

1162) '없어졌는데'의 뜻이다. '없다[無]'의 방언형은 '없다, 엇다, 읎다, 웃다' 등으로 나타난다.

1163) '검은그루'를 말한다. '검은그루'의 방언형은 '가슬왓'으로 나타난다.

1164) '가져가서'의 뜻이다. '가져가다'의 방언형은 '가져가다, 거져가다, ᄀ져가다, 아져가다, 앗아가다, ᄋ져가다' 등으로 나타난다.

1165) '많아'의 뜻이다.

1166) '다듬어서'의 뜻으로, '다듬-+-앙은에' 구성이다. '-앙은에'는 '-아서'의 의미로 쓰이는 어미이다.

1167) '고소해서'의 뜻이다. '고소하다'의 방언형은 '코싱ᄒ다, 코승ᄒ다' 등으로 나타난다.

1168) '노르무레하게'의 뜻이다.

1169) '올해'를 말한다. '올해'의 방언형은 '올이, 올헤, 올히' 등으로 나타난다.

1170) '없어졌는데'의 뜻이다.

1171) '박히나'의 뜻이다.

1172) '허옇습니다'의 뜻이다.

1173) '먹을 수 있을지'의 뜻이다.

1174) '해 버릴까 봐'의 뜻이다. '-카부뎃'은 '-을까 보아'의 의미로 쓰이는 어미이다.

1175) '있으니까는'의 뜻으로, '이시[有]-+-난에' 구성이다. '-난에'는 '-니까는'의 의미로 쓰이는 어미이다.

1176) '없으니까'의 뜻으로, '엇[無]-+-으난' 구성이다. '-으난'은 '-으니까'의 의미로 쓰이는 어미이다. '없다[無]'의 방언형은 '없다, 엇다, 읎다, 웃다' 등으로 나타난다.

1177) '남포등'을 말하는데, 일본어 'ほや'이다.

1178) '등잔'을 말한다. '등잔'의 방언형은 '각지, 등잔' 등으로 나타난다.

1179) '켰습니다'의 뜻으로, '싸[火]-+-앗수다' 구성이다. '-앗수다'는 '-았습니다'의 의미로 쓰이는 어미이다. '켜다[火]'의 방언형은 '싸다, 쓰다' 등으로 나타난다.

1180) '처음'을 말한다. '처음'의 방언형은 '처엄, 처음, 체얌, 초담' 등으로 나타난다.

1181) '나물기름'을 뜻하는데, '배추나 유채 따위의 나물 씨에서 짜낸 기름'을 이르는 어휘다.

1182) '심지'를 말한다.

1183) '켜고'의 뜻이다.

1184) '뒷박이면'의 뜻이다. '뒷박'의 방언형은 '뒛박'으로 나타난다.

1185) '갈라 놓으면'의 뜻으로, 곧 '가르면'의 뜻이다. '가르다[分]'의 방언형은 '가르다, 갈르다' 등으로 나타난다.

1186) '겹'의 뜻이다. '겹[重]'의 방언형은 '겹, 곱, 껍, 접, 줍' 등으로 나타난다.

1187) '쥐똥나무라고'의 뜻으로, '개꽝낭+-이옌' 구성이다. '-이옌'을 '-이라고'의 의미로 쓰이는 어미이다. '쥐똥나무'의 방언형은 '개꽝낭'으로 나타난다.

1188) '백반이라고'의 뜻이다. '백반(白礬)'의 방언형은 '벡번'으로 나타난다.

1189) '종기'를 말한다. '종기'의 방언형은 '종기, 허멀, 허물' 등으로 나타난다.

1190) '독창'을 말한다. '독창(禿瘡)'의 방언형은 '독짓'으로 나타난다.

1191) '좋다고'의 뜻으로, '좋-+-녠' 구성이다. '-녠'은 '-는다고'의 의미로 쓰이는 어미로, 그 다음에 'ᄒᆞ다' 등이 연결된다.

1192) '관솔'을 말한다.

1193) '켜'의 뜻이다. '켜다[火]'의 방언형은 '싸다, 쓰다' 등으로 나타난다.

1194) '해 보지도'의 뜻이다.

1195) '하얀[白]'의 뜻이다.

1196) '몽땅'의 뜻이다.

1197) '어린놈에는'의 뜻이다.

1198) '슬레이트(slate)'를 말한다.

1199) '서녘'을 말한다.

1200) '초가에서'의 뜻이다. '초가(草家)'의 방언형은 '초가, 초집' 등으로 나타난다.

1201) '지었지'의 뜻으로, '짓[作]-+-엇주게' 구성이다. '-엇주게'는 '-었지'의 의미로 쓰이는 어미이다. 방언형 '짓다'는 표준어와는 달리 활용할 때 어간 말음 'ㅅ'이 탈락하지 않는다. "집은 상 살곡 베는 짓엉 타라.(집은 사서 살고 배는 지어 타라)"는 속담에서도 확인된다.

1202) '와서'의 뜻으로, '오[來]-+-아네' 구성이다. '-아네'는 '-아서'의 의미로 쓰이는 어미이다.

1203) '돼지'를 말한다. '돼지'의 방언형은 '도새기, 도야지, 돗, 뒈야지' 등으로 나타난다.

1204) '사서'의 뜻으로, '새[買]-+-네' 구성이다. '-네'는 '-아서'의 의미로 쓰이는 어미이다.

1205) '져서'의 뜻으로, '지[負]-+-엉' 구성이다.

1206) '가자고'의 뜻으로, '글[去]-+-렌' 구성이다. '-렌'은 '-라고'의 의미로 쓰이는 어미이다. '글다'는 '가다'의 뜻이는 어휘다.

1207) '가고'의 뜻이다.

1208) '이듬해'의 뜻이다. '이듬해'의 방언형은 '뒷혜'로 나타난다.

1209) '여기'를 말한다.

1210) '같은데'의 뜻이다. '같다[如]'의 방언형은 'ᄀ뜨다, ᄀ트다, 닮다, 답다' 등으로 나타난다.

1211) '기르려고'의 뜻으로, '질루[養]-+-젠' 구성이다. '-젠'은 '-려고'의 의미로 쓰이는 어미이다. '기르다[養]'의 방언형은 '질루다, 질룹다, 질우다' 등으로 나타난다.

1212) '많이'를 뜻한다. '많이'의 방언형은 '만이, 만히, 하영, 해' 등으로 나타난다.

1213) '야우[野牛]'를 말한다.

1214) '제주4·3사건'을 말한다. '제주4·3사건'은 1948년 4월 3일 발생한 소요 사태와 1954년 9월 21일까지 제주도에서 발생한 무력 충돌과 진압 과정에서 주민이 희생당한 사건을 말한다.

1215) '꼴[芻]'를 말한다.

1216) '많이'의 뜻이다.

1217) '시키려고'의 뜻으로, '시기[使]-+-ㄹ라고' 구성이다. '-ㄹ라고'는 '-려고'의 의미로 쓰이는 어미이다. '시키다'의 방언형은 '시기다, 시키다' 등으로 나타난다.

1218) '길마'를 말한다.

1219) '꿰어'의 뜻이다.

1220) '지워서'의 뜻이다.

1221) '싣든지'의 뜻으로, '시끄[載]-+-든지' 구성이다. '싣다[載]'의 방언형은 '시끄다, 시르다, 실르다' 등으로 나타난다.

1222) '곡식나무'의 뜻으로, 여기서는 '짚'의 의미로 쓰였다.

1223) '날뛰니까'의 뜻이다. '날뛰다'의 방언형은 '눌뛰다, 들럭퀴다' 등으로 나타난다.

1224) '김을'의 뜻이다. '김[雜草]'의 방언형은 '검질, 지슴, 지심' 등으로 나타난다.

1225) '실어서'의 뜻이다.

1226) '벗기어'의 뜻으로, '벳기[脫]-+-어' 구성이다.

1227) '씌워서'의 뜻이다.

1228) '폐타이어'를 말한다.

1229) '기름한'의 뜻이다. '기름하다[長]'의 방언형은 '소람ᄒ다, 소랑ᄒ다, 솔람ᄒ다, 수람ᄒ다, 수랑ᄒ다, 술람ᄒ다' 등으로 나타난다.

1230) '끄어[引]'의 뜻이다. 방언형 '끗다'가 활용할 때 어간 말음 'ㅅ'은 탈락하지 않는 다는 점이 표준어와 다르다.

1231) '돌아다니지'의 뜻이다. '돌아다니다'의 방언형은 '놀아뎅기다, 돌아뎅기다, 돌아 드니다' 등으로 나타난다.

1232) '토막나무'를 말한다. '토막나무'의 방언형은 '도막낭, 토막낭' 등으로 나타난다.

1233) '콘크리트'를 말하는데, 일본어 'コンクリ'이다.

1234) '망돌짝'을 말한다.

1235) '다스리면'의 뜻이다.

1236) '달아서'의 뜻으로, '둘[懸]-+-앙은에' 구성이다. '-앙은에'는 '-아서'의 의미로 쓰 이는 어미이다. '달다[懸]'의 방언형은 '둘다'로 나타난다.

1237) '불량하면'의 뜻이다. '불량하다'의 방언형은 '부량ᄒ다, 불량ᄒ다' 등으로 나타난다.

1238) '거기는'의 뜻이다.

1239) '야코'는 '콧대'를 속되게 이르는 말이다.

1240) '바닷물'을 말한다.

1241) '구역'의 뜻이다.

1242) '조금'을 말한다. '조금'의 방언형은 '아쓱, 아씩, 조곰, 조금, ᄒ꼼, ᄒ끔, ᄒ쏠' 등 으로 나타난다.

1243) '살려서'의 뜻이다.

1244) '어디야'의 뜻이다.

1245) '있었는지'의 뜻이다.

1246) '찾더라'의 뜻으로, '춫[索]-+-아라' 구성이다. '-아라'는 '-더라'의 의미로 쓰이는 어미이다.

1247) '있나 없나'의 뜻이다.

1248) '했습지요'의 뜻으로, '허[爲]-+-어십주' 구성이다. '-어십주'는 '-었습지요'의 의미 로 쓰이는 어미이다.

1249) '백만원케'로 '케'는 '조합원들에 의해서 운영되는 일정한 지역'을 이르는 어휘이다.

1250) '몽땅'의 뜻이다. '몽땅'의 방언형은 '메딱, 멘딱, 멘짝, 몬딱, 몬짝, 문딱, 문짝, 믄 딱, 믄짝' 등으로 나타난다.

1251) '올해도'의 뜻이다. '올해'의 방언형은 '올이, 올헤, 올히' 등으로 나타난다.

1252) '내어라'의 뜻이다.

1253) '해서'의 뜻으로, '허[爲]-+-엉은에' 구성이다. '-엉은에'는 '-어서'의 의미로 쓰이 는 어미이다. '하다[爲]'의 방언형은 '허다, ᄒ다' 등으로 나타난다.

1254) '갈고 있습니다'의 뜻으로, '갈[耕]-+-암수다' 구성이다. '-암수다'는 '-고 있습니 다'의 의미로 쓰이는 어미이다.

1255) '아니하고'의 뜻이다. '아니하다'의 방언형은 '아녀다, 아니하다' 등으로 나타난다.

1256) '있었지'의 뜻이다.

1257) '테우리'는 '주로 들에서 방목하여 기르는 말이나 소를 많이 가진 사람' 또는 '들

에 방목한 마소를 돌보는 사람'을 뜻하는 어휘다.

1258) '소테우리'는 '주로 들에 방목한 소를 돌보는 사람'을 뜻하는 어휘다.

1259) '거기'를 말한다.

1260) '가서'의 뜻으로, '개[去]-+-앙' 구성이다.

1261) '무엇이'의 뜻이다.

1262) '그러면'의 뜻이다. '그러면'의 방언형은 '게건, 게민, 경호믄' 등으로 나타난다.

1263) '샀은'의 뜻이다. '샀'의 방언형은 '삭, 쿰, 품' 등으로 나타난다.

1264) '마리(동물을 세는 단위)'를 말한다.

1265) 'ᄀᆞᆺ사'는 '이제 막'의 뜻을 지닌 어휘다.

1266) '값'을 말한다.

1267) '가니까'의 뜻으로, '가+-난' 구성이다. '-난'은 '-니까'의 의미로 쓰이는 어미이다.

1268) '왜'의 뜻이다.

1269) '남[他]'을 말한다.

1270) '아들인데'의 뜻이다. '아들'의 방언형은 '아덜, 아들, 아돌' 등으로 나타난다.

1271) '준다고'의 뜻으로, '주[授]-+-엄뗀' 구성이다. '-엄뗀'은 '-ㄴ다고'의 의미로 쓰이는 어미이다.

1272) '줬었는데'의 뜻이다.

1273) '파둔해(破屯-)'의 뜻이다. '파둔(破屯)'은 목장으로 올려서 공동으로 관리하던 소를 각각 주인에게 돌려보내는 것을 말한다.

1274) '그리로'의 뜻이나 여기서는 '그[其]'의 의미로 쓰였다.

1275) '삯'을 말한다.

1276) '없고'의 뜻으로, '엇[無]-+-고' 구성이다. '없다[無]'의 방언형은 '없다, 엇다, 읎다, 웃다' 등으로 나타난다.

1277) '기르는'의 뜻으로, '질루[養]-+-는' 구성이다. '기르다'의 방언형은 '질루다, 질룹다, 질우다' 등으로 나타난다.

1278) '없어지고'의 뜻으로, '엇[無]-+-어지고' 구성이다.

1279) '바꿔지지도'의 뜻이다.

1280) '당번한테'의 뜻으로, '당번+-신듸' 구성이다. '-신듸'는 '-한테'의 의미로 쓰이는 조사이다.

1281) '이러저러한'의 뜻이다. '이러저러하다'의 방언형은 '영정호다, 이영저영호다' 등으로 나타난다.

1282) '있으니까'의 뜻으로, '시[有]-+-난에' 구성이다. '-난에'는 '-니까'의 의미로 쓰이는 어미이다. '있다[有]'의 방언형은 '시다, 싯다, 이시다, 잇다' 등으로 나타난다.

1283) '바꿔줘라'의 뜻이다. '바꾸다'의 방언형은 '바꼬다, 바꾸다' 등으로 나타난다.

1284) '나를'의 뜻이나 여기서는 '내가'의 의미로 쓰였다.

1285) '하겠으니'의 뜻으로, '허[爲]-+-커메' 구성이다. '-커메'는 '-겠으니'의 의미로 쓰이는 어미이다. '하다[爲]'의 방언형은 '허다, 흐다' 등으로 나타난다.

1286) '바꿔서도'의 뜻이다.

1287) '배냇소'를 말한다. '배냇소'의 방언형은 '멤쉐, 벵작쉐' 등으로 나타난다.

1288) '그러니까'의 뜻이다.

1289) '올해'의 뜻이다.

1290) '가지고'의 뜻으로, '앳[持]-+-고' 구성이다. '가지다[持]'의 방언형은 '가지다, ᄀ지다, 아지다, 앗다, ᄋ지다' 등으로 나타난다.

1291) '때니까'의 뜻으로, '때[時]+-난에' 구성이다. '-난에'는 '-니까'의 의미로 쓰이는 어미이다.

1292) '매려고를'의 뜻으로, '메[契]-+-젠+-을' 구성이다. '-젠'은 '-려고'의 의미로 쓰이는 어미이다.

1293) '어찌어찌'의 뜻이다.

1294) '그러니까'의 뜻이다.

1295) '가져와서'의 뜻이다.

1296) '사람한테'의 뜻으로, '사름[人]+-신듸' 구성이다. '-신듸'는 '-한테'의 의미로 쓰이는 조사이다.

1297) '나거든'의 뜻으로, '내[生]-+-건' 구성이다. '-건'은 '-거든'의 의미로 쓰이는 어미이다.

1298) '앞에'의 뜻이나 여기서는 '먼저'의 의미로 쓰였다.

1299) '가져라'의 뜻으로, '아지[持]-+-어라' 구성이다. '가지다[持]'의 방언형은 '가지다, ᄀ지다, 아지다, 앗다, ᄋ지다' 등으로 나타난다.

1300) '나에게' 또는 '나한테'의 뜻으로, '내[我]+-ㄹ' 구성이다. '-ㄹ'은 '-에게, 한테'의 의미로 쓰이는 조사이다.

1301) '조금'의 뜻이다. '조금'의 방언형은 '아쓱, 아씩, 조꼼, 조금, 흐꼼, 흐끔, 흐쑬' 등으로 나타난다.

1302) '큽지요'의 뜻으로, '크[大]-+-ㅂ주' 구성이다. '-ㅂ주'는 '-ㅂ지요'의 의미로 쓰이는 어미이다.

1303) '가지면'의 뜻이다.

1304) '소[牛]'를 말한다.

1305) '따름에'의 뜻이나 여기서는 '하기에'의 의미로 쓰였다.

1306) '궂은'의 뜻이다.

1307) '너[汝]'를 말한다.

1308) '먼저 가져라'의 뜻이다.

1309) '가지마'의 뜻이다.

1310) '가린석'은 달리 '굴배, 부림패'라 하는데, '밭을 갈 때 소를 몰거나 부리려고 좌우 뿔에 잡아맨 두 가닥의 기다란 줄'을 뜻하는 어휘이다.

1311) '가리면서'의 뜻으로, '굴리[選]-+-멍' 구성이다. '가리다[選]'의 방언형은 '굴리다, 굴이다, 굴희다' 등으로 나타난다.

1312) '이러(소를 몰거나 끌어당길 때 내는 소리)'의 뜻이다. '이러'의 방언형은 '머식, 머식게, 식, 이식' 등으로 나타난다.

1313) '하던데'의 뜻으로, '허[爲]-+-언게' 구성이다. '-언게'는 '-던데'의 의미로 쓰이는 어미이다. '하다[爲]'의 방언형은 '허다, 흐다' 등으로 나타난다.

1314) '밭머리'를 말한다. '밭머리'의 방언형은 '멍에, 멍에질, 밧머리' 등으로 나타난다.

1315) '재우'의 뜻이다. '재우'의 방언형은 '재게, 재기' 등으로 나타난다.

1316) '제격에 맞게'의 뜻이다. '제라ᄒ다'는 '제격에 알맞다.'는 뜻을 지닌 어휘다.

1317) '남의'의 뜻이다.

1318) '흑굿'은 '여러 사람이 새벽할 흙은 마련하는 일'을 뜻하는 어휘이다.

1319) '흙'을 말한다. '흙'의 방언형은 '헉, 흑, 혹' 등으로 나타난다.

1320) '시멘트로'의 뜻으로, '세멘'은 일본어 'セメン'이다.

1321) '서지'의 뜻이다. '서대[立]'의 방언형은 '사다, 스다' 등으로 나타난다.

1322) '말하는'의 뜻이다. '말하대[曰]'의 방언형은 '굳다, 굴다, 말굳다, 말굴다, 말ᄒ다' 등으로 나타난다.

1323) '이리로'의 뜻이다.

1324) '있으니까'의 뜻이다. '있다[有]'의 방언형은 '시다, 싯다, 이시다, 잇다' 등으로 나타난다.

1325) '당기면'의 뜻이다. '당기다'의 방언형은 '드리다, 둥기다, 둥이다' 등으로 나타난다.

1326) '당겨버려도'의 뜻이다.

1327) '이랑'을 말한다. '이랑'의 방언형은 '고지, 밧고지, 밧파니, 파니' 등으로 나타난다.

1328) '외양간'을 말한다. '외양간'의 방언형은 '쉐마귀, 쉐막, 쉐막살이' 등으로 나타난다.

1329) '쇠고삐'를 말한다. '쇠고삐'의 방언형은 '쉐골배, 쉐녹대, 쉐석' 등으로 나타난다.

1330) '북두'를 말한다. '북두'의 방언형은 '쉐왓배, 쉐왓배, 쉣배' 등으로 나타난다.

1331) '실을'의 뜻으로, '시끄[載]-+-르' 구성이다. '싣다[載]'의 방언형은 '시끄다, 시르다, 실르다' 등으로 나타난다.

1332) '뭇째만'의 뜻이다.

1333) '작두'를 말한다. '작두'의 방언형은 '작도, 작뒤' 등으로 나타난다.

1334) '같으니까'의 뜻이다. '같다[如]'의 방언형은 'ᄀ뜨다, ᄀ트다, 닮다, 답다' 등으로 나타난다.

1335) '꼴[芻]'를 말한다.

1336) '그런데'의 뜻이다.

1337) '없고'의 뜻이다. '없다[無]'의 방언형은 '없다, 엇다, 읎다, 웃다' 등으로 나타난다.

1338) '베면'의 뜻이다. '베다[刈]'의 방언형은 '버이다, 베다, 비다' 등으로 나타난다.

1339) '흩어지면서'의 뜻이다. '흩어지다'의 방언형은 '뻬어지다, 허꺼지다, 허터지다, 헐어지다, 흐터지다' 등으로 나타난다.

1340) '빻아지면서'의 뜻이다. '빻다[搗]'의 방언형은 '뺏다'로 나타난다.

1341) '뭇이라고도'의 뜻이다.

1342) '단이라고도'의 뜻이다.

1343) '드럼통'을 말하는데, 일본어 'ドラムかん'이다.

1344) '위[上]'를 말한다. '위[上]'의 방언형은 '우, 우이, 우희' 등으로 나타난다.

1345) '가져다'의 뜻이다.

1346) '보릿가루'를 말한다. '보릿가루'의 방언형은 '보릿ㄱ르, 보릿ㄱ를' 등으로 나타난다.

1347) '없으니까'의 뜻이다.

1348) '몽땅'의 뜻이다. '몽땅'의 방언형은 '메딱, 멘딱, 멘짝, 몬딱, 몬짝, 문딱, 문짝, 문딱, 문짝' 등으로 나타난다.

1349) '있으니까'의 뜻으로, '이시[有]-+-난' 구성이다. '-난'은 '-니까'의 의미로 쓰이는 어미이다. '있다[有]'의 방언형은 '시다, 싯다, 이시다, 잇다' 등으로 나타난다.

1350) '이 아이네'의 뜻이다. 여기서 '이 아이'는 보조 조사자인 김성용 선생을 의미한다. 김성용 선생은 제보자의 조카이다.

1351) '하고 있으니까는'의 뜻으로, '허[爲]-+-엄시난' 구성이다. '-엄시난'은 '-고 있으니까는'의 의미로 쓰이는 어미이다.

1352) '쑤고말고'의 뜻으로, '쑤-+-고말곡' 구성이다. '-고말곡'은 '-고말고'의 의미로 쓰이는 어미이다.

1353) '없고'의 뜻으로, '엇[無]-+-고' 구성이다. '없다[無]'의 방언형은 '없다, 엇다, 읇다, 웃다' 등으로 나타난다.

1354) '까끄라기'를 말한다. '까끄라기'의 방언형은 '꺼렝이, ㄱ스락, ㄱ시락' 등으로 나타난다.

1355) '달여서'의 뜻으로, '딸리[煎]-+-엉' 구성이다. '달이다[煎]'의 방언형은 '딸리다, 딸이다' 등으로 나타난다.

1356) '국자'를 말한다. '국자'의 방언형은 '국자, 남자' 등으로 나타난다.

1357) '나무[木]'를 말한다. '나무[木]'의 방언형은 '나모, 나무, 남, 낭' 등으로 나타난다.

1358) '삽'을 말하는 것으로 보인다.

1359) '죽젓개'를 말한다. '죽젓개'의 방언형은 '남술, 남죽, 베수기, 베술기, 베술지, 저수게, 저수에, 저수웨, 저수의' 등으로 나타난다.

1360) '노래'를 말한다.

1361) '부지깽이'를 말한다. '부지깽이'의 방언형은 '부지땡이, 불이땡이' 등으로 나타난다.

1362) '견디게'의 뜻이다. '견디다'의 방언형은 '전디다, 즌디다' 등으로 나타난다.

1363) '밥주걱이'의 뜻이다. '밥주걱'의 방언형은 '밥오곰, 밥우굼, 밥자, 밥주걱, 밥죽, 우굼, 울굼' 등으로 나타난다.

1364) '떠서'의 뜻으로, '뜨-+-엉' 구성이다.

1365) '했었는데'의 뜻이다.

1366) '얼룩소'를 말한다.

1367) '칡소'를 말한다. '칡소'의 방언형은 '슥쉐, 식쉐, 숙쉐' 등으로 나타난다.

1368) '저기'의 뜻이다.

1369) '별박이'를 말한다. '별박이'의 방언형은 '멘벡이, 태상벡이, 태성벡이' 등으로 나타난다.

1370) '족발이'의 뜻이다.

1371) '잃어버리면'의 뜻이다. '잃어버리다'의 방언형은 '여불다, 일러먹다, 일러불다, 잃어먹다, 잃어불다' 등으로 나타난다.

1372) '옷[衣]'을 말하나 여기서는 색깔의 의미로 쓰였다.

1373) '곱다랗게'의 뜻이다. '곱다랗다'의 방언형은 '곱닥ᄒ다, 곱드락ᄒ다, 곱들락ᄒ다' 등으로 나타난다.

1374) '붙듯이'의 뜻이다.

1375) '소장수'를 말한다. '소장수'는 '소를 사다 되파는 사람'을 말한다.

1376) '엉게뿔'은 그 뜻이 확실하지 않다.

1377) '게[蟹]'를 말한다. '게[蟹]'의 방언형은 '경이, 겡이, 궤이, 긍이, 기, 깅이' 등으로 나타난다.

1378) '고추뿔은'의 뜻이다. '고추뿔'의 방언형은 '천상각, 천상뿔' 등으로 나타난다.

1379) '뒤로'의 뜻이다.

1380) '본때'를 말한다.

1381) '외려'를 말한다.

1382) '없는'의 뜻으로, '엇[無]-+-인' 구성이다. '없다'의 방언형은 '없다, 엇다, 읎다, 웃다' 등으로 나타난다.

1383) '굴레[羈]'를 말한다. '녹대'는 몽골어 'nogto'의 차용어이다.

1384) '소장수들'의 뜻이다.

1385) '제지는 것은 아니고'의 뜻으로 보인다. '제지다'는 '물건 자체에 어떤 흠이 있어서 제값이 나가지 아니하다.'는 뜻을 지닌 어휘.

1386) '제가 지다'는 '제지다'를 풀어서 말한 것으로, 그 뜻은 '제지다'와 마찬가지이다.

1387) '괜찮으면'의 뜻이다. '괜찮다'의 방언형은 '관차녀다, 괜결차녀다, 괜차녀다' 등으로 나타난다.

1388) '얼룩소라고'의 뜻이다.

1389) '부룩소'를 말한다. '부룩소'의 방언형은 '부룩이, 부룽이' 등으로 나타난다.

1390) '하릅(소의 한 살)'을 말한다. '금승'은 한자어 '금생(今生)'에서 왔다.

1391) '두습(소의 두 살)'을 말한다. '다간'은 몽골어에서 왔다.

1392) 각각 '사릅, 나릅, 다습'을 말한다. '사릅'의 방언형은 '사룹, 사릅', '나릅'은 '나룹, 나릅', '다습'은 '다숩, 다습' 등으로 나타난다.

1393) '여습'을 말한다. '여습'의 방언형은 '여숩, ᄋᆞ습' 등으로 나타난다.

1394) '이룹'을 말한다.

1395) '여듭'을 말한다. '여듭'의 방언형은 'ᄋ답, ᄋ듭' 등으로 나타난다.
1396) '같다'의 뜻이다. '같대[如]'의 방언형은 'ᄀ뜨다, ᄀ트다, 닮다, 답다' 등으로 나타난다.
1397) '구릅' 또는 '아습'을 말한다.
1398) 나이에 따른 마소의 명칭은 아래와 같다.

표준어	말	소	비고
하릅(1)	금승, 금승매	금승, 금성	수生
두습(2)	이수, 이수매	다간	몽골어
사릅(3)	삼수, 삼수매	사릅, 사릅	
나릅(4)	ᄉ수, ᄉ수매	나릅, 나릅	'
다습(5)	오수, 오수매	다습, 다습	
여습(6)	육수, 육수매	여습, ᄋ습	
이릅(7)	칠수, 칠수매	일곱	
여듭(8)	팔수, 팔수매	ᄋ답, ᄋ듭	
구릅/아습(9)	구수, 구수매	아홉	
담불(10)	십수, 십수매	열	

1399) '보니까'의 뜻으로, '보[示]-+-난에' 구성이다. '-난에'는 '-니까'의 의미로 쓰이는 어미이다.
1400) '보이듯이'의 뜻으로, '보이-+-듯기' 구성이다. '-듯기'는 '-듯이'의 의미로 쓰이는 어미이다.
1401) '뿔대'는 '쇠뿔의 대'를 뜻하는 어휘다.
1402) '알 수 있지요'의 뜻이다.
1403) '두렁머리'는 '뿔이 없는 소'를 뜻하는 어휘다.
1404) '마디가'의 뜻이다. '마디[節]'의 방언형은 'ᄆ디, ᄆ작' 등으로 나타난다.
1405) '있어'의 뜻으로, '잇[有]-+-어' 구성이다. '있대[有]'의 방언형은 '시다, 싯다, 이시다, 잇다' 등으로 나타난다.
1406) '헷갈리는'의 뜻이다.
1407) '두습에서'의 뜻으로, '다간+-에서' 구성이다. '두습'의 방언형은 '다간'으로 나타난다.
1408) '달라'의 뜻이다. '다르다[異]'의 방언형은 '다르다, 달르다, 뜰리다, 뜨나다, 틀리다, 튼나다' 등으로 나타난다.
1409) '야위어'의 뜻이다. '야위다'의 방언형은 '줄다, 지치다' 등으로 나타난다.
1410) '된다고'의 뜻으로, '뒈[化]-+-ㄴ덴' 구성이다. '-ㄴ덴'은 '-ㄴ다고'의 의미로 쓰이는 어미이다.

1411) '어려 놓으니까'의 뜻으로, 여기서는 '어리니까'의 의미로 쓰였다.

1412) '싣는'의 뜻이다. '싣다[載]'의 방언형은 '시끄다, 시르다, 실르다' 등으로 나타난다.

1413) '궁흉'을 말한다. '궁흉(窮凶)'의 방언형은 '군융, 궁흉' 등으로 나타난다.

1414) '들어서'의 뜻으로, '들[入]-+-엉' 구성이다.

1415) '그러니까'의 뜻이다.

1416) '싣는'의 뜻이다.

1417) '부룩소'를 말한다. '부룩소'의 방언형은 '부룩이, 부룽이' 등으로 나타난다.

1418) '불까서'의 뜻으로, '불까+-앙' 구성이다. '불까다'의 방언형은 '불까다, 불끄다, 불베다, 불베이다, 불ㅂ르다, 불볼르다, 불ㅈ르다, 불치다' 등으로 나타난다.

1419) '악대소'를 말한다. '악대소'의 방언형은 '불깐쉐, 불친쉐, 중성기' 등으로 나타난다.

1420) '많지'의 뜻이다. '많다[多]'의 방언형은 '만흐다, 하다' 등으로 나타난다.

1421) '앞이'의 뜻으로, '앞[前]+-이가(주격)' 구성이다.

1422) '빨아졌다개[尖]'의 뜻이다.

1423) '하겠다고'의 뜻으로, '허[爲]-+-켄' 구성이다. '-켄'은 '-겠다고'의 의미로 쓰이는 어미이다. '하다[爲]'의 방언형은 '허다, ㅎ다' 등으로 나타난다.

1424) '찾는'의 뜻이다. '찾다'의 방언형은 '촛다'로 나타난다.

1425) '지나가면'의 뜻이다. '지나가다'의 방언형은 '넘어가다, 지나가다' 등으로 나타난다.

1426) '키웠어'의 뜻이다.

1427) '눕혀'의 뜻으로, '눅지[臥]-+-어' 구성이다. '눕히다'의 방언형은 '눅지다'로 나타난다.

1428) '정남들'의 뜻이다. '정남(丁男)'의 방언형은 '장남'으로 나타난다.

1429) '눌러서'의 뜻으로, '누르뜨[壓]-+-엉' 구성이다. '누르다[壓]'의 방언형은 '누뜰다, 누르다, 누르뜨다, 누울리다, 눌뜨다, 눌르다' 등으로 나타난다.

1430) '눕기가'의 뜻이다.

1431) '옥도정기(沃度丁幾)'를 말한다.

1432) '머큐로크롬'을 말하는데, 일본어 'あかチン'이다.

1433) '쥐똥나무'를 말한다.

1434) '알겠지요'의 뜻이다.

1435) '백반(白礬)'을 말한다.

1436) '밝아지고 있어'의 뜻이다.

1437) '가져와서'의 뜻이다. '가져오다'의 방언형은 '가져오다, 거져오다, ㄱ져오다, 아져오다, 앗아오다, ㅇ져오다' 등으로 나타난다.

1438) '걱정 없이'의 뜻이다.

1439) '비리다'는 '큰일을 앞두고 몸엣것을 하거나 꺼리어 피해야 할 송장이나 마소의 죽은 것 따위를 보고 몸이 부정하게 되다.'는 뜻을 지닌 어휘다.

1440) '큰일 났지'의 뜻이다.

1441) '그렇게는'의 뜻이다.

1442) '썼지요'의 뜻이다.

1443) '오미자로'의 뜻이다. '오미자'의 방언형은 '넌출, 오미자, 오미즈, 푸숨줄, 푸슨줄' 등으로 나타난다.

1444) '소나무'를 말한다. '소나무'의 방언형은 '소남, 소낭, 솔남, 솔낭' 등으로 나타난다.

1445) '길마'를 말한다.

1446) '보릿대'를 말한다.

1447) '떰치에'의 뜻이다. '떰치'의 방언형은 '도곰, 도금' 등으로 나타난다. '도곰'은 몽골어 'tohom'에서 온 말이다.

1448) '버드나무'를 말한다.

1449) '삼동나무'를 말한다.

1450) '목대'를 말한다. '목대'의 방언형은 '적쾌, 접게, 족쾌, 줍게, 줍작게' 등으로 나타난다.

1451) '몽땅'의 뜻이다. '몽땅'의 방언형은 '메딱, 멘딱, 멘짝, 몬딱, 몬짝, 문딱, 문짝, 민 딱, 민짝' 등으로 나타난다.

1452) '거벼운'의 뜻이다. '거볍다'의 방언형은 '거뱁다, 거붑다, 거비엽다' 등으로 나타난다.

1453) '숲'의 뜻이다.

1454) '다래나무의 뿌리'를 말한다.

1455) '있어'의 뜻이다. '있다[有]'의 방언형은 '시다, 싯다, 이시다, 잇다' 등으로 나타난다.

1456) '다래뿌리라고'의 뜻이다.

1457) '다래나무인데'의 뜻이다. '다래나무'의 방언형은 'ᄃ렛낭, ᄃ렛줄, ᄃ렛출, ᄃ렛 쿨' 등으로 나타난다.

1458) '다래(다래나무의 열매)'를 말한다.

1459) '굵고'의 뜻이다. '굵다'의 방언형은 '굵다, 술지다, 흙다' 등으로 나타난다.

1460) '한라산에는'의 뜻이다.

1461) '다래나무의 덩굴을'의 뜻이다.

1462) '에움'은 달리 '어움'이라 하는데, '바퀴나 바구니 따위의 둥그런 테두리나 가장자 리'를 뜻하는 어휘다.

1463) '뿌리'를 말한다. '뿌리'의 방언형은 '불이, 불희, 뿌렝이, 뿌리, 뿔이, 뿔희' 등으 로 나타난다.

1464) '덩드렁'은 '짚 따위를 두들기는 데 쓰는, 딴딴하고 둥글넓적한 돌판'을 뜻하는 어휘다.

1465) '마는'의 뜻이다. '마다[磨]'의 방언형은 '뭇다'로 나타난다.

1466) '빻아'의 뜻이다. '빻다'의 방언형은 'ᄲᅡ다'로 나타난다.

1467) '다루어서'의 뜻이다. '다루다'의 방언형은 '달우다, 달루다, 달룹다' 등으로 나타난다.

1468) '봇줄'을 말한다. '봇줄'의 방언형은 '솜비줄, 쉐줄, 쉐한줄' 등으로 나타난다.

1469) '사다가는'의 뜻으로, '사[買]-+-당은에' 구성이다. '-당은에'는 '-다가는'의 의미로 쓰이는 어미이다.

1470) '굵은'의 뜻이다. '굵다'의 방언형은 '굵다, 술지다, 흙다' 등으로 나타난다.

1471) '손목만큼'의 뜻이다. '손목'의 방언형은 '손목, 홀목' 등으로 나타난다.

1472) '띠밭을'의 뜻이다. '새밭[茅田]'의 방언형은 '새왓'으로 나타난다.

1473) '치뜨려'의 뜻이다. '치뜨리다'의 방언형은 '지치다, 치치다' 등으로 나타난다.

1474) '뻣뻣하니까'의 뜻이다. '뻣뻣하다'의 방언형은 '버닥지다, 버작지다, 버짝ㅎ다' 등으로 나타난다.

1475) '한가하는데'의 뜻이다.

1476) '가는'의 뜻이다. '가늘다[細]'의 방언형은 '가늘다, 깨늘다, 끄늘다' 등으로 나타난다.

1477) '돌틈'의 뜻이다.

1478) '어웁'은 달리 '에웁'이라 하는데, '바퀴나 바구니 따위의 둥그런 테두리나 가장자리'를 뜻하는 어휘다.

1479) '바다에 다니는 어웁하고'는 '다래나무 뿌리로 망사리의 테두리를 했다'는 뜻이다.

1480) '올래만큼씩'의 뜻으로, '그렇게 길다'는 의미로 쓰였다.

1481) '뿌리'를 말한다.

1482) '봇줄'을 말한다. '봇줄'의 방언형은 '솜비줄, 쉐줄, 쉐한줄' 등으로 나타난다.

1483) '바구니'를 말한다. '바구니'의 방언형은 '구덕, 바구리, 바굼지' 등으로 나타난다.

1484) '그것입니다' 또는 '그겁니다'의 뜻으로, '게[其]+-우다+게(종결보조사)' 구성이다. '-우다'는 '-ㅂ니다'의 의미로 쓰이는 어미이다.

1485) '으름덩굴'을 말한다. '으름덩굴'의 방언형은 '유으름줄, 존곙이줄, 졸겡잇줄' 등으로 나타난다.

1486) '가는'의 뜻이다. '가늘다[細]'의 방언형은 'ᄀ늘다, 깨늘다, 끄늘다' 등으로 나타난다.

1487) '삼태기'를 말한다.

1488) '솥에'의 뜻으로, '솟[鼎]+-듸' 구성이다.

1489) '거죽'을 말한다. '거죽'의 방언형은 '거죽, 걱적, 걱죽, 겁죽, 꺽죽, 껍죽' 등으로 나타난다.

1490) '소쿠리도'의 뜻이다. '소쿠리'의 방언형은 '소코리, 송코리' 등으로 나타난다.

1491) '바구니'를 말한다.

1492) '그런데'의 뜻이다.

1493) '삶지'의 뜻이다.

1494) '돼지거름'을 말한다. '돼지거름'의 방언형은 '돗가레, 돗갈레, 돗거름, 돗걸름' 등으로 나타난다.

1495) '칡으로'의 뜻이다. '칡'의 방언형은 '끅, 칙' 등으로 나타난다.

1496) '결어서'의 뜻으로, '줄[織]-+-앙은에' 구성이다. '-앙은에'는 '-어서'의 의미로 쓰이는 어미이다. '결다[織]'의 방언형은 '줃다, 줄다' 등으로 나타난다.

1497) '물을'의 뜻이다.

1498) '으름덩굴 줄기는'의 뜻이다.

1499) '짚으로'의 뜻이다.

1500) '거벼우면서'의 뜻이다.

1501) '고추나'의 뜻이다. '고추[唐椒]'의 방언형은 '고초, 고치' 등으로 나타난다.

1502) '다니고'의 뜻이다. '다니다'의 방언형은 '뎅기다, 뎅이다, 드니다' 등으로 나타난다.

1503) '재우'의 뜻이다. '재우[速]'의 방언형은 '재게, 재기' 등으로 나타난다.

1504) '젖으면'의 뜻이다.

1505) '끝이야'의 뜻이다. '끝[末]'의 방언형은 '끗'으로 나타난다.

1506) '볕에'의 뜻이다.

1507) '기를'의 뜻으로, '질루[養]-+-ㄹ' 구성이다. '기르다[養]'의 방언형은 '질루다, 질룹다, 질우다' 등으로 나타난다.

1508) '쇠고삐'를 말한다. '쇠고삐'의 방언형은 '쉐골배, 쉐녹대, 쉐석' 등으로 나타난다.

1509) '푸지게'는 '돌 따위를 운반하기 위하여 짚으로 등받이를 만들고 밀삐만 단 지게'의 뜻을 지닌 어휘다.

1510) '꼬와서'의 뜻이다.

1511) '망태기'를 말한다.

1512) '결듯'의 뜻이다.

1513) '엮어서'의 뜻이다. '엮다'의 방언형은 '여끄다, 으끄다' 등으로 나타난다.

1514) '말하는'의 뜻이다. '말하다[曰]'의 방언형은 '곧다, 골다, 말곧다, 말골다, 말ᄒᆞ다' 등으로 나타난다.

1515) '다래나무의 뿌리'를 말한다.

1516) '봇줄'을 말한다. '봇줄'의 방언형은 '솜비줄, 쉐줄, 쉐한줄' 등으로 나타난다.

1517) '쉐줄'은 '소를 잡아매는 굵고 긴 줄'을 뜻하는 어휘다.

1518) '말뚝'을 말한다. '말뚝'의 방언형은 '말툭, 말툭' 등으로 나타난다.

1519) '대장간에'의 뜻이다. '대장간'의 방언형은 '불맛간, 불미왕, 불미칩' 등으로 나타난다.

1520) '산딸나무'를 말한다.

1521) '재우'의 뜻이다. '재우[速]'의 방언형은 '재게, 재기' 등으로 나타난다.

1522) '깨어지지'의 뜻이다. '깨어지다'의 방언형은 '까지다, 깨여지다, 벌러지다' 등으로 나타난다.

1523) '솔비나무'를 말한다.

1524) '나무'를 말한다. '나무'의 방언형은 '남, 낭, 나모, 나무' 등으로 나타난다.

1525) '똑같다'의 뜻이다. '똑같다'의 방언형은 '꼭ᄀᆞ뜨다, 꼭ᄀᆞ트다, 똑ᄀᆞ뜨다, 똑ᄀᆞ트다' 등으로 나타난다.

1526) '꼴[芻]'를 말한다.

1527) '판착'은 달리 '판찍, 퍼찍, 편찍'이라 하는데, '씻은 듯이 아무것도 없는 모양'을 뜻하는 어휘다.

1528) '이끌어다가'의 뜻으로, '이끄[引]-+-어당은에' 구성이다. '-어당은에'는 '-어다가'의 의미로 쓰이는 어미이다. '이끌다'의 방언형은 '이끄다, 이끌다' 등으로 나타난다.

1529) '고쳐'의 뜻이다.

1530) '고삐는'의 뜻이다. '고삐[轡]'의 방언형은 '석'으로 나타난다.

1531) '쇠고삐'를 말한다. '쇠고삐'의 방언형은 '쉐골배, 쉐녹대, 쉐석' 등으로 나타난다.

1532) '말고삐'를 말한다.

1533) '말굴레'를 말한다.

1534) '조금 조금은'의 뜻이다. '조금'의 방언형은 '아쏙, 아씩, 조곰, 조금, 흐꼼, 흐끔, 흐쏠' 등으로 나타난다.

1535) '북군'은 예전의 행정구역 명칭인 '북제주군'을 말한다. 북제주군은 한라산 북쪽 지역으로 '구좌읍, 조천읍, 애월읍, 한림읍, 한경면'이 포함된다.

1536) '다르고'의 뜻이다.

1537) '대정'은 대정현(大靜縣)에 속했던 '대정읍, 안덕면, 중문면'이 속한다. '대정'은 곧 제주도의 서남쪽에 해당한다.

1538) '모슬포(摹瑟浦)'는 서귀포시 대정읍 '상·하모리(上·下摹里)'를 아울러 이르는 말이다.

1539) '성산(城山)'은 서귀포시 성산읍 성산리(城山里)를 말한다. 나아가 제주도 최고의 관광지로 알려진 '성산(城山)'이라는 오름을 이르기도 한다.

1540) '다르다고'의 뜻이다. '다르다[異]'의 방언형은 '다르다, 달르다, 뜰리다, 뜨나다, 틀리다, 트나다' 등으로 나타난다.

1541) '밥주걱이라고'의 뜻이다. '밥주걱'의 방언형은 '밥오곰, 밥우굼, 밥자, 밥주걱, 밥죽, 우굼, 울굼' 등으로 나타난다.

1542) '부지깽이'를 말한다. '부지깽이'의 방언형은 '부지땡이, 불이땡이' 등으로 나타난다.

1543) '죽젓개'를 말한다. '죽젓개'의 방언형은 '남술, 남죽, 베수기, 베술기, 베술지, 저수게, 저수에, 제수웨, 저수의' 등으로 나타난다.

1544) '데어 버리면서'의 뜻이다. '데다[燙]'의 방언형은 '데다, 데이다' 등으로 나타난다.

1545) '사뭇'을 말한다. '사뭇'의 방언형은 '스못, 스뭇, 흐뭇' 등으로 나타난다.

1546) '견디게'의 뜻이다.

1547) '많이'의 뜻이다. '많이'의 방언형은 '만이, 만히, 하영, 해' 등으로 나타난다.

1548) '그래도'의 뜻이다.

1549) '없으면'의 뜻이다. '없다'의 방언형은 '없다, 엇다, 읎다, 웃다' 등으로 나타난다.

1550) '들입다'의 뜻이다. '들입다'의 방언형은 '들고, 들구, 들읍더, 들입더' 등으로 나타난다.

1551) '저으며'의 뜻으로, '젓[饡]-+-으명' 구성이다.

1552) '밥주걱은'의 뜻이다. '밥주걱'의 방언형은 '밥오곰, 밥우굼, 밥자, 밥주걱, 밥죽, 우굼, 울굼' 등으로 나타난다.

1553) '같아'의 뜻이다. '같다[如]'의 방언형은 'ᄀ뜨다, ᄀ트다, 닮다, 답다' 등으로 나타난다.

1554) '머슴아이'를 말한다.

1555) '밭을'의 뜻이다. '밭[田]'의 방언형은 '밧'으로 나타난다.

1556) '아니'의 뜻이다.

1557) '아니하는데'의 뜻이다.

1558) '샀은'의 뜻이다. '샀'의 방언형은 '삭, 쿰, 품' 등으로 나타난다.

1559) '많이'의 뜻이다. '많이'의 방언형은 '만이, 만히, 하영, 해' 등으로 나타난다.

1560) '말하는'의 뜻으로, '곧[曰]-+-는' 구성이다. '말하다[曰]'의 방언형은 '곧다, 굴다, 말곧다, 말굴다, 말ᄒᆞ다' 등으로 나타난다.

1561) '있으니까'의 뜻으로, '이시[有]-+-난' 구성이다. '-난'은 '-니까'의 의미로 쓰이는 어미이다. '있다[有]'의 방언형은 '시다, 싯다, 이시다, 잇다' 등으로 나타난다.

1562) '힘들었어'의 뜻이다.

1563) '있었습니다'의 뜻으로, '시[有]-+-엇수다' 구성이다. '-엇수다'는 '-었습니다'의 의미로 쓰이는 어미이다.

1564) '있었지'의 뜻으로, '잇[有]-+-엇주' 구성이다. '-엇주'는 '-었지'의 의미로 쓰이는 어미이다.

1565) '샀은'의 뜻이다. '샀'의 방언형은 '삭, 쿰, 품' 등으로 나타난다.

1566) '없이'의 뜻이다.

1567) '남자는'의 뜻이다. '남자'의 방언형은 '남저, 남제, 남ᄌ' 등으로 나타난다.

1568) '온갖'의 뜻이다. '온갖'의 방언형은 '하간, 하근' 등으로 나타난다.

1569) '짚'을 말한다. '짚'의 방언형은 '찍, 찝' 등으로 나타난다.

1570) '여자는'의 뜻이다. '여자'의 방언형은 '여제, 여ᄌ, 예ᄌ' 등으로 나타난다.

1571) '모두'의 뜻이다. '모두'의 방언형은 '모도, 모시딱, 모신딱, 몬' 등으로 나타난다.

1572) '없을'의 뜻이다.

1573) '했던'의 뜻이다.

1574) '갈았는데[耕]'의 뜻이다.

1575) '베서'의 뜻으로, '비[刈]-+-연' 구성이다. '-연'은 '-고서, -어서'의 의미로 쓰이는 어미이다. "베다[刈]'의 방언형은 '버이다, 베다, 비다' 등으로 나타난다.

1576) '뭇[束]'을 말한다.

1577) '점심이나'의 뜻이다. '점심'의 방언형은 '점심, 정심, 증심, 징심' 등으로 나타난다.

1578) '흰쌀'을 말한다. '흰쌀'의 방언형은 '곤쏠, 흰쏠' 등으로 나타난다.

1579) '닭'을 말한다.

1580) '가서'의 뜻으로, '개[去]-+-앙' 구성이다.

1581) '광평'은 서귀포시 안덕면 광평리(廣坪里)를 말한다.

1582) '산록도로(山麓道路)'의 뜻이다.

1583) '했어'의 뜻으로, '허[爲]-+-언' 구성이다. '-언'은 '-었어'의 의미로 쓰이는 어미이다. '하다[爲]'의 방언형은 '허다, ᄒᆞ다' 등으로 나타난다.

1584) '가져가버렸어'의 뜻이다. '가져가다'의 방언형은 '가져가다, 거져가다, ᄀ져가다, 아져가다, 앗아가다, ᄋ져가다' 등으로 나타난다.

1585) '줄가 보아'의 뜻으로, '주[授]-+-카푸덴' 구성이다. '카푸덴'은 '-ㄹ까 보다'의 의미로 쓰이는 어미이다.

1586) '가져가버렸어'의 뜻이다.

1587) '울었었지'의 뜻으로, '울[泣]-+-어낫주' 구성이다.' -어낫주'는 '-었었어'의 의미로 쓰이는 어미이다.

1588) '없는'의 뜻이다.

1589) '좋은'의 뜻이다.

1590) '뒷박으로'의 뜻이다. '뒷박'의 방언형은 '뒛박'으로 나타난다.

1591) '반작(半作)에'의 뜻이다. '반작'의 방언형은 '반뼁작, 반작' 등으로 나타난다.

1592) '귤밭' 또는 '밀감밭'을 말한다. '미깡'은 일본어 'みかん'이다.

1593) '가십시오'의 뜻이다.

1594) '몫'을 말한다. '몫'의 방언형은 '나시, 적시, 직시, 찍, 찍세, 찍시' 등으로 나타난다.

1595) '있었는데'의 뜻이다.

1596) '광평'은 서귀포시 안덕면 광평리(廣坪里)를 말한다.

1597) '밭을'의 뜻이다. '밭[田]'의 방언형은 '밧'으로 나타난다.

1598) '몽땅'의 뜻이다.

1599) '좋으니까'의 뜻이다.

1600) '와서'의 뜻으로, '오[來]-+-앙은에' 구성이다. '-왕은에'는 '-아서'의 의미로 쓰이는 어미이다.

1601) '놔두노라고'의 뜻이다.

1602) '닭'을 말한다.

1603) '실을'의 뜻으로, '시끄[載]-+-ㄹ' 구성이다. '싣다[載]'의 방언형은 '시끄다, 시르다, 실르다' 등으로 나타난다.

1604) '골에'의 뜻으로, '골[隙]-+-르레' 구성이다. '-르레'는 '-에'의 의미로 쓰이는 조사이다. 여기서 '골'은 길마의 두 개의 앞가지 사이에 난 틈을 말한다.

1605) '모르게'의 뜻이다.

1606) '싣기'의 뜻으로, '시끄[載]-+-기' 구성이다.

1607) '소길마'를 말한다. '소길마'는 '짐을 싣기 위하여 소의 등에 안장처럼 얹는 길마'를 뜻한다.

1608) '보려고'의 뜻이다.

1609) '뇌물'의 뜻으로, 일본어 'わいろ'이다.

1610) '주어버릴까 봐'의 뜻이다.

1611) '길맛가지'를 말한다. '길맛가지'의 방언형은 '질메가지'로 나타난다.

1612) '틈'의 뜻이다. '틈'의 방언형은 '끄멍, 끔, 트멍, 틈' 등으로 나타난다.

1613) '이만큼은'의 뜻이다.

1614) '그러면'의 뜻이다.

1615) '실어버리면'의 뜻이다.

1616) '어디로'의 뜻이다.

1617) '닭이'의 뜻이다.

1618) '품앗이해도'의 뜻이다. '품앗이하다'의 방언형은 '수눌다'로 나타난다.

1619) ‘돼지거름’을 말한다. ‘돼지거름’의 방언형은 ‘돗가레, 돗갈레, 돗거름, 돗걸름’ 등으로 나타난다.

1620) ‘흙’을 말한다. ‘흙’의 방언형은 ‘헉, 흑, 혹’ 등으로 나타난다.

1621) 제보자가 보조제보자인 부인에게 하는 말이다.

1622) ‘조컴질’은 ‘조밭에 난 잡초’를 뜻하는 어휘다.

1623) ‘갈려는’의 뜻으로, ‘갈[耕]-+-렌’ 구성이다. ‘-렌’는 ‘-려는’의 의미로 쓰이는 어미이다.

1624) ‘다닌’의 뜻으로, ‘뎅기-+-ㄴ’ 구성이다. ‘다니다’의 방언형은 ‘뎅기다, 뎅이다, 드니다’ 등으로 나타난다.

1625) ‘가져가는’의 뜻이다. ‘가져가다’의 방언형은 ‘가져가다, 거져가다, ㄱ져가다, 아져가다, 앗아가다, ㅇ져가다’ 등으로 나타난다.

1626) ‘없으니까’의 뜻으로, ‘엇[無]-+-이난네’ 구성이다. ‘-이난에’는 ‘-으니까’의 의미로 쓰이는 어미이다.

1627) ‘가져다가’의 뜻이다.

1628) ‘벼’를 말한다.

1629) ‘까끄라기’를 말한다.

1630) ‘닷 발씩’은 ‘무척 길이가 긴’이라는 의미로 쓰인다.

1631) ‘삯’을 말한다. ‘삯’의 방언형은 ‘삭, 쿰, 품’ 등으로 나타난다.

1632) ‘그러니까’의 뜻이다.

1633) ‘줄 것 같아도’의 뜻이다.

1634) ‘없을’의 뜻이다. ‘없다[無]’의 방언형은 ‘없다, 엇다, 읎다, 웃다’ 등으로 나타난다.

1635) ‘낮에만’의 뜻이다.

1636) ‘해서’의 뜻이다.

1637) ‘낮에는’의 뜻이다.

1638) ‘가서’의 뜻으로, ‘개[去]-+-근에’ 구성이다. ‘-근에’는 ‘-아서’의 의미로 쓰이는 어미이다.

1639) ‘곁두리는’의 뜻이다. ‘곁두리’의 방언형은 ‘젯구룸, 중석’ 등으로 나타난다.

1640) ‘있었습니가까’의 뜻으로, ‘시[有]-+-어수가’ 구성이다. ‘-어수가’는 ‘-었습니까’의 의미로 쓰이는 어미이다. ‘있다[有]’의 방언형은 ‘시다, 싯다, 이시다, 잇다’ 등으로 나타난다.

1641) ‘귤’ 또는 ‘밀감’을 말하는데, 일본어 ‘みかん’이다.

1642) ‘따려고’의 뜻으로, ‘타[摘]-+-젠’ 구성이다. ‘-젠’은 ‘-려고’의 의미로 쓰이는 어미이다. ‘따다[摘]’의 방언형은 ‘따다, 뜨다, 타다, 트다’ 등으로 나타난다.

1643) ‘국수’를 말한다.

1644) ‘자장면’을 말한다.

1645) ‘점심’을 말한다. ‘점심’의 방언형은 ‘점심, 정심, 증심, 징심’ 등으로 나타난다.

1646) ‘겨를에’의 뜻이다. ‘겨를’의 방언형은 ‘저르, 저를, ᄌᆞ르, ᄌᆞ를’ 등으로 나타난다.

1647) '해서요'의 뜻으로, '허[爲]-+-영+얐(종결보조사)' 구성이다. '-영'은 '-여서'의 의미로 쓰이는 어미이다.

1648) '채롱'을 말한다. '채롱'의 방언형은 '차롱, 채롱' 등으로 나타난다.

1649) '뜨면'의 뜻으로, '거리[分]-+-민' 구성이다. '뜨대[分]'의 방언형은 '거리다'로 나타난다.

1650) '넷이'의 뜻이다.

1651) '먹어질까' 또는 '먹을 수 있을까'의 뜻이다.

1652) '넷이가'의 뜻이다.

1653) '모자랄까 봐'의 뜻이다. '모자라다'의 방언형은 '모자레다, 모지레다, 모즈레다' 등으로 나타난다.

1654) '앞밭으로'의 뜻이다.

1655) '가져서'의 뜻으로, '앗[持]-+-앙' 구성이다. '가지다[持]'의 방언형은 '가지다, ㄱ지다, 아지다, 앗다, ㅇ지다' 등으로 나타난다.

1656) '적게'의 뜻이다.

1657) '해왔다고'의 뜻이다.

1658) '그러면'의 뜻이다.

1659) '벌레'의 뜻으로, 여기서는 '가시(된장에 생긴 구더기)'의 의미로 쓰였다. '가시'의 방언형은 '장버렝이, 티' 등으로 나타난다.

1660) '가져간'의 뜻이다. '가져가다'의 방언형은 '가져가다, 거져가다, ㄱ져가다, 아져가다, 앗아가다, ㅇ져가다' 등으로 나타난다.

1661) '없어'의 뜻으로, '엇[無]-+-어+게(종결보조사)' 구성이다. '없다'의 방언형은 '없다, 엇다, 읎다, 웃다' 등으로 나타난다.

1662) '가져 두고'의 뜻이다.

1663) '좋은'의 뜻이다.

1664) '뭄치'는 '모자반으로 만든 장아찌'를 말한다.

1665) '가져가면'의 뜻이다.

1666) '위로'의 뜻으로, '위[上]+-티레' 구성이다. '-티레'는 '-으로'의 의미로 쓰이는 조사이다. '위[上]'의 방언형은 '우, 우이, 우희' 등으로 나타난다.

1667) '이리저리'의 뜻이다.

1668) '가시(된장 따위에 생기는 구더기)'를 말한다.

1669) '집이'의 뜻으로, '집[家]+-이가' 구성이다.

1670) '것이요'의 뜻이다.

1671) '해요'의 뜻으로, '허[爲]-+-어+마씨(종결보조사)' 구성이다.

1672) '놀러'의 뜻이다.

1673) '가서는'의 뜻으로, '가[去]-+-앙은에' 구성이다. '-앙은에'는 '-아서, -아서는'의 의미로 쓰이는 어미이다.

1674) '할머니'의 뜻이나 여기서는 '아내'의 의미로 쓰였다.

1675) '나가서'의 뜻이다.

1676) '저기'의 뜻이다.

1677) '점심도'의 뜻이다. '점심'의 방언형은 '점심, 정심, 증심, 징심' 등으로 나타난다.

1678) '차리고'의 뜻으로, '출리-+-곡' 구성이다. '차리다'의 방언형은 '츠리다, 출리다' 등으로 나타난다.

1679) '곁두리'를 말한다. '곁두리'의 방언형은 '젯구룸, 중석' 등으로 나타난다.

1680) '국수해서'의 뜻이다. '우둥'은 일본어 'うどん'이다.

1681) '조금'의 뜻이다. '조금'의 방언형은 '아쓱, 아씩, 조곰, 조금, ᄒᆞ꼼, ᄒᆞ끔, ᄒᆞ쏠' 등으로 나타난다.

1682) '안 하면'의 뜻이다.

1683) '다시는'의 뜻이다.

1684) '따러'의 뜻으로, '타[摘]-+-레' 구성이다. '-레'는 '-러'의 의미로 쓰이는 어미이다. '따다[摘]'의 방언형은 '따다, 뜨다, 타다, 트다' 등으로 나타난다.

1685) '사다가'의 뜻이다.

1686) '지나치지는'의 뜻이다. '지나치다'의 방언형은 '넘어가다'로 나타난다.

1687) '못합니다'의 뜻이다.

1688) '아니하였다가는'의 뜻이다.

1689) '벗겨서'의 뜻이다.

1690) '앉아서'의 뜻이다. '앉다'의 방언형은 '아지다, 안즈다, 안지다, 앚다, 앚다' 등으로 나타난다.

1691) '정남에'의 뜻이다. '정남(丁男)'의 방언형은 '장남'으로 나타난다.

1692) '굶어서도'의 뜻이다.

1693) '밟았는데'의 뜻이다.

1694) '씨와치'는 '씨뿌리기를 전문적으로 하는 사람'의 뜻을 지닌 어휘다.

1695) '두어서'의 뜻으로, '두-+-엉은에' 구성이다. '-엉은에'는 '-어서, 어서는'의 의미로 쓰이는 어미이다.

1696) '아버지가'의 뜻이나 여기서는 '남편이' 의미로 쓰였다.

1697) '뿌려'의 뜻으로, '삐[撒]-+-어' 구성이다. '뿌리다[撒]'의 방언형은 '뿌리다, 삐다' 등으로 나타난다.

1698) '아내더러도'의 뜻으로, '할망+-고라도' 구성이다. '-고라도'는 '-더러도, -보고도'의 의미로 쓰이는 조사이다. 여기서 '할망'은 '아내'의 의미로 쓰였다.

1699) '뿌리면'의 뜻이다.

1700) '배게'의 뜻이다. '배다[密]'의 방언형은 '줏다'로 나타난다.

1701) '많이'의 뜻이다. '많이'의 방언형은 '만이, 만히, 하영, 해' 등으로 나타난다.

1702) '솖으면'의 뜻이다. '솖다'의 방언형은 '소꼬다, 소끄다, ᄉᆞ꼬다, ᄉᆞ끄다' 등으로 나타난다.

1703) '터알'을 말한다. '터알'의 방언형은 '우연, 우영, 우영팟, 위영' 등으로 나타난다.

1704) '참깨씨는' 또는 '깨씨는'의 뜻이다.

1705) '샀었는데'의 뜻이다.

1706) '뿌리니까'의 뜻으로, '삐[撒]-+-난에' 구성이다. '-난에'는 '-니까'의 의미로 쓰이는 어미이다. '뿌리다'의 방언형은 '뿌리다, 삐다' 등으로 나타난다.

1707) '알아맞혀서'의 뜻이다.

1708) '갈려서'의 뜻이다. '갈리다[分]'의 방언형은 '거리다'로 나타난다.

1709) '할머니'를 뜻하나 여기서는 '아내'의 의미로 쓰였다.

02 의생활

2.1 목화 삼 모시의 재배와 길쌈

이버는 무명천 얘기 쫌 무러보쿠다예. 무명. 모꽈는 언제 갈곡 장만하는고예? 목꽈?

= 갈 때 언제 가라신고? 갈 때 이저부런쩌.

– 보메.

= 보메. 보메 갈민양 가라그네 그거 저 가랑 검질메영 놔두며는 꼳. 모꽈꼳.

예.

= 꼳 피민 그 다으멘 쫌 이시민1) 그 목꽈 그 드레2).

예.

= 드레가 그 버러지지 아년 드레가 이서. 그 드레 으이랑3) 쫌 더 이시민 목꽈가 그냥 탁 피어.

= 경 허민 그거 가그네 막 타. 구덕4) 차그네. 구덕 창 허영 왕 이 베세5) 막 몰량. 몰라그네 그 다으멘 이젠 물레. 영 둘르는물레6). 그때.

= 물레 헤여그네 그거 이제 볼이라. 볼르민7) 씨 트로8) 모꽈 그.

– 멘네9).

= 소게10) 트로. 소게 트로. 솜 트로 이제 씨 트로 트로트로 떼어짐니께.

= 경 허민 그때는 저 테우는11) 디 강 테우는 디 강 그걸 테와.

= 테와그네 솜 멘드라그네 허민 그디서 이제 영 찌저놩. 찌저놔그네 저 그 대막땡이우꽈12)?

– 으

= 아니우다.

– 대망땡이.

이번은 무명천 얘기 좀 물어보겠습니다. 무명. 목화는 언제 갈고 장만하는
가요?

= 갈 때 언제 갈았지? 갈 때 잊어버렸다.

- 봄에.

= 봄에. 봄에 갈면요 갈아서 그거 저 갈아서 김매서 놔두면 꽃. 목
화꽃.

예.

= 꽃 피면 그 다음에는 좀 있으면 그 목화 그 다래.

예.

= 다래가 그 벌어지지 않은 다래가 있어. 그 다래 열어서 좀 더 있으
면 목화가 그냥 탁 피어.

= 그렇게 하면 그것 가서 마구 따. 바구니 차서. 바구니 차서 해서 와
서 이 볕에 마구 말려서. 말려서 그 다음에는 이제는 물레. 이렇게 두르는
씨아. 그때.

= 씨아해서 그것 이제 발라. 바르면 씨 따로 목화 그.

- 목화.

솜 따로. 솜 따로. 솜 따로 이제 씨 따로 따로따로 떼어집니다.

= 그렇게 하면 그때는 저 타는 데 가서 타는 데 가서 그것을 타.

타서 솜 만들어서 하면 거기서 이제 이렇게 찢어놓아. 찢어놓아서 저
그 대막대기입니까?

- 으

= 아닙니다.

- 대막대기.

= 대죽13) 소독14).

으.

— 대망땡이.(대막대기.)

= 대죽 소독.

— 대죽 소*.

= 그걸로 허여그네 영 낳양 그 소메. 솜 질게 그거 낳 영영 몰민 그게 정이엔15) 허여.

예. 정.

= 그것이 정. 정 허영 이 지럭씨16) 허영 노콕 노콕 커영. 노콕 노콕 허영 그 다으메 어멍네 허는 거 보민 바민 이제 그 가레기17).

가레기 예예.

= 가레기 그거양 코젱이18) 난 거. 그거 영허영 메와그네 이제 둘르는 물레19) 영영 아장20) 영영 둘루멍 쫙 저레 막 빼어 가.

= 이마니 헤지민 가레기레21) 또 둘르멍 허민 가레기레 벵벵 가마집띠다22). 경 허영 흐곡 흐곡 케영 그 가레기 헤여 낳으네 이젠.

— 그게 고제기23). 고적24).

= 막 ㄱㄷㄱ민 걸 빼어. 빼여 뒹 또 허여. 경 허민 그걸 꼬리 가마. 꼬리나 모동이25). 모동이엔 헌 거 영영 허영 동고롬허게26) 감꼭 꼬리는 영 영영영 소롬허게27) 가마.

= 경 허여그네 가마 놔그네 이젠 또 다으멘 저 메여. 그걸 풀 허영. 풀 허영 멜 땐 풀 가시리풀28).

— 가시리풀.

= 그거를 저 그 메는 거는 학씰리 그걸 모르는디양 어떵 영영 걸려당 양 영허게 어우러지게 허연 헙띠다게. 경 허영 질게 저레29) 헹으네 도꼬마리30).

예.

‒ 수수 새꽤기.

으.

‒ 대망땡이.(대막대기.)

= 수수 새꽤기.

‒ 수수 소*.

= 그것으로 해서 이렇게 놔서요 그 솜에. 솜 길게 그것 놓아서 이렇게 이렇게 말면 그것이 정이라고 해.

예. 정.

= 그것이 정. 정 해서 이 길이 해서 놓고 놓고 해서. 놓고 놓고 해서 그 다음에 어머니네 하는 것 보면 밤에는 이제 그 가락.

가락 예예.

= 가락 그것요 꼬챙이 난 것. 그것 이렇게 메워서 이제 물레 이렇게 이렇게 앉아서 이렇게 이렇게 두르면서 쫙 저리로 막 빼어 가.

= 이만큼 해지면 가락에 또 두르면서 하면 가락에 뱅뱅 감깁디다. 그렇게 해서 하고 하고 해서 그 가락에 해 놓아서 이제는.

‒ 그것이 실꾸리. 실꾸리.

= 막 가득하면 그것을 빼어. 빼어 두고 또 해. 그렇게 하면 그것을 꼬리 감아. 꼬리나 몽당이. 몽당이라고 한 것은 이렇게 이렇게 해서 동그스름하게 감고 꼬리는 이렇게 이렇게 이렇게 이렇게 갸름하게 감아.

= 그렇게 해서 감아 놓아서 이제는 또 다음에는 저 매. 그것을 풀 해서. 풀 해서 맬 때는 풀 풀가사리풀.

‒ 풀가사리풀.

= 그것을 저 그 매는 것은 확실히 그것을 모르는데요 어떻게 이렇게 이렇게 걸려다가요 이렇게 어우러지게 해서 합디다. 그렇게 해서 길게 저리로 해서 도투마리.

예.

= 도꼬마리에 가마그네 저디 놔둠서31) 그 아래 똥불 살라.

= 똥불 살라근에32) 이제 그걸 이제 그 영 페와진33) 씰르레34) 그걸 지슬35) 메겨. 영 그 그거시 뭐신고 솔. 솔 일르미.

ー 아 소리주 뭐라.

= 경 허영양.

ー 게난 ᄇ디36)가 인는디 ᄇ디를 완따간따.

= ᄇ디 메영.

ー 으 ᄇ디가 완따간따 허멍. 소를 솔로 그 가시리37)를 잘 칠헤야 그 미녕38)이 질기니까.

= 잘 칠허민 그 아래 똥으로 그걸 바상허게39) 몰라. 과짝커여40). 씨리. 경 허민 도꼬마리레 영 허영 가마 뒹 또 이젠 쭉 뎅겨41) 놩 이젠 불 신42) 디레43) 허여 놓으네 또 지슬 메기고.

= 경 허멍 허여네 막 그 막 커여지민 말쩨44)엔 도꼬마리 헤그네 그 미녕 차는45) 클46).

네.

= 그레47) 강 메와그네 ᄇ디. ᄇ디레 영 허영 신 찍씬48) 영 발러레 영 허영 그 크레49) ᄃ라메둠서50) 영 허민 터 신*. 눈터신가51)? 영 허민 굼곡.

= 경 헹은에 그 ᄇ디로 영 드리청52) 흔번 탁 두드리곡 영 드리청 흔번 두드리곡 경 허는 거 나가 본 거.

ー 둥기민53) 터지곡 놔도 터지곡 허는 건디 그 도라가는 게 멍에주게. 멍에 이제 이제 도꼬마리54) 허리띠55) 뭐 그 미녕56) 차는57) 디도 상당히 목저기 ᄋ라이58) 개주.

= 어멍허곡 할머니가 나 어린 때 봥쑤다. 허는 거. 일곱 쑬59) ᄋ.

ー 드리치는 건또 거 북. 부기라고 영 완따간따60) 허는 게 부기지. 그 쏘게 꼬리 놓으네 완따간따.

= 도투마리에 감아서 저기 놔두면서 그 아래 똥불 살라.

= 똥불 살라서 이제 그것을 이제 그 이렇게 퍼진 실에 그것을 깃을 먹여. 이렇게 그 그것이 뭐더라 솔. 솔 이름이.

― 아 솔이지 뭐야.

= 그렇게 해서요.

― 그러니까 바디가 있는데 바디를 왔다갔다.

= 바디를 매어서.

― 으 바디가 왔다갔다 하면서. 솔을 솔로 그 풀가사리풀을 잘 칠해야 그 무명이 질기니까.

= 잘 칠하면 그 아래 똥으로 그것을 바삭하게 말려. 곧아. 실이. 그렇게 하면 도투마리에 이렇게 해서 감아 두고 또 이제는 쭉 당겨 놓아서 이제는 불 있는 데로 해서 놓아서 또 깃을 먹이고.

= 그렇게 하면서 해서 막 그 막 해지면 말째에는 도투마리 해서 그 무명 짜는 틀.

예.

= 그리 가서 메워서 바디. 바디에 이렇게 해서 신 짚신 이렇게 발에 이렇게 해서 그 틀에 달아매 두고서 이렇게 하면 떴는가. 눈 신*. 눈떴는가? 이렇게 하면 감고.

= 그렇게 해서 그 바디로 이렇게 들이뜨리어서 한번 탁 두드리고 이렇게 집어넣어서 한번 두드리고 그렇게 하는 것 내가 본 것.

― 당기면 터지고 놓아도 터지고 하는 것인데 그 돌아가는 것이 멍에지. 멍에 이제 이제 도투마리 부티 뭐 그 무명 짜는 데도 상당히 목적이 여러 개지.

= 어머니하고 할머니가 나 어릴 때 봤습니다. 하는 것. 일곱 살 여.

― 들이뜨리는 것도 그것 북. 북이라고 이렇게 왔다갔다 하는 것이 북이지. 그 속에 꼬리 넣어서 왔다갔다.

= 옌말 ᄀ르멍 졸지 말젠61) 미녕 ᄌ스멍62) 막 옌말 ᄀ라63) 주멍 나신디64) 그 모동이65) 가므라 그 꼬리 가므라 허민 조라 가미66) 막 졸지 몰터게 허졍67) 옌나레 어떵 헬쩌. ᄌ충비68)가 어떵 헬쩌. 막 그 옌말 ᄀ라 주멍 경 헨. 바미양69) 어린 때라도 거 가마나서70).

게믄 그 아까 이러케 씨하고 솜하고 불리하는 그 불느는물레. 건 어떤 어떤 걸로 뒈어 잊쑤가?

— 그 아무 낭71)이나 안 뒈는 거고.

예.

— 그 볼르는물레72)가 그 물렌꿰엔73) 헌 게 인는디 그 물렌꿰는 이거 영 도라가게 ᄒ나 돌리나네 두 개가 도라가게 뒈는 건디 그 낭이 뭔 낭으로 허느냐면 굴무기74)로 헤.

예 굴무기.

— 예. 굴묵낭75)이 그 낭이 아무 낭이나. 경 헤영 그 멘네76)도 잘 머거주지 아녕 밍끌밍끌77)허영 안 뒈며는 토브로 영영 그걸 허며는 그 사락사락78). 경 허민 멘네가 또 잘 머거주고.

= 물렌꿰가 어떵허영 떼아젼쑤가79)?

— 으?

= 꿰?

= 꿰는 ᄒ나는 반대 ᄒ나는 영 허니까 하나 돌리니까 가치 영. 요즘 ᄀ트민.

= 떼와져서 권.

— 자동차에 뭐야.

베아링.

— 비아링80) 모냥에.

= 꿰는 떼와지고 이 멘네 메기는.

— 기아81). 비아로는.

= 옛말 말하면서 졸지 않으려고 무명 자으면서 막 옛말 말해 주면서 나한테 그 몽당이 감아라 그 꼬리 감아라 하면서 졸아 가면 졸지 못하게 하려고 옛날에 어떻게 했다. 자청비가 어떻게 했다. 막 그 옛말 말해 주면서 그렇게 해서. 밤에는요 어릴 때여도 그것 감았었어.

그러면 그 아까 이렇게 씨하고 솜하고 분리하는 그 씨아. 그것은 어떤 어떤 것으로 되어 있습니까?

- 그 아무 나무나 안 되는 것이고.

예.

- 그 씨아가 그 물렛귀라고 한 것이 있는데 그 씨앗귀는 이것 이렇게 돌아가게 하나 돌리니까 두 개가 돌아가게 되는 것인데 그 나무가 무슨 나무로 하느냐 하면 느티나무로 해.

예 느티나무.

- 예. 느티나무가 그 나무가 아무 나무나. 그렇게 해서 그 목화도 잘 먹어주지 않아서 미끌미끌 해서 안 되면 톱으로 이렇게 이렇게 그것을 하면 그 사락사락. 그렇게 하면 목화가 또 잘 먹어주고.

= 씨앗귀가 어떻게 해서 틀어졌습니까?

- 으?

= 귀?

귀는 하나는 반대 하나는 이렇게 하니까 하나 돌리니까 같이 이렇게. 요즘 같으면.

= 틀어졌어 귀는.

- 자동차에 뭐더라.

베어링.

- 베어링 모양에.

= 귀는 틀어지고 이 목화 먹이는.

- 기어. 베어링은.

아 기아.

― 짜는 돌게만 허는 거고.

― 기아 모냥으로 뒌 거주. 그 물렐뀌가. 기아 모냥으로 영 물려가지고
하나 돌리니까 두 개가 도라가게. 반대로 요 노믄 영 돌곡 요 노믄 영 돌
곡 헤야 그 멘네를 차먹게[82] 뒌.

― 아랜 노미 돌리는 건디 아랜 노믄 영 돌리나네 저레[83] 도라가고
우에 노믄 나신디레[84] 오곡 경 허민 ᄀ치 멘네가 영 차머경 가게 뒈
는 거.

― 그 굴무기낭 아니민 그걸 뒈지 아녀. 낭이 워낙 쎈 낭이라야.

그러믄 아까 예를 들면 꼬리 차고 요쪽 몽실몽실하게 걸 멘들.

= 꼬리밥[85].

예 씨를 멘들 꺼 아니우꽝예. 그러믄 베트레 놔야 무명이 뒐 꺼 아니우꽈?

― 예. 베트레.

예.

― 베트레 올라올 땐 그 곧싸[86] 발로 영 뗑이곡[87] 뭴 텐느데 걷또 멍
에낭[88]이라고 그 베틀 우에 영 헌 게 영 허민 요디 열려졀땅[89] 또 놔도
열려지곡 게난 그 왇따갇따 이레 갈 땐 등기곡 요레 갈 땐 뇌주곡 허민
그 미녕이 영 벌려졀따 뒈와졀따.

게난 그 미명 찰 때 그 기구. 그 기구는 뭐렌 불러마씨? 걸 베틀?

= 베클[90].

― 아 베.

여긴 베클.

― 베클. 베클.

게난.

― 멍에 또 ᄇ디.

예.

아 기어.

− 짜는 돌게만 하는 것이고.

− 기어 모양으로 된 거지. 그 씨앗귀가. 기아 모양으로 이렇게 물려 가지고 하나 돌리니까 두 개가 돌아가게. 반대로 요 놈은 이렇게 돌고 요 놈은 이렇게 돌고 해야 그 목화를 차먹게 됐어.

− 아래 놈이 돌리는 것인데 아래 놈은 이렇게 돌리니까 저리로 돌아가 고 위에 놈은 나한테 오고 그렇게 하면 같이 목화가 이렇게 차먹어서 가 게 되는 것.

− 그 느티나무 아니면 그것이 되지 않아. 나무가 워낙 센 나무라야.

그러면 아까 예를 들면 꼬리 짜고 요쪽 몽실몽실하게 그것을 만들.

= 실꾸리.

예 실을 만들 것 아닙니까? 그러면 베틀에 놓아야 무명이 될 것 아닙니까?

− 예. 베틀에.

예.

− 베틀에 올라올 때는 그 아까 발로 이렇게 당기고 무엇 했는데 그것 도 용두머리라고 그 베틀 위에 이렇게 한 것이 이렇게 하면 여기 열렸다 가 또 놓아도 열려고 그러니까 그 왔다갔다 이리로 갈 때는 당기고 요리 로 갈 때는 놓아주고 하면 그 무명이 이렇게 벌어졌다 틀어졌다.

그러니까 그 무명 짤 때 그 기구. 그 기구는 뭐라고 부르나요? 그것을 베틀?

= 베틀.

− 아 베.

여기는 베틀.

− 베틀. 베틀.

그러니까.

− 멍에 또 바디.

예.

- 북. 허리띠91).

도꼬마리.

= 도꼬마리92).

- 뭐시 그 이르미 모르커라. 대로 영 갈라주는 게 인는디 그 대 이르
미 뭔지?

= 어디로 갈른 거?

- 아 이 저 벌려지곡 또 이러케 벌려지곡 이러케 벌려지는디 대가 두
개 읻짜나. 하난 우티레.

베영때게?

베영때.

= 예. 베영때93).

- 대가 인는디.

- 베영때. 두 개. 그거 멜 때부터 그 대를 놔서.

베영때렌마씨.

- 게난 그 대 이르미 읻쭈게. 그냥 대가 아니고.

= 어린 때 드러나도94) 셍각나멘.

예. 베영대. 삼춘니미 기어기 조은 거라. 지금. (웃음.) 예예.

= 아니 그때양 막 어린 때 드러나고 할망네 허는 거 영 강 보곡 헤나
서95). 조끔 기어기 남신게96). 이즐 껀 이저부러도.

예예.

- 겐디 이 부라게도 춤 언제까지는 다 그걸 미녕을 헬꼬. 우리도 멘네
를 가라네 뚤 경미 풀 때끄진 멘네로 헤서.

= 다 허열쑤게97)

- 견디.

= 인자만 아년.

- 경우기허고 인자만 아년찌.

― 북. 부티.

도투마리.

= 도투마리.

― 무엇이 그 이름이 모르겠어. 대로 이렇게 갈라주는 것이 있는데 그대 이름이 무엇인지?

= 어디로 가른 것?

― 아 이 저 벌려지고 또 이렇게 벌려지고 이렇게 벌려지는데 대가 두개 있잖아. 하나는 위로.

뱁댕이요?

뱁댕이.

= 예. 뱁댕이.

― 대가 있는데.

― 뱁댕이. 두 개. 그거 맬 때부터 그 대를 넣어.

뱁댕이라네요.

― 그러니까 그 대 이름이 있지. 그냥 대가 아니고.

= 어린 때 들었어도 생각나네.

예. 뱁댕이. 삼촌이 기억이 좋은 거야. 지금.(웃음.) 예예.

= 아니 그때요 막 어린 때 들었어도 할머니네 하는 것 이렇게 가서 보고 했었어. 조금 기억이 나네. 잊을 것은 잊어버려도.

에예.

― 그런데 이 마을에도 참 언제까지는 다 그것을 무명을 했고. 우리도 면화를 갈아서 딸 경미 팔 때까지는 면화로 했어.

= 다 했습니다.

― 그런데.

= 인자만 아니했어.

― 경옥이하고 인자만 아니했지.

= 경오긴 허고.

- 어어?

= 허여서. 가인98).

- 아 게민 은자만 아녕 거라. 똘 ㅇ슬. 다슷 깨는 헤주고 하나만 아녕 따는 거라.

= 다 져 완쑤다. 무겁뗀 허멍.

음.

음.

= 요즘.

이제는 다 무겁뗀 져 와부런꾸나.

= 다 무겁꼭 이건 다 져 갑쎈99) 허연 나 이제 끄랑 눕꼭 더껌쑤 다100).

솜니부리.

= 이제양 게벼운101) 걷떨양 존 걷떨 뎅이멍102) 경 나곡 허나네 다 설 러갑써103). 베게영104) 몬딱 져 완105).

- 그 멘네106) 탈107) 때가 젤 바쁜 때라.

아.

- 이제는 뭐 이제도 가을 뜰민 이제도 미깡 타젠108) 허민 바쁘주마는 그땐 뭐 고구마도 케야지 콩도 헤야지 뭐 조도 헤 오지.

- 아 멘네도 받띠 허영케 케영109) 읻찌. 이건또 멘네도 그 허영케 켄 때 빨리 안 타면은.

= 자네110) 멘네 하영 헬쭈.

- 막 ㅂ름 불민 몬지111)가 막 부트거든.

- 게난 야네 어멍도 급퍼민 강 드레채112) 막 탕은네 *** 일 빠른 싸 르미난 바민 아방이영 뚤리가113) 아장114) 불쌍으네115) 그 노믈 티 다드 무멍 볼이랑116).

= 경옥이는 하고.

― 어어?

= 했어. 그 아이는.

― 아 그러면 은자만 아니한 거야. 딸 여섯. 다섯 개는 해주고 하나만 아니했다는 거야.

= 다 지어 왔습니다. 무겁다고 하면서.

음.

음.

= 요즘.

이제는 다 무겁다고 지어 와버렸구나.

= 다 무겁고 이것은 다 지어 가십시오 해서 나 이제 깔아서 눕고 덮고 있습니다.

솜이불이.

= 이제요 거벼운 것들 좋은 것들 다니면서 그렇게 나고 하니까 다 걷어가십시오. 베개하고 몽땅 저 왔어.

― 그 목화 딸 때가 젤 바쁜 때야.

아.

― 이제는 뭐 이제도 가을 들면 이제도 귤 따려고 하면 바쁘지만 그때는 뭐 고구마도 캐야지 콩도 해야지 뭐 조도 해 오지.

― 아 면화도 밭에 허옇게 벌어져 있지. 이것도 면화도 그 허옇게 벌어진 때 빨리 안 따면.

= 쟤네 면화 많이 했지.

― 마구 바람 불면 먼지가 마구 붙거든.

― 그러니까 애네 어머니도 급하면 가서 다래째 마구 따서 *** 일 빠른 사람이니까 밤에는 아버지하고 둘이서 앉아서 불 켜서 그 놈을 티 다듬으면서 발라서.

= 막 티가 부뜨주게117).

− 깍진 데껴118) 불곡 멘네는 허곡 헤신디. 참말 그 사름 바쁜디 그거 환장허게 쉐어럭줴119) 보민 목짱에 강 훤허게 보이든 이 노믄 멘네가 허영허난120) 받띠 케민121) 놈 보기 실케 스방이 허영허게 보여.

아. (웃음).

− 껌껌헌디도 받띠 허영헤 분다 마려. 게민 그걸 안 허민 아이고 아무지비 저 멘네도 몬 탐선게122).

게을렁.

− 예. 게을렁. 그런 게 이섣쭈.

= 멘네도 잘도 케어서라123).

− 너미 말가부난.

− 이거 이제 말로 ᄀ를124) 때 심상헤도 정말 멘네 온 받띠125) 가랑으네 세상 훤헌 땐. 아 그걸 베리민126) 전부 온통 다 ᄒ꼼127) 헌 셍각또 뒈고. 겨니128) 그땐 가으렌 다 바빠시난.

= 경 아녀도 뒈는디.

= (웃음). 경 아녀도 이젠 사라지는디. 더 존 거 더끄곡129).

예.

= 경헌디양 그땐 그 무신.

− 게도 이제 저 모실포130) 가며는 "에이고 그디131) 싸름덜 빈다리132) ᄀ찌 놀당 미깡만 베령 먹꼬 사라졈시카?"

= 경 ᄀ라133).

− 아 헌디134) 우린 또 그 서촌 사름덜 봥 "아이고 저영 일 아녀민 먹꼬 몬 싸라. 흑빨띠135) 강 메낳136)."

= 두 동이주게137). 두 동이고 우린 일년.

− 어 허염쩬 허는디.

− 지끔 제주시 보며는 대정읍138)부떠 할림읍139) ᄁ지 싸라미 마니 시140)에

= 마구 티가 붙지.

― 깍지는 던져 버리고 면화는 하고 했는데. 참말 그 사람 바쁜데 그거 환장하게 얼룩소 보면 목장에 가서 훤하게 보이듯 이 놈의 면화가 허예니 까 밭에 벌어지면 남 보기 싫게 사방이 허옇게 보여.

아. (웃음).

― 껌껌한데도 밭에 허예해 버린다 말이야. 그러면 그것을 안 하면 아 이고 아무 집에 저 면화도 못 따던데.

게을러서.

― 예. 게을러서. 그런 것이 있었지.

= 면화도 잘도 벌어졌더라.

― 너무 맑아버리니까.

― 이거 이제 말로 말할 때는 심상해도 정말 면화 온 밭에 갈아서 세상 훤할 때는. 아 그것을 보면 전부 온통 다 조금 한 생각도 되고. 그러니 그 때는 가을에는 다 바빴으니까.

= 그렇게 아니해도 되는데.

= (웃음). 그렇게 아니해도 이제는 살아지는데. 더 좋은 것 덮고.

예.

= 그런데요 그때는 그 무슨.

― 그래도 이제 저 모슬포 가면 "아이고 거기 사람들 빈털터리같이 놀 다가 귤만 봐서 먹고 살 수 있을까?"

= 그렇게 말해.

― 아 그런데 우리는 또 그 서촌 사람들 봐서 "아이고 저렇게 일 아니 하면 먹고 못 살아. 흙밭에 가서 매일.

= 이모작이지. 이모작이고 우리는 일년.

― 어 한다고 하는데.

― 지금 제주시 보면 대정읍부터 한림읍까지 사람이 많이 시에 투자한

투자헌 건 마자.

　　－ 겐디 이 동춘 싸르믄 남원141) 싸름더른 그런 대로민디142). 투자헌 거 가튼디 그 다음 저레는143) 그 지형으로 허는 거 달마144).

　　－ 그 저 사망쪽145) 그 동쪼그로 허고 이 서춘 싸르믄 신제주 금방 과양146) 금방 이쪽디레147). 그 저 그거 경계가 똑 이신148) 거 ᄀ트더라고. 대략 무러보난.

　　게난 동쪽 싸르믄 동쪼게만 살고 서촌 싸르믄 서쪼게 살고.

　　－ 어떠튼 동쪽 싸름도 시149)에 마니 부터 인는 거나네.

　　게난 그 기주니 관덕쩡이우다게. 관덕쩡을 중시므로 헤가지고 동쪽 싸르믄예 관덕쩡을 너머가지 몯테. 또 서쪽 싸라믄 관덕쩡을 너머가지 몯테.

　　－ 아 집 살 때도 그러케.

　　예. 마쑤다.

　　－ 허영 사는 거 가타.

　　예. 관덕쩡 중시므로 헤여예.

　　－ 게난 우리 제주도 싸름만 그 도시 집쭝헌 게 아니라 육찌에서도 오긴 완쭈마는 대랴근 이 농촌 싸르믄 서귀포로는 벨로 안 부떤는디150) 제주시는 쪼끔만 여유 이시면 제주시론 부튼 건 마자.

　　－ 겨난 사먕이엔151) 허난 사먕쪽또 그 옌날 우리 그디 삼춘 이선 간 땐 사먕이 뭐 그런대로 뭐 헤선게 이젠 뭐 완전.

　　지금 삼화개발 그 택찌개발 헤가지고예 지금 막 아파트덜 짇쩬 헴쑤다.

　　－ 아 짇쩬152) 허는 게 아니라 그디 막 개발.

　　지금도 막 개발뒈부런찌 뭐.

　　－ 개발 뒈어부런쭈게. 게난 이제 저.

　　＝ 바당153) 읻꼬.

　　－ 애워르비154) 지형은 엄창 우리 색딸리도 널르주마는 애월읍또 엄창 너르지. 애월 솔또155)에서 애월 그 멘사무소 강 오젠 허민 흐루 헤원156)

것은 맞아.

― 그런데 이 동촌 사람은 남원 사람들은 그런 대로인데. 투자한 것 같은데 그 다음 저리로는 그 지형으로 하는 것 같아.

― 그 저 삼양쪽 그 동쪽으로 하고 이 서촌 사람은 신제주 금방 광양 금방 이쪽으로. 그 저 그거 경계가 꼭 있는 것 같더라고. 대략 물어 보니까.

그러니까 동쪽 사람은 동쪽에만 살고 서쪽 사람은 서쪽에 살고.

― 어떻든 동쪽 사람도 시에 많이 붙어 있는 거니까.

그러니까 그 기준이 관덕정입니다. 관덕정을 중심으로 해 가지고 동쪽 사람은요 관덕정을 넘어가지 못해. 또 서쪽 사람은 관덕정을 넘어가지 못해.

― 아 집 살 때도 그렇게.

예. 맞습니다.

― 해서 사는 것 같아.

예. 관덕정 중심으로 해서요.

― 그러니까 우리 제주도 사람만 그 도시 집중한 것이 아니라 육지에서도 오기는 왔지만 대략은 이 농촌 사람은 서귀포로는 별로 안 붙었는데 제주시는 조금만 여유 있으면 제주시로는 붙은 것 맞아.

― 그러니까 삼양이라고 하니까 삼양쪽도 그 옛날 우리 거기 삼촌 있어서 갈 때 삼양이 뭐 그런대로 뭐 했던데 이제는 뭐 완전.

지금 삼화개발 그 택지개발 해서요 지금 막 아파트들 지으려고 하고 있습니다.

― 아 지으려고 하는 것이 아니라 거기 막 개발.

지금도 마구 개발되어버렸지 뭐.

― 개발되어버렸지. 그러니까 이제 저.

= 바다 있고.

― 애월읍이 지형은 엄청 우리 색달동도 너르지만 애월읍도 엄청 너르지. 애월 솔도에서 애월 그 면사무소 가서 오려고 하면 하루 해껏 걸어서

거렁157) 강 와야 뒈여. 그 키로쑤 엄창 먼 거릴 꺼야. 키로는 확씨리 모르 겐는데.

─ 이제 게난 애월읍또 그 어떵 어떵헌 게 그만 이제 경마장까지 이어 져부럼직켄게158). 게믄.

맏쑤다.

─ 엄창난 인구가. 이젠 저 조천느비159) 떠러져. 애월읍뽀다.

= 이제 이레 이어짐니다.

게난 아까 목콰 농사를 하고. 이젠 혹씨 삼도 가라봅띠가? 삼.

= 삼?

삼베. 삼베 멘드는 삼.

= 삼베는 아녀도 삼 가란 우리 뭐헬쑤가? 그때.

─ 삼 가랑으네. 신뒤치기160) 뎅기허곡 또 눌 허곡 쉐 쉐앋뼤161).

= 삼. 어주에162) 두 가지. 그 뭐 줍께163)로 쭉쭉헤그네.

─ 이제 육찌엔 허는 거.

게믄예. 한번 삼농사 한번 지얻떤 거 셍가글 헤서 ㄱ라줍써?

= 그냥 *** 헤네 그 쉐석164) ㄱ튼 거 허젠 아방이 헌 거. 그거.

─ 이 저 뭐 여기 이제 테레비 나오들 육찌에서 삼 헤 가지고 뭐 배 만 들고 이런 거는 여기서 기어기 하나 얻꼬. 그거 연나레는 이제는 나이롱 배165)가 마니 나오난 뭐 안심헫쭈마는 엔나렌 제일 조은 배가 뭐냐. 저 신사라166).

예예.

─ 신사라가 제일 조은 걸로 허곡 그 다으믄.

= 망사리도 허곡.

어 끅커고 이제 그 삼 그거를.

= 삼허곡.

─ 또 억쌔.

가서 와야 돼. 그 킬로 수 엄청 먼 거리일 거야. 킬로는 확실히 모르겠는데.

- 이제 그러니까 애월읍도 그 어떻게 어떻게 한 것이 그만 이제 경마장까지 어어져버릴 것 같은데. 그러면.

맞습니다.

- 엄청난 인구가. 이제는 저 조천읍이 떨어져. 애월읍보다.

= 이제 이리로 이어집니다.

그러니까 아까 목화 농사를 하고. 이제는 혹시 삼도 갈아봤습니까? 삼.

= 삼?

삼베. 삼베 만드는 삼.

= 삼베는 아니해도 삼 갈아서 우리 무엇했습니까? 그때.

- 삼 갈아서. 신뒤축 댕기하고 또 날 하고 소 북두.

= 삼. 어저귀 두 가지. 그 뭐 집게로 쭉쭉해서.

- 이제 육지에는 하는 거.

그러면요. 한번 삼농사 한번 지었던 거 생각을 해서 말해주십시오?

= 그냥 *** 해서 그 쇠고삐 같은 거 하려고 아버지가 한 거. 그것.

- 이 저 뭐 여기 이제 텔레비전 나오듯 육지에서 삼 해 가지고 뭐 바 만들고 이런 것은 여기서 기억이 하나 없고. 그거 옛날에는 이제는 나일론 바가 많이 나오니까 뭐 안심하지만 옛날에는 제일 좋은 바가 뭐냐. 저 뉴질랜드삼.

예예.

- 뉴질랜드삼이 제일 좋은 것으로 하고 그 다음은.

= 망사리도 하고.

아 칡하고 이제 그 삼 그것을.

= 삼하고.

- 또 억새.

예.

　－ 억쌔가 그 애기 뽕그랑이167) 벤 때168) 그 억쌔끝169) 안 나온 때.

미삥쟁이.

　－ 예. 바께 안 나온 때 그 억새를 뽀바당 배 만들고. 그걸로 신발도 저 신눌도 만드랃쭈. 초신170) 헐 때 눌. 신눌.

예.

　－ 예. 그 억쌔 애기 벤 때. 나오기 저네.

　－ 경 허곡 이 저 삼도 그걸 목쩍헤네 헨는디 이 배 만드나 이런 거는.

밴 안 만들고예?

　－ 여기는.

　＝ 끅171)또 헤낟쑤다. 끅 술마네 막 무레 간 두드리멍.

　－ 게난 끅. ᄀ람쭈게172). 끅또 그.

끅커고 삼허고 어주에.

어주에는 뭐우꽈?

　＝ 어주엔 헌 게 으름173) 동글락동글락 울이고.

저 식물 이름 읻써. 어주에.

　＝ 으르미 똥글락케영 저 고장174).

　－ 그거는 배 만드나 뭔 몬터곡.

　－ 건 기냥 그 이제도 도낭175) 그건 허는 거주게. 헌디 끄근 저 거더다가 숟띠 낳으네 불체176).

예. 불치 낭.

　－ 불체 낳으네 쑬망 무레 강 때리멍 껍쭈를177) 벋껴 잘 몰라노믄 멀쩐쭈. 그걸로 배 만들민 정말 요즘 나이롱 배 모냥으로 깨끋터게 보이긴 헌디.

　＝ 헤양헤. 막 두드리멍 뻐랑. 오랑 너러그네.

　－ 게난 췌고로 조은 거는.

예.

― 억새가 그 아기 뽈록이 밴 때 그 억새꽃 안 나올 때.

새품.

― 예. 밖에 안 나올 때 그 억새를 뽑아다가 바 만들고. 그것으로 신발도 저 신날도 만들었지. 짚신 삼을 때 날. 신날.

예.

― 예. 그 억새 아기 밴 때. 나오기 전에.

― 그렇게 하고 이 저 삼도 그것을 목적해서 했는데 이 바 만드나 이런 것은.

바는 아니 만들고요?

― 여기는.

= 칡도 했었습니다. 칡 삶아서 막 물에 가서 두드리면서.

― 그러니까 칡. 말하고 있지. 칡도 그.

칡하고 삼하고 어저귀.

어저귀는 무엇입니까?

= 어저귀라고 한 것이 열매 동글동글 열리고.

저 식물 이름 있어. 어저귀.

= 열매가 동글해서 저 꽃.

― 그것은 바 만드나 무엇은 못하고.

― 그것은 그냥 그 이제도 도나서 그것은 하는 것이지. 한데 칡은 저 걷어다가 솥에 놔서 재.

예. 재 놓아서.

― 재 넣어서 삶아서 물에 가서 때리면서 껍질을 벗겨서 잘 마르면 멋졌지. 그것으로 바 만들면 정말 요즘 나일론 바 모양으로 깨끗하게 보이기는 하는데.

= 허예. 막 두드리면서 빨아서. 와서 널어서.

― 그러니까 최고로 좋은 것은.

신사라.

─ 신사라. 신사라로 허민 신사라도 귀허니까 아까 그 억쎄 혜당으네 난 신사라도 어스난[178] 억쎄 신놀 허영 신 사망 시녀.

게난 그 애기벤 때 그 하얀 걸 여기선 뭐엔 フ라마씨? 미?

= 미삐젱이[179].

─ 예. 미삐젱이.

미삐젱이?

= 그건또 피료.

─ 억쎄엔 곧찌[180] 아녕으네 어욱 미삐젱이 뽀바당.

예예예예.

─ 억쎄엔 허는 건 이제 말허는 거고.

= 꼭 깨영으네[181] 벵벵 그 올라왕. 억쎄꼬시 막 피민 거 영 노멍 노멍 벵벵 가므멍 헤그네 불. 성냥 으신[182] 때. 성냥 으신 때 그거세 불 부쩐땅.

예.

─ 거 화승[183].

= 화승. 멘드랑 화승.

─ 그거는 저 어욱꼬시 막 만발헌 걸 허여당.

꼭쭐로.

─ 이제 꼭.

= 아니.

─ 꼭[184] 깨영으네.

예.

= 그 놈을 톨톨톨톨 フ라가지고 요마니 뚜끼[185]로 フ랑 화승이라고 만드랑 엔날 불 어신 땐 그거에 아치미 받 깔레 갈 때도 그 끄세[186] 불 부쩡 받띠 강 떡 놔둠서[187] 담베를 피왇꼬.

뉴질랜드삼.

— 뉴질랜드삼. 뉴질랜드삼으로 하면 뉴질랜드삼도 귀하니까 아까 그 억새 해다가 나는 뉴질랜드삼도 없으니까 억새 신날 해서 신 삼아서 신어.

그러니까 그 아기벤 때 그 하얀 것을 여기서는 무엇이라고 말합니까? 미?

= 새품.

— 예. 새품.

새품?

= 그것도 필요.

— 억새라고 말하지 않고 억새 새품 뽑아다가.

예예예예.

— 억새라고 하는 것은 이제 말하는 것이고.

= 칡 깨어서 뱅뱅 그 올라와서. 억새꽃이 막 피면 이렇게 그것 놓으면서 놓으면서 뱅뱅 감으면서 해서 불. 성냥 없을 때. 성냥 없을 때 그것에 불 붙였다가.

예.

— 그것 화승.

= 화승. 만들어서 화승.

— 그것은 저 억새꽃이 막 만발한 것을 해다가.

칡줄로.

— 이제 칡.

= 아니.

— 칡 깨어서.

예.

= 그 놈을 톨톨톨톨 말아서 요만한 두께로 말아서 화승이라고 만들어서 옛날 불 없을 때는 그것에 아침에 밭 갈러 갈 때도 그 끝에 불 붙여서 밭에 가서 떡 놔두고서 담배를 피웠고.

겐디 화승이렌 헬쑤가?

= 화승.

− 우린 화승.

아 "훼심" 안 허고

− 예. 화승.

아 화승.

화승이라고 헌 데도 이서[188].

− 으 화승. 그 우린 그 화승이라고만 헬찌.

게난 그건예. 삼춘님 뭐냐 허면 꼭도 놀 걸로 헤야 뒈마씨.

= 놀거 깨영.

예. 놀 걸로 헤야 이노미 몰라가멍 바짝 분는다고.

= 잘 아람서[189].

− 깨영.

예. 맏쑤다. 깨영.

− (웃음). 걷또 온통으로 아너고.

깨영예.

− 바레 영 헤둠서.

예. 영 영 영 영 나사시그로.

− 어욱[190] 그 미뻬젱이[191]. 그거 허영 영 영 허영 가므민 요 정도씩 다 만드라. 요 정도씩 다 허민 요거 하루 분. 하루 어둡또록[192] 받띠 강 계속 이쓰난.

아 하나가 흐루 분이라예?

− 예. 그 불 부쩡 야치미[193] 딱 아정가민[194] 나마도 무신 거 혼 뿜[195] 정도 나므나마나. 게민 지비 왕 어찌어찌 허당 보민 그날 거 혼 ** 추분[196].

= 불 으시난[197] 그거.

그런데 화승이라고 했습니까?

＝ 화승.

－ 우리는 화승.

아 "훼심" 안 하고.

－ 예. 화승.

아 화승.

화승이라고 하는 데도 있어.

－ 으 화승. 그 우리는 그 화승이라고만 했지.

그러니까 그것은요. 삼촌님 뭐냐 하면 칡도 날 것으로 해야 돼요.

＝ 날것 깨서.

예. 날 것으로 해야 이놈이 말라가면서 바짝 붙는다고.

＝ 잘 알고 있어.

－ 깨어서.

예. 맞습니다. 깨어서.

－ 웃음. 그것도 온통으로 아니하고.

깨어서요.

－ 발에 이렇게 해 두고서.

예. 이렇게 이렇게 이렇게 이렇게 나사식으로.

－ 억새 그 새품. 그것 해서 이렇게 이렇게 해서 감으면 요 정도씩 다 만들어. 요 정도씩 다 하면 요거 하루 분. 하루 저물도록 밭에 가서 계속 있으니까.

아 하나가 하루분이라고요?

－ 예. 그 불 붙여서 아침에 딱 가져가면 남아도 무슨 거 한 뼘 정도 남으나마나. 그러면 집에 와서 어찌어찌 하다가 보면 그날 그것 하나 ** 충분.

＝ 불 없으니까 그거.

= 잘헌 사름드른 혼 지비 어떤 혼 오십 께써근 만드랑 이서198). 그건 또 엄는 지븐 얻꼬199).

여자만 인는 지븐 뭐 어십쭈게.

— 예. 게난 그 이젠 뭐 나이타여 뭐여 헬쭈마는 그 당신 뭐 불 헐. 겐디200) 나도.

= ᄀ시락또201) 불 피왕 놔둠서 불 부렁.

— 어떠냐 허면.

= 모기 방지허곡. ᄀ스락 뿔 허영.

= 연날 그 내승 내승 다마202). 깡통 똥글락헌203) 거 요마니204) 헌 거. 그거에 솜 놓으네 저 큰동산 가민 부둘205) 읻써. 그걸로 호미206) 꺼꺼진 거 허영 탁탁 뜨리민207).

= 부리 나와.

— 밑뿔 헤영으네 그 소메 부뜨민 담베 피우곡 나도 그거 아정 뎅기멍 ᄭ진 헤봐신디.

— 사그마치. 사발 벌러진 걸로도 이거 때리민 불 부뜨곡.

= 부세엔208) 헌 게 이섣쑤다. 불내는 거.

— 아 게난 부세는 하르방. 워낙 급쏙컨 돈 인는.

= 우리 하르방은 부쉐209).

— 부쉐 이섣찌. 나사 부쉐 사곡 헐 정시니 엄는 사르미나네 호미 꺼꺼진 거 내분 거 헤네 영 두드리니까.

예. 게난 어떵 모시를 짤려고 사믈 가라본 건 아니구나예?

— 아 그런 건 우리 부라겐 아무 디도.

예 예 예 예 예. 그러문 질쌈을 할 때 쓰는 도구드른 어떤 거 이신고마씨? 불르는물레도 읻써야 뒐 꺼고 베틀도 읻써야 뒐 꺼고.

= 테우는210) 클211)도 읻꼬.

테우는 클.

= 잘한 사람들은 한 집에 어떤 한 오십 개씩은 만들어 있어. 그것도 없는 집은 없고.

여자만 있는 집은 뭐 없지요.

- 예. 그러니까 그 이제는 뭐 라이터다 뭐다 했지만 그 당시는 뭐 불 할. 그런데 나도.

= 까끄라기도 불 피워서 놔두고서 불 불어서.

- 어떻게 하냐 하면.

= 모기 방지하고. 까끄라기 불 해서.

= 옛날 그 내승 내승 전구. 깡통 동그란 것 요만큼 한 거. 그것에 솜 넣어서 저 큰동산 가면 부싯돌 있어. 그것으로 낫 꺾어진 것 해서 탁탁 때리면.

= 불이 나와.

- 밑불 해서 그 솜에 붙으면 담배 피우고 나도 그거 가져서 다니면서 까지는 해봤는데.

- 사금파리. 사발 벌러진 것으로도 이거 때리면 불 붙고.

= 부시라고 한 것이 있었습니다. 불내는 거.

- 아 그러니까 부시는 할아버지. 워낙 급속한 돈 있는.

= 우리 할아버지는 부시.

- 부시 있었지. 나야 부시 사고 할 정신이 없는 사람이니까 낫 꺾어진 것 내버린 것 해서 이렇게 두드리니까.

예. 그러니까 어떻게 모시를 짜려고 삼을 가라본 것은 아니군요.

- 아 그런 것은 우리 마을에 아무 데도.

예 예 예 예 예. 그러면 길쌈을 할 때 쓰는 도구들은 어떤 것 있나요? 씨아도 있어야 될 것이고 베틀도 있어야 될 것이고.

= 타는 틀도 있고.

타는 틀.

= 솜 테우는 거.

예에.

— 영 준는물레212) 볼르는물레213) 뭐.

= ᄇᆞ르는물레 준는물레.

— 이르믄 뭐 다 거저 거저 ᄀᆞ튼 일름.

틀려마씨.

— 겐디 모양은 ᄄᆞ난딘214).

또 쭉 ᄀᆞ라봅써?

게난 물레도 볼르는 거 읻꼬. 트는.

— 준는물레 읻꼬.

준는물레 읻꼬.

= 준은215) 거 읻꼬.

예. 그럼 다시 한번만예? 그 볼르는물레는 영 영 돌리는 걸 뭐엔 ᄀᆞ라마씸?

= ᄌᆞ록216). ᄌᆞ록.

ᄌᆞ록. 영 뚱글랑헌 거 마씨?

= 뚱글랑헌217) 거 이짜게는 물레귀218).

예. 물렌뀌.

= 영 메기는 딘 물레.

예.

= 이짜겐 벵벵 도라가는 건 귀.

— 또 물레지둥219) 읻꼬.

예.

— 양페니 영 세와져야.

= 지둥220). ᄭᆞ라 안는221) 디.

— ᄭᆞ라 안는 틀.

예.

= 솜 타는 거.

예에.

― 이렇게 물레 씨아 뭐.

= 씨아 물레.

― 이름은 뭐 다 거의 거의 같은 이름.

달라요.

― 그런데 모양은 다른데.

또 쭉 말씀해보십시오?

그러니까 물레도 바르는 거 있고. 타는.

― 물레 있고.

물레 있고.

= 잣는 것 있고.

예. 그럼 다시 한번만요. 그 씨아는 이렇게 이렇게 돌리는 것을 무엇이라고 말하나요?

= 자루. 자루.

자루. 이렇게 둥근 것은요?

= 둥그런 것 이쪽에는 씨앗귀.

예. 씨앗귀.

= 이렇게 먹이는 데는 물레.

예.

= 이쪽에는 뱅뱅 돌아가는 것은 귀.

― 또 물렛기둥 있고.

예.

― 양편에 이렇게 세워져야.

= 기둥. 깔아 앉는 데.

― 깔아 앉는 틀.

예.

= 틀.

- 요거 반마닌 헌 거 이레 끄라 앝께 영.

= 요마니222) 질게 허영 끄라 아자얄 꺼.

- 끄라 안지 아녀민 이노미 흔드니까.

= 널. 널파니주 널판. 나무로 멘드랑.

예. 그 다으메 또 차는 물렌마씨?

- 예?

차는 물레도 읻찌 아녀우꽝?

여긴 즌는물레. 여긴.

아 즌는물레?

- 예. 즌는물레.

= 차는223) 건 미녕224) 차는 거베끼.

- 즌는물렌 끄라 앝찌 아녀도 뒈여. 여기 그 가레기225) 끼우는 건 뽀고 뭐엔 허는고?

= 가레기 끼우는 거.

- 아니 가레기 말고. 그 물레레 영 끼왕.

요거 요거 보십써예.

요건 아까 멘네 멘네를 타다그네예 끝커고 씨하고.

= 터는 거.

- 분해허는 거. 이거 둘렁 이건 끄라 아장 허는 거고.

= 저건 즈루기고226).

- 이건.

= 이건 귀 답따227). 이거.

- 저 즌는물레 달믄디228).

예. 즌는물레 마자.

= 도로기229) 벵벵 도라가는 거.

= 틀.

－ 요것 반만큼 한 것 이리로 깔아 앉게 이렇게.

= 요만큼 길게 해서 깔아 앉아야 할 것.

－ 깔아 앉지 않으면 이놈이 흔드니까.

= 널. 널판이지 널판. 나무로 만들어서.

예. 그 다음에 또 짜는 물레는요?

－ 예?

짜는 물레도 있지 않습니까?

여기는 물레. 여기는.

아 물레?

－ 예. 물레.

= 짜는 것은 무명 짜는 것밖에.

－ 물레는 깔아 앉지 않아도 되어. 여기 그 가락 끼우는 것 보고 뭐라고 하는가?

= 가락 끼우는 것.

－ 아니 가락 말고. 그 물레에 이렇게 끼워서.

요것 요것 보십시오.

요것은 아까 면화 면화를 따다가 꽃하고 씨하고.

= 떠는 거.

－ 분리하는 거. 이거 둘러서 이것은 깔아 앉아서 하는 것이고.

= 저것은 자루고.

－ 이것은.

= 이것은 귀 같다. 이거.

－ 저 물레 같은데.

예. 물레 맞아.

= 자새 뱅뱅 돌아가는 거.

─ 아 겐디 이게 그리므론 이상허네.

= 어떵허연 이상허우꽈?

─ 가레기 끼우는 트리 이 물레레 영 끼와져실 껀디. 이거 이거. 이거 이거 이르미 뭐라. 이 이르미.

이거시.

존는물레.

─ 요거 가레기고.

예. 존는물레.

─ 이건 존는물레.

= 이건 모르커라230).

─ 이 이 틀.

─ 이게 이레231) 끼와지난232) 이거 둘러도 움직꺼리질 아녀지. 요 틀 때무네.

예.

이게 가레기 아니우꽈예?

─ 그거 쒜고 그거.

쒜 가레기고. 이거는?

─ 게메233) 이 틀 이르미 인는디. (웃음)

= 틀 이르믄 몰라.

이거는?

게난 다으메 오걸랑 쯤 ᄀ라줍써예?

이 질게.

= 이 거는 저 뭐. 이어진 거 저 줄 거시기.

─ 어쩌튼.

= 씰234) 담따235). 씰.

─ 아이236) 씰 아이.

- 아 그런데 이것이 그림으로는 이상하네.

　= 어떻게 해서 이상합니까?

　- 가락 끼우는 틀이 이 물레에 이렇게 깨워졌을 것인데. 이거 이거.
이거 이거 이름이 뭐야. 이 이름이.

이것이.

물레.

　- 요거 가락이고.

예. 물레.

　- 이것은 물레.

　= 이것은 모르겠어.

　- 이 이 틀.

　- 이것이 이리로 끼워지니까 이거 둘러도 움직거리지 않지. 요 틀 때
문에.

예.

이것이 가락 아닙니까?

　- 그거 쇠이고 그거.

쇠 가락이고. 이것은?

　- 그러게 이 틀 이름이 있는데. (웃음)

　= 틀 이름은 몰라.

이것은?

그러니까 다음에 오걸랑 좀 말해주십시오?

이 길게.

　= 이것은 저 뭐. 이어진 것 저 줄 거시기.

　- 어쨌든.

　= 실 같다 실.

　- 아니 실 아니.

씰 아래 꺼마씨.

= 아래.

요 씰 아래 낭.

= 아 나무.

– 이거는 이 거에 감겨다네 가레기허고 영결헌 씨리 만는데 이건또 이르미 이실[237] 꺼라.

예. 게난 다으메 오걸랑 ᄀᆞ라줍써예? 한번 튼냉.

– 이건 이 씨른 뭔 메긴 거냐면 벌, 벌 그 저 쭈시[238].

밀납.

– 밀. 그걸로 씨를 막 달롸[239] 가지고 찔기게 **커게 헤넨 이 가레기허고 요 물레허고 연결허연 이거 돌리민 이 가레기가 도라가게 퉤언써.

= 씰 촘 저 읻찌 아녀꽈? 이건떨. 나무. ᄐᆞ로ᄐᆞ로[240] 안 나게 허는 건 또 그 줄로 허는 거 아니?

– 아니. 이거는 저 푸는체[241] 멘드는.

= 게난 그거.

– 무신 낭[242]이냐?

= 나문 나문디.

– 그걸로 만드라네 이제 일로 연결허는 건 끄그로[243] 영 영 영 영 연결 헨써. 이제는 장귀는 요즘 조은 노로 영 영 영 영 헨쭈마는 옌나른 나이롱 노가 어시난 요 끄그로 영 .

= 끄그로만 몬딱[244] 헨쭈. 끄그로만.

– 허연는데 요 나무가 자귀낭[245]이라.

– 겐디 요 틀허고 요거 허곡 요 트른 단단한 나무나네.

= 이거는.

– 이거 ᄌᆞ베낭[246]. 이건또 ᄌᆞ베낭. ᄌᆞ베낭인데 나무는 요거만 이제 저 뭐야. 자귀낭. 그 자귀낭이.

실 아래 거예요.

= 아래.

요 실 아래 나무.

= 아 나무.

− 이것은 이것에 감겨다가 가락하고 연결한 실이 맞는데 이것도 이름이 있을 거야.

예. 그러니까 다음에 오걸랑 말씀해주십시오. 한번 떠올렸다가.

− 이것은 이 실은 무엇을 먹인 것이냐면 벌, 벌 그 저 찌꺼기.

밀랍.

− 밀. 그것으로 실을 마구 다루어 가지고 질기게 **해서 이 가락하고 요 물레하고 연결해서 이거 돌리면 이 가락이 돌아가게 되었어.

= 실 참 저 있지 않습니까? 이것들. 나무. 따로따로 안 나게 하는 것도 그 줄로 하는 것 아니?

− 아니. 이것은 저 키 만드는.

= 그러니까 그거.

− 무슨 나무냐?

= 나무는 나무인데.

− 그것으로 만들어서 이제 이리로 연결하는 것은 칡으로 이렇게 이렇게 이렇게 이렇게 연결 했어. 이제는 장귀는 요즘 좋은 노로 이렇게 이렇게 이렇게 이렇게 했지만 옛날은 나일론 노가 없으니까 요 칡으로 이렇게.

= 칡으로만 몽땅 했지. 칡으로만.

− 했는데 요 나무가 자귀나무야.

− 그런데 요 틀하고 요것 하고 요 틀은 단단한 나무니까.

= 이것은.

− 이것 구슬잣밤나무. 이것도 구슬잣밤나무. 구슬잣밤나무인데 나무는 요것만 이제 저 뭐야. 자귀나무.

요즘 꼳 피는 거예?

− 예. 묻또 뒈. 저 푸는체247) 어움248)도 자귀낭. 총체249)나 대체250)나 요런 체 어음도 자귀낭이 그 얄따라허게251) 깨어지는 따문 자귀낭.

− 게난 요걷또 자귀낭인데 요 씰 이름허고 요 틀 일름허고 이거는 버텅252).

− 이거 버텅 아닌가?

버텅?

= 버텅 이거양 가레기 끼우는 디라.

− 버텅.

= 게난 버텅 여기 영 안쩌 놔. 버텅이라.

− 이거 버텅일 꺼라.

= 저 이거 가레기253) 끼우젠 허나네 흔드니까. 가레기가 탈탈 흥그니까254) 이거 버텅 영 펜펜허게255) 허게.

예.

− 아 게난 요거영 다 한뼈네 버텅을 허니까 흔들진 아녀메. 이거 이걷또.

= 이걷또 이거 흔들카부덴256) 이거 버텅헌 거.

− 허나네.

예 조쑤다. 버텅 게난 다으메 한번 무러보쿠다예.

− 아 버텅이 마질 꺼여. 뜰림어시. 게난 요 씰 일름만 알믄 뒈는디.

그 다으메예 무명 흔 피리면 얼마쯤 뒙니까?

= 흔 필 열대 자.

− 서른 자가.

= 춤 서른, 서른 자, 서른 네 자.

− 서른 자가 흔 필게. 미녕이나 베나.

= 서른 자? 서른네 잔 중257) 아란258).

요즘 꽃 피는 거지요?

― 예. 무엇도 되어. 저 키 가장자리도 자귀나무. 말총체나 대체나 요런 체 가장자리도 자귀나무가 그 알따랗게 깨어지는 때문 자귀나무.

― 그러니까 요것도 자귀나무인데 요 실 이름하고 요 틀 이름하고 이것 은 바탕.

― 이것 바탕 아닌가?

바탕?

= 바탕 이거요 가락 끼우는 데야.

― 바탕.

= 그러니까 바탕 여기 이렇게 앉혀 놔. 바탕이야.

― 이거 바탕일 거야.

저 이거 가락 끼우려고 하니까 흔드니까. 가락이 탈탈 흔드니까 이거 바탕 이렇게 편평하게 하게.

예.

― 아 그러니까 요것이랑 다 한번에 바탕을 하니까 흔들리진 않아. 이 거 이것도.

= 이것도 이거 흔들릴까 봐 이거 바탕한 거.

― 하니까.

예 좋습니다. 바탕 그러니까 다음에 한번 물어보겠습니다.

― 아 바탕이 맞을 거야. 틀림없이. 그러니까 요 실 이름만 알면 되는데.

그 다음에요 무명 한 필이면 얼마쯤 되나요?

= 한 필 열대 자.

― 서른 자가.

= 참 서른, 서른 자. 서른 네 자.

― 서른 자가 한 필이야. 무명이나 베나.

= 서른 자? 서른네 자인 줄 알았어.

아 서른 자가 호 필.

― 여기선 혼 필.

건 무명이나 뭐 삼베나 모시나?

= 혼 피른 꼭ㄱ따259).

아 그러우꽈?

― 광모근 틀리지260).

아 광모근 어떵 틀림니까?

= 필로 허난.

― 광모근 얼마가 혼 피린지 모르겠는데.

= 그냥 필로 허곡 마로 허니깐.

― 건 마로 대랴근 허는데 그건 확씰리 모르컨게261).

― 여기서 허기는 미녕 베 다 거 저 서른 자가 혼 피리나넨.

= 드러보주마는262) 서른네 자 아닌가?

― 아니 서른 자.

드러봅써?

― 사람 도라가성 베 혼 피리며는 다 무끌 쑤 일쭈.

예에.

― 일곱 매허고 우알263) 훈번 영 돌려 인는 거 허고. 그게 그 사름 무ㄲ는 건또 등신264) 큰 사르믄 그 두 자 반 든덴 허는디.

그러믄예?

= 두 자 반 안 듬니까?

저 미녕, 저 미녕인 경우 그 씨리 **촘촘촘** 놀 가튼 거 **촘촘머게** 논 건또 잊꼬 그러지 아는 건또 잊쓸 꺼 아니우꽝예? 게영 온쎄미녕이니 일곱째미녕이니.

= 예에. 저 훌근265) 거는 닫쎄미녕266)도 잊꼬 들들헌 거. 온쎄미녕267). 일곱쎄미녕268)은 아주 좀진 거.

아주 좀진 거.

아 서른 자가 한 필.

― 여기서는 한 필.

그것은 무명이나 뭐 삼베나 모니사?

＝ 한 필은 똑같아.

아 그렇습니까?

― 광목은 다르지.

아 광목은 어떻게 다릅니까?

＝ 필로 하니까.

― 광목은 얼마가 한 필인지 모르겠는데.

＝ 그냥 필로 하고 마로 하니까는.

― 그것은 마로 대략은 하는데 그것은 확실히 모르겠네.

― 여기서 하기는 무명 베 다 거 저 서른 자가 한 필이니까.

＝ 물어보겠지만 서른네 자 아닌가?

― 아니 서른 자.

물어보십시오?

― 사람 돌아가셔서 베 한 필이면 다 묶을 수 있지.

예에.

― 일곱 매하고 위아래 한번 이렇게 돌려 있는 것 하고. 그것이 그 사람 묶는 것도 몸통 큰 사람은 그 두 자 반 든다고 하는데.

그러면요?

＝ 두 자 반 안 듭니까?

저 무명, 저 무명인 경우 그 실이 촘촘촘 날 같은 거 촘촘하게 놓은 것도 있고 그렇지 않은 것도 있을 것 아닙니까? 그래서 엿새무명이니 일곱새무명이니.

＝ 예에. 저 굵은 것은 닷새무명도 있고 들들한 것. 엿새무명. 일곱새무명은 아주 가는 것.

아주 가는 것.

= 예. 중찔269). 단쎄미녕.

- 게난 그 훌근 게.

= 은쎄미녕은 중찔.

예에.

- 그 갈중이270)가.

= 일곱쎄미녕은 젤 줌진 거.

아아.

= 덜덜헌 거 단쎄미녕.

- 줌진 거보단 훌근 게 갈중이 멘들민 더 찔기곡.

= 씨리 그거 왕씰271)로 멘드랃쩬 헤서. 왕씰. 홀근씰.

- 감모시옌272) 헌 게 저 황토 헤단도 허고 무슨 야채로도 허곡 다 헴 쭈마는 진짜로 가믈 드리면 그 오시 비올 때도 꽝꽝헤영273) 조코.

비도 안 셀고예?

- 또 저 춤받띠274) 강 일헤도 따미 안 차.

뜨미 안 차.

- 겐디 요즘 그 저 황토로 허나 약푸므로 헨 헌 그 갈중이는 이벙 비 마지민 모메 막 부뜨고275).

= 모메 부뜨지 아녀주게. 옌나른.

- 그 펜트276)가 마냐게 흰 거 이번따 허민 오끈277) 갈중이 뒈부러278).

으음.

- 비 마즈믄. 땀 차고 뭐 허믄.

- 게난 옌날 진짜 감오슨 펜티가 흰 거 이버도 물 안 드럳써.

그러믄 아까 혼 피리 서른 자면예 흐룬빠미면 멛 피를 짜신고예? 할머니 멛 필 짠뗀 헙디까?

= 혼 빌279). 혼 빌베끼 몬 짜.

- 흐루?

= 예. 중질. 닷새무명.

− 그러니까 그 굵은 것이.

= 엿새무명은 중질.

예에.

− 그 갈중의가.

= 일곱새무명은 젤 가는 것.

아아.

= 들들한 것 닷새무명.

− 가는 것보다는 굵은 것이 갈중의 만들면 더 질기고.

= 실이 그것 굵은실로 만들었다고 했어. 왕실. 굵은실.

− 감옷이라고 한 것이 저 황토 해다가도 하고 무슨 야채로도 하고 다 하지만 진짜로 감을 들이면 그 옷이 비올 때도 딴딴해서 좋고.

비도 안 새고요?

− 또 저 꼴밭에 가서 일해도 땀이 안 차.

땀이 안 차.

− 그런데 요즘 그 저 황토로 하나 약품으로 해서 한 그 갈중의는 입어서 비 맞으면 몸에 막 붙고.

= 몸에 붙지 않지. 옛날은.

− 그 팬티가 만약에 흰 것 입었다고 하면 그만 갈중의 되어버려.

으음.

− 비 맞으면. 땀 차고 뭐 하면.

− 그러니까 옛날 진짜 감옷은 팬티가 흰 것 입어도 물 안 들었어.

그러면 아까 한 필이 서른 자면요 하룻밤이면 몇 필을 짰을까요? 할머니 몇 필 짰다고 하던가요?

= 한 필. 한 필밖에 못 짜.

− 하루?

= 아니. 바메. 저녀게.

― 혼 필 짜지는가?

= 밤메 무사 몯 짬니까?

아이고.

= 혼 피른 짬니다게. 바멘. 나진 헤도.

― 그러치 아녀실 꺼라.

= 필 차는 거는 확씨리 몰라.

음.

― 나도.

ᄒ룬빠미믄 혼 필 짜?

= 서른 자 몯 짬니까게?

― 아이고 우리 어머니.

= 막 재여²⁸⁰⁾. 우리 할망. 완전 영 노콕 영 노콕.

막 잘 헤낟쑤나예?

= 아이고 우리 할머니예.

무명이나 모시나 삼베나 꼭가틀 꺼우꽝? 차는 건?

= 예.

아아.

= 아니 경헌디야²⁸¹⁾ 그디 자가 좀 모자렌²⁸²⁾ 건또 이서. 어떤 디 우리
가 사당으네²⁸³⁾ 영 헤보며는 모시도 모자렌 게 읻꼬 멩지²⁸⁴⁾도 모자렌 게
읻꼬. 쪼꼼씨근. 그 피레서 좀 모자렌 거시 이서. 자에서.

― 그 미녕도 씰 눌 때 그게 다 재여네²⁸⁵⁾ 기럭씰²⁸⁶⁾ 재여네 저디 그
쉐²⁸⁷⁾ ᄀ리칠 때 저 ᄀ레착²⁸⁸⁾ 헬쩬²⁸⁹⁾ 헹게 그 ᄀ레차게 그 ᄌ록뜨레²⁹⁰⁾
강²⁹¹⁾ 씨를 걸릴 때도 그 거리를 딱 재연.

= 양. 그거 무신거우꽈?

― 어?

= 아니 밤에. 저녁에.

— 한 필 짤 수 있는가?

= 밤에 왜 못 짭니까?

아이고.

= 한 필은 짭니다. 밤에는. 낮에는 해도.

— 그렇지 않았을 거야.

= 필 짜는 것은 확실히 몰라.

음.

— 나도.

하룻밤이면 한 필 짜?

= 서른 자 못 짭니까?

— 아이고 우리 어머니.

= 막 재어. 우리 할머니. 완전 이렇게 놓고 이렇게 놓고.

막 잘 했었군요?

= 아이고 우리 할머니요?

무명이나 모시나 삼베나 똑같을 겁니까? 짜는 것은?

= 예.

아아.

= 아니 그런데요 거기 자가 좀 모자란 것도 있어. 어떨 때 우리가 사
다가 이렇게 해보면 모시도 모자란 것이 있고 명주도 모자란 것이 있고.
조금씩은. 그 필에서 좀 모자란 것이 있어.

— 그 무명도 실 날 때 그것 다 재어서 길이를 재서 저기 그 소 가르칠
때 저 망돌짝 했다고 하던데 그 망돌짝에 그 자루에 가서 실을 걸릴 때도
그 거리를 딱 재서.

= 예. 그것 무엇입니까?

— 어?

= 미녕 찰 때 저 양페니 쒜292) 헤여지고 헌 꼬부랑헌 망뎅이 미명을 벌겨지렌293). 짜지멍.

─ 게 버, 버틍. 버텅294).

= 버텅이 아닐 껀디. 벌겨진.

─ 게 버텅.

= 양페니 영 찔렁. 또 마니 짜지민 도꼬마리295)에 가마둬그네296) 또 그걸 고쪙297) 찔렁 허는 게.

─ 도꼬마리엔 헌 거는 씰 눌 때 씰 감는 게 도꼬마리고 또 여기 베에 가믈 땐 허는 건 거 이르믄 뭐라?

= 감는 거. 몰라.

─ 아 그걸 또 이르미 읻는디.

거 그냥 허리 아니우꽝?

= 아니 여긴.

─ 이거 허리띤298) 일꼬.

= 허리띠는 여기 두이로299) 허리띠도 허리띠가 아니라. 그게 저 무시거300) 푸는체301) 멩그는 그 나무 넙짝컨 나무 달마302).

─ 아니 그건 저 뭐로 만드라네?

= 뭐로?

─ 이 저 미녕으로 만든 건 낭303) 아니.

= 아이고 우리 하르방304) 몰람꾸나. 그거 낭 이디305) 탁.

─ 하이고 낭허민 그 가마지는 게 양페느로 요로케 두 개로 이비 벌런써. 영 이비 벌런 읻는디 이거 가망 그 허리띠가 영 둥경 이레 콕 걸리메. 아이고 그거 낭이믄 이거 걸려지는가?

= 낭이 아니고. 꽝꽝헌 낭이 아니고양 이제 저.

─ 건 절때 낭은 아니고 띠.

(웃음)

= 무명 짤 때 저 양편에 쇠 해지고 한 꼬부랑한 막대 무명을 벌거지라라고. 짜지면서.

- 그게 버, 바탕. 바탕.

= 바탕이 아닐 텐데. 벌겨진.

- 그것이 바탕.

= 양편에 이렇게 찔러서. 또 많이 짜지면 도투마리에 감아두고서 또 그것을 고쳐서 찔러서 하는 거.

- 도투마리라고 한 것은 실 날 때 실 감는 것이 도투마리고 또 여기 베에 감을 때는 하는 것은 그것 이름은 뭐야?

= 감는 거. 몰라.

- 아 그것을 또 이름이 있는데.

그것 그냥 허리 아닙니까?

= 아니 여기는.

- 이것은 부티는 있고.

부티는 여기 뒤로 허리띠도 부티가 아니야. 그것이 저 무엇 키 만드는 그 나무 넓적한 나무 같아.

- 아니 그것은 저 무엇으로 만들어서?

= 무엇으로?

- 이 저 무명으로 만든 것은 나무 아니.

= 아이고 우리 남편 모르는구나. 그것 나무 여기 탁.

- 하이고 나무하면 그 감아지는 것이 양편으로 요렇게 두 개로 입이 벌어졌어. 이렇게 입이 벌여 있는데 이거 감아서 그 부티가 이렇게 당겨서 이리로 콕 걸려. 아이고 그것 나무면 이거 걸려지는가?

= 나무가 아니고. 딴딴한 나무가 아니고요 이제 저.

- 그것은 절대 나무는 아니고 띠.

(웃음)

= 아니.

= 내가 그.

= 그 저 **** 푸는체 버텅헌 거 일쑤게. 그치록 얄븐 거 그런 거 꼬부랑허게 허리안개306) 탁 헤서.

― 저 요즘 ᄀ트민 뭐 걸렁이307) 헤영 막 누비든 넙낀 허더라고. 게난 영 영 영 영 영 영 영 영 막 누벼졀꼬 이디 ᄁ시 영 고리 모냥으로 이러케 셍견쩌. 이러케. 이러케 셍기나네 요러케 낭이 영 허민 혼번 영 둥겨당308) 톡 걸리나네 뒈더라고.

= 그거예양. 그거예.

― 게난 이거 이름도 일써.

= 노ᄁᄂ네기309). 그 저 씰로 멘그랑 노 멩그란 그거세 톡커게 영 헤영 멩그라서 친310). 경 허연 걸런 영 영 가믄 거라.

― 나 안 ᄀ람쑤가게. 낭이면 이 씨리 가지 몯테요. 그게 험버기난311) 요러케 요러케 누벼진 거주.

혹씨 그.

= 어디에 뭐슬 가마.

― 이 두에312) 허리띠313)가 요러케. 영 영 영 영.

= 말쩨에 보믄.

― 저 사름 보믄.

거 허리안개 가태.

― 옌날 우리.

= 허리안개.

― 걸렝이314) 어신315) 때.

= 걸렝이로 허지 아녇쑤다. 우리.

― 저 걸렝이 멘들 때 저 사름 영 영 영 아년나게?

허리안개엔 ᄀ라?

= 아니.

= 내가 그.

그 저 **** 키 바탕한 것 있지요. 그렇게 얇은 거 그런 것 꼬부랑하게 부티 탁 해서.

— 저 요즘 같으면 뭐 띠 해서 막 누비듯 넓기는 하더라고. 그러니까 이렇게 이렇게 이렇게 이렇게 이렇게 이렇게 이렇게 이렇게 마구 누벼졌고 여기 끝이 이렇게 고리 모양으로 이렇게 생겼어. 이렇게. 이렇게 생기니까 요렇게 나무가 이렇게 하면 한번 이렇게 당겨다가 톡 걸리니까 되더라고.

= 그것에요. 그것에.

— 그러니까 이것 이름도 있어.

= 노끈. 그 저 실로 만들어서 노 만들어서 그것에 톡하게 이렇게 해서 만들어서 끈. 그렇게 해서 걸려서 이렇게 이렇게 감은 거야.

— 나 아니 말하나요. 나무면 이 실이 가지 못해요. 그것이 헝겊이니까 요렇게 요렇게 누벼진 것이지.

혹시 그.

= 어디에 무엇을 감아.

— 이 뒤에 부티가 요렇게. 이렇게 이렇게 이렇게 이렇게.

= 말째에 보면.

— 저 사람 보면.

그것 부티 같아.

— 옛날 우리.

= 부티.

— 띠 없을 때.

= 띠로 하지 않았습니다. 우리.

— 저 띠 만들 때 저 사람 이렇게 이렇게 이렇게 안 했나?

부티라고 말해요?

= 게난 그게 허리띠로 허질 아녈쭈게.

예. 조쑤다. 혹씨 길쌈헐 때 어떤 추억꺼리는 어쑤가?

재미난 얘기.

재미난 얘기.

할머니 얘기 ᄀ라줍써?

= 할마니.

예. 할마니에 대한 이야기를 헤주시면 뒐 꺼 가쑤다.

= 할마니가 할마니영 재미인는 얘긴 어린 때난. 그냥 에껴주고 혼 ᄋ 둡316) 써레317) 강318) 물 정 오다그네 대배길319) 벌러부러320).

아니 게난 길쌈할 때.

= 예.

영 영.

미녕 찰 때 미녕 짤 때.

씰 가마 가면 막 조루우면 할머니 ᄌ청비가 어떠코.

= 할머니는 아녀신디321) 어머니가 옌얘기를 저 졸지 마라그네322) 그 꼬리 가므라. 나 옌말 ᄀ라주마 허멍 막 연말323) ᄀ라난 그 셍가근 나.

─ 난 잘 모르겐는디 이 저 미녕에 대해서 뭐 헐 때는 미녕 ᄂ는 나른 그 집쭈인 혼자 허는, 허는, 몬터고 동네 싸름 멧 싸르믈 청혜다 헐 때 뭐 헹 멍는 건또 가트고.

─ 나 보기엔. 난 뭐 어멍 어스난324) 그런 디 잘, 잘 안 봐난 모르겐 는데.

= 솔로 영 영 헐 때에.

─ 또 솔허는 거 영 그 가시리325) 메기는 건또 아무러케나 메기민 안 뒌덴 허연. 그건또 촘 상당이 그 심각커게 헤연 허는 거 가트고.

─ 아래 그 불 피우고 허니까 잘몬 뗴민 그 씰 타부러도 안 뒈게 뒈고. 또 가다가 씰 한 검만326) 탈루뒈 부러도 촌찌 몬터영 막 그 허는 건또.

= 그러니까 그것이 부티로 하지를 않았지.

예. 좋습니다. 혹시 길쌈할 때 어떤 추억거리는 없습니까?

재미있는 얘기.

재미있는 얘기.

할머니 얘기 말씀해주십시오?

= 할머니.

예. 할머니에 대한 이야기를 해주시면 될 것 같습니다.

= 할머니가 할머니하고 재미있는 이야기는 어린 때니까. 그냥 아껴주고 한 여덟 살에 가서 물 져 오다가 대배기를 깨버려.

아니 그러니까 길쌈할 때.

= 예.

이렇게 이렇게.

무명 짤 때 무명 짤 때.

실 감아 가면 막 졸리면 할머니 자청비가 어떻고.

= 할머니는 아니했는데 어머니가 옛이야기를 저 졸지 말고 그 꼬리 감아라. 나 옛말 말해주마 하면서 막 옛말 말했던 그 생각은 나.

− 나는 잘 모르겠는데 이 저 무명에 대해서 뭐 할 때는 무명 나는 날은 그 집주인 혼자 하는, 하는, 못하고 동네 사람 몇 사람을 청해다 할 때 뭐 해서 먹는 것도 같고.

− 나 보기에는. 나는 뭐 어머니 없으니까 그런 데 잘, 잘 아니 보았으니까 모르겠는데.

= 솔로 이렇게 이렇게 할 때에.

− 또 솔하는 것 이렇게 그 풀가사리풀 먹이는 것도 아무렇게나 먹이면 안 된다고 해서. 그것도 참 상당히 그 심각하게 해서 하는 것 같고.

− 아래 그 불 피우고 하니까 잘못 되면 그 실 타버려도 안 되게 되고. 또 가다가 실 한 올만 탈루되어 버려도 찾지 못해서 막 그 하는 것도.

= 잘 츳장 그걸양 잘 이서327) 가야지 그거 ㅎ나 끄차져328) 불민 세329) 서꺼져부러.

− 테레비에도 보나네.

= 세 서꺼져부렁 그거시 흐끔330).

− 막 우슴 말 허곡 무슨 즈미진 말 허곡 또 뭐 헨 먹꼬 그러면서 그 미녕 메는 걸 봐신디. 메는 거라고 헤신디.

세 서꺼진 거예?

= 예. 세 서꺼젼. 흐나만 끄차지민331) 세가 서꺼져부러.

게믄 아까 그 미녕 눌 때 뭐 헹으네 머걷쑤가?

= 뭐 헤영 머겅.

− 게난 이 사르미나 나는 뭐 다 가튼 사라민데.

− 뭐 헤영 먹고 모른 건. 그 이제 어멍 어신 사르믄 그디 강 얼러332) 봐야.

= 막쌍 머걷짜 지슬333) ᄀ튼 거나 술망 먹쭈. 쒜기떡.

쒜기떡.

= 쒜기떡 그 저.

− 저.

= 저 가루로.

− 어멍 어신334) 사름 와도. 야 흐나 머그라. 영 허주마는. 연나른 어멍 업쓰믄.

= ᄀ르335)로 쒜기떠기나 허영으네 구더게336) ᄃ라멘땅337).

− 노므 지베 강 어더머거지카부덴338) 꾸메도 꾸믄 안 돼지.

− 이 사름 알지마는 니네 김치비 ** 어멍. 떡커는 딘 딴 사르미 몬 뭉직 꼬339) 그 어른만 뭉지가꺼든. 게니 **가 페나니 살기 때무네 재게340) 간 거라. 내중은 고생끼리 열리니까.

= 잘 찾아서 그것을요 잘 이어 가야지 그것 하나 끊어져 버리면 새 섞여버려.

- 텔레비전에도 보니까.

= 새 섞어져 버려서 그것이 조금.

- 막 웃긴 말 하고 무슨 재미있는 말 하고 또 무엇 해서 먹고 그러면서 그 무명 매는 것을 봤는데. 매는 것이라고 했는데.

새 섞인다고요?

= 예. 새 섞어져서. 하나만 끊어지면 새가 섞이어버려.

그러면 아까 그 무명 날 때 무엇 해서 먹었습니까?

= 무엇 해서 먹어서.

- 그러니까 이 사람이나 나는 뭐 다 같은 사람인데.

- 무엇 해서 먹고 모른 것은. 그 이제 어머니 없는 사람은 거기 가서 얼쩡거려 봐야.

= 막상 먹어봐도 감자 같은 것이나 삶아서 먹지. 쮀기떡.

쮀기떡.

= 쮀기떡 그 저.

- 저.

= 저 가루로.

- 어머니 없는 사람 와도. 야 하나 먹어라. 이렇게 하지만. 옛날은 어머니 없으면.

= 가루로 쮀기떡이나 해서 바구니에 달아맸다가.

- 남의 집에 가서 얻어먹어질까 봐 꿈에도 꾸면 안 되지.

- 이 사람 알지만 너의 김집에 ** 어머니. 떡하는 데는 다른 사람이 못 만지고 그 어른만 만졌거든. 그러니 **가 편안히 살기 때문에 재우 간 거야. 나중은 고생길이 열리니까.

2.2 누에치기와 비단 짜기

혹씨 누에도 쳐봅띠가?

— 예?

누에.

— 아 누에.

예.

— 아 누에. 누에도 난 몬 질롸341) 본 사름.

여기는 질롸 봔뗀마씨.

= 어멍 질루는 거 봐난쭈342).

아 그 얘기 쫌 헤줍써예.

= 그 누에를양.

예.

= 좁썰 혼 착343) 달마344).

음.

= 체얌에345). 그 요마니헌 종이 그 꽝떼기346). 그거세 어멍이 가정와.

= 경 헤영 "이거 누에씨여" 경 헤영.

= 가정왕 놔두민양 글로 잰잰347) 베리지348) 몬터는 게 데강이349) 메실메실허게양350) 나와.

음.

= 겨민 무신 막 저 순헌351) 걸로 영 영 씨러352) 놔.

= 씨러 놔그네 차롱에 무신거353) 꼬랑 씨러 넝 놔두민양 혼 일쭈일 뒈가믄 막 커. 커그네 또 흔쏠354) 셔가민355) 커그네양 한밤356) 먹넨.

으음.

= 한밤 멍넨 헌 땐양 이만씩 케여.

혹시 누에도 쳐봤습디까?

― 예?

누에.

― 아 누에.

예.

― 아 누에. 누에도 나는 못 길러 본 사람.

여기는 키워 봤다네요.

= 어머니 기르는 것 보았었지.

아 그 이야기를 좀 해주십시오.

= 그 누에를요.

예.

= 좁쌀 한 짝 같아.

음.

= 처음에. 그 요만큼한 종이 그 골판지 그것에 어머니가 가져와.

= 그렇게 해서 "이것 누에씨야" 그렇게 해서.

= 가져와서 놔두면 그리로 자잘한 보지 못하는 것이 대가리 메실메실 하게요 나와.

음.

= 그러면 무슨 막 저 부드러운 것으로 이렇게 이렇게 쓸어 놓아.

= 쓸어 놓아서 채롱에 무엇 깔아서 쓸어 놓아서 놔두면요 한 일주일 되어 가면 막 커. 커서 또 조금 있으면 커서요 한밥 먹는다고.

으음.

= 한밥 먹는다고 할 때는요 이만씩 해.

아아.

= 경 헤영으네 우영357)에 뽕 저치록 가랄땅으네 막 튼다당358) 이치록 비 저지민양 수거네 막 영 영 씨러불멍359).

= 베 아픈덴. 누에가 베 아픈덴.

= 영 영 씨렁360) 파싹 너러. 한나 한나 널라361) 허영 마리362)에. 너러 그네 이젠 알땅그네363) 주민.

= 영 허영 알러레364) 머거. 또 우로365) 강 영 허영 머거오곡. 우로 알러레 머거오곡. 경 허멍양 막 제미짐니다게. 그 누에 뽕 머글 때.

= 경 헤영양 한밤 머검쩌. 소리가 와상와상와상. 경 하영 구둘366)로 하나 질롸그네367). 경 허여그네양 허영 허민 또 이제 한밥 잘 머거사368) 고치가 뒌덴369).

예.

= 경 허영 시민370) 아피371) 잘 머거진 건 고치를 거미줄 달믄372) 거. 영 영 허멍 그거시 저 무시거 유채.

예.

= 유채 터러난 나무에 강 영 영 허민 그레373) 강 올리민 그땐양 히미 어서374). 누에가. 막 뒈민. 경 허민 그걷띠레375) 영 영 기여. 이브로.

으음.

= 이브로 씰 내우멍376) 그레 영 영 기어가근에 그 안네 강 드러아장377) 이젠 그걷띠레 드러 영 영 헤 가민 고치가 뒈여.

예에.

= 고치가 뒈민 막 이젠 뒈여그네 구드민 이젠 그걸 하나씩 타그네378).

= 게영379) 물 소왕소왕380) 꿰와381) 가민 무신 큰 소세382) 낭그네 뭐로 영 영 젇깔383)로. 영 영 밀리멍 헤 가민.

= 이딘384) 아까 그 저 미녕 즈사난385) 물레양. 그거세 영 영 그 체양386) 영 헤당 씰 둥여당387) 그레 가마 놓으네 그거 영 무레서 밀리멍 그

아아.

= 그렇게 해서 터알에 뽕 저처럼 갈았다가 막 따다가 이처럼 비 젖으면 수건에 막 이렇게 이렇게 쓸어버리며.

= 배 아프다고. 누에가 베 아프다고.

= 이렇게 이렇게 쓸어서 바싹 널어. 하나 하나 널어라 해서 마루에. 널어서 이제는 가져다가 주면.

= 이렇게 해서 아래로 먹어. 또 위로 가서 이렇게 해서 먹어오고 위에서 아래로 먹어오고 그렇게 하면서요 막 재미있습니다. 그 누에 뽕 먹을 때.

= 그렇게 해서요 한밤 먹는다고. 소리가 와상와상와상. 그렇게 해서 방으로 하나 길러서. 그렇게 해서요 해서 하면 또 이제 한밤 잘 먹어야 고치가 된다고.

예.

= 그렇게 해서 있으면 앞에 잘 먹은 것은 고치를 거미줄 같은 거. 이렇게 이렇게 하면서 그것이 저 무슨 것 유채.

예.

= 유채 떨어난 나무에 가서 이렇게 이렇게 하면 그리로 가서 올리면 그때는요 힘이 없어. 누에가. 막 되면. 그렇게 하면 그것으로 이렇게 이렇게 기여. 입으로

으음.

= 입으로 실 내면서 그리로 이렇게 이렇게 기어가서 그 안에 가서 들어앉아서 이제는 그것에 들어 이렇게 이렇게 해가면 고치가 되어.

예에.

= 고치가 되면 막 이제는 되어서 굳으면 이제는 그것을 하나씩 따서.

= 그래서 물 소왕소왕 끓이어 가면 무슨 큰 솥에 넣어서 무엇으로 이렇게 이렇게 젓가락으로. 이렇게 이렇게 밀리면서 해 가면.

= 여기는 아까 그 저 무명 자았던 물레요. 그것에 이렇게 이렇게 그 처음 이렇게 해다가 실 당겨다가 그리로 감아 놓아서 그거 이렇게 물에서

씰 나오는양 영 영 가므민 멩지씰388).

예.

— 경 헤연 멩지 차는 기어근 안 나고?

게난.

= 그끄장은 아라질 꺼.

예. 누에 키워.

= 음. 키우는 거.

예.

= 게연 씨로 허여네 그치록 한밤389) 머건 고치 뒈언 타네. 경 헤영 허여 가민 나가 번데기 머거난 생각끄장은 망 나.

예.

= 번데기는 막 머거십쭈게. 데가리 끄차390) 뒁.

겐디 영 누에가 아까 눈 *** 영 영 막 헐 꺼 아니우꽝예. 그때마다 이르미 달른 게 이신가마씨?

= 어떵 달라?

쪼끄만 거 헐 때는 뭐 사름 가트민 에기여 요건 물에기여.

= 저 체야메 어린 때에는 애기.

예.

= 말쩨에라391) 가민 중찔 뒈민 또 중찔 뒌 땐 무신거엔392) ㄱ라신디393) 몰른디. 한밤 머검쩬 헌 때엔.

막 큰 땐예.

= 막 큰 땐. 망물394). 망물 꼬치 이제 뒈열쩌 헐 때에는 고치 뒈영으네 문395) 뒌 때.

예에.

= 그끄장양 어린 때난 그냥 그 세밀히 봐난 이제도 셍각이 나난.

게난 그 고치가 뒈고 난 다으메 무레 쏠물 꺼 아니우꽝예?

밀리면서 그 실 나오는대로 이렇게 이렇게 감으면 명주실.

예.

— 그렇게 해서 명주 짰던 기억은 안 나고?

그러니까.

= 그까지는 알아지는 것.

예. 누에 키워서.

= 음. 키우는 것.

예.

= 그래서 씨로 해서 그처럼 한밥 먹어서 고치 되어서 따서. 그렇게 해서 해 가면 내가 번데기 먹었던 생각까지는 막 나.

예.

= 번데기는 막 먹었지요. 대가리 끊어 두고.

그런데 이렇게 누에가 아까 눈 *** 이렇게 이렇게 막 할 것 아닙니까. 그때마다 이름이 다른 것이 있을까요?

= 어떻게 달라?

조그만한 것 할 때는 뭐 사람 같으면 아기다 요것은 갓난아기야.

= 저 처음에 어릴 때에는 아기.

예.

= 말째에 가면 중질 되면 또 중질 된 때는 무엇이라고 말했는지 모르는데 한밥 먹는다고 할 때에는.

막 클 때는요.

= 막 클 때는. 막물. 막물고치 이제 되었다고 할 때에는 고치 되어서 모두 될 때.

예에.

= 그까진요 어린 때니까 그냥 그 세밀히 봤으니까 이제도 생각이 나니까.

그러니까 그 고치가 되고 난 다음에 물에 삶을 것 아닌가요?

= 에 무레 막 슬므멍.

게믄 무레 막 슬믄 그 상태에서 씨를 뽀바마씨? 멩지씨를.

= 체얌396) 눠그네. 무루기397) 그 눠그네 영 영 물 수왕수왕 꿰여398) 끄러가민 그거시 그 큰 주보므로399) 영 영 고치를 밀리멍 영 영 헤 가민 그 씨리난 영 모두와그네400) 쓸 ᄒᆞ끔 어우러진 거 영 모두왕401) 뗑겨.

예.

= 뗑겨그네 물레레402) 강 물레 헤 가민 그 고치 영 영 밀리멍 둘러가민403) 씨리 벵벵벵 가마져.

= 경 허민 말쩨인 그거시 깡통디레404) 똑 가믄 거 달마마씨405). 어멍 헐 때. 깡통에 가마낭 말쩨엔 꼬릴 헤신가 모동일406) 헤신가407) 야튼 경 헤연.

= 경 헤영 차는408) 거는 잘. 참도409) 헤실 껀디 아메도.

걷또 아마 베트레 영영 헫께찌예? 예예.

= 우리 어멍허고 저 할무니는 질싸를 막 헤낟쑤다.

예 혹씨.

— 느네 어멍도 막 헤신디. 그 베트리 저기 이서난410). 넌 몰를 꺼라. 사삼사껀411) 후에는 그 베트리 어신412) 거 가타. 허는 걸 본 기어기 어시니까. 그 저네는 느네 지비도 헤서.

다 주서 가부럳쑤게.

으?

다 주서가부런. 옅짱시가.

— 나는 우리 지빈 그 초석 차고 가마니 짜는 트리 이선는디. ᄇᆞ디. 다 이선는디 이 집 지슬 때 그냥 부레 다 테우지 마랑 그게 이제 ᄇᆞ디ᄀᆞ튼 거 서시민413). 아 초석또 이제 하나 탁 창414) 이런 때 베우곡415) 허민 졸416) 껀디 마려. 아 초석크른417) 테와분 게 상당히 어굴헤.

= 아 물에 막 삶으면서.

그러면 물에 막 삶은 그 상태에서 실을 뽑아요? 명주실을.

= 처음 놓아서. 가득히 그 놔서 이렇게 이렇게 물 수왕수왕 끓이어 끓어가면 그것이 그 큰 젓가락으로 이렇게 이렇게 고치를 밀리면서 이렇게 이렇게 해가면 그 실이니까 이렇게 모아서 실 조금 어우러진 것 이렇게 모아서 당겨.

예.

= 당겨서 물레에 가서 물레 해 가면 그 고치 이렇게 이렇게 밀리면서 두르면 실이 뱅뱅뱅 감아져.

= 그렇게 말째는 그것이 깡통에 똑 감은 것 같아요. 어머니 할 때. 깡통에 감아놓아서 말째에는 꼬리를 했는가 몽당이를 했는가 하여튼 그렇게 해서.

= 그렇게 해서 짜는 것은 잘. 짜기도 했을 것인데 아마도.

그것도 아마 베틀에 이렇게 이렇게 했겠지요? 예예.

= 우리 어머니하고 저 할머니는 길쌈을 막 했었습니다.

예. 혹시.

- 너의 어머니도 막 했었는데. 그 베틀이 저기 있었어. 너는 모를 거야. 사삼사건 후에는 그 베틀이 없는 것 같아. 하는 것을 본 기억이 없으니까. 그 전에는 너의 집에도 했어.

다 주워 가버렸잖아요.

으?

다 주워가버렸어요. 엿장수가.

- 나는 우리 집에는 그 초석 짜고 가마니 짜는 틀이 있었는데. 바디. 다 있었는데 이 집 지을 때 그냥 불에 다 태우지 말고 그것이 이제 바디 같은 거 있었으면. 아 초석도 이제 하나 딱 짜서 이런 때 보이고 하면 좋을 것인데 말야. 아 자리를 태워버린 것이 상당히 억울해.

2.3 옷 만들기

그러믄 이제는예. 아까 저 미녕도 메 필 짠 거고예. 그 다으메 모시도 짜고 멩지도 짜고예. 이젠 그걸로 어떤 오슬 멘드럳쑤강?

＝ 멩진양 짜놔그네 저 뀉낭418) 스라419).

예.

＝ 뀉낭 스랑 그거를 저 짇체꺼나네420). 지체꺼421). 그 지체꺼엔 헌 건 진 메겨네 허난. 미녕으로 진 메견 허난 뀉낭 스랑 그 재 무레 놓으네 끄러 가믄 그거 ㅎ나 ㅎ끔 놔그네 영 영 눌르곡 눌르곡 헤 가민 멩지가 와상헬딴422) 게 멘지락커여423).

＝ 경 허민 이젠 멩지 뉘열쩌424).

＝ 미녕도 짜 놔그네 막 진 보벼425). 진 보벼그네 막 뻐라 가민 헤양케 바라426). 게민 이젠 진 보비나네 바라멘 막 고왇쩌. 경.

예. 그러믄 그 멩지로는 무슨 옫 무슨 오슬 멘드라낟쑤가?

＝ 멩지는양. 멩지는 이제 이제 ㄱ트민 멩지는 저 겨론헐 때. 겨론헐 때 이제 저 장옫. 여자 장옫.

＝ 남즈도 장옫.

예.

＝ 이제 바지저구리. 남자 바지저구리. 여즈도 고장중이427). 고장중이 안네 임는 쏙꼳. 그런 거 다 주로 그런 거. 치마. 여잔 치마영 저구리. 그런 거 만드라.

그 다으메 아까 또 모시도 짜지 아녇쑤가예? 모시론 어떤 오슬 멘드럳쑤가?

＝ 모시는 그냥 저 옫또 모시오시엔 헤영양 만드랑 입쭈게.

예. 게난 적싸믈 멘드럳쑤가?

그러면 이제는요. 아까 저 무명도 몇 필 짠 것이고요. 그 다음에 모시도 짜고 명주도 짜고요. 이제는 그것으로 어떤 옷을 만들었습니까?

= 명주는요 짠 다음에 저 참깻대 살라.

예.

= 참깻대 살라서 그것을 저 진솔이니까. 진솔. 그 진솔이라고 한 것은 진 먹여서 하니까. 무명으로 진 먹여서 하니까 참깻대 살라서 그 재 물에 넣어서 끓어 가면 그거 하나 조금 넣어서 이렇게 이렇게 누르고 누르고 해 가면 명주가 앙상했던 것이 만질만질해.

= 그렇게 하면 이제는 명주 누웠다.

= 무명도 짜 놓아서 막 깃 비벼. 깃 비벼서 막 빨아 가면 하얗게 바래. 그러면 이제는 깃 비비니까 바래면 막 고왔다. 그렇게.

예. 그러면 그 명주로는 무슨 옷 무슨 옷을 만들었었습니까?

= 명주는요. 명주는 이제 이제 같으면 명주는 저 결혼할 때. 결혼할 때 이제 저 장옷. 여자 장옷.

= 남자도 장옷.

예.

= 이제 바지저고리. 남자 바지저고리. 여자도 고쟁이. 고쟁이 안에 입는 속옷. 그런 것 다 주로 그런 거. 치마. 여자는 치마하고 저고리. 그런 것 만들어.

그 다음에 아까 또 모시도 짜지 않았습니까? 모시로는 어떤 옷을 만들었습니까?

= 모시는 그냥 저 옷도 모시옷이라고 해서요 만들어서 입지요.

예. 그러니까 적삼을 만들었습니까?

= 적쌈도 만들곡 치마도 허곡.

아 예.

= 예. 치마도 허곡 이제 경 헤네 그 그거나 ᄀ찌. 아니 멩지론 저승오슬⁴²⁸⁾ 마니 허곡 입따그네 저승 갈 땐 입쩬 경 헌 걸 마니 헤신디 모시는 저승오세 안 놔.

예.

= 저승 갈 때 몬 놈니께.

= 경 허난 그냥 이버. 그냥 이블 때. 곱게 임는 사름덜.

모시는 무사 저승옫 안 멘든덴 험니까?

= 모시는 어떤지 저승 갈 때는 과네 노치도 아년덴⁴²⁹⁾.

예.

= 과네 안 놔. 다른 오슨 놔도. 경 허영 허곡.

= 미녕은 그냥 우리 어린 때에 어머니가 파랑헌 물도 드령 치마도 헤주고. 이제.

– 이제는 나이가 칠씨비여 팔씨비여 벡까지 막 사난 헌디 엔나른 겨론식컬 때 멩지로 만들면 그 오스로 주경 갈 때 가정가게꾸리⁴³⁰⁾ 다 뒈언는데.

– 저 나 경우도 그때 만든 오시 우리 아버진 뭐 주경 갈 때 이 옷 이블 꺼엔 헨는디 이븜이랑마랑⁴³¹⁾ 짜그난 버릴 쩡도 뒈부난에 이 그 연나른 사르미 오래 살민 오십 쎄 사시보 세 뭐 육씹 쎈 뒈민 홈치⁴³²⁾ 몽둥이 지펑 하르방 헨는데.

– 요즈믄 우리 동세⁴³³⁾가 이제 아은인디 뭐 고짝⁴³⁴⁾ 사그네 거딱거딱 건는디. 아은에. 날보다 딱 쓰무 설 우엔데.

– 그럴 시대가 뒈어부니까 이제는 그 멩지로 온 만드랑 겨론헐 때 만든 오시 주경 갈 때 몬 입찌.

게민 치메는 뭐로 뭐로 멘드라 봗쑤가? 치메.

＝ 적삼도 만들고 치마도 하고.

아 예.

＝ 예. 치마도 하고 이제 그렇게 해서 그 그것이나 같이. 아니 명주로는 수의를 많이 하고 입다가 저승 갈 때 입으려고 그렇게 하는 것을 많이 했는데 모시는 수의에 안 놔.

예.

＝ 저승 갈 때 못 놓지요.

＝ 그러니까 그냥 입어. 그냥 입을 때. 곱게 입는 사람들.

모시는 왜 수의 안 만든다고 합니까?

＝ 모시는 어쩐지 저승 갈 때는 관에 놓지도 않는다고.

예.

＝ 관에 안 넣어. 다른 옷은 넣어도. 그렇게 해서 하고.

＝ 무명은 그냥 우리 어릴 때에 어머니가 파란 물도 들여서 치마도 해 주고. 이제.

― 이제는 나이가 칠십이다 팔십이다 백까지 막 사니까 하는데 옛날은 결혼식할 때 명주로 만들면 그 옷으로 죽어서 갈 때 가져가게끔 다 되었는데.

― 저 나 경우도 그때 만든 옷이 우리 아버지는 뭐 죽어서 갈 때 이 옷 입을 것이라고 했는데 입기는커녕 작으니까 버릴 정도 되어버리니까 이 그 옛날은 사람이 오래 살면 오십 세 사십오 세 뭐 육십 세는 되면 아예 몽둥이 짚어서 할아버지 했는데.

― 요즘은 우리 동서가 이제는 아흔인데 뭐 곧게 서서 거딱거딱 걷는데. 아흔에. 나보다 딱 스무 살 위인데.

― 그런 시대가 되어버리니까 이제는 그 명주로 옷 만들어서 결혼할 때 만든 옷이 죽어서 갈 때 못 입지.

그러면 치마는 무엇으로 무엇으로 만들어 봤나요? 치마.

= 치메. 치메는 쏙치마도 허곡. 저승 갈 때 임는 건.

아니. 아니우다. 예를 들면 치메도 멩지치메도.

= ****

아 그러우꽈?

= 예. 꽝모그로 허리허고 저 깍치마⁴³⁵⁾. 터그네. 통치마 말고 경 헤영 입곡.

= 저구리도 멩지저구리.

예.

= 예. 멩지저구리 허곡.

모시.

= 고장중이엔 헌 거 영 미테 터진 거. 연날은양 터진 거. 그거 속꼳.

모시도 모시로도.

= 모시는 그냥 이블 꺼. 궤양⁴³⁶⁾ 임는 사름덜 헤양케 그 모시는 궤양 임는 사름덜 헤그네 하르방덜 이벙 뎅기고 저구리도 저 미승⁴³⁷⁾ 신 디 강 비러그네 곱딱케 저 적쌈. 적쌈 만드랑.

– 우리 부라게 모시로 온 테영 이븐 사름 멘 싸름 업쭈.

두루마기는 뭐로 멘드럳쑤가? 두루막. 후리메.

= 남자 거?

예.

= 저 온꽝목. 오강목⁴³⁸⁾.

오강목.

= 오강목 그거 줌진⁴³⁹⁾ 거. 온꽝목에서 줌진 거. 막 줌진 거.

도포는마씨?

= 도폰 멩지.

멩지로. 예 조끼는?

= 멩지 어성 몰턴 베로도 허곡 베는 놔도 이제 모신 안 놔. 주그민.

– 요즈믄 나이롱 든 건 일절 몬 노콕.

= 치마. 치마는 속치마도 하고. 저승 갈 때 입는 것은.

아니. 아닙니다. 예를 들면 치마도 명주치마도.

= ****

아 그렇습니까?

= 예. 광목으로 허리하고 저 풀치마. 터서. 통치마 말고 그렇게 해서 입고

= 저고리도 명주저고리.

예.

= 예. 명주저고리 하고.

모시.

= 고쟁이라고 한 것 이렇게 밑에 터진 것. 옛날은요 터진 것. 그것 속곳.

모시도 모시로도.

= 모시는 그냥 입을 거. 고이 입는 사람들 허옇게 그 모시는 고이 입
는 사람들 해서 할아버지들 입어서 다니고 저고리도 저 재봉틀 있는 데
가서 빌려서 곱게 저 적삼. 적삼.

- 우리 마을에 모시로 옷 해서 입은 사람 몇 사람 없지.

두루마기는 무엇으로 만들었습니까? 두루마기. 두루마기.

= 남자 것?

예.

= 저 광목. 옥양목.

옥양목.

= 옥양목 그것 자잘한 것. 광목에서 자잘한 것. 막 자잘한 것.

도포는요?

= 도포는 명주.

명주로. 예 조끼는?

= 명주 없어서 못한 베로도 하고 베는 넣어도 이제 모시는 안 넣어. 죽으면.

- 요즘은 나일론 든 것은 일절 못 놓고.

옌나레 멩지가튼 거는 크닐 일쓸 때예. 겨론식 컬 때나 주경이나 그 오시 그 오시니까 허고 평상시에는 저기 뭘로 헌 거 아니마씨? 무명으로.

= 미녕게.

미녕으로.

= 미명으로 감몬440) 또 허고 바지저구리 저 중이적쌈.

다 그걸로 헴짜누꽈예.

= 안 안 논 거. 중이적쌈도 헤영 입꼭 하르방덜 뭐. 절믄. 막 절믄 사르믄 헤도 대부분 미녕으로 이번쭈게.

미녕으로 이번찌예?

= 맨날 그거 허영 힌 채도 임꼭 또 감441) 드렁 마니 일헐 때 입꼭 경 허영 그거.

— 칠십 프로는 미녕 삼십 프로는 광목. 광모글 이븐 사름 보며는 아 저 지빈 흐꼼 궨찬케 사람꼬나442).

= 노동 일뽀기주. 멩지는.

— 게난 그 광모근 돈 줭 사와야 뒈고.

= 보통으로 이벙 뎅기지는 아녀.

그러치. 보통으론 안 입꼬예.

= 보통으로 안 이버.

여기 여기 저 뭐냐. 저고리가 이서예. 저고리. 영 보면 여기를 이건 뭐엔 험니까. 저고리면 여기를.

= 팔 스미443).

스미예.

= 스미.

그 다으메 요긴마씨?

= 여기는 어깨. 둑찌444).

요게 둑찌고.

옛날에 명주같은 것은 큰일 있을 때요 결혼식 할 때나 죽어서나 그 옷이 그 옷이니까 하고 평상시에는 저기 무엇으로 한 것 아닌가요? 무명으로.

= 무명.

무명으로.

= 무명으로 감옷도 하고 바지저고리 저 중의적삼.

다 그것으로 했잖아요.

= 안 안 놓은 거. 중의적삼도 해서 입고 할아버지들 뭐. 젊은. 막 젊은 사람은 해도 대부분 무명으로 입었지.

무명으로 입었지요?

= 만날 그것 해서 흰 채도 입고 또 감물 들여서 많이 일할 때 입고 그렇게 해서 그것.

− 칠십 프로는 무명 삼십 프로는 광목. 광목을 입은 사람 보면 아 저 집에는 조금 괜찮게 사는구나.

= 노동 일복이지. 명주는.

− 그러니까 그 광목은 돈 줘서 사와야 되고.

= 보통으로 입어서 다니지는 않아.

그렇지. 보통으로는 안 입고요.

= 보통으로는 안 입어.

여기 여기 저 뭐야. 저고리가 있어요. 저고리. 이렇게 보면 여기를 이것은 무엇이라고 합니까? 저고리면 여기를.

= 팔 소매.

소매요.

= 소매.

그 다음에 여기는요?

= 여기는 어깨. 죽지.

요것이 죽지고.

= 예.

요기마씨?

= 이거는 스미. 스미 부치는 딘[445] 뭐센 ᄀ라[446]?

진동?

진동.

= 진동.

요기는마씨. 요 아피는?

= 요거는 아페 저.

= 섭?

= 여기.

= 압썹. 압써븐 ᄄ또로 돌리는[447] 거.

예.

= 압썹 돌리는 거. 등.

예. 등.

= 여긴 등. 압썹.

그 다으메 영 영 헤영 무끄는 거마씨. 건 고롬?

= 아 골롬[448].

예?

= 골롬.

예.

= 골름.

예. 골름.

무끄는 거 골롬. 요건 짙. 요거는 동저네 짙.

그 다으메 요긴마씸?

= 요거는 우머니[449] 돈쩐[450] 거나 허민 허주마는 이거는 그냥 이거는 스미.

= 예.

여기요

= 이것은 소매. 소매 붙이는 데는 무엇이라고 말해?

진동?

진동.

= 진동.

여기는요. 요 앞에는?

= 요것은 앞에 저.

= 섶?

= 여기.

= 앞섶. 앞섶은 따로 달리는 것.

예.

= 앞섶 달리는 것. 등.

예. 등.

= 여긴 등. 앞섶.

그 다음에 이렇게 이렇게 해서 묶는 거요. 그것은 고름?

= 아 고름.

예?

= 고름.

예.

= 고름.

고름.

묶는 것 고름. 요것은 깃. 요것은 동정에 깃.

그 다음에 요기는요?

= 요것은 우머니 돋친 것이나 하면 하지만 이것은 그냥 이것은 소매.

그냥 스미예.

= 이치록451) 헌 건 스미.

네. 그 다으메 이젠 치마로 온 거라예. 치메. 요기 허리 부분?

= 요거는 허리고.

겐또 무끄는 거 읻짜녠우꽈? 끈.

= 아 그건 골롬.

겐또 골롬?

= 치맏꼴롬452).

예에.

= 치맏꼴롬. 이건 허리.

예.

= 허리에 치맏꼴롬 드는 거.

그 다으메 영 미테까지 가는 거.

= 이건 치마폭. 치마폭. 알단453). 게난 치만 끈나는 거.

아까 까근 어디우꽈?

= 으?

치마까근 어디우꽈?

= 치마깍454). 까근 깍 튼 거. 통치마는 영 다 부떵으네 동고롬헌455) 거고. 까근 친 걷까456) 치마깍. 깍치마457).

게서 영 영 둘르지예?

= 예예. 깍치마.

예예.

그 다으메 이버는 남자라예? 남자. 남자 저고리도 마찬가지겓찌예?

= 예.

그 다으멘 바지는 다른 거 아닌가마씨?

= 바지는. 바지는 허리허고 여기가 잘 모르커라458).

그냥 소매요.

= 이처럼 한 것은 소매.

네. 그 다음에는 이제는 치마로 온 거예요. 치마. 여기 허리 부분?

= 요것은 허리이고.

그것도 묶는 것 있잖습니까? 끈.

= 아 그것은 고름.

그것도 고름?

= 치마끈.

예에.

= 치마끈. 이것은 허리.

예.

= 허리에 치마끈 다는 것.

그 다음에 이렇게 밑에까지 가는 것.

= 이것은 치마폭. 치마폭. 아랫단. 그러니까 치마는 끝나는 것.

아까 선단은 어딥니까?

= 으?

치맛자락은 어딥니까?

= 치맛자락. 자락은 자락 튼 것. 통치마는 이렇게 다 붙어서 동그스름한 것이고. 자락은 친 것이 치맛자락. 풀치마.

그렇게 해서 이렇게 이렇게 두르지요?

= 예예. 풀치마.

예예.

그 다음에 이번은 남자예요? 남자. 남자 저고리도 마찬가지겠지요?

= 예.

그 다음에는 바지는 다른 것 아닌가요?

= 바지는. 바지는 허리하고 여기가 잘 모르겠어.

= 여긴 어디 샌뽀기여459) 뭐여.

예. 샌뽁.

= 예. 샌뽁. 이런 디가양 잘 모르커라.

대림도 잇꼬예. 대님.

= 다리믄460) 여기 치는 거.

— 대니미 아니고 다림.

= 다림461).

예. 다림.

= 다리미고 여기 치는 거고. 샌. 이거 허리고 샌뽀기 여기 큰 거시 샌뽁 달마462).

예. 예.

— 게난 이제 절믄 사름덜 그 한복 입쩬 허민 다림 칠 쭐 몰르난 단추 드란463) 나왐는디.

= 다림 허여부럼쑤다.

— 이 저 연나른 이 저 바지에 중시미 씰빠비 딱 내려강 바르게 땅 눙탁 케영 이걸 바께레464) 탁 돌령 드르믈465) 쳐야 오른466) 건데 거 다림 칠 쭐 몰랑 장게갈 때도 다림 몬터영 허는 노미 잇꼬.

— 이제도 넥타이 멜 쭐 모른 사름도 이서467). 절믄 사름덜.

= 건 넥타이 안 메영468) 뎅기는 사름 아니우꽈?

— (웃음) 그런 사름도 잇꼬.

이제는 아까는 치메저고리를 다 만든 거라예. 그러면 치메저고리를 멘들젠 허면 올까미 잇짜누꽈?

몰르는 거.

몰 몰라야 뒙쭈예.

= 몰르는 거.

게믄 몰르젠 허민 뭐 뭐가 피료헌 거우꽈?

= 여기는 어디 사폭이야 뭐야.

예. 사폭.

= 예. 사폭. 이런 데가요 잘 모르겠어.

대님도 있고요. 대님.

= 대님은 여기 치는 거.

— 대님이 아니고 다림.

= 대님.

예. 대님.

= 대님이고 여기 매는 것이고. 사. 이거 허리이고 사폭이 여기 큰 것이 사폭 같아.

예예.

— 그러니까 이제 젊은 사람들 그 한복 입으려고 하면 대님 맬 줄 모르니까 단추 달아서 나왔는데.

= 대님 해버리고 있습니다.

— 이 저 옛날은 이 저 바지에 중심이 실밥이 딱 내려가서 바르게 딱 놓아서 탁 해서 이것을 밖으로 딱 돌려서 대님을 쳐야 옳은 것인데 그것 대님 맬 줄 몰라서 장가갈 때도 대님 못 해서 하는 놈이 있고.

— 이제도 넥타이 맬 줄 모르는 사람도 있어. 젊은 사람들.

= 그것은 넥타이 안 매서 다니는 사람 아닙니까?

— (웃음) 그런 사람도 있고.

이제는 아까는 치마저고리를 다 만든 거예요. 그러면 치마저고리를 만들려고 하면 옷감이 있잖습니까?

마르는 것.

말 말라야 되지요.

= 마르는 거.

그러면 마르려고 하면 무엇 무엇이 필요한 것입니까?

= 가위.

예. ㄱ새.

= 가위허고 ㄱ새469)허고 자.

예. 자.

= 엣날 자. 자로 재엿으네470) 영 영 마추멍 이제 그걸로 혼 허여그네
멜 치. 어디가 멜 치. 어디가 얼마. 경 허여그네 이제 가위로. ㄱ새로 쫄이
라471). 게나네472) 자허고 ㄱ새만 들민 다으믄 바농473) 들민 멘들 꺼.

예. 게니까 이젠 영 영 다 몰라서예? 게믄 한번 치메를 멘드라 보젠 허면
이러케 바느지를 듬성듬성허게 헐 꺼 아니우꽝예? 게믄 옷 바느지를 하젠 허
면 뭐 뭐가 피료허우꽈?

= 씰474).

예. 씰.

= 바농475).

바농.

= ㄱ새.

ㄱ새예. 또.

소네 끼는 건 뭐우꽈?

소니 아프면.

= 골메476)는 아녀나난477). 골메. 골메 끼는 사름빼끼 우린 안 꺼 봔.

으음.

= 골메.

골메예.

= 으음. 골메가 인는디 골메를 안 끼어난.

게믄 바농허고 씰 노는 거는?

= 으음. 바농허고 씰만 드러.

게난 바농허고 씰허고 ㄱ새도 어디 놔야 될 꺼 아니우꽈?

= 가위.

예. 가위.

= 가위하고 가위하고 자.

예. 자.

= 옛날 자. 자로 재서 이렇게 이렇게 맞추면서 이제 그것으로 가늠 해서 몇 치. 어디가 몇 치. 어디가 얼마. 그렇게 해서 이제 가위로. 가위로 잘라라. 그러니까 자하고 가위만 들면 다음은 바늘 들면 만들 거.

예. 그러니까 이제는 이렇게 이렇게 다 말랐어요. 그러면 한번 치마를 만들어 보려고 하면 이렇게 바느질을 듬성듬성하게 할 것 아닙니까? 그러면 옷 바느질 하려고 하면 무엇 무엇이 필요합니까?

= 실.

예. 실.

= 바늘.

바늘.

= 가위.

가위요. 또.

손에 끼는 것은 무엇입니까?

손이 아프면.

= 골무는 아니했었으니까. 골무. 골무 끼는 사람밖에 우리는 안 끼어 봤어.

으음.

= 골무.

골무요.

= 으음. 골무가 있는데 골무를 안 끼었었어.

그러면 바늘하고 실 놓는 것은?

= 으음. 바늘하고 실만 들어.

그러니까 바늘하고 실하고 가위도 어디 놔야 될 것 아닙니까?

= 예에.

뭐에 놉띠가?

= 바농쌍지[478].

예.예.예.예. 조쑤다.

= 바농쌍지 우리 헐 때엔 바농쌍지 우리 헐 때 차롱 풀 불랑으네 그거 바농쌍지엔 허영 그레 フ새도 놓곡 실패도 노곡 믄[479] 헨쭈게.

예. 이제는예 치메를 치메나 저고릴 멘드러 봅쭈예. 그럼 영 몰라그네 영 영 듬성듬성 허게 허는 걸 뭐옌?

= 호우는[480] 거.

예. 호는 거예? 그다으메 요기 허영 영 앞뒤로 영 영.

= 뎅침[481].

예?

= 뎅침.

뎅침. 예에.

뎅침허는 게 어떤 뭐가 뎅침?

= 뎅치믄 호오질 아녀고 이러케 줘[482] 놔그네 씰 빼영. 또 두 불 가운디로 찔렁 또 허여. 경 허민 건 뎅침.

뎅침?

= 음.

감치는 건 어떤 거?

= 감치는 건 이러케 영 시멍[483] 그냥.

단 허는 거?

= 응. 이러케.

음.

= 감침.

누비는 건마씨?

= 예에.

무엇에 놓읍디까?

= 반짇고리.

예.예.예.예. 좋습니다.

= 반짇고리 우리 할 때는 반짇고리 우리 할 때 채롱 풀 발라서 그것 반짇고리라고 해서 그리로 가위도 놓고 실패도 놓고 모두 했지.

예. 이제는요. 치마를 치마나 저고리를 만들어 보지요. 그럼 이렇게 말라서 이렇게 이렇게 듬성듬성 하게 하는 것을 무엇이라고?

= 호는 거.

예. 호는 거요? 그다음에 여기 해서 이렇게 앞뒤로 이렇게 이렇게.

= 온박음질.

예?

= 온박음질.

온박음질. 예에.

온박음질하는 것이 어떤 무엇이 온박음질?

= 온박음질은 호질 않고 이렇게 기워 놔서 실 빼서. 또 두 벌 가운데로 찔러서 또 해. 그렇게 하면 그것은 온박음질.

온박음질?

= 음.

감치는 것은 어떤 거?

= 감치는 것은 이렇게 이렇게 잡아서 그냥.

단 하는 거?

= 응. 이렇게.

음.

= 감침.

누비는 것은요?

= 누비는 건 줌질줌질허게[484] 막 바짝.

– 뒤으로 흔번 바느리 아플로 빠는디[485] 또 두이로[486] 찔렁[487] 아프로 빠곡 그게 누비는.

= 뎅침.

– 뎅침.

= 직깍커는[488] 게 뎅침.

예에.

= 예. 듬상듬상허질[489] 아녀고 저 거시기 누빈덴 허지 아녀난?

게난 누비 꼴레이불 멘들젠 허면 뎅침 헤야 뒈는 거구나예?

= 아니.

건 누비는 거.

= 그건 누비는 거.

아 그러우꽈?

= 예. 뎅치믄.

예.

바금질.

이제 이런 몸뻬나 뭐 허젠 허민 이런 믿.

예.

미시 잘 찌저지나네 뎅치믈 막 허여야 돈돈허니.

아아.

= 이거 이 미시양[490] 찌저지민 보기 실르니까[491] 이제 그 뎅침을 그딘 중요허게 뎅치믈 헤.

으음.

= 경 헴쑤게.

게난 바농지를 헐 때예에 방는 게 읻짜누꽈? 이러케 누빔허는 거는 요러케 줄 이러케 헤서 누비는 거 자나예. 이러케 중가네 버러지게 헤서.

= 누비는 것은 자잘자잘하게 막 바짝.

― 뒤로 한번 바늘이 앞으로 뺐는데 또 뒤로 찔러서 앞으로 빼고 그게 누비는.

= 온박음질.

― 온박음질.

= 촘촘하게 하는 것이 온박음질.

예에.

= 예. 듬성듬성하지 않고 저 거시기 누빈다고 하지 않았습니까?

그러니까 누비 누비이불 만들려고 하면 온박음질 해야 되는 것이군요?

= 아니.

그것은 누비는 것.

= 그것은 누비는 것.

아 그럽니까?

= 예. 온박음질은.

예.

박음질.

이제 이런 몸뻬나 뭐 하려고 하면 이런 밑.

예.

밑이 잘 찢어지니까 온박음질을 막 해야 단단하니.

아아.

= 이거 이 밑이요 찢어지면 보기 싫으니까 이제 그 온박음질을 거기는 중요하게 온박음질을 해.

으음.

= 그렇게 하지요.

그러니까 바느질을 할 때요 박는 것이 있잖습니까? 이렇게 누빔하는 것은 요롷게 줄 이렇게 해서 누비는 거 잖아요. 이렇게 중간에 벌어지게 해서.

아까 뎅치믄 이러케 여기 왕 또 노콕. 바금질허고 뎅침허고 ᄀ튼 거우꽈?

= 뚜나주게492).

뒫빠농지른 뭐우꽈?

= 뒫빠농지리493). 그거시 뒫빠농지렌 헌 건가. 뎅침엔 헌 거.

뒫빠농질허영으네 강으네. 이걷또 일로 오기도 허주만 중가느로 강 이러케 또 이러케 허는 게 뎅침. 바늘 뒫빠농질 허영.

= 그거나 그거나 ᄀ뜬 거.

— 바농이 아프로 나간는디.

또 뒤로.

— 또 두이로 찔렁 아프로 빼는 거.

= 게나네494) 그게 뒫빠농지리엔 허는 거고 말투로 ᄀ뜬 마린디 뚜 난495) 거 달마496).

으음. 뎅침허고 뒫빠농질허고 ᄀ따 베고.

= ᄀ뜬 건디. ᄀ뜬 건디 그게 말로 뚜난 거. 경 헴쑤다게.

게난 예를 들면 통두거늘 ᄌ방 영 영 씰로 허는 건. 건 뭐엔 험니까?

= 통두건?

예.

= 통두거는 줌는497) 거엔498) 허주.

겐디 거 바농으로 영영 가야 뒈지 아녀마씨?

= 우에499).

예.

= 우에는 ᄋ펜500) 헤도 우에는 뎅침 험니께501).

아아.

= 돈돈허렌.

ᄋ피는?

아까 온박음질은 이렇게 여기 와서 또 놓고. 박음질하고 온박음질하고 같은 겁니까?

= 다르지.

뒷바느질은 뭡니까?

= 뒷바느질이. 그것이 뒷바느질이라고 한 것인가. 온박음질이라고 한 거. 뒷바느질해서 가서. 이것도 이리로 오기도 하지만 중간으로 가서 이렇게 또 이렇게 하는 것이 온박음질. 바늘 뒷바느질 해서.

= 그것이나 그것이나 같은 거.

− 바늘이 앞으로 나갔는데.

또 뒤로.

− 또 뒤로 찔러서 앞으로 빼는 거.

= 그러니까 그것이 뒷바느질이라고 하는 것이고 말투로 같은 말인데 다른 것 같아.

으음. 온박음질하고 뒷바느질하고 같아 보이고.

= 같은 것인데. 같은 것인데 그것이 말로 다른 거. 그렇게 하고 있습니다.

그러니까 예를 들면 통두건을 접어서 이렇게 이렇게 실로 하는 것은. 그것은 무엇이라고 합니까?

= 통두건?

예.

= 통두건은 접는 것이라고 하지.

그런데 그것 바늘로 이렇게 이렇게 이렇게 가야 되지 않나요?

= 위에.

예.

= 위에는 옆에는 해도 위에는 온박음질 합니다.

아아.

= 단단하라고.

옆에는?

= ᄋ.피는 그냥 호아.

아 호아예.

= 호아그게 영 허영 우에 조라지게 허젠 허민 조라지게502) 허젠 허민 구짝503) 박 줭504) 안 뒈주게. 경 허민 그걸 조령. 이렇게 ᄌ.바505).

- 아덜 상제는 우를.

= 영 ᄌ.방으네506).

- 오그려불지 아너고 그냥 그냥 쥍꼬507). 그냥 우리 복친 두거는 이러케 놔서 오그런 주언꼬.

아들 꺼는 아녕으네.

- 예. 아덜 껀 그냥 올라간 양 그냥 통두건 영 허영 썰땅508) 그냥 영 허영 그걸로 아더를 아랄쭈.

= 두건 멘드는 시글 ᄀ.는509) 거 아니우꽈? 경 허난 그 두건 멘든 게 우의 꾸짝커게510) 아녕으네511) 영 ᄋ.피 줘 나그네512) 저 영 반대로 꺼끄곡 또 반대로 꺼끄곡 헤영 쥡쑤게게513).

예. 좀쑤다예.

= 옆에는 그냥 호아.

이 혼다고요?

= 호아서 이렇게 해서 위에 빨게 하려고 하면 좁아지게 하려고 하면 곧게 박 기워서 안 되지. 그렇게 하면 그것을 좁게 해서. 이렇게 접어.

- 아들 상제는 위를.

= 이렇게 접어서.

- 오그려버리지 않고 그냥 그냥 기웠고. 그냥 우리 복친 두건은 이렇게 놓아서 오그려서 기웠고.

아들 것은 아니해서.

- 예. 아들 것은 그냥 올라간 양 그냥 통두건 이렇게 해서 썼다가 그냥 이렇게 해서 그것으로 아들을 알았지.

두건 만드는 식을 말하는 거 아닙니까? 그렇게 하니까 그 두건 만든 것이 위에 곧게 아니해서 이렇게 옆에 깁고 나서 저 이렇게 반대로 꺾고 또 반대로 꺾고 해서 깁고 있습지요.

예. 좋습니다.

■ 주석

1) '있으면'의 뜻이다. '있대[有]'의 방언형은 '시다, 싯다, 이시다, 잇다' 등으로 나타난다.
2) '다래(목화의 열매)'를 말한다.
3) '열어서'의 뜻이다. '열대[開]'의 방언형은 '열다, 올다' 등으로 나타난다.
4) '바구니'를 말한다. '바구니'의 방언형은 '구덕, 바구리, 바굼지' 등으로 나타난다.
5) '볕에'의 뜻이다. '볕[陽]'의 방언형은 '볏'으로 나타난다.
6) '둘르는물레'는 제보자가 'ᄇ르는물레'를 잘못 말한 것 같다. 'ᄇ르는물레'는 목화와 씨를 따로 떼어내는 데 쓰는 도구로, 표준어 '씨아'에 해당한다. '씨아'의 방언형은 'ᄇ르는무르레, ᄇ르는물레, 씨앗이, 씨앗이무르레' 등으로 나타난다. 한편 자아서 실을 만드는 '물레'의 방언형은 '무르레, 무으레, 물레, 뽑는무르레, 뽑는물레, 줏는무레, 줏는물레' 등으로 나타난다.
7) '바르면'의 뜻이다. '바르다[裂]'의 방언형은 'ᄇ르다, 볼르다' 등으로 나타난다.
8) '따로'의 뜻이다. '따로'의 방언형은 '뜨로, 토로' 등으로 나타난다.
9) '목화'를 말한다. '목화'의 방언형은 '멘네, 멘헤' 등으로 나타난다.
10) '솜'을 말한다. '솜'의 방언형은 '소게, 솜' 등으로 나타난다.
11) '타는'의 뜻이다. '타다(퍼지게 하다)'의 방언형은 '테우다'로 나타난다.
12) '대막대기입니까'의 뜻이다. '대막대기'의 방언형은 '대막뎅이'로 나타난다.
13) '수수'를 말한다. '수수'의 방언형은 '대죽, 대축' 등으로 나타난다.
14) '새꽤기'를 말한다. '새꽤기'의 방언형은 '소독, 소둑, 소들게' 등으로 나타난다.
15) '정이라고'의 뜻이다. '정'은 '태운 면화를 실을 잣기 쉽게 만들어 놓은 면화 뭉치'를 뜻하는 어휘다.
16) '길이'를 말한다. '길이'의 방언형은 '지러기, 지럭시, 지럭지, 지레기' 등으로 나타난다.
17) '가락(물레질할 때 쇠꼬챙이)'을 말한다. '가락'의 방언형은 '가라기, 가레기, 뱅고리' 등으로 나타난다.
18) '꼬챙이'를 말한다. '꼬챙이'의 방언형은 '고쟁이, 고지, 꼬지, 코쟁이' 등으로 나타난다.
19) '두르는물레'라는 뜻으로 '물레'를 말한다. '물레'의 방언형은 '무르레, 무으레, 물레, 뽑는무르레, 뽑는물레, 줏는무레, 줏는물레' 등으로 나타난다.
20) '앉아서'의 뜻으로, '앉[坐]-+-앙' 구성이다. '앉다'의 방언형은 '아지다, 안즈다, 안지다, 앉다, 앚다' 등으로 나타난다.
21) '가락에'의 뜻으로, '가레기+-레' 구성이다. '-레'는 '-에'의 의미로 쓰이는 조사이다.
22) '감깁디다'의 뜻이다.
23) '실꾸리'를 말한다. '실꾸리'의 방언형은 '고적, 고제기, 꼬리밥, 씰꾸리' 등으로 나타난다.
24) '실꾸리'를 말한다.

25) '몽당이(공처럼한 실뭉치)'를 말한다. '몽당이'의 방언형은 '모동이, 모뭉이' 등으로 나타난다.
26) '동그스름하게'의 뜻이다. '동그스름하다'의 방언형은 '동고롬ᄒ다, 동그스름ᄒ다, 동시랑ᄒ다' 등으로 나타난다.
27) '갸름하게'의 뜻이다. '갸름하다'의 방언형은 '소람ᄒ다, 소랑ᄒ다, 소롬ᄒ다, 솔람ᄒ다' 등으로 나타난다.
28) '가시리풀'은 '해초의 하나인 풀가사리를 재료로 하여 만든 풀'을 뜻하는 어휘다.
29) '저리로'의 뜻이다.
30) '도투마리'를 말한다. '도투마리'의 방언형은 '도꼬마리, 도꾸마리' 등으로 나타난다.
31) '놔두면서'의 뜻이다.
32) '살라서'의 뜻으로, '살르-+-아근에' 구성이다. '-아근에'는 '-아서, -고서'의 의미로 쓰이는 어미이다. '사르다[燒]'의 방언형은 '사르다, 살르다' 등으로 나타난다.
33) '펴진'의 뜻이다. '펴다'의 방언형은 '페우다, 펩다' 등으로 나타난다.
34) '실에'의 뜻으로, '씰[絲]+-르레' 구성이다. '-르레'는 '-에, -로'의 의미로 쓰이는 조사이다.
35) '깃을'의 뜻이다. '깃(무명이나 광목 따위의 풀기)'의 방언형은 '짓'으로 나타난다.
36) '바디'를 말한다.
37) '풀가사리'를 말하나 여기서는 '풀가사리풀'의 의미로 쓰였다.
38) '무명'을 말한다. '무명'의 방언형은 '미녕, 미명' 등으로 나타난다.
39) '바삭하게'의 뜻이다. '바삭하다'의 방언형은 '바삭ᄒ다, 바상ᄒ다' 등으로 나타난다.
40) '곧아'의 뜻이다. '곧대[直]'의 방언형은 '곧다, 고짝ᄒ다, 과짝ᄒ다, 구짝ᄒ다' 등으로 나타난다.
41) '당기어'의 뜻이다. '당기다'의 방언형은 '드리다, 둥기다, 둥이다' 등으로 나타난다.
42) '있는'의 뜻이다. '있대[有]'의 방언형은 '시다, 싯다, 이시다, 잇다' 등으로 나타난다.
43) '데로'의 뜻이다.
44) '말째'를 말한다. '말째'의 방언형은 '말짜, 말쩨' 등으로 나타난다.
45) '짜는'의 뜻이다. '짜대[織]'의 방언형은 '짜다, 차다' 등으로 나타난다.
46) '틀'을 말한다.
47) '그리로'의 뜻이다.
48) '짚신'을 말한다. '짚신'의 방언형은 '찍신, 찝세기, 찝신, 초신' 등으로 나타난다.
49) '틀에'의 뜻이다.
50) '달아매어 있으면서' 또는 '달아매어 두고서'의 뜻이다. '달아매다'의 방언형은 '둘아메다'로 나타난다.
51) '눈떴는가'의 뜻으로, '눈뜨-+-어신가' 구성이다. '-어신가'는 '-었는가'의 의미로 쓰이는 어미이다. '눈뜬다'의 방언형은 '눈뜨다, 눈트다' 등으로 나타난다.
52) '들이뜨리어서'의 뜻으로, '들이치-+-엉' 구성이다. '들이뜨리다'의 방언형은 '들이치다'로 나타난다.

53) '당기면'의 뜻이다. '당기다'의 방언형은 '드리다, 등기다, 둥이다' 등으로 나타난다.
54) '도투마리'를 말한다.
55) '부티'를 말한다. '부티'의 방언형은 '허리안개'로 나타난다.
56) '무명'을 말한다. '무명'의 방언형은 '미녕, 미명' 등으로 나타난다.
57) '짜는'의 뜻이다. '짜다[織]'의 방언형은 '짜다, 차다'로 나타난다.
58) '여럿'의 뜻이다. '여럿'의 방언형은 '여라이, 으라이' 등으로 나타난다.
59) '살[年歲]'을 말한다. '살[年歲]'의 방언형은 '설, 술' 등으로 나타난다.
60) '왔다갔다(자주 오고 가는 모양)'를 말한다. '왔다갔다'의 방언형은 '왓다갓다, 왓다 리갓다리, 왓닥갓닥' 등으로 나타난다.
61) '않으려고'의 뜻이다.
62) '자으면서'의 뜻으로, '줏[織]-+-으명' 구성이다. '잣다[織]'의 방언형은 '줏다'로 나타나는데, 활용할 때 어간 말음 'ㅅ'을 유지한다.
63) '말해'의 뜻으로, '줄[曰]-+-아' 구성이다. '말하다[曰]'의 방언형은 '곧다, 줄다, 말곧 다, 말줄다, 말ᄒ다' 등으로 나타난다.
64) '나한테'의 뜻이다.
65) '몽당이'를 말한다. '몽당이'의 방언형은 '모동이, 모뎅이' 등으로 나타난다.
66) '졸아 가면'의 뜻이다.
67) '하려고'의 뜻으로, '허[爲]-+-젱' 구성이다. '-젱'은 '-려고'의 의미로 쓰이는 어미이 다. '하다[爲]'의 방언형은 '허다, ᄒ다' 등으로 나타난다.
68) '자청비'를 말하는데, '자청비'는 무가인 <세경본풀이>의 여자 주인공 이름이다.
69) '밤에는요'의 뜻으로, '밤[夜]+-의+양(종결보조사)' 구성이다.
70) '감았었어'의 뜻으로, '감[緋]-+-아나서' 구성이다. '-아나서'은 '-았었어'의 의미로 쓰이는 어미이다.
71) '나무'를 말한다. '나무[木]'의 방언형은 '나모, 나무, 낭, 낭' 등으로 나타난다.
72) '씨아'를 말한다. '씨아'의 방언형은 'ᄇ르는무르레, ᄇ르는물레' 등으로 나타난다.
73) '씨앗귀라고'의 뜻이다. '씨앗귀'의 방언형은 '무르렛귀, 물렛귀, 씨아싯귀' 등으로 나타난다.
74) '느티나무'를 말한다. '느티나무'의 방언형은 '굴무기, 굴묵낭, 느끼낭' 등으로 나타 난다.
75) '느티나무'를 말한다.
76) '목화'를 말한다. '목화'의 방언형은 '멘네, 멘헤' 등으로 나타난다.
77) '미끌미끌'의 뜻이다.
78) '까칠까칠'의 뜻이다.
79) '틀어졌습니까'의 뜻이다. '틀어지다(굽거나 꼬이다)'의 방언형은 '데와지다, 뒈와지 다' 등으로 나타난다.
80) '베어링(bearing)'을 말한다.
81) '기어(gear)'를 말한다.

82) '차서 먹게'의 뜻이다.

83) '저리로'의 뜻이다.

84) '나한테'의 뜻으로, '나[我]+-신듸레' 구성이다. '-신듸레'는 '-에게, -한테'의 의미로 쓰이는 조사이다.

85) '실꾸리'를 말한다. '실꾸리'의 방언형은 '고적, 고제기, 꼬리밥, 씰꼬리' 등으로 나타난다.

86) 'ᄀᆞᆺ사'는 '이제 막'의 뜻을 지닌 어휘다.

87) '당기고'의 뜻이다. '당기다'의 방언형은 '드리다, 둥기다, 둥이다' 등으로 나타난다.

88) '용두머리'를 말한다. '용두머리'의 방언형은 '두루머리, 두룽머리, 멍에낭' 등으로 나타난다.

89) '열렸다가'의 뜻이다.

90) '베틀'을 말한다. '베틀'의 방언형은 '베클, 베틀' 등으로 나타난다.

91) '부티'의 뜻이다. '부티'의 방언형은 '허리안개'로 나타난다.

92) '도투마리'를 말한다. '도투마리'의 방언형은 '도꼬마리, 도꾸마리' 등으로 나타난다.

93) '뱁댕이'를 말한다. '뱁댕이'의 방언형은 '버영대, 베영대, 베옷대' 등으로 나타난다.

94) '들었어도'의 뜻이다.

95) '했었어'의 뜻이다.

96) '나고 있네' 또는 '나네'의 뜻으로, '나[生]+-암신게' 구성이다. '-암신게'는 '-고 있네'의 의미로 쓰이는 어미이다.

97) '했습니다'의 뜻이다.

98) '그 아이는'의 뜻이다.

99) '가십시오라고' 뜻으로, '개[去]+-ㅂ셍' 구성이다. '-ㅂ셍'은 '-ㅂ시오라고'의 의미로 쓰이는 어미이다.

100) '덮고 있습니다'의 뜻으로, '더끄[蓋]+-엄수다' 구성이다. '-엄수다'는 '-고 있습니다'의 의미로 쓰이는 어미이다. '덮다[蓋]'의 방언형은 '더끄다, 더프다' 등으로 나타난다.

101) '거벼운'의 뜻이다. '거볍다'의 방언형은 '거뱁다, 거붑다, 거비엽다' 등으로 나타난다.

102) '다니며'의 뜻이다. '다니다'의 방언형은 '뎅기다, 뎅이다, 드니다' 등으로 나타난다.

103) '걸어가십시오'의 뜻으로, '설러가+-ㅂ서' 구성이다. '-ㅂ서'는 '-ㅂ시오'의 의미로 쓰이는 어미이다. '걸어가다'의 방언형은 '설러가다'로 나타난다.

104) '베개하고'의 뜻으로, '베게[枕]+-영' 구성이다. '-영'은 '-하고'의 의미로 쓰이는 조사이다.

105) '왔어'의 뜻이다.

106) '목화'를 말한다. '목화'의 방언형은 '멘네, 멘헤' 등으로 나타난다.

107) '딸'의 뜻으로, '타[摘]+-ㄹ' 구성이다. '따다[摘]'의 방언형은 '따다, 뜨다, 타다, 트다' 등으로 나타난다.

108) '따려고'의 뜻으로, '타[摘]+-젠' 구성이다. '-젠'은 '-려고'의 의미로 쓰이는 어미

이다. '따대[摘]'의 방언형은 '따다, 뜨다, 타다, 트다' 등으로 나타난다.

109) '터갈리어'의 뜻이나 여기서는 '벌어저'의 의미로 쓰였다. '터갈리다'의 방언형은 '케다, 트다' 등으로 나타난다.

110) '쟤네'의 뜻으로, '저 아이'는 같이 조사하는 김성용 보조연구원을 이르는 말이다. 제보자와는 외삼촌과 조카 관계이다.

111) '먼지'를 말한다. '먼지'의 방언형은 '구둠, 먼지, 몬독, 몬지, 몬지락' 등으로 나타난다.

112) '다래째'의 뜻이다. '다래(목화의 열매)'의 방언형은 '드래'로 나타난다.

113) '둘이서'의 뜻이다.

114) '앉아서'의 뜻으로, '앚[坐]-+-앙' 구성이다. '앉다[坐]'의 방언형은 '아지다, 안즈다, 안지다, 앚다, 앗다' 등으로 나타난다.

115) '불켜서'의 뜻으로, '불싸[火]-+-앙은에' 구성이다. '불켜대[火]'의 방언형은 '불싸다, 불쏜다' 등으로 나타난다.

116) '발라서'의 뜻이다. '바르다[裂]'의 방언형은 'ᄇ르다, 볼르다' 등으로 나타난다.

117) '붙지'의 뜻이다. '붙대[附]'의 방언형은 '부뜨다, 부트다' 등으로 나타난다.

118) '던져'의 뜻이다. '던지다'의 방언형은 '네끼다, 더지다, 던지다, 데끼다' 등으로 나타난다.

119) '얼룩소'를 말한다.

120) '허예니까'의 뜻이다.

121) '터갈리면'의 뜻이나 여기서는 '벌어지면'의 의미로 쓰였다. '터갈리다'의 방언형은 '케다, 트다' 등으로 나타난다.

122) '타고 있던데'의 뜻으로, '태[摘]-+-암선게' 구성이다. '-암선게'는 '-고 있던데'의 의미로 쓰이는 어미이다.

123) '벌어졌더라'의 뜻이다.

124) '말할'의 뜻으로, '굴[曰]-+-을' 구성이다. '말하대[曰]'의 방언형은 '곧다, 굴다, 말곧다, 말굴다, 말ᄒ다' 등으로 나타난다.

125) '밭에'의 뜻이다.

126) '보면'의 뜻이다. '보대[見]'의 방언형은 '베리다, 보다' 등으로 나타난다.

127) '조금'을 말한다.

128) '그러나'의 뜻이다.

129) '덮고'의 뜻이다. '덮대[蓋]'의 방언형은 '더끄다, 더프다' 등으로 나타난다.

130) '모실포'는 서귀포시 대정읍 '상·하모리(上·下摹里)'를 아울러 이르는 말이다.

131) '거기'를 말한다.

132) '빈털터리'를 말한다.

133) '말해'의 뜻이다.

134) '그런데'의 뜻으로 쓰였다.

135) '흙밭에'의 뜻이다. '흙밭'의 방언형은 '흑밧, 흑밧' 등으로 나타난다.

136) '매일' 또는 '만날'을 말한다.

137) '두 동이지'의 뜻이나 여기서는 '이모작'의 의미로 쓰였다.

138) '대정읍(大靜邑)'은 서귀포시 맨 서쪽의 행정구역으로, 그 남쪽에 국토 최남단인 마라도(馬羅島)가 있다. 참고로 제주도 행정구역을 보이면 아래와 같다.

한경면	한림읍	애월읍	제주시	조천읍	구좌읍	우도면
대정읍	안덕면	(중문면)	서귀포	남원읍	표선읍	성산읍

139) '한림읍(翰林邑)'은 제주시 애월읍과 한경면 사이에 있는 행정구역이다. 그 앞에 비양도(飛陽島)라는 섬이 있다.

140) '제주시(濟州市)'를 말한다.

141) '남원'은 '서귀포시 남원읍(南元邑)'을 말한다.

142) '대로인데'의 뜻이다.

143) '저리로는'의 뜻이다.

144) '같아'의 뜻이다. '같다[如]'의 방언형은 'ᄀᆞ뜨다, ᄀᆞ트다, 닮다, 답다' 등으로 나타난다.

145) '삼양쪽'의 뜻으로, '삼양(三陽)'은 제주시 삼양동(三陽洞)을 말한다.

146) '과양'은 제주시 이도동의 한 자연 마을 이름이다.

147) '이쪽으로'의 뜻이다.

148) '있는'의 뜻이다. '있다[有]'의 방언형은 '시다, 싯다, 이시다, 잇다' 등으로 나타난다.

149) '제주시(濟州市)'를 말한다.

150) '붙었는데'의 뜻이다. '붙다[附]'의 방언형은 '부뜨다, 부트다' 등으로 나타난다.

151) '삼양이라고'의 뜻으로, '삼양(三陽)'은 제주시 삼양동(三陽洞)을 말한다.

152) '지으려고'의 뜻으로, '짓[作]-+-젠' 구성이다. '-젠'은 '-려고'의 의미로 쓰이는 어미이다.

153) '바다'를 말한다. '바다[海]'의 방언형은 '바다, 바당, 바르, 바릇' 등으로 나타난다.

154) '애월읍(涯月邑)'은 제주시 바로 서쪽의 행정구역 이름이다.

155) '솔도'는 애월읍 봉성리(鳳城里)에 있는 지경 이름이다.

156) '해껏'을 말한다. '해껏'의 방언형은 '혜언, 혜원, 혜온, 혜훈' 등으로 나타난다.

157) '걸어서'의 뜻으로, '걸[步]-+-엉' 구성이다. '걷다[步]'의 방언형은 '걷다, 걸다' 등으로 나타난다.

158) '이어져버릴 것 같은데'의 뜻이다.

159) '조천읍이' 뜻이다. '조천읍(朝天邑)'은 제주시 바로 동쪽에 있는 행정 구역의 이름이다.

160) '신뒤축'을 말한다.

161) '북두'를 말한다. '북두'의 방언형은 '쉐앗배, 쉐왓배, 쉣배' 등으로 나타난다.

162) '어저귀'를 말한다.

163) '집게'를 말한다. '집게'의 방언형은 '접게, 직게, 집게, 집궤, 줍게' 등으로 나타난다.

164) '쇠고삐'를 말한다. '쇠고삐'의 방언형은 '쉐골배, 쉐녹대, 쉐석' 등으로 나타난다.

165) '배[素]'를 말한다.

166) '뉴질랜드삼'을 말한다. '신사라'는 '뉴질랜드'의 음역어인 '신서란(新西蘭)'에서 온 어휘다.

167) '뽈록이'의 뜻이다. '뽈록이'의 방언형은 '뽈록이, 뽕그랑이' 등으로 나타난다.

168) 억새가 배동이 선 것을 뜻한다.

169) '억새꽃'을 말한다.

170) '짚신'을 말한다. '짚신'의 방언형은 '찍신, 찝세기, 찝신, 초신' 등으로 나타난다.

171) '칡'을 말한다. '칡[葛]'의 방언형은 '끅, 칙' 등으로 나타난다.

172) '말하고 있지'의 뜻이다.

173) '열매'를 말한다. '열매'의 방언형은 '여름, 열매, 으름, 올매' 등으로 나타난다.

174) '꽃'을 말한다. '고장'은 '곶[花]+-앙' 구성으로 이루어진 어휘다.

175) '도나서'의 뜻으로, '도나다'는 '씨가 떨어져 저절로 나다.'는 뜻을 지닌 어휘다.

176) '재[灰]'를 말한다. '재[灰]'의 방언형은 '불껑, 불청, 불체, 불치, 제' 등으로 나타난다.

177) '껍질을'의 뜻이다. '껍질'의 방언형은 '겁질, 껍질' 등으로 나타난다.

178) '없으니까'의 뜻이다. '없다[無]'의 방언형은 '없다, 엇다, 읎다, 웃다' 등으로 나타난다.

179) '새품'을 말한다. '새품'의 방언형은 '미꾸젱이, 미삐젱이, 미우젱이, 어욱고장, 어욱꼿, 어욱뺑이, 어욱뻥이' 등으로 나타난다.

180) '말하지'의 뜻으로, '곧[曰]-+-지' 구성이다. '말하다[曰]'의 방언형은 '곧다, 굴다, 말곧다, 말굴다, 말ᄒ다' 등으로 나타난다.

181) '깨어서'의 뜻이다.

182) '없을'의 뜻으로, '읏[無]-+-인' 구성이다.

183) '화승(火繩)'의 방언형은 '미심, 새심, 화승, 화심, 홰심' 등으로 나타난다.

184) '칡'을 말한다. '칡[葛]'의 방언형은 '끅, 칙' 등으로 나타난다.

185) '두께'를 말한다. '두께'의 방언형은 '두끼, 두티, 뚜게, 뚜께' 등으로 나타난다.

186) '끝에'의 뜻이다. '끝[末]'의 방언형은 '끗'으로 나타난다.

187) '놔두고서'의 뜻이다.

188) '있어'의 뜻이다. '있다[有]'의 방언형은 '시다, 싯다, 이시다, 잇다' 등으로 나타난다.

189) '알고 있어' 또는 '알아'의 뜻으로, '알[知]-+-암서' 구성이다. '-암서'는 '-고 있어'의 의미로 쓰이는 어미이다.

190) '억새'를 말한다.

191) '새품'을 말한다.

192) '어둡도록'의 뜻이나 여기서는 '저물도록'의 의미로 쓰였다.

193) '아침에'의 뜻이다.

194) '가져가면'의 뜻이다. '가져가다'의 방언형은 '가져가다, 거져가다, ᄀ져가다, 아져가다, 앗아가다, ᄋ져가다' 등으로 나타난다.

195) '뺨'을 말한다.

196) '충분'의 뜻이다.

197) '없으니까'의 뜻으로, '웂[無]-+-으난' 구성이다. '없다[無]'의 방언형은 '없다, 엇다, 웂다, 웃다' 등으로 나타난다.

198) '있어'의 뜻이다. '있다[有]'의 방언형은 '시다, 싯다, 이시다, 잇다' 등으로 나타난다.

199) '없고'의 뜻이다. '없다[無]'의 방언형은 '없다, 엇다, 웂다, 웃다' 등으로 나타난다.

200) '그런데'의 뜻이다.

201) '까끄라기도'의 뜻이다. '까끄라기'의 방언형은 '꺼렝이, ㄱ스락, ㄱ시락' 등으로 나타난다.

202) '전구'를 말하는데, 일본어 'たま'이다.

203) '동그란'의 뜻이다.

204) '요만큼'의 뜻이다.

205) '부싯돌'을 말한다.

206) '낫[鎌]'을 말한다.

207) '때리면'의 뜻이다. '때리다[打]'의 방언형은 '뜨리다, 떼리다' 등으로 나타난다.

208) '부시라고'의 뜻이다. '부시'의 방언형은 '부세, 부수, 부쉐, 부쉬, 푸쉐' 등으로 나타난다.

209) '부시'를 말한다.

210) '타는'의 뜻이다. '따다(솜 따위를 부풀려 펴다)'의 방언형은 '테우다'로 나타난다.

211) '틀'을 말한다.

212) '물레'를 말한다. '물레'의 방언형은 '무르레, 무으레, 물레, 뽑는무르레, 뽑는물레, 줏는무레, 줏는무르레' 등으로 나타난다.

213) '씨아'를 말한다. '씨아'의 방언형은 'ᄇ르는무르레, ᄇ르는물레, 씨앗이, 씨앗이무르레' 등으로 나타난다.

214) '다른데'의 뜻이다. '다르다[異]'의 방언형은 '다르다, 달르다, 뜰리다, 뜨나다, 틀리다, 트나다' 등으로 나타난다.

215) '잣는'의 뜻이다. '잣다[紡]'의 방언형은 '줏다'로 나타난다.

216) '자루'를 말한다. '자루[柄]'의 방언형은 'ᄌ록, ᄌ룩, ᄌ록, 추록' 등으로 나타난다.

217) '둥그런'의 뜻이다. '둥그렇다'의 방언형은 '둥그렁ᄒ다, 둥글락ᄒ다, 둥클락ᄒ다' 등으로 나타난다.

218) '씨앗귀'를 말한다. '씨앗귀'의 방언형은 '무르렛귀, 물렛귀, 씨아싯귀' 등으로 나타난다.

219) '물렛지둥'은 '씨아의 가락을 끼우는 좌우에 있는 두 개의 기둥'을 뜻하는 어휘이다.

220) '기둥'을 말한다. '기둥'의 방언형은 '기동, 지둥' 등으로 나타난다.

221) '깔아 앉는'의 뜻이다.

222) '요만큼'의 뜻이다.

223) '짜는'의 뜻이다. '짜다[織]'의 방언형은 '차다'로 나타난다.

224) '무명'을 말한다. '무명'의 방언형은 '미녕, 미명' 등으로 나타난다.

225) '가락'을 말한다. '가락(실 감는 꼬챙이)'의 방언형은 '가라기, 가레기, 뱅고리' 등으로 나타난다.

226) '자루고'의 뜻이다. '자루[柄]'의 방언형은 'ᄌᆞ록, ᄌᆞ룩, ᄌᆞ록, ᄎᆞ록' 등으로 나타난다.
227) '귀 같다'의 뜻이다. '같대[如]'의 방언형은 'ᄀᆞ뜨다, ᄀᆞ트다, 닮다, 답다' 등으로 나타난다.
228) '같은데'의 뜻이다.
229) '자새'를 말한다. '자새'의 방언은 '도로기, 얼레, 톨레' 등으로 나타난다.
230) '모르겠어'의 뜻으로, '모르[不知]-+-커라' 구성이다. '-커라'는 '-겠어'의 의미로 쓰이는 어미이다.
231) '이리로'의 뜻이다.
232) '끼워지니까'의 뜻으로, '낍[揷]-+-아지난' 구성이다. '끼우다'의 방언형은 '끼우다, 낍다' 등으로 나타난다.
233) '그러게, 글쎄'의 뜻이다.
234) '실[絲]'을 말한다.
235) '같다'의 뜻이다.
236) '아니'의 뜻이다.
237) '있을'의 뜻이다. '있대[有]'의 방언형은 '시다, 싯다, 이시다, 잇다' 등으로 나타난다.
238) '찌꺼기'를 말한다. '찌꺼기'의 방언형은 '무께, 주셍기, 주셍이, 주시, 찌겡이' 등으로 나타난다.
239) '다루어'의 뜻으로, '달루-+-아' 구성이다. '다루다'의 방언형은 '달우다, 달루다, 달룹다' 등으로 나타난다.
240) '따로따로'의 뜻이다.
241) '키[箕]'를 말한다. '키[箕]'의 방언형은 '푸는체, 푼체' 등으로 나타난다.
242) '나무'를 말한다. '나무[木]'의 방언형은 '나모, 나무, 남, 낭' 등으로 나타난다.
243) '칡으로'의 뜻이다. '칡[葛]'의 방언형은 '끅, 칙' 등으로 나타난다.
244) '몽땅'을 말한다. '몽땅'의 방언형은 '메딱, 멘딱, 멘짝, 몬딱, 몬짝, 문딱, 문짝, 몬딱, 몬짝' 등으로 나타난다.
245) '자귀나무'를 말한다.
246) '구슬잣밤나무'를 말한다. '구슬잣밤나무'의 방언형은 'ᄌᆞ밤낭, ᄌᆞ베남, ᄌᆞ베낭' 등으로 나타난다.
247) '키[箕]'를 말한다.
248) '어움'은 달리 '에움'이라 하는데, '바퀴나 바구니 따위의 둥그런 테두리나 가장자리'를 뜻하는 어휘다.
249) '말총체'를 말한다.
250) '대체'는 '대오리로 만든, 쳇눈이 3밀리 정도인 체'를 말한다.
251) '얄따랗게'의 뜻이다.
252) '바탕(물체의 뼈대나 틀)'을 말한다.
253) '가락'을 말한다. '가락(실 감는 꼬챙이)'의 방언형은 '가라기, 가레기, 뱅고리' 등으로 나타난다.
254) '흔드니까'의 뜻이다. '흔들다'의 방언형은 '흔들다, 홍글다' 등으로 나타난다.

255) '편평하게'의 뜻이다.
256) '흔들릴까 봐'의 뜻으로, '흔들[搖]-+-카부덴' 구성이다. '-카부덴'은 '-ㄹ까 봐'의 의미로 쓰이는 어미이다.
257) '줄(의존명사)'을 말한다.
258) '알았어'의 뜻이다.
259) '똑같아'의 뜻이다. '똑같다'의 방언형은 '꼭ㄱ뜨다, 꼭ㄱ트다, 똑ㄱ뜨다, 똑ㄱ트다' 등으로 나타난다.
260) '다르지'의 뜻이다. '다르다[異]'의 방언형은 '다르다, 달르다, 뜰리다, 뜨나다, 틀리다, 틑나다' 등으로 나타난다.
261) '모르겠네'의 뜻으로, '모르[不知]-+-컨게' 구성이다. '-컨게'는 '-겠네, -겠어'의 의미로 쓰이는 어미이다.
262) '물어보겠지만'의 뜻이다. '물어보다'의 방언형은 '들어보다, 물어보다' 등으로 나타난다.
263) '위아래'를 말한다. '위아래'의 방언형은 '우아레, 우알' 등으로 나타난다.
264) '몸통'을 말한다. '몸통'의 방언형은 '등신, 몸통' 등으로 나타난다.
265) '굵은'의 뜻이다. '굵다'의 방언형은 '굵다, 술지다, 흙다' 등으로 나타난다.
266) '닷새무명'을 말한다. '닷새무명'의 방언형은 '닷세미녕, 닷세토목' 등으로 나타난다.
267) '엿새무명'을 말한다.
268) '일곱새무명'을 말한다.
269) '중질(中質)'을 말한다.
270) '갈중의'는 '감물을 들인 중의'를 뜻하는 어휘다.
271) '굵은 실'을 말한다.
272) '감옷이라고'의 뜻이다. '감옷'은 달리 '갈옷'이라 하는데, '감물을 들인 옷을 통틀어 이르는 말'이다.
273) '딴딴해서'의 뜻이다.
274) '꼴밭에'의 뜻이다. '꼴밭'의 방언형은 '촐밧, 촐왓' 등으로 나타난다.
275) '붙고'의 뜻이다. '붙다[附]'의 방언형은 '부뜨다, 부트다' 등으로 나타난다.
276) '팬티'를 말한다.
277) '그만'의 뜻이다.
278) 약품을 써서 만든 갈중의는 물이 빠지어 흰 팬티가 갈색으로 물들어버린다는 말이다.
279) '필(疋)'을 말한다. '필(疋)'의 방언형은 '빌, 필' 등으로 나타난다.
280) '재어[速]'의 뜻이다.
281) '그런데요'의 뜻이다.
282) '모자란'의 뜻이다. '모자라다'의 방언형은 '모자레다, 모지레다, 모ㅈ레다' 등으로 나타난다.
283) '사다가'의 뜻으로, '사[買]-+-당은에' 구성이다. '-당은에'는 '-다가'의 의미로 쓰이는 어미이다.
284) '명주'를 말한다. '명주'의 방언형은 '멩주, 멩지' 등으로 나타난다.

285) '재어서'의 뜻으로, '재[度]-+-어네' 구성이다. '-어네'는 '-어서'의 의미로 쓰이는 어미이다.

286) '길이를'의 뜻이다. '길이'의 방언형은 '지러기, 지럭시, 지럭지, 지레기' 등으로 나타난다.

287) '소[牛]'를 말한다.

288) '망돌짝'을 말한다.

289) '했다고'의 뜻으로, '허[爲]-+-엇젠' 구성이다. '-엇젠'은 '-었다고'의 의미로 쓰이는 어미이다. '하다[爲]'의 방언형은 '허다, 호다' 등으로 나타난다.

290) '자루에'의 뜻으로, '즈록[柄]+-드레' 구성이다. '-드레'는 '-로'의 의미로 쓰이는 조사이다. '자루[柄]'의 방언형은 '즈록, 즈룩, 즈록, 츠록' 등으로 나타난다.

291) '가서'의 뜻이다.

292) '쇠[鐵]'를 말한다.

293) '벌겨지라고'의 뜻이다.

294) '바탕(물체의 뼈대나 틀)'을 말한다.

295) '도투마리'를 말한다. '도투마리'의 방언형은 '도꼬마리, 도꾸마리' 등으로 나타난다.

296) '감아 두고서'의 뜻이다.

297) '고치어, 고치어서'의 뜻이다.

298) '부티는'의 뜻이다. '부티'의 방언형은 '허리안개'로 나타난다.

299) '뒤로'의 뜻이다. '뒤[後]'의 방언형은 '두이, 뒤' 등으로 나타난다.

300) '무엇'을 말한다.

301) '키[箕]'를 말한다.

302) '같아'의 뜻이다. '같다[如]'의 방언형은 'ㄱ뜨다, ㄱ트다, 닮다, 답다' 등으로 나타난다.

303) '나무'를 말한다. '나무[木]'의 방언형은 '나모, 나무, 낭, 낭' 등으로 나타난다.

304) '할아버지'의 뜻이나 여기서는 '남편'의 의미로 쓰였다.

305) '여기'의 뜻이다.

306) '부티'를 말한다.

307) '띠(주로 아이를 업을 때 쓰는 너비가 좁고 기다란 천)'를 말한다. '띠'의 방언형은 '걸렁이, 걸레, 걸렝이' 등으로 나타난다.

308) '당겨다가'의 뜻으로, '둥기[引]-+-어당' 구성이다. '-어당'은 '-어다가'의 의미로 쓰이는 어미이다. '당기다[引]'의 방언형은 '드리다, 둥기다, 둥이다' 등으로 나타난다.

309) '노끈'을 말한다. '노끈'의 방언형은 '노끄네기, 노끈' 등으로 나타난다.

310) '끈'을 말한다. '끈'의 방언형은 '끈, 친' 등으로 나타난다.

311) '헝겊이니까'의 뜻으로, '험벅+-이난' 구성이다. '-이난'은 '-이니까'의 의미로 쓰이는 어미이다. '헝겊'의 방언형은 '험벅'으로 나타난다.

312) '뒤에'의 뜻이다.

313) '부티'를 말한다. '부티'의 방언형은 '허리안개'로 나타난다.

314) '띠(주로 아이를 업을 때 쓰는 너비가 좁고 기다란 천)'를 말한다.

315) '없을'의 뜻이다. '없다[無]'의 방언형은 '없다, 엇다, 읎다, 웃다' 등으로 나타난다.

316) '여덟'을 말한다. '여덟[八]'의 방언형은 'ᄋᆞ답, ᄋᆞ돌, ᄋᆞ답' 등으로 나타난다.

317) '살에'의 뜻이다. '살[年歲]'의 방언형은 '설, 술' 등으로 나타난다.

318) '가서'의 뜻이다.

319) '대베기를'의 뜻이다. '대베기'는 달리 '대바지'라 하는데, '대베기'는 '아이들이 물을 길어 나르는 데 쓰는 자그마한 물동이'를 말한다. 그 모양은 둥그스름하고 가운데 배는 불룩하고 위와 아래는 좁아지되 아가리는 아주 좁다. '허벅'인 성인용 물동이라고 한다면 '대베개, 대바지'는 어린이용 물동이가 되는 셈이다.

320) '깨버려'의 뜻이다. '깨다[破]'의 방언형은 '깨다, 벌르다' 등으로 나타난다.

321) '아니했는데'의 뜻이다.

322) '말고서'의 뜻으로, '말[禁]-+-아근에' 구성이다. '-아근에'는 '-아서, -고서'의 의미로 쓰이는 어미이다.

323) '옛말'을 말한다. '옛말'의 방언형은 '엿말, 옛말' 등으로 나타난다.

324) '없으니까'의 뜻이다. '없다[無]'의 방언형은 '없다, 엇다, 읎다, 웃다' 등으로 나타난다.

325) '풀가시리'를 말하는데 여기서는 '풀가시리로 만든 풀가시리풀'의 의미로 쓰였다.

326) '올만'의 뜻이다.

327) '이어'의 뜻으로, '잇[繼]-+-어' 구성이다. 방언형 '잇다[繼]'는 표준어와는 달리 활용할 때 어간 말음 'ㅅ'을 유지한다는 특징을 지닌다.

328) '끊어져'의 뜻이다. '끊어지다'의 방언형은 '그차지다'로 나타난다.

329) '새(피륙의 날을 세는 단위)'를 말한다.

330) '조금'의 뜻이다.

331) '끊어지면'의 뜻이다.

332) '얼쩡거려야'의 뜻이다. '얼쩡거리다'의 방언형은 '어르다, 어중거리다, 어징거리다, 얼르다' 등으로 나타난다.

333) '감자'를 말한다. '감자'의 방언형은 '지슬, 지실' 등으로 나타난다.

334) '없는'의 뜻이다. '없다[無]'의 방언형은 '없다, 엇다, 읎다, 웃다' 등으로 나타난다.

335) '가루[粉]'를 말한다. '가루[粉]'의 방언형은 'ᄀᆞ로, ᄀᆞ루, ᄀᆞ르, ᄀᆞ를' 등으로 나타난다.

336) '바구니에'의 뜻이다. '바구니'의 방언형은 '구덕, 바구리, 바굼지' 등으로 나타난다.

337) '달아맸다가'의 뜻으로, '둘아메[懸]-+-엇당' 구성이다. '-엇당'은 '-었다가'의 의미로 쓰이는 어미이다. '달아매다[懸]'의 방언형은 '둘아메다'로 나타난다.

338) '얻어먹어질까 봐'의 뜻이다.

339) '만지고'의 뜻으로, '뭉직[撫]-+-고' 구성이다. '만지다[撫]'의 방언형은 '문지다, 몬직다, 몬지다, 뭉직다' 등으로 나타난다.

340) '재우'의 뜻이다. '재우[速]'의 방언형은 '재게, 재기' 등으로 나타난다.

341) '길러'의 뜻이다. '기르다[養]'의 방언형은 '질루다, 질룹다, 질우다' 등으로 나타난다.

342) '보았었지'의 뜻이다.

343) '짝[雙]'의 뜻이다.

344) '같아'의 뜻이다. '같대[如]'의 방언형은 'ᄀ뜨다, ᄀ트다, 닮다, 답다' 등으로 나타난다.

345) '처음에'의 뜻이다. '처음'의 방언형은 '처엄, 처음, 체얌, 초담' 등으로 나타난다.

346) '골판지' 또는 '판지'를 말한다.

347) '자잘한' 또는 '자디잔'의 뜻이다. '자잘하다'의 방언형이 '잰잰ᄒ다, 존존ᄒ다, 줄줄ᄒ다' 등으로 나타난다.

348) '보지'의 뜻으로, '베리[示]-+-지' 구성이다. '보대[示]'의 방언형은 '베리다, 보다' 등으로 나타난다.

349) '대가리'를 말한다. '대가리'의 방언형은 '더망세기, 더망세기, 더멩이, 데가리, 데강셍이, 데강이, 데구리, 데망세기, 데망이, 데멩이, ᄃ가리' 등으로 나타난다.

350) '메실메실ᄒ다'는 '애벌레 따위가 아주 느리게 움직이며 머리를 내밀다.'는 뜻을 지닌 어휘다.

351) '순한'의 뜻이지만 여기서는 '부드러운'의 의미로 쓰였다.

352) '쓸어'의 뜻이다. '쓸대[刷]'의 방언형은 '쓸다, 씰다' 등으로 나타난다.

353) '무엇'을 말한다.

354) '조금'의 뜻이다. '조금'의 방언형은 '아쓱, 아씩, 조곰, 조금, ᄒ끔, ᄒ끔, ᄒ쏠' 등으로 나타난다.

355) '있으면'의 뜻이다.

356) '한밥'을 말한다.

357) '터앝'을 말한다. '터앝'의 방언형은 '우연, 우영, 우영팟, 위연' 등으로 나타난다.

358) '따다가'의 뜻으로, '톧[摘]-+-아당' 구성이다. '따대[摘]'의 방언형은 '따다, 뜨다, 타다, 트다' 등으로 나타난다.

359) '쓸어버리며'의 뜻이다.

360) '쓸어서'의 뜻이다.

361) '널어라'의 뜻이다.

362) '마루'의 뜻이다. '마루'의 방언형은 '마리, 상방' 등으로 나타난다.

363) '가져다가는'의 뜻으로, '엿[持]-+-당근에' 구성이다. '-당근에'는 '-다가는'의 의미로 쓰이는 어미이다. '가지다'의 방언형은 '가지다, ᄀ지다, 아지다, 앗다, ᄋ지다' 등으로 나타난다.

364) '아래로'의 뜻으로, '알[下]+-러레' 구성이다. '-러레'은 '-에, -로'의 의미로 쓰이는 조사이다.

365) '위로'의 뜻이다.

366) '방(房)'을 말한다.

367) '길러서'의 뜻이다. '기르대[養]'의 방언형은 '질루다, 질룹다, 질우다' 등으로 나타난다.

368) '먹어야'의 뜻이다.

369) '된다고'의 뜻으로, '뒈[化]-+-ㄴ덴' 구성이다. '-ㄴ덴'은 '-ㄴ다고'의 의미로 쓰이는 어미이다.

370) '있으면'의 뜻으로, '시[有]-+-민' 구성이다. '있대[有]'의 방언형은 '시다, 싯다, 이

시다, 잇다’ 등으로 나타난다.

371) ‘앞에’의 뜻으로, ‘앞[前]+-의’ 구성이다.

372) ‘같은’의 뜻이다. ‘같다[如]’의 방언형은 ‘ᄀ뜨다, ᄀ트다, 닮다, 답다’ 등으로 나타난다.

373) ‘그리로’의 뜻이다.

374) ‘없어’의 뜻이다. ‘없다[無]’의 방언형은 ‘없다, 엇다, 읎다, 웃다’ 등으로 나타난다.

375) ‘그것으로’의 뜻으로, ‘그것+-듸레’ 구성이다. ‘-듸레’는 ‘-으로’의 의미로 쓰이는 조사이다.

376) ‘내면서’의 뜻으로, ‘내우[出]-+-멍’ 구성이다. ‘내다[出]’의 방언형은 ‘내우다, 냅다’ 등으로 나타난다.

377) ‘들어앉아서’의 뜻이다. ‘들어앉다’의 방언형은 ‘들어앉다, 들어앚다’ 등으로 나타난다.

378) ‘따서’의 뜻이다.

379) ‘그래서’의 뜻이다.

380) ‘물이 끓는 모양’을 나타내는 어휘다.

381) ‘끓이어’의 뜻이다. ‘끓이다’의 방언형은 ‘꿰우다, 끌리다, 끌이다’ 등으로 나타난다.

382) ‘솥에’의 뜻을, ‘솟[鼎]+-에’ 구성이다.

383) ‘젓가락’을 말한다. ‘젓가락’의 방언형은 ‘저봄, 저붐, 젓가락, 젯가락, ᄌ봄’ 등으로 나타난다.

384) ‘여기는’의 뜻이다.

385) ‘자았던’의 뜻으로, ‘ᄌ[織]-+-아난’ 구성이다. ‘-아난’은 ‘-았던’의 의미로 쓰이는 어미이다. ‘잣다[織]’의 방언형은 ‘ᄌ다’로 나타나는데, 활용할 때 어간 말음 ‘ㅅ‘을 유지한다는 것이 표준어와는 다르다.

386) ‘처음’을 말한다. ‘처음’의 방언형은 ‘처엄, 처음, 체얌, 초담’ 등으로 나타난다.

387) ‘당기어다가’의 뜻이다. ‘당기다[引]’의 방언형은 ‘ᄃ리다, 둥기다, 둥이다’ 등으로 나타난다.

388) ‘명주실’을 말한다. ‘명주실’의 방언형은 ‘멩주씰, 멩지씰’ 등으로 나타난다.

389) ‘한밥’을 말한다.

390) ‘끊어’의 뜻이다. ‘끊다[切]’의 방언형은 ‘그치다, 기치다, 끈다, 끈치다’ 등으로 나타난다.

391) ‘말째에’의 뜻으로, ‘말쩨+-에라’ 구성이다. ‘-에라’는 ‘-에’의 의미로 쓰이는 조사이다.

392) ‘무엇이라고’의 뜻이다.

393) ‘말했는지’의 뜻으로, ‘ᄀᆯ[曰]-+-아신디’ 구성이다. ‘-아신디’는 ‘-았는지’의 의미로 쓰이는 어미이다.

394) ‘막물’을 말한다.

395) ‘모두’의 뜻이다. ‘모두’의 방언형은 ‘모도, 모시딱, 모신딱, 문’ 등으로 나타난다.

396) ‘처음’을 말한다. ‘처음’의 방언형은 ‘처엄, 처음, 체얌, 초담’ 등으로 나타난다.

397) '그득히'의 뜻이다. '그득히'의 방언형은 '그득이, 무럭이, 무룩이' 등으로 나타난다.

398) '끓어'의 뜻이다. '끓다'의 방언형은 '궤다, 꿰다, 끓다' 등으로 나타난다.

399) '젓가락으로'의 뜻이다. '젓가락'의 방언형은 '저봄, 저붐, 젓가락, 젯가락, ᄌ봄' 등으로 나타난다.

400) '모아서'의 뜻으로, '모듧[集]-+-아근에' 구성이다. '모으다[集]'의 방언형은 '모도다, 모두다, 모듧다, 뭬우다, 뫱다' 등으로 나타난다.

401) '모아서'의 뜻으로, '모듧[集]-+-앙' 구성이다. '-앙'은 '-아서'의 의미로 쓰이는 어미이다.

402) '물레에'의 뜻으로, '물레[軺]+-레' 구성이다. '-레'는 '-에'의 의미로 쓰이는 조사이다.

403) '두르면'의 뜻이다. '두르다[回]'의 방언형은 '두르다, 둘르다' 등으로 나타난다.

404) '깡통에'의 뜻이다.

405) '같아요'의 뜻으로, '닮[如]-+-아+마씨(종결보조사)' 구성이다. '같다[如]'의 방언형은 'ᄀ뜨다, ᄀ트다, 닮다, 답다' 등으로 나타난다.

406) '몽당이를'의 뜻이다. '몽당이'의 방언형은 ''모동이, 모뭉이' 등으로 나타난다.

407) '했는가'의 뜻이다.

408) '짜는'의 뜻이다. '짜다[織]'의 방언형은 '짜다, 차다' 등으로 나타난다.

409) '짜기도'의 뜻이다.

410) '있었어'의 뜻으로, '이시[有]-+-어난' 구성이다. '-어난'은 '-었었어'의 의미로 쓰이는 어미이다.

411) '제주4·3사건'을 말한다. '제주4·3사건'은 1948년 4월 3일 발생한 소요 사태와 1954년 9월 21일까지 제주도에서 발생한 무력 충돌과 진압 과정에서 주민이 희생당한 사건을 말한다.

412) '없는'의 뜻이다.

413) '있었으면'의 뜻으로, '시[有]-+-어시민' 구성이다. '-어시민'은 '-었으면'의 의미로 쓰이는 어미이다. '있다[有]'의 방언형은 '시다, 싯다, 이시다, 잇다' 등으로 나타난다.

414) '짜서'의 뜻으로, '차[織]-+-앙' 구성이다.

415) '보이고'의 뜻으로, '베우[示]-+-곡' 구성이다. '보이다[示]'의 방언형은 '베우다, 뵙다, 꿰우다' 등으로 나타난다.

416) '좋을'의 뜻이다.

417) '자리틀을'의 뜻이다. '자리틀'의 방언형은 '자리클, 초석클' 등으로 나타난다.

418) '참껫대'를 말한다.

419) '살라'의 뜻이다. '사르다[燒]'의 방언형은 '사르다, 살르다, 술다' 등으로 나타난다.

420) '진솔이니까' 또는 '진솔옷이니까'의 뜻이다. '진솔(지어서 한 번도 빨지 않은 새 옷)'의 방언형은 '짓찻옷, 짓쳇옷' 등으로 나타난다.

421) '진솔'을 말한다.

422) '앙상했던'의 뜻이다.

423) '만질만질해'의 뜻이다.

424) '누웠다'의 뜻이다.

425) '비비어'의 뜻이다. '비비다[擦]'의 방언형은 '보비다, 부비다, 비비다' 등으로 나타난다.

426) '바래'의 뜻이다. '바래다[總]'의 방언형은 '바레다, 발레다' 등으로 나타난다.

427) '고쟁이'를 말한다. '고쟁이'의 방언형은 '고장중의'로 나타난다.

428) '수의를'의 뜻이다. '수의(壽衣)'의 방언형은 '저승옷, 호상, 호상옷' 등으로 나타난다.

429) '않는다고'의 뜻이다.

430) '가져가게끔'의 뜻이다.

431) '입기는커녕'의 뜻으로, '입음+-이랑마랑' 구성이다. '-이랑마랑'은 '-은커녕'의 의미로 쓰이는 조사이다.

432) '아예'의 뜻이다.

433) '동서(同壻)'를 말한다.

434) '곧게'의 뜻이다.

435) '풀치마'를 말한다. '풀치마'의 방언형은 '깍치마, 깍치메' 등으로 나타난다.

436) '고이'를 말한다. '고이'의 방언형은 '고양, 고영, 궤양' 등으로 나타난다.

437) '재봉틀'을 말하는데, 일본어 'ミシン'이다.

438) '옥양목'을 말한다. '옥양목'은 '옥양목, 옥영목' 등으로 나타난다.

439) '자잘한'의 뜻이다. '좀질다'는 '물건이 잘고 가늘다.'의 뜻을 지닌 어휘다.

440) '감옷'은 달리 '갈옷'이라 하는데, '감물을 먹인 옷'을 통틀어 이르는 어휘다.

441) '감'을 말하나 여기서는 '감물'의 의미로 쓰였다.

442) '사는구나' 또는 '살고 있구나'의 뜻이다.

443) '소매'를 말한다. '소매'의 방언형은 '스메, 스믜' 등으로 나타난다.

444) '죽지(팔과 어깨가 이어지는 관절 부분)'를 말한다.

445) '데는'의 뜻이다.

446) '말해'의 뜻으로, '곧[曰]-+-아' 구성이다. '말하다[曰]'의 방언형은 '곧다, 굴다, 말 곧다, 말굴다, 말ㅎ다' 등으로 나타난다.

447) '달리는'의 뜻이다. '달이다[懸]'의 방언형은 '돌리다'로 나타난다.

448) '고름'을 말한다. '고름[襷]'의 방언형은 '고름, 골름, 골홈, 곰' 등으로 나타난다.

449) '우머니'는 '도포나 장삼과 같은 겉옷의 소매 끝부분에 팔이 꿰어진 아래로 간단한 물건이나 비망록 등을 담아 두기 위하여 소매 넓이보다 아주 넓고 밑으로 처지게 담든 주머니'를 뜻하는 어휘다.

450) '돋친'의 뜻이다.

451) '이처럼'의 뜻이다.

452) '치마끈'을 말한다.

453) '아랫단'을 말한다.

454) '치맛자락'을 말한다. '치맛자락'의 방언형은 '치메깍, 치멧자락' 등으로 나타난다.

455) '동그스름한'의 뜻이다. '동그스름하다'의 방언형은 '동고롬ㅎ다, 동그스름ㅎ다, 동

시랑ᄒ다' 등으로 나타난다.

456) '것이'의 뜻으로, '것+-가' 구성이다.

457) '풀치마'를 말한다. '풀치다'의 방언형은 '깍치마, 깍치메' 등으로 나타난다.

458) '모르겠어'의 뜻으로, '모르-+-커라' 구성이다. '-커라'는 '-겠어'의 의미로 쓰이는 어미이다.

459) '사폭이야'의 뜻이다. '사폭(邪幅)'의 방언형은 '삿복, 샛복' 등으로 나타난다.

460) '대님은'의 뜻이다. '대님'의 방언형은 '다님, 다름, 다림, 대림' 등으로 나타난다.

461) '대님'을 말한다.

462) '같아'의 뜻이다. '같대[如]'의 방언형은 'ᄀ뜨다, ᄀ트다, 닮다, 답다' 등으로 나타난다.

463) '달아서'의 뜻이다.

464) '밖으로'의 뜻이다.

465) '다님을'의 뜻이다.

466) '옳은'의 뜻이다.

467) '있어'의 뜻이다. '있대[有]'의 방언형은 '시다, 싯다, 이시다, 잇다' 등으로 나타난다.

468) '매서'의 뜻이다.

469) '가위[鋏]'를 말한다.

470) '재어서'의 뜻이다.

471) '잘라라'의 뜻이다. '자르다[切]'의 방언형은 'ᄌ르다, 졸르다' 등으로 나타난다.

472) '그러니까'의 뜻이다.

473) '바늘[針]'을 말한다. '바늘[針]'의 방언형은 '바농, 바늘' 등으로 나타난다.

474) '실[絲]'을 말한다.

475) '바늘[針]'을 말한다.

476) '골무'를 말한다. '골무'의 방언형은 '골메, 골미, 손골메, 손꼬메' 등으로 나타난다.

477) '아니했었으니까'의 뜻이다.

478) '반짇고리'를 말한다. '반짇고리'의 방언형은 '바농상지, 바늘상지' 등으로 나타난다.

479) '모두'를 말한다.

480) '호는'의 뜻이다.

481) '온박음질'을 말한다. '온박음질'의 방언형은 '뎅침, 뎅침박이' 등으로 나타난다.

482) '기워'의 뜻이다. '집대[衲]'의 방언형은 '줍다'로 나타난다.

483) '잡아서'의 뜻으로, '심[執]-+-엉' 구성이다. '잡대[執]'의 방언형은 '심다, 잡다' 등으로 나타난다.

484) '줌질다'는 '물건이 잘고 가늘다.'는 뜻을 지닌 어휘로, '줌질줌질허게'는 '아주 자잘하게' 또는 '아주 촘촘하게'의 의미로 쓰였다.

485) '뺐는데'의 뜻이다. '빼다'의 방언형은 '빠다, 빼다' 등으로 나타난다.

486) '뒤로'의 뜻으로, '두이[後]+-로' 구성이다. '뒤[後]'의 방언형은 '두이, 뒤' 등으로 나타난다.

487) '찔러서'의 뜻이다.

488) '지깍ᄒ다'는 '많이 들어서 가득 차다(들어차다).'의 뜻이나 여기서는 '아주 촘촘하고 단단하게'의 의미로 쓰였다.

489) '듬성듬성하지를'의 뜻이다. '듬성듬성하다'의 방언형은 '두망두망ᄒ다, 드망드망ᄒ다, 듬상듬상ᄒ다' 등으로 나타난다.

490) '밑이요'의 뜻으로, '밑[底]+-이+양(종결보조사)' 구성이다.

491) '싫으니까'의 뜻이다.

492) '다르지'의 뜻이다. '다르다[異]'의 방언형은 '다르다, 달르다, 뜰리다, 뜨나다, 틀리다, 트나다' 등으로 나타난다.

493) '뒷바농질'은 '바늘땀이 뒤로 돌아가서 박음질하는 바느질법'을 뜻하는 어휘다.

494) '그러니까'의 뜻이다.

495) '다른'의 뜻이다.

496) '같아'의 뜻이다. '같다[如]'의 방언형은 'ᄀ뜨다, ᄀ트다, 닮다, 답다' 등으로 나타난다.

497) '접는'의 뜻이다. '접다'의 방언형은 '접다, 줍다' 등으로 나타난다.

498) '것이라고'의 뜻으로, '게[其]+-이엔' 구성이다. '-이엔'은 '-이라고'의 의미로 쓰이는 어미이다.

499) '위에'의 뜻이다. '위[上]'의 방언형은 '우, 우이, 우희' 등으로 나타난다.

500) '옆에는'의 뜻이다. '옆'의 방언형은 '역, 옆, 욱, 윺' 등으로 나타난다.

501) '합니다'의 뜻으로, '허[爲]-+-ㅂ니께' 구성이다. '-ㅂ니께'는 '-ㅂ니다'의 의미로 쓰이는 어미이다. '하다[爲]'의 방언형은 '허다, ᄒ다' 등으로 나타난다.

502) '점점 좁아지게'의 뜻으로, 여기서는 '빨게[尖]'의 의미로 쓰였다.

503) '곧게'의 뜻이다.

504) '기워서'의 뜻으로, '줍[衲]-+-엉' 구성이다.

505) '접어'의 뜻이다.

506) '접어서'의 뜻이다.

507) '기웠고'의 뜻이다.

508) '썼다가'의 뜻이다.

509) '말하는'의 뜻으로, '곧[曰]-+-는' 구성이다. '말하다[曰]'의 방언형은 '곧다, 굴다, 말곧다, 말굴다, 말ᄒ다' 등으로 나타난다.

510) '곧게'의 뜻이다. '곧다[直]'의 방언형은 '곧다, 고짝ᄒ다, 과짝ᄒ다, 구짝ᄒ다' 등으로 나타난다.

511) '아니해서'의 뜻이다.

512) '나서'의 뜻이다.

513) '깁고 있습지요'의 뜻이다. '깁다[衲]'의 방언형은 '줍다'로 나타난다.

■ 참고문헌

『동국여지승람』
『삼군호구가간총책』
『제주삼읍지』
『제주읍지』
『탐라지』(이원진)
『훈몽자회』
강영봉 등(2009), 『개정증보 제주어사전』, 제주특별자치도.
고려대학교 민족문화연구원(2009), 『고려대 한국어대사전』.
국립국어원(1999), 『표준국어대사전』, 두산동아.
김순자(2014), <제주도방언의 단위성의존명사 연구>, 『한국어학』 63, 한국어학회,
         133-169.
김순자(2014), 『제주도방언의 어휘 연구』, 박이정.
남광우(1999/2009), 『고어사전』, 교학사.
박용후(1960/1988), 『제주방언연구』, 동원사(고려대학교 민족문화연구소).
석주명(1947), 『제주도방언집』, 서울신문사출판부.
송상조(2007), 『제주말 큰사전』, 한국문화사.
유창돈(1964/1974), 『이조어사전』, 연세대학교 출판부.
이희승(1961/1981), 『국어대사전』, 민중서관.
제주도(1996), 『제주의 방어유적』.
한글학회(1992), 『우리말큰사전』, 어문각.
현용준(1980), 『제주도무속자료사전』, 신구문화사.
현평효(1962), 『제주도방언연구』(제1집), 정연사.
현평효·강영봉(2011), 『제주어 조사·어미 사전』, 제주대학교 국어문화원.
현평효·강영봉(2014), 『표준어로 찾아보는 제주어사전』, 도서출판 각.
安田吉實·孫洛範 편(1995), 『민중 엣센스 일한사전』, 민중서림.

■ 찾아보기

● ● ● ⬤ ─

● ● ● ㈜